学习与迁移

LEARNING AND TRANSFER

曹宝龙 著

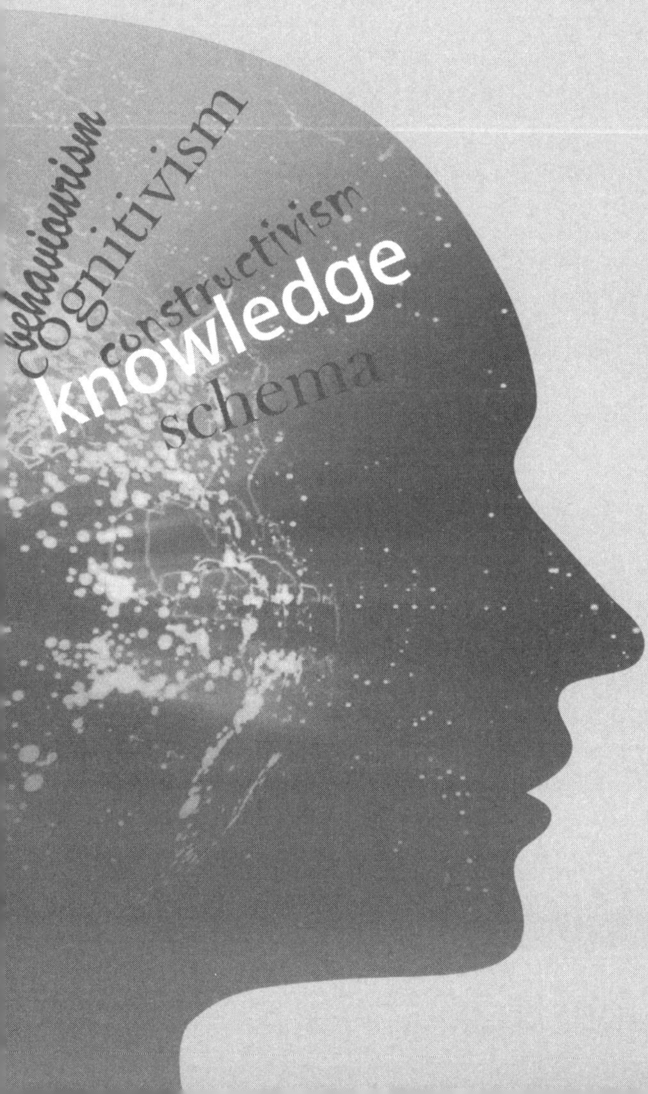

浙江教育出版社·杭州

序言
preface

我们处在学习的时代，我的学生曹宝龙教授所著的《学习与迁移》颇具特色。它的第一版于2009年由浙江大学出版社出版，这次经过修改后由浙江教育出版社出第二版。这本专著是作者在他的博士论文《物理教学过程中高中生学习迁移的影响因素》的基础上，联系教育实践与研究撰写而成的；这次修改融入了他自2009年以来十年间对学习理论的研究，尤其是大量的教育实践研究，更体现学生发展核心素养的精神。明确学生发展核心素养的要求，是为了完善教育质量标准体系，制定覆盖全学段、体现世界先进水平、符合不同层次类型教育特点的教育质量标准，建立健全中小学各科学业质量标准和体质健康标准。

这本专著突出了对学习实质的揭示。学习是人类认知的方式，学生的学习是一种特殊的认知活动，它是个体通过练习或经验导致行为有较持久改变的过程或结果。在学习过程中，学生的认知活动要超过直接经验的阶段；学生的学习是一种在教师指导下的认知活动；学生的学习过程是一种应用学习策略的活动；学习动机是学生学习或认知活动的动力；学习过程是学生获得知识经验，形成技能技巧，发展智力能力，提高思想品德水平的过程。总之，在一定意义上讲，学习是一种心理变化适应环境变化的过程。有关学习的理论有很多，我们不能说哪一种理论更科学，因为所有学习理论的提出者都是从一个侧面或一种维度来论述学习问题的。曹宝龙教授在《学习与迁移》一书中介绍了行为主义学习理论、认知学习理论、人本主义学习理论和建构主义学习理论，使人们可以从中看到，研究者从不同的角度，以不同的方法研究学习，提出不同的学习观点，形成众多的理论流派。这样的论述是科学的。因为这些内容对我们研究学习，将学习理论与教育实践相结合是有价值的。

迁移是学习中非常重要的一种现象，是曹宝龙博士论文的研究重点。迁移又称为迁移学习或训练学习。换句话说，迁移是一种学习或训练影响另一种学习或训练的现象。迁移是一种经验的整合，促使经验的一体化。迁移的实质是什么？迁移涉及哪些问题？迁移有什么作用？曹宝龙教授在《学习与迁移》一书中较生动而全面地介绍了迁移的理论及其影响因素，评述了早期迁移理论、认知迁移理论和建构主义学习迁移理论，强调了迁移的共同说、概括说和形式训练说，进一步阐述了问题相似性、能力和动机、元认知、自我效能感、概括能力、领域知识专业化水平等影响因素。所有这些内容为中小学各学科教师的教学、学生学习负担的减轻、教育质量的提高提供了理论依据。

一部优秀的著作重在创新，《学习与迁移》的创新点就很多。这本著作对一百多年的迁移理论和学习理论做了系统的研究和阐述，对学习的本质做了深度解析，而且结合当前中小学教育实践对学生核心素养概念的内涵与外延做了很好的研究和阐述，尤其是结合教学实践的深度研究，对学科教学具有特别重要的指导意义。我最为欣赏的是曹宝龙教授结合自己丰富的教育实践与研究特长，以丰厚的理论功底解析了核心素养在课堂中的层次性架构与分析，使教师对素养的课堂培养变得理论上易懂、实践中易操作。曹宝龙教授也从素养的层级模型的角度非常清晰地提出了各种层次素养的测量与评价方式，这为我国基础教育准确、有效地测评核心素养提供了借鉴模型。我也很欣赏曹宝龙教授对知识观发展历史的阐述。知识观是人类对知识本质的哲学思考，它随着社会发展而变化，对教育改革与发展的方向也起着决定作用。这本专著对知识观的系统阐述也是当前课程改革急需的，更是我国课程改革的根基所在。

曹宝龙教授的这本专著是理论与实践相结合的范例。曹宝龙之所以能写出这样的专著，与他的教育经历和学习经历是密切关联的。曹宝龙教授的博士论文《物理教学过程中高中生学习迁移的影响因素》，尽管是研究高中学生的物理学习迁移的，但是在学习与迁移对学校教育和学生学习的指导意义方面，二者是有共性的。曹宝龙教授原来是一位中学物理特级教师，是校级领导，更是教育科研的典范，后来以优异成绩考入北京师范大学，成为一名发展与教育心理学专业的博士研究生，并取得博士学位。他主持杭州市基础教育研究室的工作已超过15年，在基础教育的研究和指导方面积累了相当的经验。曹宝龙教授近年来担任教育部课程教材专家委员会委员，既是高中物理课标组的核心成员，又是义务教育科学课标组的核心成员，参加了大量关于课程与教材改革的全国性研究活动，主编和编写了人民教育出版社的高中物理教材和浙江教育出版社的初中科学教材，近年来在《课程·教材·教法》等核心期刊上发表了一批高质量论文。这是本专著《学习与迁移》的写作背景，我敢说，如果没有扎实的一线教育教学的实践经验，没有对教育的深度研究，是无法完成这本专著的。与此同时，如果没有攻读博士学位的学习经历，没有发展与教育心理学的理论积淀，他也不可能完成这本专著。这就是本书的价值所在，也是我向广大读者，尤其是教育界的同行积极推荐的初衷。

是为序。

林崇德

2019年8月28日于北京师范大学

前言
foreword

LEARNING AND TRANSFER

在信息化发展如此快速的时代，人的素养发展显然是教育的主要目标，也是判断我们的教育行为的价值标准。因此，全球教育已经进入重视人的素养培育的新的发展期。学生素养是通过教育之后形成的适应社会和个人生活所需的必备品格和关键能力。所以，素养对个人生活和个人适应社会或社会秩序等都很重要。从学生的角度来说，素养是学生在经过一定形式的学习后形成的，即学习是素养形成的通道。因此，“学习”是教育者需要特别研究的概念。迁移是学习过程所出现的现象，迁移有其规律；迁移会受到多种因素的影响和制约；学习形式与迁移现象之间存在紧密的联系。研究学习、研究迁移、研究学习与迁移的联系，可以提高教育者对教育本质的认知水平，改善教育方法与手段，提升学与教的水平。这就是本书研究“学习与迁移”这个问题的缘由。

研究学习与迁移需要回答的第一个问题是学生应该学什么。即学生学习的知识应该是哪些？哪些是有高价值的？哪些是低价值而不必学习的？这就要搞清楚知识的概念。知识是什么？知识的本质是什么？这些问题是有关知识观的问题。知识观是一个哲学层面的问题，也是教育层面的问题，理性思考知识的本质和知识的价值是教育不能回避的重要问题。什么样的知识对人的发展更重要？这个问题实际上是课程价值观的问题，理解这个问题有助于提高学习的针对性，减少对非关键知识的学习。以上这些都是“学什么”需要回答的问题。

第二个需要回答的问题是学生如何学，即学习的形式问题。不同的学习方式是如何产生学习迁移的？这就是学习论的问题。在素养的三个层次“知识”“能力”和“自我认识与自我管控”中，知识的学习方式与能力的学习方式为什么不同？如何设计知识学习的教学方式？如何设计能力学习的教学方式？如何提升自我认识和自我管控能力？根据行为主义的思想，学习的方式是什么样的？它的作用是什么？最适用于学习什么，什么样的人的学习？认知主义的学习方式有哪些？有什么特征？其优点有哪些？建构主义的本质是什么？建构主义的学习具有什么特征？建构学习的学习过程特征是什么？以上这些都是“如何学”的问题。

第三个需要回答的问题是学习所发生的迁移现象。什么样的外部环境会促使学习者发生迁移？学习者什么样的内部条件有利于发生迁移？迁移的影响因素有哪些？迁移的发生规律是怎么样的？如何利用迁移的影响因素及其发生规律来设计更有效的学习方案？这些就是回答“怎么迁移”需要解答的问题。

第四个需要回答的问题是研究学习迁移的学业评价，即如何对学习之后的学生学业成就进行有效的评价。知识层次的素养如何进行有效测评？能力层次的素养如何进行测评？尤其是能力的心智层次与能力的技能操作层次如何区分？如何有效测评？学业质量如何界定？学业水平如何测评？这些就是回答“如何评”需要解答的问题。

以上这些都是学习与迁移所涉及的关键问题，也是教育工作者所遇到的核心问题。这些问题是本书研究和阐述的重点。

作为案例研究，本书提供了学科教学中迁移影响因素的实证研究报告，同时用附录的方式提供了迁移研究方法综述的案例，这可为研究型教师进行实证研究提供借鉴。根据本人对PISA的长期跟踪研究，本书也对教育测量与评价的推荐案例进行了深度分析与介绍。

本人在中学教学23年后考入北京师范大学攻读博士，师从著名教育家、心理学家林崇德教授，后又在基础教育教研领域工作16年。在教育实践的基础上，本人热衷于心理学理论在教育实践中的应用研究，尤其是与课堂教学实际的联系研究。在目前的基础教育研究中，心理学理论与教育实践之间架构联系的“桥梁”尤为重要，这包括心理学的研究成果如何转化成教学原理和教学实践问题如何用心理学理论进行恰如其分的解释。这种重要性在本人实际工作中几乎天天都能从教师的语言和行为中体会到。这几年作为教育部课程教材专家委员会成员，本人参与了《普通高中物理课程标准（2017版）》的编写、高中物理教材的编写、义务教育科学课程标准的修订、义务教育科学教材的编写以及教育部的各种教材审查等工作。因此，本人从事的既有全国层面的研究与指导工作，又有区域层面的教学研究工作，加上中学特级教师、正高级教师等身份所对应的基层学校的经历，逐步形成了对本书一些主要问题的思考和研究成果。

本书中的一些教学案例主要涉及科学和物理学科。虽然素材具有学科针对性，但研究所用的理论依据、研究方法和问题分析与讨论的方案具有共通性，对其他学科都有参考应用价值。

本书可供中小学教师、在校大学生、研究生和广大教育管理者使用，也可用作教师继续教育的参考用书。

“学习与迁移”这个问题既有理论研究的深度，又有实践应用的广度。由于本人对该问题的认识与研究的深广度有限，书中难免有不当之处，谨请读者指正。

曹宝龙

2019年8月于杭州

目录

contents

LEARNING AND TRANSFER

第四章
迁移影响因素的实证研究

第五章
主要学习理论

第六章
知识观的发展

LEARNING AND TRANSFER

INTRODUCTION

第一章 绪论

什么是学习？学习的本质是什么？什么是迁移？迁移现象该如何研究？学习与迁移之间是什么关系？这是本章的几个关键问题。学习的对象是知识，那么什么是知识？知识的本质是什么？人类的知识是如何形成的？学习者的知识是如何学会的？知识的学习过程和机制又是怎样的？因此，理清“学习”“迁移”和“知识”三者之间的关系很有必要。

学习与迁移的对象是学习者所需要的知识，这种（广义的）知识是人们在生产、生活等日常活动中能动性地或创造性地解决问题所必需的。我们从事教育的人有时会提出一个基本问题：学习的本质是什么？回答这个问题我们需要考察几个问题：一是我们学习的知识是什么，即知识的本质是什么；二是学习的机理是怎么样的，即人是如何学习的；三是作为学习行为的主要形式的迁移的本质是什么。这三个问题汇集起来回答的是学习的原理、方法和策略问题。

提高学习效率是我们追求的重要目标，而提高效率需要我们理清与学习相关的基本因素。搞清知识的本质有利于提高学习的准确性，体现学习成果的真正价值；理解学习的原理有助于师生探索和掌握学习的方法，提高学习的效率；探索迁移的原理和方法有助于培养与提高思维能力。因此，本书意在研究五个基点：知识、能力、素养、学习和迁移。

人类的生存与发展离不开学习。我们可从几个方面来考察学习。从学习的外延来说，首先，学习是人与动物共同具有的行为；其次，动物的学习和人类的学习都是有层次差异的，动物有低级学习，人类有简单学习与复杂学习。当然，学习可以在社会生产、生活和科技等活动中进行，也可以在人的一生的任何一个阶段中进行。从学习的内涵来看，一般认为学习就是主体与环境的相互作用，经过内化而获得经验并外化为行为表现的活动。学习的结果是促进学习者身心更好地发展，即促进学生素养的发展。因此，学习活动应包括学习的主体、客体和学习活动的结果三个基本要素，即学习就是主体与环境的相互作用，经过内化而获得经验并外化为行为变化的活动，这就是学习的实质。

迁移（transfer）是一个老话题，也是一个新话题。学习的目的是为了实现迁移。因此，迁移的研究是心理学家与教育工作者永恒的课题。一个多世纪以来，全球的心理学家与教育家对迁移现象进行了坚持不懈的研究。人们用各种实证的方法对迁移的有效性进行了各种各样的研究。迁移的研究方法多种多样，人们对迁移研究的结论与建立的理论也争论不休，始终没有达成一致的观点。尽管这样，迁移研究对教育的影响与促进作用则越发强烈。因此，对迁移的研究与它在教学中的应用研究从来没有停止过。

迁移是学习的主要目的，所有学习活动的目标都是为了使学生实现迁移。学生学习的主要目标是为了顺利实现远迁移（far transfer）。远迁移决定了学生所学习的基本概念能否运用到学生今后遇到的问题，亦即知识能否运用于解决问题。因此，懂得引发迁移的学习经验尤为重要。教育者希望学生将课程内的某一知识迁移到另一个问题，今天学习的知识迁移到今后，从学校学习的知识迁移到家庭，从学校学到的知识迁移到工作中（John D. Bransford, Ann L. Brown & Rodney R. Cocking,1999）。[①] 如果学生不能把教师传授的知识和技能有效地运用到以后的学习和实践中去，那么任何学习都是失败的。在学校课堂教学中，教师所追求的、学生所需要的不仅仅是在课堂中简单地理解和识记的知识，而是这些被学生学到的知识能发挥长期的效果，即能迁移到其他的学习、工作和生活中去。

迁移现象无处不在，教育的目标是促进学生的学习，学习的结果会产生迁移，即新旧学习之间产生的相互影响。学生能把学到的知识应用到新的学习中或以后的生活和工作中也是教育和教学的根本目的。可以说，迁移在学校教育教学中无所不在并发挥着重要的作用。其作用突出表现在以下几点：

首先，迁移是有效学习的标志。新旧知识或技能的学习不可能在时间上完全一致，但它们之间存在着各种各样的联系，所以任何学习都必然依赖于先前的学习，并且先前的学习必然影响着后来的学习。于是有研究认为，学习的实质是迁移，如果不能从一个情境迁移到另一个情境，学习就无法进行。迁移一方面使已获得的知识在新的学习情境中得到应用，从而产生触类旁通、举一反三的作用；另一方面也只有通过迁移，才能使已有的知识得到进一步检验、充实和熟练。如果学生在先前的学习活动中已较好地掌握了所学的知识，那么后继学习的效率就会更高，对知识的理解就会更深；相反，如果学生没能掌握先前所学的知识，那后继学习的效率就会降低；如果学生对先前所学的知识存在错误的理解，则会对后继学习产生极为不利的影响。

---

① Bransford J. D, Ann L. Brown, Rodney R. Cocking. How People Learn: Brain, Mind, Experience, and School[M]. The National Academy of Science. 1999, From: http://www.nap.edu/html/howpeople.

教育的目标之一是培养和发展学生的素养。在教学实践中怎样才能达到这一目标呢？又该怎样衡量呢？如果学校培养的学生不能把先前所学的知识迁移到后继的学习中去，不能用这些知识去解决新问题，那就不能说已经完成了培养和发展素养的任务。只有在一种学习能对另一种学习产生积极影响时，才能说教师完成了这个任务。所以说正迁移的产生是培养学生能力的前提，是通过教育培养和发展学生对不同学习情境的适应能力，也是解决新问题能力大小的重要标准。因而，教师应该把发展正迁移作为自己追求的目标，用正迁移是否发生作为评价教学质量的真正标准。学生在学习过程中产生正迁移的多少、广度与深度等品质是学生能力或素养发展得如何的重要标志。因此，正迁移是教与学的重要目标，也是发展学生能力的重要标志，也是实现方法或途径。

其次，迁移对于提高解决问题的能力具有直接的促进作用。要有效地解决某个问题，除需要一些基本的分析、综合、抽象、概括、归纳和演绎等思维活动外，还需要调动和应用头脑中已有的经验和知识。能否准确、有效地提取有关经验和知识来解释和解决目前的问题，这是迁移的关键问题或本质问题。对专家与新手的大量对比研究表明，个体在形成问题表征、确定解题路径、执行解题计划时，都受到原有经验的影响。某一领域的知识、技能在问题解决过程中起到非常重要的作用。试想，若某领域的专家去解决他不熟悉的领域的问题（如物理学专家解决医学问题），则会显得束手无策。这说明脱离具体的知识、技能来强调问题解决能力是不可行的。在课堂情境中，大部分的问题解决都是通过迁移来实现的。能否将原有的经验迁移到目前的问题情境中，这直接决定了能否解决问题。

再次，迁移是习得的经验得以概括化、系统化的有效途径，是能力与品格形成的前提条件。学习的最终目的并不是将知识经验储存在头脑中，而是要应用于各种不同的实际情境。要想解决现实中的各种问题，只有通过广泛的迁移，原有知识经验才能得以改造，才能够使新旧经验或知识得以概括化和系统化，使原有的经验结构更充实、更完善，从而能够广泛、有效地调节个体的思维与行为，将得到升华的“经验”与目标问题相适应，从而使问题得到解释或解决。因此，迁移的结果是使学习者的知识结构得到优化，从而提高学习者的能力。

第一节 迁移的概念

心理学中迁移一词的意义是：先前学习的知识和技能对新学习与获得的影响（Gick & Holyoak，1983）[①]；或者从一种学习中习得的经验对其他学习的影响（冯忠良，1992）[②]；还有人说是先前学习对后继学习所产生的某种影响（周谦，1992）[③]。梅耶（Mayer）和维特罗克（Wittrock）认为，只要先前学习的知识影响当前的学习或当一个先前解决的问题影响了新问题的解决方式时，迁移就产生了[④]。埃特默和纽比（Ertmer & Newby，1993）则认为迁移是指用新的方式或在新的情境中应用已经习得的知识，也是指已有的学习如何影响新学习[⑤]。也有人将它定义为已经获得的知识、动作技能、情感和态度等对新学习的影响（陈琦，1997）[⑥]。斯滕伯格（Sternberg）等认为，迁移是指将知识从一个问题或情境中迁移到新的问题中（Sternberg等，2002）[⑦]。布鲁纳（Bruner）则把迁移看作是把习得的编码系统用于新的事例。在行为主义学习理论中，迁移来自概括，相同或相似特征的情境可以使得行为在共同要素中实现迁移。而根据认知理论，迁移与信息如何储存在记忆中直接有关。当学习者知道在不同的情境中如何运用知识，那么就发生了迁移。建构主义则主张：通过让学习者参与到一个有意义情境中的真实任务，就能实现迁移（Ertmer & Newby，

---

①Gick, M. L., and K. J. Holyoak, Schema induction and analogical transfer[J]. Cognitive Psychology, 1983 (15): 1-38.

②冯忠良. 结构—定向教学的理论与实践—改革教学体制探索[M]. 北京：北京师范大学出版社，1992: 152.

③周谦. 学习心理学[M]. 北京：科学出版社，1992：428-439.

④Mayer, R. E., & Wittrock, M. C. . Problem-solving transfer[M]//. In D. C. Berliner & R. C. Calfee (Eds.), Handbook of educational psychology. New York: Macmillian, 1996: 47-62.

⑤Ertmer, P. A. & Newby, T. J. The Expert Learner: Strategic, Self-regulated, and Reflective[J]. Instructional Science 24，1996: 1-24.

⑥陈琦. 当代教育心理学[M]. 北京：北京师范大学出版社，1997.

⑦斯滕伯格，威廉姆斯(Robert J. Sternberg ,Wendy M. Williams，2002).（美）教育心理学[M]. 张厚粲，译. 北京：中国轻工业出版社，2003.

1993)[①]。

正迁移（positive transfer）也称积极迁移，指一种学习对另一种学习产生的积极的促进作用：一种学习使另一种学习具有了良好的心理准备状态；一种学习使另一种学习活动所需的时间或练习的次数减少；一种学习使另一种学习的深度增加或单位时间内的学习量增加；已经具有的知识经验使学习者顺利地解决了面临的问题等情况。例如，小学数学的学习保证了中学代数的学习，数学知识的学习保证了物理中有关计算问题的解决；摩托车骑手对道路情况的判断能力有助于他（她）学习汽车。

负迁移（negative transfer）也称消极迁移，指一种学习对另一种学习的消极促进作用。负迁移多指一种学习所形成的心理状态，如功能固着（functional fixedness）和反应定势（response set）等对另一学习的效率或准确性产生了消极的影响；一种学习使另一学习所需的学习时间或所需的练习次数增加或阻碍另一种学习的顺利进行、知识的正确掌握等。负迁移发生是因为问题解决者试图把熟悉的但不恰当的方法用于新的情境，如汉语拼音的学习会干扰英语的学习，学会骑自行车会对学习骑三轮车产生阻碍作用等。

在两种学习之间之所以既可能产生正迁移，又可能产生负迁移，关键是由于在一种学习中所概括出来的结论（如原理、概念等）向另一种新的学习的推广方法。在这个推广过程中，如果这一结论对两种学习都是适合的，那么就会产生正迁移；如果这一结论对两种学习中的一种学习是不适合的，那么这种推广对这一学习来讲就变成了一种干扰，也就产生了负迁移。由此可见，两种学习具有相似性是产生正迁移或负迁移的客观原因，而在相似的前提下能否使用共同或相同的原理、概念，则是造成正迁移或负迁移差异的主观原因。客观原因是由两个问题的性质决定的，而主观原因与学习者的学习加工过程有关。

零迁移也称不确定迁移。如果两种学习没有相似性，或一致性程度很低，那么在一种学习中通过概括得到的结论不会推广到另一种学习中，这种学习也就不会对另一种学习产生影响，一般我们把这种情况称作零迁移。除上述原因外，发生零迁移还有另外的原因，即当一种知识还没掌握时，哪怕另一种知识与它有相似之处，它们之间也不会产生迁移。因此，零迁移的产生也与学习者

---

①Ertmer, P. A. & Newby, T. J. The Expert Learner: Strategic，Self-regulated, and Reflective[J]. Instructional Science 24, 1996: 1-24.

对知识的理解程度或掌握程度有很大关系（Brown & Kane，1988）[①]。

当在一种情境中学习的一个规则、事实或技能应用于另外的一个十分相似的情境中时，产生的迁移是特殊迁移（specific transfer）。如把标点符号的规则运用于写一份求职信或用字母表的知识来使用字典。一般迁移（general transfer）指把一种情境中的学习原则或态度应用于新问题，常常是不相似的新问题。因此，一般迁移可能意味着你用问题解决的启发式（problem solving heuristics）来解决你个人生活中的实际问题（Woolfold，A.，2001）[②]。

沙拉曼和珀金斯（Saloman & Perkins，1989）提出了“低路迁移”（low-road transfer）和“高路迁移”（high-road transfer）[③]。低路迁移是高度实践技能的自发的、自动化的迁移。它几乎不需要反思，它是相同内容的迁移和相同程序的迁移。这种迁移产生于不同的、广泛的实践活动，最后达到迁移行为的自动化。高路迁移是指有意识地将在一种情境中学到的抽象知识应用到另一种新的情境中。它需要抽象和反思，它使用事前的预期反思和事后的推论。当然，它是一个受控制的过程，而不是一个自动化的过程。

从知识学习的顺序也可把迁移分为前向迁移（forward-reaching transfer）和后向迁移（backward-reaching transfer）（Sternberg等，2002）[④]。前向迁移是你在学习任何知识的过程中都准备要将它应用到以后的学习。比如，你在学习统计时，为了在今后的工作中应用统计知识，你会有目的地去学习它。后向迁移是当你以前学过的知识与当前正在学习的任务有密切相关时，你才意识到以前知识的实用性。比如，之前你是为了完成课程而学习了统计学，而当学习了心理与教育研究方法课程时，发现统计知识能应用于你今后的教育或心理研究，这就是后向迁移。

许多理论家认为，迁移的量是学习的源领域（source domain）与新的领域之间交集的函数。交集的测量需要的知识是如何被表征和跨领域概念图式化

①Brown, A. L., & Kane, M. J. . Preschool children can learn to transfer: Learning to learn and learning from example[J]. Cognitive Psychology, 1988(20): 493-523.

②Woolfolk, A. Educational Psychology[M]. Allyn and Bacon Press, 2001: 310-313.

③Saloman, G., &Perkins, D. Rocky roads to transfer: Rethinking mechanisms of neglected phenomenon [J]. Educational Psychologist, 1989, 24(2): 113-142.

④斯滕伯格，威廉姆斯(Robert J. Sternberg, Wendy M. Williams, 2002)(美)教育心理学[M]. 张厚粲译. 北京：中国轻工业出版社，2003.

（mapped）的理论（Bransford 等，1999）[①]。西格勒（Singley）和安德森（Anderson）认为：任务之间的迁移是任务之间共有认知元素之间的函数[②]。

我们认为，迁移是学习者理解或识别新旧知识之间的关联性后产生的已有知识在新学习中的应用。迁移是否成功决定于学习者对新旧知识之间的理解深度。我们可以从事物的主客观两个方面来理解迁移问题。从客观上讲，迁移只有在两个相互有联系的问题之间才能进行，我们可以用客观计量的方法来确定两个问题之间相似性或相关性的程度（见第三章第一节中的“不同物理问题间相似性评定指标及办法”）。当然，我们必须注意一个事实，这样客观测量出来的相似性或相关性的程度仅仅表示两个问题之间关联性的客观存在，这种客观存在并不是迁移的充分条件，而仅仅是必要条件。迁移成功更重要的因素在主观方面，即认知主体对两个问题本身的理解，或者说对两个问题之间相似性或相关的感知、体会或顿悟，主体对于问题理解的广度、深度和正确程度才是迁移成功的关键。因此，我们的观点是问题之间的客观相似性是迁移的必要条件，而只有加上主体对问题间的相似性或相关性的理解才能构成迁移的决定性因素。

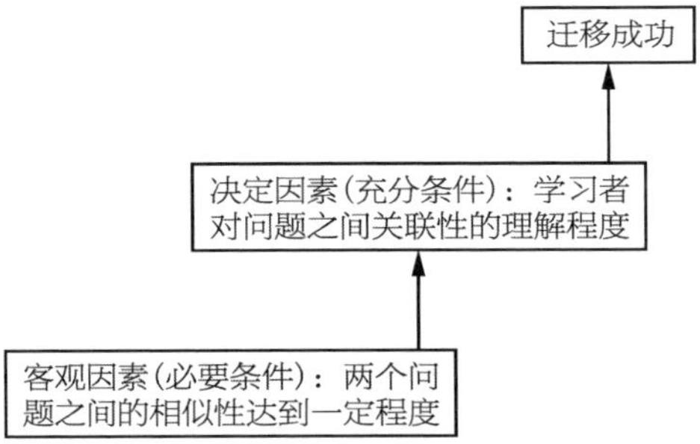

图1-1　迁移的成功因素

迁移能力在“知识爆炸”的今天显得尤为重要。学校不可能将所有知识都教给学生，只有具备了迁移能力，学生才能适应不断变化的社会。然而迁移并不是自动产生的，它需要培养和训练（林崇德，2003）[③]。

①Bransford J. D, Ann L. Brown, Rodney R. Cocking. How People Learn: Brain, Mind, Experience, and School[M]. The National Academy of Science. 1999, From: http://www. nap. edu/html/howpeople.

②Singley, K., and J. R. Anderson. The Transfer of Cognitive Skill[M]. Cambridge, MA: Harvard University Press. 1989.

③林崇德. 学习与发展[M]. 北京：北京师范大学出版社，2003：23-27.

第二节 学习的概念

学习是一个日常生活中使用频率很高的词。现代社会离不开学习。学习是人适应社会或顺应社会发展的必要方法或前提。心理学中的“学习”一词不仅指人类对周围环境或事物的适应或认识，而且也可指动物对环境的适应能力的变化。目前，心理学界对学习的定义大致可分为：一、学习是指刺激—反应（S—R）之间的强化（行为主义）；二、学习是指学习者认知结构的变化（认知主义）；三、学习是学习者的自我概念的变化（人本主义）[①]；四、学习是学习者在与周围环境的相互作用过程中所构建的自我认知结构（建构主义）。

一般说来，学习是指学习者的知识发生持久的变化，这种变化是由经验带来的。它的特点为学习是长期的而不是短暂的过程；学习涉及认知变化，这种认知的变化通过行为的变化反映出来；学习依赖于学习者的经验。

行为主义的客观主义观反映在教学上认为，学习就是强化建立刺激与反应之间的联结；教育者的目标在于传递客观世界的知识，学习者的目标是在这种传递过程中达到教育者所确定的目标，得到与教育者完全相同的理解。行为主义者非常关注学习活动过程中的刺激与反应之间的联系，而无视在这种传递过程中学习者的理解和心理过程。因此，行为主义是一种客观主义的较为极端的表现。

认知主义者基本上还是采取客观主义的传统。与行为主义者不同之处在于，认知主义强调内部的认知结构。教学的目标在于帮助学习者习得这些事物及其特性，使外部的客观事物（知识及其结构）内化为学习者内部的认知结构。因此，与行为主义相比，认知主义更注重认知过程中学习者的认知结构的形成与发展过程。

建构主义是学习理论中行为主义发展到认知主义以后的进一步发展。建构主义者主张，世界是客观存在的，但是对于世界的理解和赋予意义却是由每个

---

①施良方.学习论——学习心理学的理论与原理[M].北京:人民教育出版社,1994:2.

人自己决定的。因此，由于每个人的已有经验不同，以此为基础来建构的现实或者解释的现实并不相同，于是每个人对外部世界的理解便也迥异。建构主义更关注如何以原有的经验、心理结构和个人信念为基础来建构知识。① 因此，建构主义强调学习的主动性、社会性和情境性，对学习和教学提出了许多新的见解。建构主义的教育思想关注学习者的知识建构的主动性，认知结构对问题情境的融合性构建。建构主义主张教学过程要呈现知识的发生过程、知识与实际情境的联系，提高学习者对知识与情境关系的理解能力和在原有经验和知识之上进行意义建构的能力。

建构主义不是万能的，行为主义也不是在教学上一无是处的。正确地认识这三种理论有助于提高教学的有效性。事实上，行为主义的最大优点是“化繁为简”的分段处理思想，对教师在教学过程中处理教学难点有一定用处；行为主义在对学习者的训练、思维或行为习惯的培养等方面非常有效。认知主义的长处在于关注认知的结构，强调知识学习过程的加工过程或有效加工的方法；认知主义对结构性知识或知识的结构化具有独特的优势，有助于教师强化认知结构的形成与优化。

我们认为，学习就是学习者在与周围环境相互作用（问题解释或问题解决）的过程中，自我认知结构发生变化的过程。这种过程可以表现为学习者被动适应环境，也可能表现为学习者主动适应环境或问题情境。从教育的角度来说，我们更期望学习者表现出对环境或问题情境的主动适应。学习的结果是使学习者的知识结构、能力或品格发生持久的、稳定的变化。

第三节　知识的概念

什么是知识？知识的本质是什么？这很难用几句话来回答，但教育不能回避这些问题。教育家与哲学家对知识的概念与本质的研究和思考从来没有停止过，因为对教育本质与教育方法的研究需要我们正确认识知识的本质问题。对

①张建伟，陈琦．从认知主义到建构主义[J]．北京：北京师范大学学报（社科版），1996(4)：75-82。

知识概念的理解在很大程度上影响甚至于决定着教育者的教育行为与方法。知识观与教育观是紧密相连的，知识观会直接影响教育者的教育观念和教育行为。有什么样的知识观往往对应着什么样的教育理念；教育理念又会对教育方法产生影响；教育者的教育方法和教育行为又直接影响学习者的学习方法与学习行为。因此，知识观并不是我们某些人所想象的虚无的东西，而是实实在在影响教育的关键理念。

知识观会直接影响教师和学生的教育价值观。知识观会决定和评估知识的价值，从而影响教育内容的取舍，这实际上是知识观对教育价值观和课程价值观的影响。例如，重视知识应用价值的知识观会导向增加课程的实际应用内容，导向课程实施的实践应用、课程评价的应用能力。

知识的本质属于教育哲学的范畴，它与教育的联系十分紧密。知识的本质是教育本质的重要组成，对知识本质的理解直接影响对教育本质的理解，从而决定我们的教育观念、教育方法和教育行为。在教育改革的关键时期，知识观会起到更重要的作用。例如，我们为什么要提出知识、能力和态度的三维目标？为什么要强化教育中的知识发生过程？可以借助如下事例来思考这个问题。

例1：动物会做数学题。海洋公园内，一个驯养员在题板上写下“6＋5”，海豚看完题板后便在观众的数数声中拍11下尾巴。狗等动物也会数学，它们会根据题板上题目的答案，从一排数字中叼出相应数字交给主人。

例2：层出不穷的“神童”故事。中国一些家长让幼儿在很小的时候便开始认字、学背唐诗、学做数学题。于是就涌现出很多美妙故事：某人的孩子不得了，三岁不到会背多少首诗，会认多少个字，还会做数学题，在媒体的炒作下被冠以“神童”之名。但很多所谓的“神童”，他们的后续发展并不如预期，现状也不那么令人满意。

动物会算术吗？肯定会，这是我们亲眼所见，不会有假。但是动物懂“数”的概念吗？你就不敢轻易下结论了。一般来说，动物的学习训练都符合条件反射原理。例如，训练时让海豚看题板上“1＋1”的数学题目，然后让它拍尾巴，只有当它“拍2下”时驯养员才给吃的，通过不断的努力，海豚会意识到一个联系：题板出现“1＋1”——尾巴拍2下——食物。当然，训练次数越多，错误率便会越低。显然，训练出一只会算数的海豚不是一两天的事，据报道，需要3—4年的训练时间。幼儿教育是否也有这样的问题呢？按照皮亚杰的研究，一般幼儿在三岁时才有数的能力（不排除现在的孩子比皮亚杰时代的孩子更聪明了），但是，部分家长或幼儿教师会盲目地教孩子数学，其实孩子对数的理解能力还不够。“佳佳，1加1等于几啊？”孩子乱叫：“1、5、3、2。”当大人听到“2”时，便说：“对了！等于2，佳佳真聪明！”经过一个星期的“苦练”，孩子会知道很多数学题的答案。偶然孩子可能在邻居面前有一个出色的表演，令他们瞠目结舌并大赞这孩子是“神童”。

我们仔细思考一下：这样的训练与训练海豚有区别吗？没有本质区别！只不过把“食物”换成了“赞扬”。用这种方法训练出来的孩子会算数，但不懂“数的概念”。有一则灰色的幽默：考试时一个小学生被一道“3×7=？”的问题难住了。考完后他说：“眼看就要收卷了，不管三七二十一，我写上一个答案22。”① 同样，小孩对“床前明月光，疑是地上霜”等诗句在不理解意境的情况下，背下来有多少意义是很难说的。对处于幼儿期的孩子而言，背下一首诗重要呢，还是先去感受将来需要理解的诗意情境下的大自然更重要呢？不言而喻，大家都认为后者重要，因为教育的可持续发展是建立在个体对自然与社会的观察与体验的经验积累的基础之上的。

中小学教育是否也在做同样的违背规律的傻事呢？我听有的大学老师说：“中学物理到底教什么?！高考分很高的学生进了大学后，居然发现他们对很多物理学的基本概念都不理解！”我们不去考究事实，但我们的教学确有这样一个“法宝”：第一遍做错了，再做一遍，不管几遍，最后的目标是会做这道题。对题目背后的概念、规律，是否真正理解、能否自觉应用，反而不是教学目标了。

因此，我们需要思考的问题是：知识到底是什么？我们到底要教孩子什么样的东西？我们要让孩子学哪些东西？美国教育家布鲁纳说：“知识不是一种结果，而是一种过程。”而在目前的教育中，不同程度地存在着重结果轻过程、无视知识的发生过程、忽视对知识来源的探究的现象。缺乏体验和感悟的知识只是一种特殊的符号系统，对学习者来说自然很难应用于实践情境。

①朱小蔓. 教育的问题与挑战——思想的回应[M]. 南京：南京师范大学出版社，2000.

海豚和狗会“算术”，幼儿会背诗、算术，他们是否学到了知识？应该说学到了记忆层面上的知识，但这些知识不能应用，也就没有了意义。人们学习知识的目的是为了理解社会、适应社会，解决日后生活和工作中遇到的问题，这就是知识最重要的功能——可应用性。学生学的知识必须建立在充分理解的基础上，只有理解了的知识，才有可能得到应用。

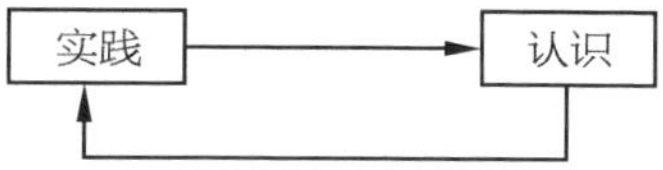

图1-2　实践与认识

对知识本质的思考可以帮助教师正确对待学习的目标知识，避免学生进行无效知识的学习。那么，高价值的知识具有什么样的特征呢？首先，从认识论的角度来说，知识就是人们在实践过程中取得的经验的概括与总结。知识在实践与认识的循环过程中会不断提升自身的价值。因此，从实践中产生又能够回到实践中去才是知识的本真体现。当然，不排除从书本或课堂等途径习得的知识，但这些间接知识的学习也必须遵从实验与体验的原则。因此，不管从什么途径获得认识，都必须有这种“实践一认识”的循环或模拟循环才能使知识的价值得以实现。[①]

其次，对知识的认识也决定着教育研究者与教育工作者对教育本质的认识与教育行为。认识论中，知识分为感性知识与理性知识，主要是基于知识获取过程或阶段的不同。感性知识侧重于人对知识获取过程中的经验性成分，是对个人经验感觉的概括与总结；理性知识侧重于唯理性的对材料的加工，是在感性知识的基础上进一步加工所形成的。从知识的经验性来理解教育会要求教育重视体验性和实践性，而从知识的理性来理解教育则会要求教育更重视学习认知的思维加工过程。因此，知识观与教育流派之间存在着强对应关系[②]。

表1-1　知识观与教育流派之间的对应关系

哲学观	经验论	实用论	实证论	唯理论
具体的知识观	知识是从经验获得的，尊重经验，遵循自然	知识是人的直接经验所构成的，强调知识的实用价值	知识是通过观察、实验方法归纳出来的，只有被验证的知识才能被把握	知识是通过人的心灵活动获得的，崇尚理性，追求真理
教育流派	自然主义	进步主义	科学主义	理性主义

①曹宝龙．试析课程改革的几个问题[J]．中国教育学刊，2007(7)．

②王兆璟．教育理论与实践关系的知识思考[J]．教育研究，2007(4)：61-65.

续表

哲学观	经验论	实用论	实证论	唯理论
具体的教育观	强调直观,注重感觉训练,遵循儿童的自然本性	以儿童的活动与经验为中心,强调适应与变动,注重教育与生活的联系	教育的目的在于为生活做准备,知识的学习必须考虑儿童实际	重视学生知识学习及认知能力的发展,强调教育的意义

教育哲学对知识的本质的认识有两个极端：一种是理性主义的教育哲学，另一种是经验主义的教育哲学。理性主义的知识观认为：由感官获得的知识是混乱的，是人与动物共同具有的；只有由思想获得的知识才是清晰可靠的，是人类所独有的。显然，这种理性主义的知识强调知识构成中的逻辑成分及知识形成过程的理性作用。而经验主义的知识观认为：人的知识都来自感觉经验，都是对外部世界的客观反映。观察与实验是获得知识的最可靠的途径。[①] 其实这两种观点是实际存在的知识观的两个极端。实际教学过程中可以根据学习内容、学习者的经历或资历、学习场景和学习时间等因素来综合考虑，使学习过程的理性与感性成分达到适度与平衡。

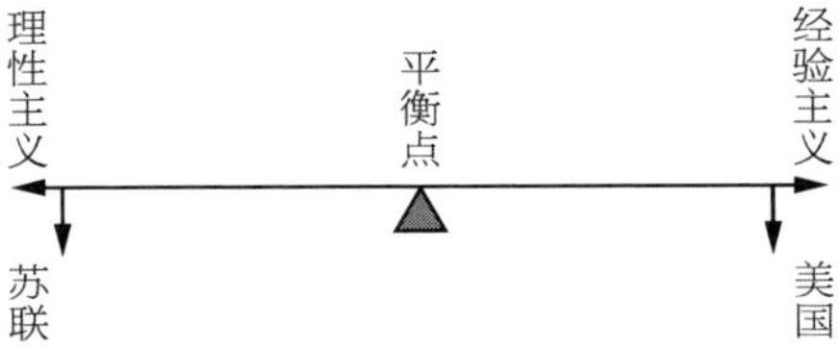

图1-3　不同的教育哲学

因苏联的教育观对我国教育的影响等历史原因，中国教育中实际存在的知识观还是偏重于理性。20世纪60年代我们提出“教育三结合原则”，试图把教育从偏理性的位置向经验性方向“拉动”，但执行过程中的一些极端做法给教育造成了极大损失。为解决教育忽视知识的经验性的问题，基础教育课程改革要加强教与学过程探究中的经验成分，而减少过多的“偏、难、繁、旧”的理性成分，这样才能有助于培养学生的实践能力。从这个意义上来理解，我们正在进行的教育改革的方向是从理性主义向经验主义“移动”，当然，这种“移动”应该处于合理的限度内。美国在20世纪50年代末到60年代中期由布鲁纳领导的教育改革很快失败，其原因就是脱离实际，超出教育者与被教育者的承

①石中英.教育哲学导论[M].北京:北京师范大学出版社,2004:135-137.

受范围。历史的经验告诉我们，必须避免从一个极端走向另一个极端，不然也会影响改革的持久性和有效性。

对知识的理性哲学思考有助于我们理解知识的本质属性及知识与学习之间的关系。但是，理性思考不可能认识知识的内部本质。现代认知心理学对知识的本质又有了新的认识。（见第六章“知识观的发展”）

第四节 学习迁移的研究方法

迁移研究是一项教育研究或心理研究。对于教师来说，迁移的研究更是一项提高教学效率的理论与实践研究。迁移研究的方法有理论研究、实验研究和行动研究。理论研究的任务是研究迁移的本质意义，比较各种迁移理论，从而为实践研究做出理论选择；实验研究是设计实验方案，测试不同的干预、学习方式、学习因素等对迁移的影响程度；行动研究主要是一线教师采用的研究方法，是运用合适的迁移理论指导，设计可行的研究方案，在教学实践中进行理论与实践相结合的研究，从而探索迁移方法与规律，提高教学效率。

一、理论研究方法

理论研究是教育心理研究的基本方法，是任何一项研究的基础与起点。理论研究的任务是搞清问题的理论框架和前沿研究状态，包括研究历史、研究现状和研究发展趋势。理论研究可以为实践研究把握方向，并选择方法与策略。理论研究本身需要我们对相关问题的本质与意义做出准确的理解与解释，对问题之间的关系或联系做出哲学或心理学的意义解释，并作为教育教学的实验研究和应用研究的基础。

迁移的理论研究对于迁移的整个研究过程而言具有十分重要的意义。首先，迁移是学习的目的，也是学习的结果。迁移的质与量直接反映了学习的品质。因此，迁移理论的研究必须研究学习理论与迁移理论之间的关系，需要对学习理论与迁移理论进行系统的整合，构建自洽的学习迁移理论体系。其次，迁移的研究需要针对性的理论支持。学习迁移的理论经历了长期的发展，形成了各种流派、多种理论。每一种迁移理论都能够从某一方面来阐述迁移的规律或机制，而随着心理科学的发展，迁移理论又在不断向前迈进。因此，研究者必须比较、分析各种理论流派为我所用。再次，迁移研究的方法也在理论研究过程中不断成长与发展。研究者在研究各种理论的同时也会从历史上的一些典型迁移研究案例中得到启发，借鉴这些研究可从中探索出适合自己研究的方法基础。

任何一项科学研究都离不开理论，也离不开前人的研究。迁移的研究也一样，不仅需要我们对前人的研究做系统的文献综述和分析比较，还需要我们对前人的研究方法做深入研究，研究它们的特点与方法论思想，从而为自己的研究提供方法论的指导。

二、实验研究方法

实验研究是教育研究的重要方法。教育研究的实验方法主要采用观察法与测量法。

（一）观察法

观察法是在一定的时间内对某一个体或群体的特定行为表现或活动进行考察与记录，收集所需要的研究数据。观察包括自然观察和实验观察。自然观察是在自然状态下对研究对象进行考察与记录，从而收集研究数据；实验观察是指实验者对某一个体或群体实施条件控制或干预后，向实验对象实施某些影响实验变量的相关行为，对结果或数据进行考察或记录。

实际研究中常常使用实验观察法。从桑代克（Thorndike）开始的多数近代迁移研究都采用了实验观察法。观察法是一种定性研究的方法，有助于对迁移的本质做出研究解释。例如柯勒（Kohler，1929）与思本斯（Spence，1936）在观察小鸡、黑猩猩和小女孩的实验后提出“关系—转换”学说，在贾德（Judd）迁移概括化本质学说的基础上，提出了他们关于迁移本质理论新的解释。

（二）测量法

测量法是运用严格的测试工具（问卷或量表或计算机测试程序），用一定的科学测试程序对测试对象进行测试的某些特殊的测量方法。它的特点是定量化和程序化。测量法是迁移研究最常用的手段。一般来说，迁移测试中先让被试进行一定量的学习，学习的材料经过精心准备与科学论证。然后用某一测试材料对被试进行后测，以确定学习过的材料在测试问题的解决过程中运用或迁移量的多少。当然，迁移测试中的主要难题是如何确定被试是否真的没有学习过测试中使用的“学习材料”中的问题。一般来说，学习材料中的任务问题（task problems）都是被试未曾学习过的，当然测试用目标问题（target problems）也是没有学习过的，但任务问题的学习中所掌握的知识或方法经过一定的迁移可以用来解决目标问题。

事实上，迁移问题的难度也是一个关键。问题难度除了与问题本身有关以外，目标问题是否能够解决还与任务问题与目标问题之间的相似性程度有关。相似性程度越弱，我们认为迁移越远，迁移的难度越大或迁移的可能性越小。因此，设计目标问题与任务问题之间的迁移的“远”或“近”直接关系到迁移测量的结果。一般来说，远迁移的可能性很小，不宜用来测量，而过于近的迁移的难度又太小，也会为迁移测量的信度带来问题。为了了解迁移测量的基本情况，可以通过下面的测量案例来感受。这个测试是用一般学习的方式让学生学习某些问题，然后测试学习这些问题后学生在后面的目标问题解决中的表现。[1]

一般学习方式

（任务问题学习卷）

同学：

你好！

下面是一份很有物理意义的学习材料，请仔细阅读理解。我们会在后面一个单元时间安排一个测试材料，以检测你的掌握程度。

本程序供研究使用。谢谢合作！

学校________　班级_______　姓名________　性别_____　年龄（周岁）_____

①曹宝龙.物理教学过程中高中生学习迁移的影响因素[D].北京:北京师范大学博士论文,2006.

问题1

我们可以认为太阳在每一时段的发光量都相同，则在离太阳中心等距离的某一球面（如图1-4中虚线表示的球面）上的任意一点，太阳光的强度是相等的，而随着离太阳中心的距离的增大，太阳光的强度会逐渐减小。那么光的强度与离太阳中心的距离的关系是怎样的呢？如何定量地表示？

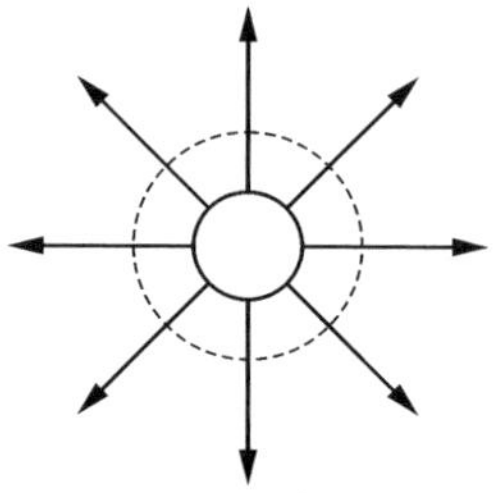
图1-4

我们可以这样来定量推导这种关系：设离太阳中心的距离为r_1的一个球面上的任意一点的光强度为E_1，离太阳中心的距离为r_2的另一个球面上的任意一点的光强度为E_2。我们可以用发出的太阳光的条数来表示太阳的发光量（其实太阳光不是线条，只是为了形象地表示太阳光而采用的一种描述方法）。这样，光的强度就是光线的密度。即光线越密处，太阳光就越强。太阳的发光量恒定，即每一时间段太阳发出的光都相同。由于发光量就是光的密度×面积（球表面积公式是$S=4\pi r^2$），则半径为r_1和r_2的两个球面上接收到的总发光量是相等的，即

$$E_1\times 4\pi r_1^2=E_2\times 4\pi r_2^2$$

$$\text{即}\ \frac{E_1}{E_2}=\frac{r_2^2}{r_1^2}$$

$$\text{即}\ E\propto\frac{1}{r^2}$$

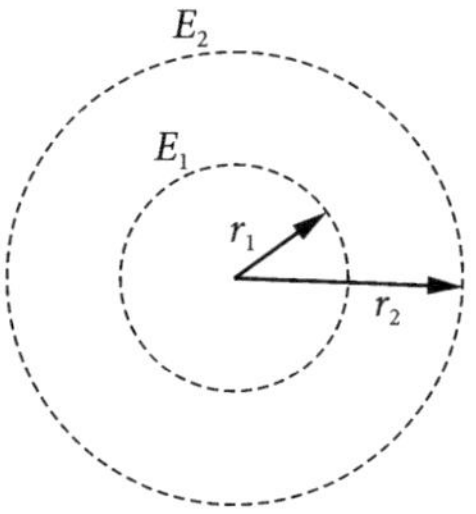

图1-5

因此，我们可以得出结论：光的强度随着离太阳中心的距离增大而减小，且与距离的平方成反比。

问题2

我们已经知道，重力做功与物体所经过的路径是无关的，这种力在物理学中称为保守力。图1-6中一个物体在竖直面上从A点运动到B点，经过任何一条路径重力所做的功都是相同的。原因是重力的方向总是竖直向下的，只有与重力方向一致的位移才是做功的有效位移。也就是说，物体不管经过哪一路径从A到B，重力做功一定是$mg\cdot BC=mgh$。

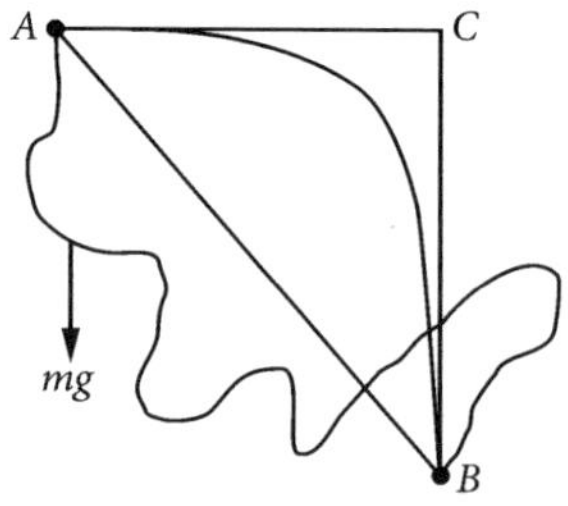

图1-6

由于保守力做功只与始末位置有关，而与路径无关，因此我们引入一种叫重力势能的能量，它的表达式可以用mgh来表示，它的大小完全由物体的位置高低来决定。

事实上，只要是做功与路径无关的力，必定可以引入一个对应的势能来表达物体运动过程中的功能关系。物体从A运动到B的过程中重力做功为mgh，则重力势能减少了mgh。即保守力做功的多少可以用势能的增减来表达。同样，弹簧上的弹力做功的多少等于弹性势能的增减。

因此，我们可以得出一个结论：保守力总是对应着一个势能，保守力做多少正功，这个对应的势能就减少多少。

问题3

科学研究中经常遇到如何合理公平地描述一个科学量或一种科学性质的问题。例如，如何测量或描述风的强弱。我们可以根据风的性质来研究这个问题。风对阻挡物有风力作用，而风力作用的大小又与阻挡物的大小以及风本身的强弱有关。一个阻挡面积大的阻挡物处于很弱的风中，作用于阻挡物上的风力也可能会很大；当然一个面积不大的阻挡物在很强的风中也可能会受到一个较大的力。例如风中的一把雨伞，打开后比收缩时受到的力大一些。那么我们如何来确定风的强弱呢？我们可以这样设想：阻挡物受到的风力，不仅与风的强弱有关，也与阻挡物正对风向的面积有关。

如果一个阻挡物受到的力是f，那么两个阻挡物受到的力是$2f$。

体会下列两组数据：

表1-2 两组数据

	数据组1				数据组2			
S/cm^2	10.0	20.0	30.0	40.0	10.0	20.0	30.0	40.0
F/N	15.0	30.0	45.0	60.0	20.0	40.0	60.0	80.0

在同样的风中（如“数据组1”），力与面积的比值是一个定值（1.5N/cm^2），与阻挡物的面积大小无关。而在数据组2中这个比值又是多少呢？

实际上，这个比值反映了风力的强度。我们可以用单位面积受到的力来衡量风的强弱，定义风的强度。即风的强度的定义式是

$$E=\frac{F}{S}$$

其实有很多物理量是这样定义的，如衡量物质致密程度的物理量——密度，它的定义是单位体积的质量大小，即$\rho=\frac{m}{V}$。

学习结果测试（附评分标准）

（目标问题测试卷）

亲爱的同学：

请你仔细阅读下面的问题，认真思考并解答。谢谢合作！

学校_______ 班级______ 姓名_______ 性别____ 年龄（周岁）____

问题1

电荷周围会存在一种叫电场的物质。例如，一对带等量异号电荷的平行板之间存在的电场如图1-7所示。用带箭头的线段表示两板间均匀强弱的电场。电场的一个性质是对处于电场中的电荷有力的作用。电场越强，对电荷的作用力F越强；放入电场的电荷电量q越大，则电荷受到的力越大。如果现在要引入一个新的物理量来描述电场本身的强弱，称为电场强度，用E表示，那么你能提供电场强度E的定义方法或测量方法吗？请给出理由。

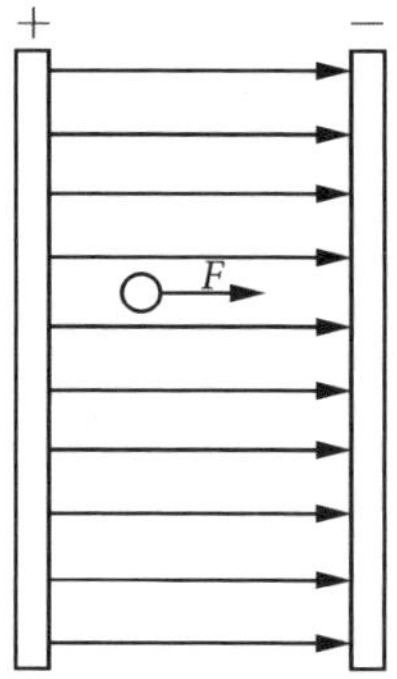

图1-7

你是怎么想到用这种方法解决这个问题的？

简明扼要地写出你解题的思路。

评分标准

0分：从方法与解答的过程中没有看出任何迁移的思维活动。

1分：可以看出某一点或某一处发生思维迁移，如用到前面的学习问题或密度定义等知识，但迁移方法是错误的。

2分：有迁移的成分且较明显，但定义方法还是错误的。如$E=\frac{q}{F}$等。

3分：基本能够给出电场强度的定义方法，且可明显地看出应用了前面风力强度的定义方法，但是仍有明显的错误存在。

4分：定义方法和结果基本正确，但定义中存在小错误。

5分：定义完全正确，找不到错误。

问题2

我们知道，处在液体中的一个物体受到的浮力大小等于排开的水的重量，方向竖直向上。不管物体运动的状态如何，浮力的方向总是竖直向上的。因此，浮力做功与路径无关。这说明浮力是一个保守力。现有一个质量为m、密度为ρ（小于水的密度$1\times10^3\text{kg/m}^3$）的物体处于深水中，物体到水面的高度为h，水的密度为ρ_0。请你定义一个物体在水中的浮力势能的表达式，并说明物体在上浮的过程中，浮力势能大小如何变化。说明你判断浮力势能大小的依据。

你是怎么想到用这种方法解决这个问题的?

简明扼要地写出你解题的思路。

评分标准

0分：从方法与解答的过程中没有看出任何迁移的思维活动。

1分：可以看出某一点或某一处发生思维迁移，如可以看出试图应用重力势能的定义方法来解决问题，但迁移方法明显是错误的。

2分：有迁移的成分且较明显，但定义方法还是错误的。如给出了浮力势能的定义，但与标准答案相比出现了两个以上明显的错误，包括增大的方向发生错误，重力加速度没有进入公式（把质量与重力混淆了），对浮力势能的解释是错误的，等等。

3分：基本能够给出浮力势能的定义方法，且可明显地看出应用了前面重力势能的定义方法，但是仍有明显的错误存在。

4分：定义方法和结果基本正确，但定义中存在小错误。

5分：定义完全正确，找不到错误。

问题3

真空中某一点有一个带电量大小为Q的正电荷，会在其周围产生一种叫电场的物质，而这种正电荷产生的电场会对周围的负电荷产生吸引力。电场的分布可用一种叫电场线（如图1-8表示）的模型表示。电场线的多少由电荷Q的量决定，即电荷Q的量越大，发出的电场线越多。如果已知电量Q，你能写出离电荷Q的距离为r的某点P处的电场强度大小的公式吗？写出推理过程。

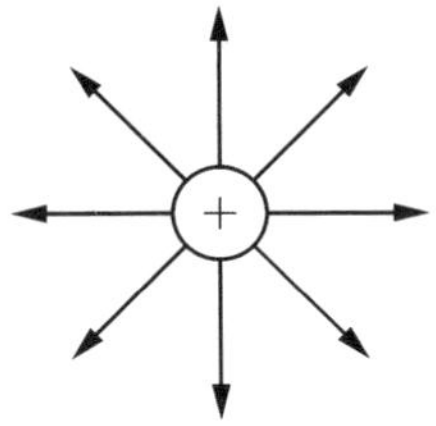

图1-8

你是怎么想到用这种方法解决这个问题的？

简明扼要地写出你解题的思路。

评分标准

0分：从方法与解答的过程中没有看出任何迁移的思维活动。

1分：可以看出某一点或某一处发生思维迁移，如知道应用前面的球面模型或用圆的模型来处理这个问题等，但迁移方法是错误的。

2分：有迁移的成分且较明显，但给出的大小公式还是错误的。如E与半径r成反比等。

3分：基本能够给出电场强度大小的公式，且可明显地看出应用了前面的球面模型推理的方法，但是仍有明显的错误存在。

4分：推理方法和结果基本正确，但定义中存在小错误，如球表面积公式变成了πr^2。

5分：推理方法和结果完全正确，找不到错误。

三、行动研究方法

行动研究是实践工作者运用一定的理论和方法，经过一定的程序准备，在实践中进行理论联系实际的工作方法。这种按照一定的既有程序进行的工作本身就是一种研究，工作的步骤由研究的需要来确定。行动研究的方法或程序通过实践来执行，其严谨性没有实验研究那么强。行动研究的目的除了对某一特定的问题进行深入的研究外，更重要的是改进工作方法，提高工作效率。因此，在行动研究过程中初始设定的方法往往会不断调整。应该说，教师的教育研究使用最多的是行动研究。教师在行动研究中用一定的理论来引导，在行动中发现问题，用理论指导并确立问题研究方案，在方案实施的实践中不断总结与反思自己的行动，分析存在的问题，修改原有的方案，从而提升教育教学的效率，并使教师自身在行动研究中不断提高自我修养、自我反思能力，进而提高教学水平和研究能力。行动研究有助于教师成长为反思型、科研型的教师。

教师的迁移研究当然离不开行动研究。教师运用一定的迁移理论，深入调研学生的学习状态。在教学设计与教学实施过程中巧妙地运用迁移思想和方法，这有助于提高学生的学习效率。在某节课教学前，教师可用以下思路来解决难点：本节课的主要难点是什么？学生为什么难以理解和掌握这些知识？学生学过哪些相近或相似的知识？学生有哪些与这个知识相关的生活经验？如何搭建已有知识（经验）与新知识之间的“桥梁”？怎样的启发方式可让学生发生有效的迁移？……例如，电场的概念对于高中学生来说有一定的难度。难在哪里？太抽象。为什么抽象？看不见，摸不着，没有感觉过。使用过“电场强度”的定义方法（用比值定义的方法）吗？使用过（多次使用过用比值来定义一个描述物理性质的量，如电阻、密度、比热容等）。但这些量的定义方法也抽象且较难，怎么办？是否用一个能够感受到的量？……风力强度的定义方法是否可以迁移到电场的定义呢？于是，我们可以设计一个方案：先定义风力强度，再将这个定义方法迁移到电场的定义。基于这样的考虑，我们设计了这样一个教学场景：①

师：大家都知道风是有强弱的，那么如何来规定和测量风的强度呢？(假如我们现在还没有规定风的强度，我们全班同学组成一个科研小组来定义一个测定风的强度的方法)

生：……（觉得这个问题很有吸引力，但感到无从下手）

师：（启发）我们是如何感受风的强度的呢？风力强的时候会发生什么情况？

生：风力强的时候会把东西吹掉或吹倒，强台风会吹倒房屋等设施。

师：从物理学的角度，你是如何理解风“吹”某一物体的呢？

生：噢！是风对物体施加了一个力！

①曹宝龙．培养能力是教育的永恒[J]．人民教育，2003(12)．

师：对了。风会对物体施加一个力，这是风的一个重要特性，也是我们研究风的强度的重要突破口。现在你们有办法定义风的强度了吗?

生：风越强，对物体施加的力越大。

师：对。但有一个问题你们考虑了吗?同样风较强的时候，为什么雨伞撑开后更容易吹掉呢?

生：噢！原来风力的大小不仅与强度有关，而且与受风的面积有关。

师：现在你能告诉我定义风的强度的方法了吗?

生：可用$I=\frac{F}{S}$来定义。其中I表示风的强度，F是与风向垂直的面积S上受到的力。

师：对。这其实是一种公平测量和比较的方法。下面我们来研究第二项类似的任务——如何测定电场中某一点的电场强度。(提示：电场对放入电场中的电荷有力的作用)

接下来，学生很快完成并体会到：这两个问题的研究方法是完全一样的。学生感到用这种方法来理解和研究电场，好像能“看见”电场了。学生不仅快乐地学到了物理，而且也体会到科学研究、科学思维的乐趣，这是学生终身受益的。其实，用比值来定义物理量的方法在中学物理中比较常见，教师在教学过程中的主要任务是让学生理解定义和测量物理量的基本思想和基本方法，这也是很多物理量定义的方法，通过这样思维方法来解决问题能使学生感受到科学之美。

行动研究法要求教师在工作中不断地学习，在学习中不断地研究，在研究中不断地反思，在反思中不断地成长。一般来说，行动研究法是教师从实践中总结出的且自认为比较好的方法。行动研究法的干预时间一般比较长，不建议采用对比研究。因为一种教师自认为好的方法对一个实验对象长期使用而对另外的教育对象不使用，明显有悖于教育的公平性，也与教师的职业道德或责任相悖。如果对这种方法的效果感到不确定，用行动研究法的前提基础就不成立了。因为我们不能用效果不确定的方法对学生进行长期干预，所以教育研究中的对比研究方法的干预期不能太长。

第二章

主要迁移理论

MAJOR TRANSFER THEORIES

LEARNING AND TRANSFER

形式训练说对教育有哪些影响？心理学家是如何用实证的方法证伪形式训练说的？行为主义的迁移理论有什么特征？认知主义的迁移理论与行为主义理论又有什么区别？迁移理论的百年发展有什么共同规律？迁移理论所转化的学习理论如何指导实际的教育教学活动？思考这些问题，对学习迁移理论、提升教育理论与实践水平有重要意义。

迁移研究的根本目的是提高学习者的学习效率。自觉地应用迁移理论来设计教学、实施教学、评价教学和改进教学，科学地指导学生学习，是提高学生学习效率的根本方法和手段。实施符合迁移原理的教学，有助于提高学生的学习效率。一百多年来，为了探究学习的原理，解释与理解迁移现象，许多教育心理学家对迁移的本质及其规律探索做出了不懈的努力，进行了大量的实验研究和理性思考，对实验过程与结果提出了不同的理论解释，并形成了不同的学习迁移理论。本章对迁移理论做简要的介绍。

第一节　早期迁移理论

一、形式训练说

迁移理论中最早的学说是形式训练说（formal discipline theory）。这一理论以智能说为背景。形式训练说主张迁移要经历一个“形式训练”过程才能产生。形式训练说的心理学基础是官能心理学（faculty psychology）。官能心理学认为，人的心智（mind）是由若干不同的官能（faculty）组成的，如记忆、注意、知觉、推理、意志、想象、判断等官能。心智的各种成分（官能）是各自分开的实体，分别从事不同的活动，如利用记忆官能进行记忆和回忆，利用思维官能从事思维活动。从这种认识出发，形式训练说认为，迁移是通过某种科目或题材对组成心智的各种官能进行训练，以提高各种能力而自动实现的，并转移到其他的学习活动中。各种官能可以像肌肉一样通过练习增强力量（能力）。这种能力在各种活动中都能发挥效用。同时，一种官能的能力改造，也无形中加强了其他官能。因此，形式训练说把训练和改进心智的各种官能作为教学的最重要目标。它强调“形式”和“训练”的重要性，要求严格而充分的练习；认为练习越严格、越充分，心智能力的发展就越完善、越全面。学校教育就是对这些基本能力的训练。

形式训练说认为，学习的内容并不重要，重要的是所学对象的难度及其训练价值。它还认为，学习要达到最大的迁移效果，就要经历一个“痛苦”的过程。从形式训练说的观点来看，某些学科具有训练某些官能的价值。如拉丁语和希腊语等古典语言有助于记忆能力和意志的“忍耐”能力的形成，数学有助于逻辑推理能力的形成，历史能提高证据推理能力和记忆力，而自然科学中的难题可以视为训练心智的最好材料。在这样的训练中，“学生学会观察、分析、比较、分类，学会想象、记忆、推理、判断，甚至创造”，认为“有了这样的造诣，足以使学生在日后的学习和工作中受益无穷”，因此，学校的主要任务是训练学生的官能而不必重视实用知识的学习。

但是，“心智”的各种官能是否可以分别训练，使之提高能力，从而自动地迁移到一切活动中去呢？教学的主要目标是不是训练“心智”的各种官能呢？该学说缺乏充分的科学依据，早期的以及近现代的心理学实验研究都对这一学说提出了挑战。

形式训练说在欧美盛行了两百多年，至今仍有一定的影响。形式训练说对教育的影响可从两个方面来看。一是对课程观的影响。形式训练的课程观认为，课程的主要任务是完成对人的心智训练，它并非是为培养学生的知识理解和能力获得等方面而设计的，因此，课程中充满着训练学生心智的内容。这些内容往往是脱离实际的偏、难、繁、旧的知识，并不能引发学生的兴趣，学生仅仅是为了训练需要而学习。二是对教学方式的影响。持形式训练说的教师信奉教学仅为学生的心智发展服务，所以教学取材往往是从理论到理论，从烦琐到烦琐、从练习到练习，而不关注学生的认知需要或生活实践需要。学生在这样的教育氛围中被动学习、被动训练。形式训练说所引导的教育与生产、生活实际是严重分离的，这样的现象至今仍然存在，因此形式训练说的影响并没有完全消失。

二、相同要素说

19世纪末和20世纪初，心理学家开始借助实验来验证形式训练说的迁移理论。美国心理学家詹姆斯（James）在1890年首先通过记忆实验，表达了对形式训练说的怀疑，他的结论是：记忆能力不受训练的影响；记忆的改善不在于记忆能力的改善，而在于方法的改善。

继詹姆斯之后，桑代克和伍德沃斯（Woodworth）以刺激—反应的联结理论为基础，提出了学习迁移的相同要素说（identical elements theory），认为训练可以迁移到类似的学习活动中，对不相似的学习活动则无迁移现象。如学习拉丁文能促进对拉丁文字根的学习，却不能促进对有盎格鲁—萨克森字根的英文的学习。只有当两个机能中有相同的要素时，一个机能的变化才会改变另一个机能。

桑代克在1901年所做的“形状知觉”实验是相同要素说的经典实验。他以大学生为被试，训练他们判断各种形状、大小图形的面积。在估计一个几何形状的面积（如$100cm^2$的矩形）的原理教学后，参与者把这种学习迁移到其他有关解决面积估计的问题中，例如估计另外一个矩形或三角形的面积。实验结果表明：估计$100cm^2$之内的各种三角形面积练习的被试，当估计比$100cm^2$稍小的各种三角形面积和比$100cm^2$稍大的三角形面积时，具有练习效果。然而在面积相同但形状不同，或者三角形的形状有显著不同的情况下，就没有训练效果。他们根据这一结果指出，之所以产生迁移，是因为练习任务与迁移任务之间有共同的要素。练习任务中的面积与迁移任务中的面积越接近，迁移图形与练习图形越近似，判断就越正确。实验还表明，只有当学习情境和迁移测验情境存在共同成分时，一种学习才能影响到另一种学习，即产生迁移。

因此在桑代克看来，学习上的迁移，就是相同联结的转移。两种学习情境的相同或相似之处越多，诸如学习材料性质、学习目的、学习方法、学习过程、学习态度、一般原则或原理等越是相同或相似，则前一种学习越能对后一种学习发生迁移作用。例如，学习滑冰对学习滑雪有正迁移，因为两者之间有许多相同要素。反之，学习打乒乓球和学习滑雪之间无相同要素，则不存在迁移。也就是说，在两种学习情境中含有相同的要素，就会有迁移现象发生；反之，有迁移现象发生就必定有相同的要素存在。迁移与相同要素两者不仅关系密切，且大致呈正相关。相同要素的含义很广泛，桑代克认为它是指相同的联结（联想），包括目的、方法、普遍原则和经验上的基本事实四个方面，其生理基础则是大脑皮层建立的共同的暂时神经联结。根据相同要素说，如果两种学习活动含有相同要素，则无论学习者是否意识到这种要素的相同性，都有迁移现象发生，学习就会更容易。只有两种学习中存在着联结，一种学习上的进步才能转移到另一种学习上去，才能发生正迁移效果。

为了研究选修不同学科对学生智商产生的一般迁移的效果，桑代克比较了不同学生（共研究了 13565 名学生）选修不同学科后的智商变化（陈琦，1997）[①]。研究发现，除了两个测验中共同要求的知觉能力和动作行为要素外，任何学科对一般智力都没有大的迁移效应。因此，他认为形式训练说所主张的形式训练对学生的智力并无多大影响。

桑代克的理论在教育界曾起到积极作用，使学校脱离了形式训练说影响下只重视学生的官能训练而不重视应用性和实践性的教学局面。这一理论结束了一代学者开启的长达一个世纪并持续到现代的争论（例如，Brown & Kane, 1988[②]; Halpern, 1998; Singley & Anderson, 1989[③]）。当然，除迁移争论之外，同元素概念与概括化图式（schema）当今仍然存在。例如，在认知心理学中，编码特殊性（encoding specificity）的概念形成了在信息提取时解释匹配记忆环境优越性的理论，提取的成功在于编码。

总之，迁移的相同要素说得到许多有说服力的实验的支持，研究者进一步指出了形式训练说的谬误，提出了学习中的相同要素可以引起学习的迁移等理论，其功绩是不可否认的。当然，人们对事物的分析与概括等复杂过程在迁移中也是有作用的。对此，持批评意见的心理学家们又进行了其他迁移理论的研究。

学习上若有相同要素，可产生积极的迁移作用，但实际情况并不都是如此，也可能会产生消极的影响。在学习的经验中，常有两种可能的干扰：一为

①陈琦. 当代教育心理学[M]. 北京：北京师范大学出版社，1997.

②Brown, A. L., & Kane, M. J. . Preschool children can learn to transfer: Learning to learn and learning from example[J]. Cognitive Psychology, 1988(20): 493-523.

③Singley, K., and J. R. Anderson. The Transfer of Cognitive Skill[M]. Cambridge, MA: Harvard University Press. 1989.

前摄抑制（proactive inhibition），即原先的学习对后来的学习起干扰作用；二为后摄抑制（retroactive inhibition），即后学的材料对先前学习的干扰作用。而且两种材料相似成分越多，则干扰的影响越大。这可说是相同要素说的限制。

桑代克的研究是从联结主义的观点出发的，理论中强调学习内容间元素的一一对应，即所谓共同的刺激一反应的联结。相同要素理论及有关实验研究对学校教学工作的影响主要表现在三个方面。第一，迁移是有条件的。相同要素理论告诉我们，形式训练对迁移的产生并不像其倡导者所认为的那样，能发挥巨大的作用，特别是在小学高年级和中学阶段，指望形式训练产生大量的迁移是不现实的；而在小学低年级，形式训练对迁移的产生并不是无条件的。第二，注意并重视相同要素的作用。相同要素理论提醒我们，产生迁移的原因是在两种活动之间有相同的要素，这不仅是正迁移产生的原因，同样也是负迁移产生的原因。正是在两种活动或学习中存在着相同的要素（如骑三轮车、自行车都需要靠手握车把控制方向），而对这一相同要素的运用又有不同的要求（如车把灵活性的不同，控制时所需力量要求的不同，转弯时对身体平衡要求也不同）会导致负迁移的产生。因此，为了在教学中防止负迁移，教师在面临可能出现负迁移的教学内容时，要特别注意对该相同要素在不同活动中的不同要求进行解释，以确保将负迁移消除在萌芽状态。第三，注意对学习内容掌握程度的控制。迁移的产生不仅与相同要素的存在有关，而且也与学生在第一次学习时对该要素的掌握程度有关。为了达到利用正迁移的目的，教师在知识传授中不仅要使学生牢固地掌握所期望的正迁移，而且对贯穿整个教学过程的知识、方法、原理、原则和技能等都要提出较高的要求，并把内容相近、有共同特点、预期能引起正迁移的知识尽可能安排在一起，以保证引起最大限度的正迁移。对灵活和创造性迁移来说，学习领域内的因果概念的理解非常重要。其实，贾德和韦特默（Wertheimer）以及其他格式塔（Gestalt）学派心理学家早就指出：死记硬背的学习只能迁移到相似问题上，而“理解”学习可以迁移到不太相似或新的问题上。现代认知心理学也坚持把“理解”引进学习的迁移（邢强，2003）[①]。

相同要素说相比较形式训练说，对迁移的解释更客观，说明了学习任务与

①邢强.现代认知心理学视野中的学习迁移观[J].河北师范大学学报(教育科学版),2003(6).

迁移任务之间的关系对迁移产生的影响。应该说相同要素说最成功之处在于它对两个任务之间存在的客观关系对迁移的影响研究。但是，它对学习者是否认识或理解两个任务之间的关系没有做出回答。这就是相同要素说太重视问题的客观性而忽视学习主体的主观作用存在的缺憾。

在学校教学过程中，对于一些并不需要深层理解的内容的教学，相同要素理论可为其提供指导作用。在概念的本质相同而现象也相近的内容、模型相近或相同的内容的教学过程中，这种迁移往往容易发生。同时，我们也要防止表面相似而本质不同的内容之间的负迁移的发生。

三、概括化理论

美国心理学家贾德并未考察刺激—反应之间的关系（相似和相异等），而是以实验研究了原理（principle）和概括性（generality）迁移，提出了概括化理论（generalization theory）。他认为：先期学习A中所获得的东西之所以能迁移到后期学习B中，是因为在学习A时获得了一般原理，这种一般原理可以部分或全部运用于B中。根据这一理论，两个学习活动之间存在的相同要素，只是迁移产生的必要前提，而迁移产生的关键是学习者在两种活动中概括出它们之间的共同原理，即在于主体所获得的经验类化。所以贾德的“概括化理论”又称为经验泛化说（theory of experience generalization）。

1908年，贾德报告了一个不完全详细的粗糙实验——水下击靶，这是概括化理论的经典实验（Barnett & Ceci，2002）[①]。该实验由他与斯科克（Scholckow）在多年前实施，让5—6年级的小孩向淹没在水下12英寸（约30.48厘米）的一个目标投掷标枪。对实验组Ⅰ只讲解简单的光学折射原理；对实验组Ⅱ除了讲授光学折射原理之外，还讲授水越深所看到的水中靶子的实际位置距离相差越大的原理；对控制组不进行任何提示。首先在水深12英寸处进行实验，结果显示学过和未学过折射原理的学生成绩相等。所有的学生都要学会使用标枪，理论的说明不能代替练习。接着改变条件，把水下12英寸的靶子移到水下4英寸（约10.16厘米）处，这时两组有明显的差异。结果表明，提示

①Barnett, Susan M.; Ceci, Stephen J. When and where do we apply what we learn? A taxonomy for far transfer[J]. Psychological Bulletin Vol. 128(4), July 2002: 612-637.

原理具有重要的效果，而且提示越详细，效果越好。从各组改善率的比较来看，在实际应用中掌握原理的意义比单纯地作为知识学习原理更为有效。贾德的支持者认为这一发现支持这样的观点：教师必须重视主要原理和一般化的知识，而不是特殊的事实、原理和公理。

贾德在解释时认为，这是因为学习过折射原理的学生，已把折光原理概括化了，对不同深度的目标能利用概括化的经验做出适当的调整。理论曾把有关的全部经验（水外的、深水的和浅水的经验）组成了完整的思想体系。学生在理论知识的背景下理解了实际情况后，就能利用概括化的经验去迅速解决需要按实际情况做分析和调整的新问题。

贾德的研究表明，知识的迁移是存在的，只要一个人对他的经验、知识进行了概括，那么从一种情境到另一种情境的迁移是有可能发生的。知识概括的水平越高，迁移的范围和可能性就越大。原理因其具有普遍化的作用，适合一切有关问题的解决，可以加快问题解决的速度，增进学习迁移的效用。

后来许多人都做过类似的实验，进一步证实了贾德的经验泛化理论，并且得到了格式塔学派心理学家的赞同。概括不是一个自动的过程，它与教学方法有密切的关系。这与课堂教学实际经验是一致的，对于同样的教材用某种教法可能产生积极迁移，而用另一种教法可能产生相反的作用。所以迁移的出现，教学方法是主要的，教材是次要的。即同样的教材内容，由于教学方法不同，导致教学效果悬殊，迁移的效应也大不相同。

根据贾德的泛化理论，对教育工作者来讲，在设计教学时要鼓励学生对核心的基本概念进行抽象或概括。学生应该学会抽象与概括的学习方法，在学习时对知识进行思维加工，区别本质的和非本质的属性，清楚偶然的和必然的联系，舍弃那些偶然的、非本质的东西，牢牢把握那些必然的、本质的东西。这种学习方法能使学生的认识从低级的感性阶段上升到高级的理性阶段，从而实现更广泛、更成功的正向迁移。

贾德认为概括就等于迁移，概括是学与教的结果，所以教法在迁移中的作用很大。贾德的泛化理论揭示了原理、法则等概括化的理论知识在迁移中的作用，开始涉及高级的认知领域的迁移问题，为学习迁移的研究做出了贡献。概括化理论主张，不在于仅仅讲解概括化原理知识，而在于结合实际讲解原理。因此，教育内容和教学手段必须同样重视。

概括化理论为教育提出了有效教学的方向。它要求教育更关注学生对问题的理解，对问题之间关系的概括。迁移的关键因素是在有相近要素或相同要素的前提下，对问题之间的关系深度的认识或理解。从这个意义上来说，促进学生对学习内容进行深度思维、深度加工是学习成功的关键所在。

四、迁移的逆向曲面模型

奥斯古德（Osgood, 1949）在总结了大量实验的基础上提出了迁移的三维模式，又称为迁移和逆向曲面（transfer and retroaction surface）（如图2-1），该模式表达了刺激或学习材料的相似程度和反应的相似程度与迁移之间的关系。

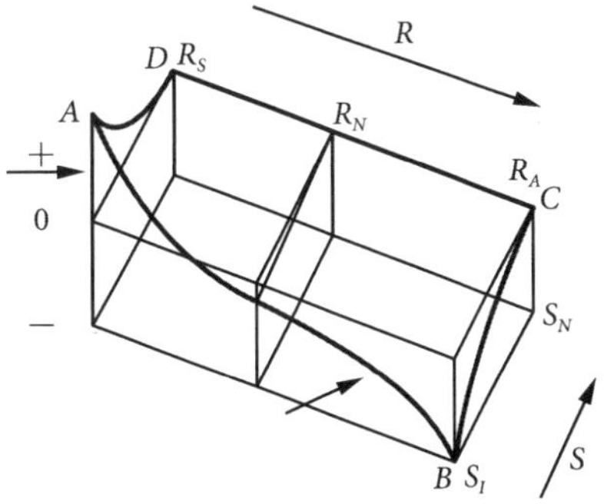

图2-1　迁移曲面图

图2-1中S代表刺激系列，箭头表示刺激由完全相同（S_I）到无关（S_N）的相似性变化；R代表反应系列，箭头表示从反应相同（R_S）到无关反应（R_N）以至相反和对抗的反应（R_A）。从“+”号到“−”号表明迁移的情况由正到零再到负。以粗线勾划的面则表示迁移发生的方向与数量，即迁移的逆向曲面。

图2-1中A点表明在先后两个学习材料刺激相同（S_I）而反应也相同（R_S）的情况下，则会产生最大的正迁移；如果先后两个学习材料刺激相同（S_I），而反应却由相似（R_S）到无关（R_N）与对抗反应（R_A），那么迁移由正到负，以致最大负迁移，AB曲线表明了这种变化。

而B点则表示刺激相同（S_I）而反应为对抗（R_A）时，产生最大的负迁移；C点为无关刺激（S_N）与对抗反应（R_A）产生零迁移；若先后两个材料由相同到不同，反应为对抗，则负迁移由最大到零，如BC曲线所示；如果先后两个材料刺激不同，反应无论相同还是不同，乃至对抗，迁移效果都是零，如CD线所示。

AD线则表明随着刺激相似程度减少以至无关，虽然反应相同，但迁移效果也可从最大到零。总之，在这个曲面中，正负迁移量是材料的相似刺激程度与所引起反应的相似性程度这两者共同作用的函数。

奥斯古德的这一曲面解释了迁移的一些现象，也得到了一些实验的证实，但由于他的结论是从机械学习形式的实验中得到的，因此很难说明实际学习活动中的高级认知学习的迁移现象。

五、学习定势说

学习定势说（learning sets theory）考虑的是学习方法的迁移问题。所谓学习定势，就是习得的学习方法的态度倾向。一个学生的学习迁移，往往受其学习意图或学习心向的影响，这就是学习定势的作用。先行学习为后继学习准备了迁移的条件，或使后继学习处于准备状态中，这就有利于迁移。在先行学习中改进学习的一般方法，学会如何学习也能起到定势的作用，有利于学习迁移的发生。

哈洛（Harlow，1952）著名的"猴子实验"证明了使用学习方法的学习有利于形成学习定势。哈洛在实验中给猴子呈现由两个刺激组成的配对刺激（例如漏斗与圆筒，圆柱体与圆锥体）。在一种刺激物下面放有食物，另一刺激物下面不放任何东西。实验中，猴子拿起呈现的某一刺激物的其中一种进行观察，偶然碰到食物随即摄取。这样反复6次以后，再使用另外一种刺激物，也同样经过6次辨别学习试验，虽然不断变换刺激物，但猴子选择放有食物的刺激的百分比快速上升（最高达到98%）。这种现象被解释为"学习方法的学习"。这说明猴子在前几次辨别学习中学会了选择的方法，或者说形成了辨别学习的定势，并将学会的方法或形成的定势运用到以后的学习中，从而使学习效果得到提高（转引自陈琦，1997）①。

学习定势是指习得的学习方法、态度等迁移到后续的学习。当然定势产生的迁移也有正迁移与负迁移。如果把一种方法不恰当地运用到并不适合的事件上，就产生了负迁移，这就是定势的负迁移。因此在学习过程中，尽可能地产生正迁移而避免负迁移的方法，应该是对学习任务涵盖的原理、方法等具有学习定势作用的材料有本质的理解，而不能让学习停留于表面或片面的理解，即深度学习和深度理解是迁移的重要条件。

①陈琦. 当代教育心理学[M]. 北京：北京师范大学出版社，1997.

第二节　认知主义迁移理论

一、关系转换理论

关系转换理论（transposition-relationship theory）属于早期认知迁移理论，是格式塔心理学家柯勒与思本斯在概括化理论基础上提出的迁移观点。由于格式塔心理学家强调行为和经验的整体性，认为每一个行为和经验都自成一个特殊的模式（pattern）。因此，他们主张迁移的重要之点，不在于掌握原理，而在于觉察手段与目的之间的关系。他们认为“顿悟”（insight）这种关系是学习迁移的决定因素，也就是说，迁移不是由两个学习情境具有共同成分、共同原理而自动产生的某种东西，而是学习者突然发现两个学习经验之间存在的关系的结果。学习者所迁移的是顿悟，即两个情境突然被联系起来的意识。可见，关系转换理论更强调整体的作用。与贾德在射靶实验中强调的概括化原理相反，关系转换理论认为，靶的位置、水的深度、射击的方法以及光的折射原理等整体和关系的知觉，它们之间的关系才是重要的。

柯勒用小鸡、黑猩猩和一个3岁女孩做实验。两张纸一张是深灰，一张是浅灰，食物总放在颜色较深的一张纸上，实验任务是在其中一张纸上找食物。在第一次实验任务中，出示浅灰A和深灰B两张图片，食物总放在深灰图片上，当被试学会了这一次任务后（小鸡需要400—600次，儿童需要45次），用比原来两张图片颜色都要深的图片C来代替浅灰色的图片A，即原来的图片A现在是颜色较深的图片。结果对小鸡的实验表明，它对图片C的反应率为70%，而对原来食物的图片的反应率仅为30%。而儿童始终对图片C做出反应，对有相同要素的图片B没有反应。现在的问题是：如果小鸡仍然到B下面寻找食物，那就证明迁移是由于相同要素起的作用；如果小鸡是到两张图片中颜色更深的那张C去寻找食物，那就证明迁移是对关系做出的反应。实验证明了选择不是比较刺激的绝对性质，而是由两种刺激的相对关系决定的。柯勒认为对关系的顿悟是获得一般训练的真正手段。

思本斯称一对刺激的辨别的迁移为转换（transposition），他进一步解释说，辨别或转移是由于原来阳性和阴性刺激引起的兴奋和抑制泛化的结果。这种转换理论已得到其他一些实验者（Kendler, T.S， 1950; Ehrenfreund, D., 1952）的支持。但这些实验同时发现了转换的一些特点和条件，如训练任务的刺激与测验任务的刺激差别越大，转换越不容易发生；用语言表达刺激之间关系的能力越强则越易发生转换，即语言对转换有调节作用；智力年龄越高，转换越容易发生。

柯勒的关系说与思本斯的转换说是类似的，一般地将这两个理论合称为关系转换理论。关系转换理论提醒我们，在迁移的产生中，有两个问题是关键，即关系和顿悟。关系是客观存在的，它要靠顿悟来发现，所以在学校教学中为了达到充分利用正迁移的目的，教师首先要注意有关学习材料之间关系的分析，一方面通过深入细致的分析，使学生了解有关知识之间的关系；另一方面则要通过平时的训练，培养学生推理、概括的能力，以提高学生发现知识之间关系的能力和欲望。其次，教师在日常的教学过程中要注意教学方法的综合性、教学内容的系统性和完整性，维持学生良好的情绪状态，以便使学生在日常学习过程中保持一种产生顿悟的最佳状态。再次，要考虑学习程度对关系顿悟的影响。有关研究发现，关系的转换现象受先前学习程度的影响。因此教师要想通过对关系的顿悟产生正迁移，先前的学习必须达到相当的理解程度，否则不但不能引起正迁移，反而会诱发负迁移。

概括化理论强调的是学习者对原理、原则等两个任务之间的原则性原理的认识，而关系转换说则更强调对任务之间关系的“顿悟”。应该说从相同要素说到概括化理论，再到关系转换学说，整个发展过程是研究者从影响迁移的外部客观因素逐渐深入到更关注内部主观认知的发展过程。这种发展过程显示的规律告诉教育工作者，教育须更重视学习者主体对客观事实的认识，更重视学生主动思维能力的发挥。这种理论的探索与发展也告诉我们，学习的内部条件和外部条件相比较，内部条件是决定因素，外部客观条件如何由内部主观因素去加工和处理是最关键的。从这个意义上，我们可理解主动学习、深度学习、自主学习的重要性，只有主动地进行深度学习才能使学习者对材料之间的关系产生顿悟，从而产生迁移。

二、认知结构理论

认知结构理论（theory of cognitive structure）是美国教育心理学家奥苏贝尔（David P.Ausubel）提出的一种新的学习迁移理论。其理论的主要内容如下[①]：

（一）学生的认知结构是影响学习迁移的重要因素

奥苏贝尔对学习迁移的理解，是以认知结构和新知识学习的相互作用为前提的。一方面，他强调先前的学习经验是新知识学习的一个关键因素，明确指出：影响学习最重要的因素就是学习者已经知道了什么，要探明这一点，并应据此进行教学。另一方面，他认为过去的经验对当前学习的影响不是直接发生的，而是通过引起认知结构的变化而间接发生的，不受学习者原有认知结构影响的学习是不存在的。

奥苏贝尔还指出，即使单独一次练习（如读一遍课文），其效果也能反映出对学生原有的认知结构的影响；同时，通过一次练习所获得的新的信息，反过来又调整、扩充原有的认知结构，这种改变了的认知结构又会影响下一次练习。因此，学习迁移与认知结构密切相关。那么，什么是认知结构呢？所谓认知结构，一般可理解为学生头脑里的知识结构。广义地说，它是某一学习者的知识观念的全部内容和这些内容的关联性的组织；狭义地说，它是学习者在某一特殊知识领域内的观念的内容和组织。认知结构直接影响有意义学习。因为一切有意义的学习都是在原有的认知结构基础上产生的，也就是说，学习者积极主动地使新知识与他的认知结构中有关的旧知识发生相互联系，把新知识纳入到已有的认知结构中，利用旧知识理解新知识，结果旧知识得到了充实或改造，新知识获得了实际意义。这个过程实际上是一个有效的迁移过程。在有意义学习中，认知结构是影响有效迁移的最关键因素。奥苏贝尔认为强化认知结构能促进新的学习与保持，教学的目的就是要使学生形成良好的认知结构。

（二）认知结构的主要变量及其对学习迁移的影响

每个学生的认知结构都各有特点，个人认知结构在内容和组织方面的特征

①Ausubel, D. The Psychology of Meaningful Verbal Learning[M]. New York: Grune & Stratton, 1963.

称为认知结构变量。为此，奥苏贝尔提出了三个主要的影响迁移的认知结构变量，即可利用性、可辨别性和稳定性（包括清晰性）。

1. 认知结构的可利用性及其作用

在认知结构中是否有适当的起固定作用的观念可以利用，这是影响有意义学习与保持的第一个重要的认知结构变量。也就是说，当学习者面对新的学习任务时，他的认知结构中应具有能吸收并固定新观念的原有观念。认知结构中处于较高抽象、概括水平的起固定作用的观念，对于新的学习能提供最佳联系的固着点。根据学习材料和学习者的认知结构特点的不同，可以形成三种同化模式，即类属性同化、上位同化和并列结合性同化。

2. 认知结构的可辨别性及其作用

新的具有潜在意义的学习任务与同化它的原有的知识结构的可辨别的程度，是影响有意义学习与保持的第二个重要的认知结构变量。也就是说，当学习者面对新的学习任务时，原有起固定作用的观念与将要学习的新观念的差异应清晰可辨。这种分辨越清晰，越有助于新的学习与保持。可辨别性就是对原有认知结构中的有关观念与相似的新材料（或者容易混淆的新概念）之间的差异所达到的识别与区分的程度。由于人们在认识与理解环境中有简化的趋势，当新知识与认知结构中原有的知识相似而不相同时，原有的知识往往先入为主，新知识常常被理解为原有的知识，并被原有的知识取代，或者学习者意识到新旧知识之间有些不同，但不能具体地说出不同的地方。也就是说，如果新的学习任务不能与认知结构中原有的观念分辨清楚，那么获得的新的学习任务的意义就会因为大脑减轻记忆负担的趋向性而很快丧失。新的意义被原有的稳定的意义所代替，从而遗忘就出现了。只有在可以区分原有结构与新的学习任务，或者包容范围较广的原有意义时，新的意义才有可能被长期保持。

认知结构中原先学的概念和命题与新学习的观念的可辨别性，可以解释发生负迁移的原因。当新旧知识彼此相似又不完全相同，并且原先学习的知识又不牢固时，就会使新旧知识之间的区分与辨别变得困难，这就导致了负迁移。若小学生在尚未牢固掌握汉语拼音的同时又学习英文字母，则汉语拼音常常干扰英文字母的学习，这就是负迁移。因此，旧知识的巩固性程度会影响新知识的学习。

3. 认知结构的稳定性与清晰性及其作用

原有起固定作用的观念的稳定性和清晰性，是影响有意义学习与保持的第三个重要认知结构变量。也就是说，当学习者面临新的学习任务时，他的认知结构中原有起固定作用的观念应十分牢固。利用及时纠正、反馈和过度学习等方法，可以改变起固定作用的原有观念的结构的稳定性和清晰性。原有知识结构的稳定性和清晰性有利于新的任务的学习与保持。因此，学生先前的知识的掌握程度与新学的相关知识成正相关。

（三）先行组织者策略促进学习迁移

认知结构变量是影响学习迁移的重要因素，而每个学生的认知结构或多或少总是不同的，当学生头脑中的认知结构不具备可利用性、可辨别性及稳定性与清晰性时，该怎么办呢？如何加强认知结构的各个变量去促进学习迁移呢？奥苏贝尔提出了“先行组织者”（advanced organizer）的概念。

所谓“先行组织者”其实是一个引导性材料，通常在介绍新的学习材料前用学生能懂的语言呈现出来，学生在学习这个材料后便可建立有意义学习的心向，故称其为先行组织者。先行组织者帮助学习者把学习材料与原有的认知结构有特殊关联的各个方面联系起来，以便有意义地学习这些材料的各个组成部分。它比学习材料更一般、更概括，且与学习材料关联，使学习任务变得清楚明了。这些引入的较为一般和较为概括的材料，充当新旧知识联系的“认知桥梁”。设计适当的“先行组织者”作为影响认知结构的变量，不仅是一种研究学习与迁移的策略，也是一种重要的教学策略。总而言之，先行组织者的主要功能就是在学习者能够有意义地学习目前的学习内容之前，在已经知道的东西和需要知道的东西中间架起一座沟通桥梁。先行组织者本质是一种教学策略，要求教学者引导学生回顾已学知识，并理解这些知识对新学习的材料的意义，这样就能使已学知识得到有效的组织，在学习后续知识时顺利地产生迁移、同化或顺应。

先行组织者的功能之一在于为它后面呈现的学习材料提供观念性的脚手架（ideational scaffolding），使那些更加明细的和分化的材料得以稳固地结合和保持。另一种功能就是增加学习材料与认知结构中类似或者表面上矛盾的那些观念之间的可辨别性。由于它有效掌握和控制了认知结构的变量，改进了教材的组织和呈现方式，所以对促进有意义学习有重要作用。

研究者们在奥苏贝尔原来定义的基础上又发展了“组织者”的概念。“组织者”一般呈现在要学习的材料之前（先行的组织者），但也可以放在学习材料之后呈现。它既可以是在抽象、概括水平上高于学习材料，也可以是具体概念，在抽象、概括水平上低于原有学习材料。

“组织者”可分为两类：一类是“陈述性（expository）组织者”，即在不熟悉材料的场合中，当学生面对学习任务，倘若其认知结构缺乏适当的上位观念可以用来同化新知识，则可以设计一个概括与包容水平高于要学习的新材料的组织者。例如，学生学习“鲸”这一概念时，可先回顾原来学过的哺乳动物的概念（上位概念），即复习哺乳动物的特征有哪些（获得认知框架），然后再学习鲸的特征，从而得出鲸也是哺乳动物的概念。在这种条件下，尽管学生可能没有亲眼见过鲸，但学生却很容易理解和掌握鲸的概念，即鲸也具有胎生和哺乳的特征。由于学习了生活在海洋中的哺乳动物——鲸的概念，从而扩充了对哺乳动物这一概念的理解。教师有意识地联系新学习的概念与原有的上位概念，使学生把一种低位经验通过概括纳入到高位的结构中，从而充实高位结构，同时将概念组织成一个按层次排列的网络结构系统，这样就不断促使学生已有的心理结构发生改变或创新。用学习者已熟悉的术语提供观念的固着点，让学生先学习这一“组织者”，以便学习者获得一个可以同化新知识的认知框架。而使用这种框架的目的，在于为新的学习提供适当的归属者，使它与新的学习产生一种上位关系。另一类“组织者”是“比较性（comparative）组织者”，用于较熟悉的学习材料，即当学生面对新的学习任务时，倘若其认知结构中已经具有了可以利用的同化新知识的适当观念，但原有观念不清晰、不巩固或不稳定，学生难以应用，或者他们对新旧知识之间的关系辨别不清，则可以设计一个揭示新旧知识异同的“组织者”。例如，学生在学习有关“角”的知识过程中，已经学习了“锐角”的概念，现在要学习“钝角”的概念，教师则可先把“锐角”的有关知识及其特征讲解清楚，然后再学习“钝角”的概念。这样学生既掌握了“钝角”的概念，又理解了先前学过的“锐角”概念与新学习的“钝角”概念之间的异同。“比较性组织者”指出了新旧知识的异同，因此可以增强原有的起固定作用的观念的稳定性与清晰性，其目的在于比较新材料与认知结构中相类似的材料，从而增强似是而非的新旧知识之间的可辨别性，并为这些新观念提供稳定的固着点。为了获得良好的效果，先行组织者本身必须是易学的，而且必须用熟悉的术语把它们叙述出来。

在这两类“组织者”的运用过程中，都要求学生将自己原有的知识与新学习的材料在头脑中发生积极的相互作用，将外部提供的材料转化为自己认知结构的内容，故这种情况下进行的学习是积极有意义的学习。

奥苏贝尔从学生的认知结构方面研究了主要的认知结构变量对学习迁移的影响，这是对学习迁移理论研究的深入。他揭示了学习迁移的内部主观条件，而以前的迁移理论大多只揭示迁移的外部客观条件。尤其是奥苏贝尔设计的先行组织者对迁移的影响的研究成果，说明了概括性、包容性水平较高的认知结构在迁移中所起的重要作用，这些理论对我们的教学工作具有很好的指导意义。

笔者曾在问题性教学领域对问题设计中使用的先行组织者策略进行过研究。课题组教师（何文明、赵承军、陆文辉等）历时两个月（共15节课）进行高三复习阶段的问题性教学的试验性教学。通过教学研究的实践，我们认识到[①]：一、教师提出的问题须由浅入深，设置合理的台阶。问题性教学的设计是否合理主要体现在问题设置的科学性。问题必须是低起点的。如果第一个问题过难，必然会出现学生思考问题的“冷场”，也不能吸引学生的注意力，并将对整堂课的教学组织带来一定困难，这样的开头一般是不会成功的。当然，如果第一个问题太容易，也不能吸引学生的注意力和兴趣。因此，教学中提出的第一个问题必须考虑学生的实际和上一堂课学生对知识的掌握程度等各种因素。后面问题的发展是由浅入深的；前一个问题恰好是后一个问题的铺垫，而后一个问题是前一个问题的深化、拓展或发展。因此，问题与问题之间的联系同时具有链接性和台阶性。问题的变化要体现垂直迁移性和水平迁移性。二、问题间体现渐变，避免突变。实验课分析告诉我们，问题性教学的成功因素还体现在问题的变化应是建立在一个原型题之上的逐渐变化的过程。从原型题变化出来的问题是对原型题进行横向扩展或纵向加深，这种变化不能脱离其有序性。这样的问题设计可以实现课堂上的高密度和快节奏，培养学生思维的敏捷性和深刻性。这种问题性教学的策略本质是前面的问题（先前学习材料）为后

①曹宝龙.问题性教学在中学物理中的教学策略[J].物理教学，2001(10).

面的问题（新的学习材料）的“先行组织者”。

三、编码系统迁移理论

美国心理学家布鲁纳（J.S.Bruner，1973）认为，人类世界是由大量可辨别的不同的物体、事件和人物组成的。人类具有归类的能力，可以认识周围世界的复杂性。人类在适应环境时，“分别对待各种相同的事物，对周围的各种物体、事件和人物进行分类，并根据这一类别的成员关系而不是它们的独特性对它们做出反应”。也就是说，人们是根据类别或分类系统与环境相互作用的，或者是借助已有的类别来处理外来信息的，或者是由外来信息形成新的类别。因此，布鲁纳的论点是：人们与周围世界的所有相互作用都涉及对现有类别有关的刺激输入（信息）进行分类。如果刺激输入（信息）与人们已有的类别毫无关联，那么这些刺激输入（信息）是很难被加工的。换而言之，人们不大可能接受全新的刺激输入。[①] 他的观点非常清晰地告诉我们：人们的学习必须建立在已有知识的基础上，如果没有通过已有知识对新知识进行归类，成功的学习是无法进行的。

布鲁纳进一步认为，人们如果要超越直接的感觉材料，那么所涉及的不仅是把感觉输入归于某一类别，并根据这一类别进行推理，而且还要根据其他相关的类别做出推理，这些相关的类别就构成了编码系统。所谓编码系统，就是“一组相互关联的、非具体性的类别”。

编码系统的一个重要特征是对相关的类别做出有层次结构的排列，较高级的类别比较一般些，较低级的类别比较具体些。如：

食物

水果　　　　蔬菜　　　　肉类

苹果　香蕉　橘子　　青菜　萝卜　土豆　　猪肉　羊肉　牛肉

图2-2　编码系统图示

编码系统是人们对环境信息加以分组和组合的方式，是不断变化和重组的。人通过将新的信息归入某一类别，然后根据这一类别以及相关的类别做出

①Bruner, J. S.. Beyond the information given: Studies in the psychology of knowing [M]. New York: Norton. BF311. B771973.

推理并由此超越具体的信息。在布鲁纳看来，学习就是类别及其编码系统的形成，是一个人把同类的事物联系起来，并把它们连结成具有意义的结构。编码系统的一般性对迁移具有重要的作用。在布鲁纳看来，所谓迁移，可以看作是把习得的编码系统用于新的事例。正迁移就是把适当的编码系统应用于新的事例；负迁移则是把习得的编码系统错误地应用于新事例。布鲁纳指出，迁移可分为两类：一种是特殊迁移，这是习惯和联想的延伸，主要是动作技能、机械学习的迁移；另一种是非特殊迁移，即原理和态度的迁移。布鲁纳认为一般的技巧、策略等有广泛迁移的可能性。在这两类迁移中，布鲁纳强调非特殊迁移并认为它是教育过程的核心。

布鲁纳认为，“学习一门学科，包含着三个差不多同时发生的过程”。一、新知识的获得。他说：“新知识往往与一个人先前模模糊糊或清清楚楚地知道的知识相违背，或者是它的一种替代。”新知识也可以是先前知识的重新提炼。虽然有时可能发生某种“革命性”的突然变化，但是布鲁纳描述的学习不是那么突然，而是一个渐进的过程。二、知识的转化。通过转化，把信息转化为各种不同方式使之超出它们最初所给的事实，从而学到更多的知识。三、知识的评价。要核对处理知识的方法是否适合这个任务，概括是否恰当。他指出，教师在帮助学生进行评价的过程中常常具有决定性作用。

任何一门学科的学习，都是由一系列的片段组成的，而每一片段（或一个事件）总是涉及获得、转化和评价三个过程。布鲁纳由此认为，学生不是被动的知识接受者，而是积极的信息加工者。

布鲁纳的理论显然强调的是知识结构的重要性。他认为，学习知识结构就是学习事物是怎样相互关联的。他说：“不论我们选教什么学科，均务必使学生理解各门学科的基本结构。这是在运用知识方面的最低要求。它有助于解决学生在课外所遇到的问题和事件，或者在日后训练中所遇到的问题。”“经典的迁移问题的中心，与其说是单纯地掌握事实和技巧，不如说是教授和学习结构。”因此，迁移的基础应该是学生已有的知识结构。布鲁纳的知识结构也就是某一学科领域的基本观念，不仅包括掌握一般原理和一般规律，而且还包括学习的态度和方法。

布鲁纳还从以下四个方面论述了学习学科的基本结构的必要性。一、懂得基本原理使得学科更容易理解。他举了物理学、数学中的例子，并指出不仅在物理、数学中是这样，而且社会学科和文学中也完全是这样。学科的基本原理弄懂了，其他特殊课题就能解决好。二、从人类的记忆看，“除非把一件件事情放进已构造好的模型里，否则很快就会被忘记。详细的资料是靠表达它的简化方式保存在记忆里的。去学习普遍的或基本的原理，目的在于保持记忆不会全部丧失，而遗留下来的东西将使我们在需要的时候把一件件事情重新构思起来。高明的理论不仅是现在用以理解现象的工具，而且也是明天用以回忆那个现象的工具”。三、领会基本原理和观念，是通向适当的“训练迁移”的大道。理解更基本的原理和结构的意义就在于，把事物作为更具有普遍性的事件的特例去理解，不仅学习特定的事物，还学习适合于理解可能遇见的其他类似事物的模式。这模式就是迁移的基础，它能进一步激发智慧。四、对教材结构和基本原理的理解，能够缩小“高级”知识和“初级”知识之间的间隙。他主张一门课程在它的教学进展中应反复落实基本观念，直到学生掌握了伴随这些观念的完整结构的体系为止。

布鲁纳认为，任何学科的基础都可以用某种形式教给任何人，主要意思是任何学科最基本的观念是既简单又强有力的。他主张要向儿童提供合适的机会，使其步步向前。

布鲁纳指出，直觉思维与分析思维不同，它熟悉所牵涉的知识领域及其结构，以此为根据，使思维者可能发生跳跃、越级或采取捷径；但直觉思维的结果则需要重新检验，可用比较分析法、演绎法或归纳法。

布鲁纳认为直觉思维、直接预感的训练，是正式的学术学科和日常生活中创造性思维的很容易忽视而又重要的特征。他说，“机灵的推测、丰富的假设和大胆迅速地做出尝试性结论，是从事任何一项工作的思想家极其珍贵的财富，我们应该引导学校儿童掌握这种天赋”。他也指出了鼓励“猜想”在培养直觉思维中的重要性。一些教师忽视这方面能力的培养，而且经常不鼓励“猜”，评定也是倾向平常而无创造性的回答。当然，我们必须承认这些“猜测”“直觉思维”有发生错误的时候，如何做到有效猜测、有效直觉，还有待于进一步研究。

布鲁纳强调学习是一个主动的过程，学习的最初刺激可激发对所学材料的兴趣。怎样才能激发学生对学习本身的兴趣是值得研究的课题。因此他主张，能激发学生内在动机的教育经验，是要使学习者主动地参与到学习中去，并且让学生的个人体验获得支持，适应外部世界的问题。按照布鲁纳的意见，发现学习的经验是这一类学习体验最好的例证。

发现学习是20世纪50年代由布鲁纳发起的教育改革运动，旨在培养学生的探究性能力。发现学习是以问题研究为基点，学习者通过自主学习、独立思考与探究，自行归纳与总结基本规律的一种学习方法。发现学习也是教师设计与组织教学的方法，是发展学生探究性思维能力和实践探究能力的教学方法。发现学习曾在美国广泛应用，而且这种教育与美国的“英才教育”联系在一起，这与美国当时要求多出、快出“高精尖”人才以便与苏联竞争的要求相吻合。

但是没过多长时间，这种教育出现了诸多问题，尤其是基础教育阶段的学生大多不能在这样的教育模式下受益。20世纪60年代中后期以后，在教育民主化、大众化的呼声中，这种注重培养英才的教学模式受到了批判，发现学习也更多地受到了人们的批评。奥苏贝尔等对发现学习的基本论点提出了尖锐的批评。但是80、90年代，传统教育的机械、被动和无效再次受到人们的批判，发现学习的思想和方法重新受到人们的重视。在建构主义思想的影响下，以问题解决、学生主动学习为基础进行教学，促进学生主动性、探究性能力的发展为主要目标的教学模式越来越迫切，发现学习又得到越来越多的关注。与以往不同的是，发现学习的方法不再是某种机械的探究模式的学习改革，而是成为培养学生主动探究意识和探究学习能力的思想或方法，并融入教学的各个环节。

目前，我们正在进行的基于问题（项目）的学习［Problem（Project）Based Learning，PBL］和STEM学习活动等教育改革，还是以问题或任务为学习的起点，通过跨学科知识的综合运用和实践活动，让学生在学习的过程中进行高度参与和深度体验，达到解决问题或完成任务的目的。这样的改革与布鲁纳的发现学习显然是出于同样的教育思想和方法。

四、认知迁移理论

美国学者罗耶（L.M.Royer，1979）提出了认知迁移理论（cognitive transfer theory）。根据学习和记忆的信息加工理论，他提出了两个假设：一、人类以一种系统方式储存和提取信息；二、知识结构的丰富性（数量）并非始终一致。所谓丰富性，是指知识结构内各单元（如节点、命题等）之间交互联结的数量。同时，罗耶的认知迁移理论还认为，领会是学习迁移的必要条件，但不是充分条件。迁移的可能性取决于记忆搜寻过程中能否获取相关信息或技能。因此，教育应注重提高学生在面临生活问题时，提取课堂教学中习得的已有相关材料的可能性。由于提取的可能性和交互联结的数量有关，因此，任何增加交互联结网络丰富性的教育方法，都将有助于增加迁移的可能性。

罗耶的认知迁移理论告诉我们，教师在教学过程中要注重知识学习的相互联系。学生在学习过程中关注了新学知识与已有知识间的关联，那么新学知识就不会被孤立储存，而是与过去学习的相关知识并联储存。当然，这样储存的信息也容易被提取出来，便于在解决问题时使用。相反，为某一知识的学习而学习，不注意知识之间的联系而单独地储存某一知识，这样的知识就是“死”的，因为它不容易被激活、提取。迁移事实上就是应用相近或相关的知识来解决问题，如果学习的知识不能在问题解释和问题解决时被提取出来，就谈不上应用，也就等于没学。

为了理解罗耶的迁移理论，我们可以用图书的储存与借阅来作类比。一般情况下，一本图书从运送到图书馆到被借阅者顺利借出需要经过几个流程处理。首先，我们根据这本图书的类型（门类、学科、领域、文体类型、适用人群等信息）对图书进行编码，这好像根据一个人的出生地、性别、出生年月等信息编身份证号码一样；其次，我们根据这个图书的编号把它存放在书架上，而不是随意乱放；再次，借阅者必须熟悉图书馆存放图书的基本规律和基本情况。如果借阅者清晰写出这本图书的编码或者其他相关信息，图书管理员就可以为其办理借阅手续。反过来，如果这本图书没有编号，并且随意放在浩大的图书馆中的某个位置，我们可能就很难找到这本图书。同样，如果要使我们所学的知识在需要用到的时候能够被及时提取，就必须在学习时多做关联性的分析比较工作，搞清楚这个知识是从哪里来的、与哪些知识有关联、可应用到哪里去、怎么应用这个知识等等。这些工作的本质其实是在给这个知识进行“编码”，其目的是让这个知识自动储存于它应该在的位置，以便在需要使用它时能够被及时准确地提取。

五、结构映射理论

结构映射理论（structure-mapping theory）主要由美国西北大学心理学教授根特纳（Gentner）等人（1983）提出[①]。其主要观点是：类比迁移是一个结构映射过程，源问题中各因素之间的关系（结构）被提取并被用于解决目标问题。结构映射是类比迁移产生的前提。源问题和目标问题的内容（包括语义领域和问题中的事物）则是相对次要的。问题的内容在源问题的提取阶段起作用，但是在选择源问题和应用于目标问题的解决阶段，问题的结构起着主要作用。该理论区分了问题的内容和结构。内容包括条目（entities）和属性（attributes）。条目指问题中出现的个体或事物，如军事问题中的“城堡”和“将军”。属性指条目的属性，如军事问题中“高高的将军”中的“高高的”。问题结构是指低级关系（low-order relation）和高级关系（high-order relation）。低级关系指两个物体之间的关系所形成的完整命题，如军事问题中的“将军从多个方向同时在城堡下集合军队”。高级关系指在低级关系基础上建立的关系，如军事问题中的“将军从多个方向同时在城堡下集合军队，同时进攻后才使其军队攻占城堡”。源问题和目标问题之间的匹配或映射可以发生在多种水平上，如事物之间、属性之间、低级关系和复杂关系。但是，目标问题的解决过程中只有在复杂关系中所构成的关系系统才会被选择和应用，这种原理称为系统性原则。那些孤立的低级关系以及事物的属性等与问题的解决是无关的，因此在映射过程中会被舍弃。例如，军事问题中的“高高的”与问题的解决毫无关系，它不会迁移到目标问题。

邓克（Karl Duncker，1954）首次采用的心理学研究的典型问题如下。

放射疗法问题：想象你是一个医生，正在治疗一个患有恶性肿瘤的病人。因为癌症非常严重，所以你不能给病人做手术，但你必须用某种方式消灭肿瘤，否则病人就会死去。你可以采用高强度X射线来杀死肿瘤。但不幸的是，杀死肿瘤所需要的射线强度同样也会杀死射线必须经过的那些健康组织。较低强度的射线可以不伤害健康组织，但其能量同样不足以杀死肿瘤。问题是设

①Gentner, D. Structure-mapping: A theoretical framework[J]. Cognitive Science, 1983(7): 155-170.

计一种治疗方案，要求既能杀死肿瘤又不会破坏肿瘤周围的健康组织。

吉克（Mary Gick，1980）和霍利约克（Keith Holyoak，1983）在呈现放射疗法问题前先让被试阅读一个相对简单的军事问题。

军事问题：有一位高高的将军希望攻破一座城堡，城堡坐落在国家的中心位置。从城堡向外有很多辐射状的道路，所有道路都埋有地雷。所以，尽管小队人马可以安全通行，但是任何大批军队都会引爆地雷。因此，投入全部兵力单一直接进攻是不可能攻克堡垒的。问：将军该怎么办？

皮尔斯（Pierce）等人（1993）总结了同构问题之间的成功迁移（即具有相同的目标结构、约束和问题空间）的那些问题之间的迁移所需要的分步过程。首先，原始问题或基础问题（base problem）必须用概括化的结构关系来表征，而不能用诸如目标特征之类的表面信息来表征。其次，必须关注已知方案（基础问题）和目标（新问题）之间的对应关系（correspondence）。再次，必须用关系结构来抽象基础问题。最后，基础问题中的对象具有的相同关系必须应用于目标问题中的对象（Pierce等，1993）[①]。

六、实用图式理论

实用图式理论（pragmatic schema theory）是由美国加州大学心理学教授霍利约克（Holyoak）和他的同事们（1985）提出并发展的[②]。其主要观点是认为实用图式在类比迁移的选择和映射阶段起着重要的作用。实用图式是指对问题因果关系，即有助于问题目标完成的关系的抽象概括。对源问题因果关系和目标问题因果关系相似性的再认，引导着相关源问题的提取和选择，以及应用到目标问题的解决中去。该理论区别了基于图式基础上的问题解决和基于问题基础上的问题解决。基于图式基础上的问题解决是一个抽象原则应用到一个问题的解决中去；而基于问题基础上的问题解决是一个问题应用到同一水平的另一

①Pierce, K. A.; Duncan, M. K.; Gholson, B.; Ray, G. E.; Kamhi, A. G. Cognitive Load, Schema Acquisition, and Procedural Adaptation in Nonisomorphic Analogical Transfer[J]. Journal of Educational Psychology. Vol. 85.(1) 1993(3): 66-74.

②Holyoak K. J. The pragmatics of analogical transfer. In G. H. Bowered[M]. The Psychology of learning and motion(Vol. 19). San Diego, CA: Academic Press, 1985.

个问题解决中去，通常是具体问题对具体问题，抽象问题对抽象问题，例如光波模型与声波模型、引力定律与库仑定律、定义密度的比值方法和定义比热容的比值方法等。根特纳（1983）提出，影响类比关系的不是问题之间内容的相似性，而是问题之间结构系统匹配的紧密程度①。吉滕德拉（Jitendra）等（2005）的研究考察了两种问题解决教学方法，用基于图式的教学（schema-based instruction，SBI）和一般策略教学（general strategy instruction，GSI）对22名学习能力缺陷者（learning disability）或数学学习濒临失败者（at risk for mathematics failure）进行测试，内容是数学文字问题解决的成绩差异实验。结果显示，在即刻和延迟的迁移测试中，基于图式的教学组都明显优于一般策略教学组（Jitendra & Andria，2005）②。

实用图式理论认为，虽然问题解决可以通过单个类比问题的推理完成，但是一个完整图式的形成和发展却是源问题能否成功地类比迁移到目标问题的关键，它在源问题类比迁移到目标问题中起到桥梁和纽带的作用。该理论强调了图式归纳的存在性及其在问题解决中的机制和作用。实用图式理论认为图式归纳并不是自动形成的，而是通过两个或多个类比问题的映射和比较，或者通过教师的指导才能形成一个图式。单个类比问题不足以形成一个图式，因为没有机会与其他类比问题建立映射关系。图式归纳建立在对问题解决因果分析的基础上，与问题解决因果相关的因素被编码成为图式，而非因果关系的那些因素则不能成为图式。该理论认为，提取相关的源问题可以通过表面特征的重叠，或者通过实用图式的匹配而获得。在同一领域的类比迁移中，表面特征对提取相关的源问题起着重要的作用；而在不同领域的类比迁移中，源问题和目标问题则很少或者几乎没有相似的表面特征，因而在这种没有表面特征相似的跨领域问题中，提取相关源问题中的实用图式会起重要的作用。这说明近迁移与问题的表面特征作用有关，而远迁移更多地依赖于实用图式。

吉克和霍利约克总结了放射疗法问题和堡垒问题之间的相似性。③

---

①Gentner, D. Structure-mapping: A theoretical framework[J]. Cognitive Science, 1983(7): 155-170.

②Jitendra, Asha. K, Andria, Deatline-Buchman. Effects of Mathematical Word Problem-Solving Instruction on Middle School Students with Learning Problems [J]. The Journal of Special Education. Bensalem: Fall, 2005. Vol. 39, pg. 181, 12.

③Gick, M. L., and K. J. Holyoak, Schema induction and analogical transfer[J]. Cognitive Psychology, 1983(15): 1-38.

军事问题

初始状态

目标：用军队攻破城堡

资源：足够庞大的军队

限制：不能沿一条道路派遣整个军队

计划方案：同时沿多条道路派遣小股部队

结果：城堡被部队攻破

放射疗法问题

初始状态

目标：用放射线消灭肿瘤

资源：强度足够的射线

限制：不能只从一个方向发射高强度的射线

计划方案：同时从多个方向发射低强度的射线

结果：肿瘤被射线消灭

吉克和霍利约克进一步总结了两个问题图式，认为它们具有一个共同的问题图式，这是一种更深层次的结构图式。这种具有更一般化的结构图式的认识对促进迁移更具意义。

聚合图式

初始状态

目标：用一种力量征服某一个中心目标

资源：足够强大的力量

限制：不能只用一种途径施加所有力量

计划方案：同时采用多条途径运用微弱的力量

结果：中心目标被这支力量征服

从上述例子可知，图式是一种学习者对学习任务与迁移任务的共同本质特征的认知结果。学习者对问题图式的认识程度会直接影响迁移。对问题模式的概括与抽象水平越高，图式的表征结果就越具有一般化（普遍性）程度，表明学习更具有深度，对新问题的迁移能力会更强。其实，图式的研究可以理解成心理学研究者把具有内隐性的认知过程外显化的手段。把组成具有内隐性的知识结构的图式外显化，这对教育过程的设计和问题解决指导方案的设计都具有非常好的指导意义。

七、样例理论

样例理论（exemplar theory）主要是由罗斯（Ross，1989）提出并发展的①。其主要观点：与抽象原则相比，先前学习过的例子，在类比迁移中起着决定性的重要作用，并引导抽象原则解决目标问题。抽象原则只有在例子中才能被理解和运用。非常低水平的信息，即以前学过的例子，被储存并用于解决新问题。虽然个别样例理论研究者认为，在类比迁移中并不存在图式归纳，但是大部分人却认为，图式不可避免地要从具体事例中归纳推理出来。该理论将问题的内容分为两个部分：一、具体的事物或元素；二、总的语义领域。语义领域在源问题的激活和提取过程中起着重要作用，而具体元素在应用阶段起着重要的作用。总之，问题内容在类比迁移的各个阶段都起着非常重要的作用。

样例理论为目前的教学提供了实践指导。课堂教学中的例题教学需要从具体逐步转化或深入到本质。当一个新问题类型的样例出现时，学生往往更多地关注样例的表面特征，而对问题的本质缺乏理解力。大量的“题海”训练，将使学生不可能很好地探究问题，因为时间太少，不可能对问题进行深度的研究与思考。这样难免出现似乎奇怪的现象：一个平时练得很熟练的题目，当我们改动一定的条件信息时，学生的得分率反而出奇地低。主要原因是学生在解决问题的过程中，没有对问题的信息进行消化、理解并提炼其本质，甚至导致学生由于大量的快速训练而对问题的探究力下降了。

另外，教师在样例教学中要注意用更一般的方法来解决问题，而不是用特殊的针对某一个问题有效的方法（一般认为这是解题技巧）。因为一种方法的概括化水平越高，适用性就越宽泛，就越容易被迁移到相似的问题中。在课堂教学中，有的教师非常关注一些特殊的解题技巧，并且花费很多时间介绍这些

---

①Ross B. H. Distinguishing types of superficial similarities[J]. Journal of Experimental Psychology: Learning, Memory, and Cognition, 1989(15): 456-468.

技巧性方法，但实际效果并不好。从迁移理论来考虑，这样的结局就不难理解了。从迁移实验的研究来看，用一般方法来解决学科问题是我们教学工作的重点所在。

八、问题空间匹配理论

20世纪80年代以来，安德森等认知心理学家们发展了一种基于计算机的问题空间理论。根据问题空间学说，迁移的认知理论强调两个方面：一是问题空间，二是解决问题的程序或技能。在问题空间方面，他们认为迁移是通过问题空间的类比实现的，即通过已掌握的问题空间与新问题的问题空间相匹配，将源问题空间中的算子、关系或路径等匹配或迁移到未知的目标系统中相应的算子、关系或路径。许多研究表明，对于简单的迁移任务而言，类比能很好地发挥作用；当新的情境比较复杂时，类比常常不能奏效。因此，用类比来说明所有的迁移，是值得质疑的。在认知技能方面，人们关心的是如何在新的问题情境中使用已经习得的技能。西格勒和安德森认为，两种任务之间的迁移，是随其共有的认知要素的程度而变化的①。其实，这种观点也就是桑代克相同元素说的发展。因为在桑代克时代，难以在实验室对此进行检测，而现代认知心理学则可利用现代科技手段去鉴别这种任务的各要素。例如，西格勒和安德森在教被试几种文本编辑器后，从中探索他们预想的迁移现象。他们发现被试学习后面的编辑器比前面的更快。而两种编辑器所共有的过程元素的量能预言这种迁移的量。他们发现，在两种表面结构很不相同而又具有共同的抽象结构的文本编辑器的学习之间有很大的迁移。此外，他们也发现同样的原理体现在数学能力在各种学习领域中的迁移。安德森等人对迁移问题得出如下结论：

一、迁移量的多少（大量、中等、少量或者负），取决于实验情境及两种材料之间的相关性。

从一种技能到另一种技能的迁移量主要取决于两个任务的共有成分的量。这种共有成分的量是以产生式系统来考察的。具体说，就是用相同或相似的产生式法则来描述两个任务含有的共同的知识和经验。如果两个情境有共同的产

①Singley, K., and J. R. Anderson. The Transfer of Cognitive Skill[M]. Cambridge, MA: Harvard University Press. 1989.

生式，或两个情境有产生式的交叉、重叠，就可以产生迁移。

二、表征和练习程度是迁移产生的主要决定因素。

不同领域的迁移各不相同，按其共有的符号成分的数量而不同。迁移量的多少与问题的表征水平和对问题类型的练习程度有关。

三、迁移量也依赖于学习或迁移时注意的指向所在。

教学中应该更加注重对有关标志已有技能的线索的训练。学习的注意是对学习材料的学习效率的基础，是学习成效的主要因素，因此在教学过程中，教师应该重视对学习材料的重要性和必要性的标志。

根据安德森等人问题空间匹配理论的上述三条结论，我们可以对学校的教学进行讨论。迁移量的多少与实验情境及两种材料相关。所以在教学中要重视问题情境的创设，同时更要重视问题与情境之间关联性的讨论，以提高学生的情境识别与理解能力。迁移量的多少与两种学习材料（先前学习的已有材料和需要学习的材料）之间的相关性程度有关，提示我们在教学设计中要重视发现和理解相似问题之间的相似要素，而这些相似要素必须反映问题的本质特征而不是表面特征。

表征和练习的程度是迁移产生的主要决定因素。这说明学习必须注重两个方面：一是问题的表征，要引导学生把问题的本质特征用问题要素的方式规范地表征出来。这种表征既有助于本问题的理解和解决，又能为新学习的问题或新的学习材料产生很好的导向作用。二是要重视练习程度。不要以为这是在引导我们多做练习。练习的量必须达到一个基本值，但是超过一定程度就会发生边际产出效应，这不仅对学生知识巩固没有意义，而且会产生思维僵化、思维固化与定势等不利倾向，同时也会使学生产生厌学情绪。因此，这里的练习程度是指我们指导学生对某一类问题进行练习时要注重这个练习的思维加工程度。因为只有深度思维、深度加工才能使学生产生良好的心理结构，从而对新问题的学习产生成功的迁移。

迁移量依赖于学习或迁移时注意的指向。注意是学习加工的起始点，只要注意的指向正确，学习加工就会有成功的迁移。因此我们在教学设计与教学实施时要注重该如何引导学生的注意转向本质的方向，该如何持久有效地保持注意的指向。

九、元认知迁移理论

自从费拉维尔（Flavel，1976）提出元认知概念后，人们就开始注意到元认知与迁移的关系。费拉维尔把元认知分成三种成分：元认知知识、元认知体验和元认知监控。西蒙（Simon，1996）把各种元认知现象分成三种元认知成分：元认知知识（metacognitive knowledge）、元认知技能（metacognitive skills）和元认知信念（metacognitive beliefs）。元认知技能包括预期（prediction）、计划（planning）、监控（monitoring）和评价（evaluation）等。元认知信念是动机驱动、指引行为，而且可看成是应用元认知知识和元认知技能的手段或工具。在学习和迁移中，元认知有两种：有关对自己已有知识的思考和如何调节自己的学习过程。一般具有高元认知水平的人会躬身自问：关于这个主题我已掌握了多少知识？我需要多少时间去学习这个主题？好的学习计划是什么？如何评测学习结果？如何修正学习步骤？如何查找错误？如何理解学习内容？这些自我意识的问题能帮助学习者在学习过程中主动监控自己的学习策略和方法。布兰斯福德（Bransford）等人认为，评估自己对某一特定测试成就的准备情况会促进学习迁移的发生（Bransford等，1999）①。

问题解决过程中学习者如何利用信息、组织信息是元认知能力影响迁移水平的例证。在SAT（Scholastic Assessment Test）和IMMEX（the Interactive Multi-Media Exercises）中得分都低的学生往往用不相关信息来解决问题（Peak，2002），在解决问题的过程中他们没有一个明确的计划。这些学生在问题的解决过程中，在确认问题的必要元素和有效组织策略上是存在困难的，他们中的许多人在正确评估和解决问题中能选择必要的信息，然而对这些信息的组织很差，会在一些不相关的信息中迷失方向。相反，能正确地解决问题的学生往往专注于策略，实施前他们花更多的时间做计划。这不仅使解决问题的方法更有效，而且也避免了大多数无关信息的干扰，并使学生对完成任务的过程与机制取得了更基础的认识。

影响元认知学习的变量有学习者、任务和策略等因素。年龄越大的儿童对

---

① Bransford J. D, Ann L. Brown, Rodney R. Cocking. How People Learn: Brain, Mind, Experience, and School[M]. The National Academy of Science. 1999, From: http://www. nap. edu/html/howpeople.

自己学习状态的判断越准确；幼儿园的儿童和一年级的学生都认为熟悉或容易命名的项目更容易记忆，年龄大的儿童却认为分了类的项目比未经组织的信息更容易记忆。如果结合某个单一的学习任务来教学生某一元认知策略，就可能会带来风险，学生可能会把某一策略看作只适合这一项任务或与之关联程度较高的任务，这样他们就不会形成迁移。因此专家们建议使用多种多样的任务来教学生元认知策略（戴尔·H.申克，2003）[①]。

安妮米（Annemie）等（2003）将元认知技能的预期和评价称作离线元认知（offline metacognition），原因是这两种成分发生在问题解决之前和之后，并不在问题解决之中。他们在研究后认为，离线元认知能够促进程序性知识的教学[②]。

元认知迁移理论告诉我们，教学过程中培养学生的元认知能力能够促进学生对学习过程的自我认知，促进学生提取与组织相关信息的能力，从而促进学生的迁移能力。但是元认知迁移能力的培养不能用空洞的教育方式，应该贯穿于实际问题的解决过程中。而且，学生的元认知能力不可能在短时间或少量的任务解决中完成。学生的元认知能力也不可能用一种规定的指令来唤起。（见第四章的实证研究）

第三节　建构主义迁移理论

从建构主义的观点来分析，学习者的学习过程就是学习者在已有旧知识的基础上，面对新的情境或问题，用旧知识对新的问题或情境进行整合，从而使学习的知识内涵（对知识的理解）和外延（包括知识的情境外延和学习者主观上的心理外延）都发生变化。从这个意义上来说，学习的过程是新旧知识相互影响与整合的过程。因此，从建构的观点出发可知，学习的本质就是迁移。

①戴尔·H.申克，韦小满，等，译.学习理论：教育的视角[M].南京：江苏教育出版社，2003.

② Annemie, D., Herbert, R. Armand, D. C., Can Offline Metacognition Enhance Mathematical Problem Solving?[J]. Journal of Educational Psychology, March 1, 2003, Vol. 95.

一、抛锚式教学

20世纪80年代后期，布兰斯福德等人发展了一种建构主义教学理论——抛锚式教学（Anchored Instruction），强调“条件性知识”的重要性。这种理论提出，要给学生提供一个真实的、界定了知识应用范围的问题情境，发展学习者的可应用知识。抛锚式教学建立在以下两条原则的基础上：一、学与教的活动必须围绕着一个案例研究（case-study）或问题情境（problem situation）组成的“锚”；二、课程材料必须让学习者可以探索。抛锚式教学必须遵循以下七条相互联系和依存的认知教学设计原则来创造教学：一、用生成性学习模式（generative learning format）来提高学习者的动机，用解决结果开放式问题（open-ended problems）来创造或生成故事结尾。二、用基于视频的演示（video-based presentation）来改进课本的学习，用增加有关的背景信息、动画、图表、音频、模拟等富有色彩和真实感的方法丰富课程资源。三、用叙述模式（narrative format）来改进故事的情境、人物特征、开头和结尾事件，以丰富故事情节的现实性和真实感。四、问题的复杂性会损害学习者的兴趣，因此需要在解决问题的相关步骤上增加投入。五、用故事情节中需要或不需要的数据进行植入数据设计（embedded data designs），以增加故事的深刻性。这样，学习者会投入探索和发现过程，确认问题并搜索相关数据。六、创造迁移的机会（opportunities for transfer），可用相同科目（如地理）的不同的、现实的情境，让学习者观察其他情境并使用学到的技能和知识。七、课程之间的联结（links across the curriculum）根植于真实的故事情节之中，应用于其他研究范围的内容。

抛锚式教学的教学策略包括：一、将学习置于问题情境中。为了使知识与行动联系在一起，创设有效的基于问题的情境，使学习者积极地投入；为了使学习者有效地理解新知识，教学者要将学习置于一定的问题情境之中。二、促进学习者对使用情境的理解，以便明确知识潜在与非潜在的使用情境。三、多角度考虑分析问题。为了促成更灵活的知识及其提取、扩展学习者所接触的应用范围，教学者要促使学习者从不同的角度考查所学的主题。四、用去情境化的方法抽象问题，以促进迁移。为了涵盖不同的例子，连接不同的领域以及促进抽象，需要一定程度的去情境化（decontextualization）。至少要给出一对问题情境，使学习者对知识的应用可以超越各自领域的限制。

抛锚式教学强调知识生成的根基是知识发生的情境及促使学习者去情境化的过程。这就要求我们的教学起点始于真实情境，在对信息进行不断地提取与筛选的过程中，逐步剔除一些相对次要的信息，保留相对重要的信息。在这样去情境化的过程中，学习者学到的知识是真实可靠并且可以灵活应用的。因此，抛锚式教学的过程可用下图表示。

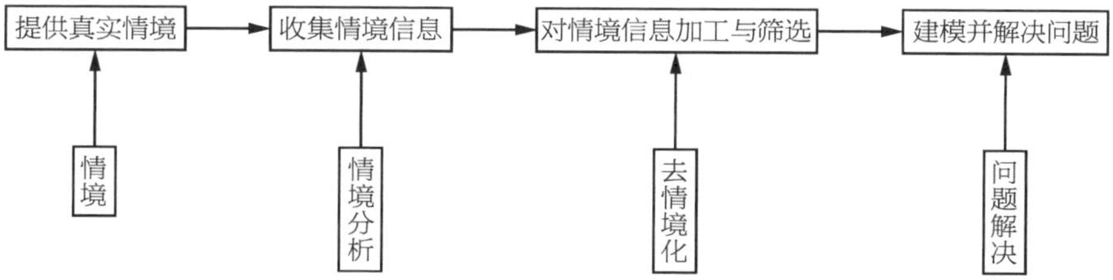

图2-3　抛锚式教学的过程

抛锚式教学所提供情境的真实性决定了知识获取的经验与能力因素的初始状态。如果情境的真实性不高，不仅不利于学生的体验，而且也不可能有效提高学生的能力。在真实的情境中，学生学会辨别主要信息与次要信息的能力，这算是提高学生解决实际问题能力的第一步。第二步则是对信息进行有效处理。在分清信息的重要程度后，学生必须学会如何提取重要信息、舍去次要信息，并对有效信息进行加工，建立针对这类问题的模型以解决问题。

二、认知学徒式教学

布朗（Brown）、柯林斯（Collins）和杜吉德（Duguid）等人（1989）基于对专家实践的研究提出了认知学徒式（cognitive apprenticeship）的教学理论[①]。他们研究后发现，专家在自己的活动中总是应用情境性的思维策略。为了发展学习者的可灵活应用的知识，很有必要让学习者像手工行业中徒弟跟随师傅那样在实际情境中学习。这样能将专家在真实性应用情境中外化出来的认知方法（特别性的启发式策略）融合进来。认知学徒式的重点是：一、在具体

①Brown, Seely, Collins, Allan and Duguid, Paul. Situated Cognition and the Culture of Learning[J]. Educational Researcher; v18 n1, Jan-Feb 1989: 32-42.

的情境中向学习者提供可应用的知识。而且对知识的应用不仅限于一种情境，学习者要在不断增加情境的复杂性的过程中有序地反复学习。二、鼓励学生提出可整合情境性经验的整体框架。三、教学者与学习者都要不断变化对问题的认知的角度。

与抛锚式教学相同，认知学徒式教学也强调具体情境对知识学习的重要性，区别是抛锚式教学更强调通过确定性的范例来强化知识的学习，而认知学徒式有利于创设更真实的情境来组织教学。认知学徒式教学的局限在于只适合于少数学生的教学，对于一般性小班或我国的普通班级几乎不可能实施。但在个别辅导、个性化教学和小组讨论辅导中，这种理念和方法是很值得借鉴和推广的。

三、认知灵活性理论

斯皮罗（Spiro）等人（1988、1991）的认知灵活性理论（cognitive flexibility theory）十分强调发展学生的灵活性应用能力[①]。该理论所探讨的问题是：学习者建构出来的知识能不能被应用到新的问题情境中去。在传统教学中，由于学习者形成的概念或理论过分简化，导致学习者对知识的应用不当或不灵活。因此，这种理论特别强调在结构不良领域中的高级知识的建构，强调通过复杂的问题情境促使学习者建构灵活可用的知识。为此，该理论提出：教学内容要多次的相互邻接。要在不同的时间、在重新安排的情境中，带着不同的目的、从不同的角度，反复经历（revisit）同一学习材料。

认知灵活性理论建议的教学活动遵循四项原则：一、学习活动必须提供内容的多重表征（multiple representations）。二、教学材料必须避免过分简化内容领域（content domain）并支持背景依赖知识（context-dependent knowledge）。三、教学必须建立在案例之上并强调知识建构，而不仅仅是信息的传导（transmission of information）。四、知识源（knowledge sources）之间必须高度联系而不是分割。

①Spiro, R. J., Coulson, R. L., Feltovich, P. J., & Anderson, D. (1988). Cognitive flexibility theory: Advanced knowledge acquisition in ill-structured domains[C]. In V. Patel (ed.), Proceedings of the 10th Annual Conference of the Cognitive Science Society. Hillsdale, NJ: Erlbaum. [from: http://www. ilt. columbia. edu/ilt/papers/Spiro. html].

认知灵活性理论要求教学不能过于简化教学情境，不能过于简化情境的表征，且对情境的信息要做多重表征。这一理论更强调教学活动的相互联系，不仅仅是知识间的联系，而且要求与知识源（情境）的联系。

以上三种建构主义学习迁移理论的共同特点：一、强调学习过程与具体情境的联系，强调知识学习中学习者在实际情境中的建构；二、强调从学习加工的过程中获得清晰、概括的问题解决图式，以利于对新问题的迁移；三、与具体情境紧密联系，且经历去情境化的过程，这样的知识才具有应用性。这说明问题解决或知识学习的迁移要注重几个方面：一是情境性；二是学习加工的深度与广度；三是学习加工所形成的概括性的图式；四是知识应用时对问题与环境信息的加工。

第四节　迁移理论的评述

在约两百年的时间里，人们一直将学科对心理官能的训练价值作为课程设置的依据，按照这个理论的教育非常强调官能训练，而不重视学习内容的价值。然而到19世纪末和20世纪初，心理学家经过大量的实验研究，诞生了两个经典的迁移理论，即“相同要素理论”和“概括化理论”。前者认为，只有训练任务与迁移任务具有相同的要素时它们之间才能发生迁移；后者认为，迁移的发生不在于任务之间的表面相似性，而在于学习者是否获得对有关知识的概括化理解。也就是说，相同要素理论强调任务本身的特点，这些都是“外部因素”或“客观因素”；而概括化理论则强调学习者对任务之间关系的概括水平或理解水平，我们可以将其视作“内部因素”或“主观因素”。而格式塔心理学的韦特默认为，迁移的关键在于学习者的顿悟。应该说顿悟是对内容之间相关性关系的顿悟，这比概括化理论更强调内部因素。学习定势理论的奠基者哈洛则认为，迁移取决于学习者通过训练而获得的定势或学习能力。由此，这些行为主义的迁移论的发展方向从关注问题的外部因素逐步转化到关注学习者本身的内部因素上了。

20世纪60年代以来，认知心理学家从知识获得与运用的角度探讨了迁移发生的条件和机制。作为对这些研究结果的概括，罗耶提出了认知迁移理论，认为迁移的可能性取决于学习者在记忆搜寻过程中提取相关信息或技能的可能性。这一观点实际上也与迁移的概括化理论一致，即强调学习者的学习结果对迁移的影响。20世纪80年代以来，又出现了一些从认知的角度解释迁移机制的新理论：结构映射理论、实用图式理论、问题空间匹配理论和元认知迁移理论等。当然，这些理论并不是全新的，它们只是在行为主义研究的基础上引入了认知心理学的研究方法和研究成果，发展和改进了已有的迁移理论。其实，我们在认知迁移的各种理论中都可找到行为主义迁移理论的“影子”。

在行为主义学习理论中，迁移来自概括。相同或相似特征的情境可以使得行为在共同要素中实现迁移。例如，学生知道鸟类并能做出分类，也能够在对鱼类做出分类的过程中表现出迁移。这两类动物之间分类方法的相似性使得学习者能够将鸟类分类的学习经验迁移到对鱼类分类的学习任务中。

行为主义者力图对建立最有用的增强刺激—反应之间联结的策略做出规定。这些策略或方法一般来说对促进辨别（回忆事实）、概括（下定义、举例说明和理解概念）、建立联系（应用性外推）和联动（自动完成某一特定程序）等任务的学习是可信的和有效的，然而，行为主义原理无法恰当地解释如何获得高层次技能及理解深层次学习过程。例如，语言发展、问题解决，做出推测和批判性思维等（Schunk，1991）①。

认知主义的观点认为，迁移与信息如何贮存在记忆中直接有关。当学习者知道在不同的情境中如何运用知识，那么迁移就发生了。认知主义还认为，理解是迁移发生的重要条件。原有的知识被用来建立一个边界约束条件，以确认它与新信息的异同性。不仅知识本身必须被贮存在记忆中，而且运用知识的条件也要被贮存在记忆中。具体的教学事件或真实事件会引发特定的反应，但是学习者在激活知识之前，必须肯定其在特定的情境中是有用的。

由于强调心理结构，通常认为认知理论比行为理论更适宜于解释较为复杂的心理行为（推理、问题解决、信息加工）。通过简化还原和标准化使得知识的迁移更有效，在这一点上，两种理论是相通的。知识是可以被分析、分解和

①引自 Peggy A. Ertmer & Timothy J. Newby(1993). Behaviorism, Cognitivism, Constructivism: Comparing Critical Features from an Instructional Design Perspective. [J]. 盛群力编译. 电化教育研究，2004(4).

简化为基本组块的。如果排除无关的信息，那么知识迁移就能加速。例如，一个教师往往能够比学生更快地解决某问题，原因是教师在解决问题的过程中使用了更大的“组块知识”来分析问题，导致对问题解决的过程更简单、途径更直接。行为主义者重视设计环境实现知识迁移，而认知主义者则突出有效的加工策略。

行为主义和认知主义的哲学观主要是基于客观主义的：即世界是真实的，是存在于学习者外部的。在对这种客观主义假设提出质疑的基础上，人们采用建构主义的眼光来看待学习与理解。建构主义认为，知识是个体依据自己的经验来理解问题并创造意义的结果；通过让学习者参与到一个有意义情境中的真实任务，就能实现迁移。由于理解是同经验的多少或个人原有知识密切相关的，经验的真实性就成了个体运用观念的能力的关键所在。建构主义认为学习总是发生在情境之中，而情境则与镶嵌在其中的知识形成了不可分割的联系，因此迁移就发生在实际情境之中。如果学习是脱离具体情境的，那么就很难发生迁移。综上所述，学习结果的最终测量是要看学习者的知识结构在促进实际运用这些工具的思维与业绩方面，有效程度如何。

对迁移的理论与实验研究我们可看出有两个基本特征：一是迁移的研究与心理学的发展是同步的，二是迁移的研究从外部因素逐步转化到深入研究学习者自身的学习过程。从桑代克的相同要素说，到贾德的概括化理论，再到柯勒与思本斯的转换关系理论，其共同的哲学思想是联结主义，都是从联结主义出发来思考与研究学习过程中的迁移问题的。但这些理论的发展过程又体现了一个规律，从关注外显行为或客观材料之间的联系逐渐发展或转变成更关注学习者对材料的理解、领悟或“顿悟”，也就是说迁移研究逐步从关注问题之间关系的这种“外部客观条件”，发展到更关注迁移产生的内部因素。当然，这一时期的理论研究基于一个大的背景，即心理学研究正处于行为主义研究盛行期。奥苏贝尔的认知结构迁移理论、布鲁纳的编码系统迁移理论和安德森等人的问题空间匹配理论体现了认知主义的研究思想，他们的迁移研究理论与认知心理学是共同成长的。当然，实用图式理论与结构映射理论则是联结主义与认知主义相结合的产物。而自从1976年弗拉维尔提出了元认知思想后，迁移的研究也逐步从认知的观念深化到元认知的思想。因此，从迁移研究的思想发展来看，我们可以发现迁移的研究从联结的思想逐步关注到学习者自身对材料的认识，从理解逐步深入到学习者的认知过程，从学习者的认知过程又发展到对学习者元认知的研究。当然，建构主义的迁移理论在强调情境（客观状态）的重要性的同时，也更在意学习者对情境的自我建构或自我认识的个性化，强调建构的情境的应用性。

第三章

迁移的影响因素与迁移规律

INFLUENCE FACTORS AND LAWS OF TRANSFER

LEARNING AND TRANSFER

为什么有的教学组织活动学习效率不高，不能产生有效迁移？同样的学习内容，为什么有的学习方式学生特别感兴趣，有的则学生不喜欢？学习活动中产生迁移的相关要素有哪些？迁移任务的难易程度取决于什么因素？如何利用迁移规律促进学习？这些问题都是迁移研究与迁移规律应用必须解决的问题。期望本章能给您一些启示。

要研究迁移规律、在教学中运用迁移规律，就必须研究迁移的影响因素。学习的目的是为了迁移，而迁移能否发生、迁移的量有多少，直接关系到学习迁移的成效。影响迁移的因素有很多，有的因素对迁移有促进作用，有的因素则对迁移有阻碍作用。在学习过程中，能否发生迁移主要受学习材料的相似性、认知结构特性和迁移的意识等因素的影响（林崇德，2003）[①]。我们可以从主观与客观两个方面来分析与归纳迁移的影响因素。从学习者的主观因素来看，影响迁移的因素有学习者的概括能力、推理能力、自我效能感、动机水平等；从迁移学习过程中的客观因素来考虑，迁移的影响因素有学习任务与目标任务之间的相似性程度、学习任务与目标任务之间迁移的远近程度（远迁移或近迁移）等因素。当然，研究影响迁移因素的主要目的是弄清迁移的基本规律。只有掌握了迁移的基本规律，才能提高教育活动中“教”与“学”的效率。本章主要讨论迁移的影响因素和学科教学中的迁移规律。

第一节　迁移与问题的相似性

许多研究已经表明，问题之间的相似性能够促进迁移。两个问题之间的相似性包括以下三个方面：抽象原则（abstract principle）、问题内容（problem content）和实验内容（experiment content）的相似性。抽象原则在正规问题中指原理与公式，如数学和物理学科问题中的原理、定理、定律等，在无法定义的问题中，常常被称为图式和深层结构。问题内容主要包括两个方面的内容：

①林崇德.学习与发展[M].北京:北京师范大学出版社,2003:23-27.

一是语义领域，另一个是表面元素。实验内容包括实验过程中的背景、实验者和实验程序等。两个问题之间在抽象原则、问题内容和实验内容方面的相似性对类比迁移的影响是非常复杂的。

卡伦兹（Karenz）为了检验结构联系的信息和随意信息这两种类型的迁移，让实验的被试阅读一个相似源故事（analogical source story）和一个目标故事（target story）。通过许多给定日期的实验，多数被试在结构联系的信息（structure-related information）方面的迁移效果比随意信息（arbitrary information）方面的迁移效果更好①。该研究的结果说明了学习者会首先迁移那些与共享类似结构（shared analogical structure）相联系的信息。因此，教学过程中应该尽可能地组织相关信息，使它们组成一定的结构或形成关联性，这样有利于学生理解与迁移。

陈泽（Zhe. Chen）则认为，提供的源问题（source problem）和需解决的目标问题（target problem）之间的相似性可分为三种类型：表面相似（superficial similarity）、结构相似（structural similarity）和程序相似（procedural similarity）。对问题解决者来说，目标问题的难易程度取决于源问题与目标问题的抽象水平。陈泽提出，程序相似是衡量能否利用源问题顺利解决目标问题的关键。而程序相似按其相似程度又可分为三个水平：原理水平（principle level）、策略水平（strategy level）和步骤水平（procedure level）②。程序相似的水平决定迁移的程度和问题解决的执行程度。被试解决问题的难易程度在很大程度上取决于源问题与目标问题之间的相似程度。

解决问题时，人们通常选择和使用先前的例子。一般认为，表面相似可能会影响先前问题的选择，但它们对如何利用先前问题几乎没有影响。而罗斯（1989）的实验结果与这个观点不符③。罗斯认为，不同类型的表面相似对选择、使用先前的例子具有不同影响，因此，他建议区分不同的表面相似。

戴斯等人（1994）认为，当新旧问题的内容相似、程序相似或学习原则相

①Karen. L. Yanowitz. Transfer of structure-related and arbitrary information in analogical reasoning[J]. The Psychological Record. Gambier: Summer 2001. Vol. 51, Iss. 3; pg. 357, 23 pgs.

②Chen, Z. Analogical Problem Solving: A Hierarchical Analysis of Procedural Similarity[J]. Journal of Experimental Psychology: Learning, memory, and Cognition. Vol. 28, 2002(1): 81-98.

③Ross B. H. Distinguishing types of superficial similarities[J]. Journal of Experimental Psychology: Learning, Memory, and Cognition, 1989(15): 456-468.

同时，就可能发生迁移①。一、当新旧问题中相同内容的数量越多，迁移也就越强；二、即使内容不同，如果学习程序相似也可能发生迁移；三、原则的迁移是所谓“认知策略”的训练目标，能导致远迁移，事实上一般策略训练的目标就是远迁移。

以上的研究可以看出，问题之间的相似必定会影响迁移的过程与结果。那么对于某一学科来说，如何评价两个问题之间的相似性水平就是一个关键的问题。我们的研究认为，问题之间的相似性可以根据问题的学科特性和内容特性进行评价。评价可以从几个维度分别进行等级制评定方法。例如，在第一章的例子中，问题之间存在着一定的相似性。我们对其相似性的评定方法可按下列方法进行②。

不同物理问题间相似性评定指标及办法

物理问题间的相似性程度评定指标

本研究将两个问题之间的相似性程度分成三个方面（原理、方法与策略、物理模型），每一个方面的相似性程度采用三级计分方法。三个方面的相似性在权重上均等，每个方面均为3分。两个问题的相似性最高为9分，最低的为3分。总分分值越高表示越相似。

1. 三级计分方法。

第一级相似（1分）：两个问题之间在所指的方面有一定的相似性，但本质上相似性很少。

第二级相似（2分）：两个问题之间在所指的方面比较相似，且本质上也有一定程度的相似性。

第三级相似（3分）：两个问题之间在本质上具有极高的相似性，且这种相似性具有显著性。

2. 相似性分成三个方面。

原理（定理或定律）的相似：指两个问题所遵循的物理规律（物理原理、物理定律、物理定理等，如牛顿第二定律、对称性原理、动量定理、能量守恒

①J. P. 戴斯，J. A. 纳格利尔里，J. R. 柯尔比.（1994）杨艳云，谭和平，译（1997）. 认知过程的评估——智力的PASS理论[M]. 上海：华东师范大学出版社，1999：168-176.

②曹宝龙. 物理教学过程中高中生学习迁移的影响因素[D]. 北京：北京师范大学博士论文，2006.

定律等）存在的相似性。

方法与策略的相似：指解决两个问题所使用的基本方法和基本策略（如平行四边形法则、整体分析法、隔离体分析法、比值定义物理量法等）存在的相似性。

物理模型的相似性：两个物理问题都可以用物理模型来表示，物理模型（球对称模型、质点模型、光线模型、磁场模型、电场模型、磁感线与电场线模型、发电机和电动机模型、电磁场模型等）表达问题的本质特性。因此，物理问题之间的相似性在一定程度上表示两个问题之间本质的相似性。但是，如果我们对物理问题的认识只停留在表面上，则很可能会把两个表面似乎相似而本质不相似的问题看成是相似问题了。

按照以上的相似性评定框架，我们可以列出物理问题的评定标准。

表3-1　物理问题相似性的评定标准

相似性	第一级（1分）	第二级（2分）	第三级（3分）
原理（定律或定理）	两个问题遵循不同原理，但原理之间有间接联系	两个问题遵循相似原理，或遵循的原理之间存在高相似性	两个问题遵循同一原理
方法与策略	两个问题的对象选取、过程分析的步骤与方法较少有相似性	两个问题的对象选取、过程分析的步骤与方法均具有一定程度的相似性	两个问题的对象选取、过程分析的步骤与方法均相似性极高
物理模型	两个问题所对应的物理模型表面相似，但本质不相似；或本质相似，但隐蔽性很强	两个问题所对应的物理模型表面不相似，本质则相似，稍有隐蔽性；或表面相似，本质也比较相似	两个问题所对应的物理模型本质与表面均相似，且隐蔽性不强

运用以上的评价标准，我们可以对第一章中的几个物理问题［学习卷（任务问题）＋测试卷（目标问题）］进行评分，结果如下。

表3-2　任务问题与目标问题之间的相似性程度的评定结果

问题对 / 相似性程度	中心对称模型问题（任务问题1与目标问题3）	势能问题（任务问题2与目标问题2）	强度定义问题（任务问题3与目标问题1）
原理或定律	3	2	2
方法与策略	2	3	2
物理模型	3	2	2
总体相似（程度分）	8	7	6

说明：

1. 中心对称模型问题：学习卷上采用的是一个太阳光强度的计算问题，而测试卷上使用的是一个点电荷周围的电场强度的计算题。两题的物理原理都是球对称性原理，模型也是球对称模型，因此原理与模型这两部分完全是相同的，而方法与策略上略有不同。计算太阳光强度的方法是两个球面上接收到光的总量是一样的，即可推论$E_1 4\pi r_1^2 = E_2 4\pi r_2^2$，这样就可得出结论；而电场强度这个问题有一个难点是发出的电场线的条数与中心点电荷的电荷量Q成正比，即条数$\propto Q$。由于这个原因，学生在相似性的理解上存在一定的困难，所以"方法与策略相似性"评2分。

2. 势能问题：学习卷上采用的是重力势能这个物理量引出的推理过程，物理原理上，此处引入势能的原因是重力是一个保守力，而保守力做功与路径无关。测试卷上用了一个概括浮力势能的问题，而浮力势能产生的原因是浮力（竖直向上）是一个保守力，因此可用浮力势能的改变量来表示浮力做功的大小。两者本来在原理上是完全相同的，但遵循原理的情境发生了变化。学习卷上的问题只有一个重力参与，讨论过程只涉及重力；而测试卷上的问题是既有浮力，又有重力参与在里面，给学生理解原理带来较大的困难，即具有一定的隐蔽性，因此"原理相似性"评2分。而模型也与原理一样，在理解上存在一定的隐蔽性。对于测试卷中的模型，排除或忽略重力因素而突出浮力因素是一个较难的抽象过程，因此这两个题的"物理模型相似性"也评2分。至于方法与策略的相似性，两题是强相关的，因为只要在正确的原理引导下，抽象出合理的物理模型，就可用完全相似的方法来处理问题。

3. 强度定义问题：学习卷采用的是风的强度的定义过程问题。依据一定强度的风吹物体时，风力的大小与受力面积成正比，因此可用比值定义风力强度。而电场强度的定义问题也是电场力的大小与引入电荷的大小成正比。应该说，这两个问题在本质上是很相似的，但原理、方法和模型上都因为场景与问题涉及的学科领域不同而具有隐蔽性，主要是电场中的问题比风力问题更具抽象性。因此，"原理相似性"评2分，"方法与策略相似性"评2分，"模型相似性"也评2分。

第二节　迁移与能力、动机

影响迁移成功的第一个因素是对原有知识的掌握程度。这很明显，但我们经常忽视。产生迁移的关键在于学习者对已学习的内容是否理解，而不是对一些事实的简单记忆（John D. Bransford，Ann L. Brown，Rodney R. Cocking，1999）[①]。事实上，个体知识结构是影响学习的关键因素。学习者的学习必须依赖于自身原有的知识，当个体与环境发生相互作用时，个体知识会与环境形成一定程度的认知冲突。当个体认为环境与其自身知识基本一致时，就产生“同化”作用，同化的过程当然是对个体知识的一种改变，其实在同化的过程中个体知识的结构会拓展；而当学习者认为个体知识与环境提供的信息不一致，原有个体知识结构并不完善，或个体对环境的认识不够全面甚至存在错误时，个体对环境的刺激，就产生了“顺应”作用，顺应的过程是知识结构发生质与量的变化过程。在顺应过程中，个体知识结构受到环境比较大的“冲突”性冲击，引起个体与环境知识交互作用，其结果是个体原有的知识结构“顺从”环境提供的信息，使个体原有的知识发生结构性的改变。因此，原有的知识是学习的基础与前提，也是知识结构进一步优化的重要前提。

迁移同样与学习者的学习能力有关。儿童在多大年龄才能用类比的方式解决新问题一直是心理学家关注的问题。一些心理学家认为，12岁以下的儿童缺乏类比推理的心理能力，因而不能产生类比迁移（Piaget，1958）。但一些研究者表明，12岁以下的儿童不能运用类比的方式解决新问题，其原因并不是他们缺乏类比推理的能力，而是因为他们只有有限的概念知识和缺乏类比迁移的动机（Alexander等，1995）[②]。因此，儿童不能发生类比迁移的根本原因还是因为知识基础问题。由此，一定量的知识或能力的储备是产生迁移的必要

①Bransford J. D, Ann L. Brown, Rodney R. Cocking. How People Learn: Brain, Mind, Experience, and School[M]. The National Academy of Science. 1999, From: http://www. nap. edu/html/howpeople.

②Alexander P. A, White C. S, Daughterty M. A, Analogical reasoning and early mathematics learning [J]. Mathematical reasoning: analogy, metaphor, metonymy, and images, 1995: 117-147.

前提。

对于成人的研究也表明，能否产生类比迁移主要取决于成人在某一专业领域知识的多少或能力的高低，而与类比推理能力的高低无显著相关（Novick & Holyoak，1991）[①]。巴索克和霍利约克（Bassok & Holyoak，1989）研究了物理和代数的同构问题之间的迁移，结果发现迁移与内容性质有关[②]。他们用三个实验检验了代数与物理中的两个同构子领域间的迁移。这两个领域是代数中的算术级数和物理中的常加速度的问题。呈现给被试的高中生和大学生的问题是他们原来已经学过的内容，或一些不熟悉的但与学过的内容相似的内容。分析物理问题解决的方案显示：再认是立即进行的，而且解答过程是代数方法的直接应用。相反，学过物理知识的学生几乎不能直接迁移到同构代数问题。仅有的一个物理成功迁移到代数的问题，在性质上是相似的。数学知识运用于物理问题能够迁移成功，而物理方法不能运用于数学问题，这种现象说明了迁移与平时的知识运用习惯是有关的。我们总认为数学是基础学科，它的知识可运用于物理、化学等领域，但很少去思考将物理、化学等学科的知识运用于解决数学问题。

巴内特（Barnett）和塞西（Ceci，2002）认为[③]，历史上有的迁移实验成功，而有的并没有明显的迁移，其原因还是被试的理解程度问题。例如，贾德（1908）和吉克与霍利约克（1980）迁移实验的成功[④]，桑代克、伍德沃斯和里德（Reed）等人（1974）实验的失败[⑤]，施利曼和纽涅斯（Schliemann & Nunes，1990）的成败混合结果[⑥]，原因可能为是否出现深度理解，深度理解是

①Novick, L. R., Holyoak, K. J. Mathematical problem solving by analogy[J]. Journal of Experimental Psychology: Learning, Memory, and Cognition, 1991(17): 398-415.

②Bassok, M., &Holyoak, K. J. Interdomain Transfer Between Isomorphic Topics in Algebra and Physics[J]. Journal of Experimental Psychology: Learning, Memory, and Cognition Vol. 15(1), 1989: 153-166.

③Barnett, Susan M.; Ceci, Stephen J. When and Where Do We Apply What We Learn? A Taxonomy for Far Transfer[J]. Psychological Bulletin Vol. 128(4), 2002(7): 612-637.

④Gick, M. L., & Holyoak, K. J. Analogical problem solving[J]. Cognitive Psychology, 1980(12): 306-355.

⑤Reed, S. K., Ernst, G. W., & Banerji, R. . The role of analogy in transfer between similar problem states[J]. Cognitive Psychology, 1974(6): 436-450.

⑥Schliemann, A. D., & Nunes, T. A situated schema of proportionality[J]. British Journal of Developmental Psychology, 1990(8): 259-268.

产生迁移的原因（Brown等，1988）[①]。也许里德等人（1974）研究中的被试能够成功地解决问题，但不能从深度策略的水平来理解他们的解答为什么能成功，所以被试不能产生迁移。桑代克和伍德沃斯的被试没有进行问题解决，而是用感知判断，在这之中没有深度原理的迁移。施利曼和纽涅斯研究中的渔民理解他们自己的启发式，但也许仅是靠死记硬背（rote-learned）获得的，而贾德、吉克和霍利约克的被试深入学习了原理——折射或会聚。这就是研究者的基本观点或解释：迁移依赖于对抽象概括原理的灵活展开与应用。

布朗（1988）认为，那些待迁移原理的领域知识也是成功迁移的关键。儿童不能将学到的因果水平的图式迁移到他们一无所知的学科中。布朗发现，当对领域知识足够熟悉时，儿童能成功地将概括性的原理迁移到新的情境中。进一步支持这个结论的证据来自施利曼和安文思（Magalhaes，1990）的研究[②]：给没有受过教育的巴西厨师三个数学比例问题，这三个问题涉及不同领域（价格、食谱和医学），具有相似关系并涵盖一些数量知识。被试出色地完成了价格问题，原因是他们在这个领域熟悉精确比例的计算方法。然而，食谱问题没有那么好地被完成，原因是在这个领域被试只熟悉粗略比例的计算。医学问题被完成得更差一些，显然对被试来说这是一个完全陌生的课题，尽管要求的数学计算知识与前两个问题具有相似性。这个研究说明了目标问题所对应的领域知识是一个非常重要的因素，它会影响迁移的量。

人们对知识的理解程度（不仅仅是记忆一系列事实或一些固定的程式）会影响迁移（John D. Bransford，Ann L. Brown，Rodney R. Cocking，1999）[③]。布兰斯福德等用了生物学中动脉与静脉的物理性质的学习一例来说明理解学习的优势。我们注意到记住动脉与静脉性质的能力（如动脉比静脉更粗、更有弹性，它从心脏输送血液）不同于理解它们为什么有这样的特殊性质。理解的能

①Brown, A. L., & Kane, M. J. . Preschool children can learn to transfer: Learning to learn and learning from example[J]. Cognitive Psychology, 1988(20): 493-523.

②Schliemann, A. D., & Magalhães, V. P. (1990). Proportional reasoning: From shopping to kitchens, laboratories, and, hopefully, schools[C]. In G. Booker, P. Cobb, & T. Mendicuti (Eds.), Proceedings of the XIV PME Conference (Vol. 3, pp. 67-73). Oaxtepec, Mexico: International Group for the Psychology of Mathematics Education.

③Bransford J. D, Ann L. Brown, Rodney R. Cocking. How People Learn: Brain, Mind, Experience, and School[M]. The National Academy of Science. 1999, From: http://www. nap. edu/html/howpeople.

力对迁移问题显得更为重要，例如那些仅仅能记住事实的学生面对“想象设计一个人造动脉。它是否应该有弹性？为什么？”这些问题时几乎不能解决问题。

以上研究可看出，要想实现迁移成功首先需要学习者对学习问题与目标问题所对应的领域知识有足够的掌握程度；其次学习者对迁移问题本身的理解要达到足够的水平；再次是学习的方式不能死记硬背，而是要对学习的知识进行深度理解。因此，学习者已有的知识水平与学习能力是迁移成功的首要因素。

迁移与动机的关系事实上是一个学习的非智力因素问题。布兰斯福德等（1999）认为，问题必须控制在一个恰当的难度以保持动机。问题过于简单会使人厌倦，难度过大又会引起挫折感。迁移动机对一年之内的正迁移有显著影响。①

另外，学习者面对困难时所持续的倾向性（tendency）与他是“成就导向”（performance oriented）还是“学习导向”（learning oriented）有关。学习导向的学生喜欢挑战，成就导向的学生更在乎结果而不是学习本身。但是，成就导向或学习导向并不是个体稳定的品质（John D. Bransford，Ann L. Brown，Rodney R. Cocking，1999），这就要求学习或教学过程更注重学习材料的难度，培养学生正确的学习态度与价值观，激发学生的学习兴趣。总体来说，现在的教学对学生学习导向的引导还需加强。总之，学习是一种具有内动力的探究性活动，需要持续性、主动性的支持，而学习导向可让学生具有更多的主动性和持续性。

迁移与学习者的主观意识当然会有直接联系。有效学习的学生能够明确地意识到迁移的重要性，并有强烈的内部动机来利用迁移的机会，具体表现在：主动识别不同学习任务之间的相关性；识别可迁移的具体情境；在迁移机会出现时，主动、恰当地提取或联系有关经验或可利用的资源，并灵活运用这些经验和资源。主动迁移意识实际上是学习者自我认知调控的表现，由于具有这种主动的自我调控，使得学习者减少了惰性知识经验，提高了已有经验的可利用性（林崇德，2003）②。学习者主动迁移的知识更能够发挥问题解决的实际能力，原因是自我建构的知识结构优于学习者被动接受的知识。

①Axtell C M, Maitlis S, Yearta S K. Predicting immediate and longer term transfer of training[J]. Personnel Review, 1997, 26(3): 201-213.

②林崇德. 学习与发展[M]. 北京：北京师范大学出版社，2003：23-27.

第三节 迁移的“远”和“近”

为了解释一个多世纪以来各种迁移研究结果之间存在的种种矛盾，巴内特和塞西（2002）提出了迁移任务与训练任务之间的内容性质和背景的差异（或远近）的理论框架（framework）。他们按照迁移的内容和迁移任务与训练任务之间的各方面的差异来设计比较的维度，框架分九个维度来度量迁移的“远”和“近”[①]。

巴内特和塞西把内容分为三个维度：习得技能（learned skill）、成就变化（performance change）、迁移任务的记忆需求（memory demands）。习得技能的差异是指特殊性和一般性，即迁移的是一种特殊事实还是常规程序，表征的形式，或更一般的问题解决启发式或原理。一个特殊程序可能具有一套以表面特征描述的特殊步骤，而一个一般性的原理可能具有更深的、结构性的或因果性的理解。成就变化是指期望得到改进的措施（measure）。它可能是执行某种活动的速度，执行的质量和正确度，或执行了什么（做或没做一件特殊的事情）。迁移任务的记忆需求是指被试需要重新组织信息还是直接提取信息，因为不同的方式所需的记忆需求是不一样的。

迁移的背景，即迁移在何时发生或何处进行，可以分成六个维度：知识领域（knowledge domain）、物理背景（physical context）、时间背景（temporal context）、功能背景（functional context）、社会背景（social context）和形态特征（modality）。

知识领域是指技能运用的指向——知识基站（base），如技能应用于英语还是历史。物理环境包括宏观（macroaspects）与微观（microaspects）两方面。训练与迁移阶段是否在学校、在研究实验室还是在家里等背景中进行，这些是宏观背景（macrocontext）；是否使用同一个房间，实验是否相同，这些是微观背景（microcontext）。两种类型的物理暗示（physical cues）都会影响迁

①Barnett, Susan M.; Ceci, Stephen J. When and Where Do We Apply What We Learn? A Taxonomy for Far Transfer[J]. Psychological Bulletin Vol. 128(4), 2002(7): 612-637.

移是否成功。时间背景维度是反映训练与迁移阶段的间隔时间（elapsed time）（如几分钟、一周或一年以后）。如果这是为了证明教育投入的效果，理想状态下人们总希望在训练几年后还会持续迁移。个体在解决问题过程中选择方法与激发心理定势（mind-set）的有关功能态被称为功能背景。例如，它可以确定某个问题为一个理论问题还是在理论之外的“真实世界”（real world）的问题。迁移任务是一个明显的测试还是隐含于某种日常活动？社会背景这个维度指任务是独立完成还是需在与他人合作的情况下学习或完成。在小组状态下获取的技能可能不能很好地应用于单独一人的情况。形态特征也有宏观与微观两个方面。在宏观层面（macrolevel）上，任务可以是视觉或听觉、书面或口头、语言或动手做（hands-on），例如模型拼接（model building）等。在微观层面（microlevel）上，任务可能是多重选项（multiple-choice）格式或文章格式等。

巴内特和塞西（2002）重新评价了大量的研究，提出了一个框架并提供了相关说明（见表3－3和3－4）。他们认为，迁移是否成功取决于三个内容性质的维度和在六个背景维度上迁移任务与训练任务之间的“远”或“近”。教育的目标是实现一定意义上的远迁移。一般来说，两个任务之间越远，则迁移的可能性越小。

表3-3　迁移的内容维度

A　内容:迁移什么			
习得技能（learned skill）	程序	表征形式	原理或启发
成就变化（performance change）	速度	准确性(完整性)	方法(方法的正确运用)
记忆需求（memory demands）	仅仅执行（暗示条件,单一训练故事）	理解并执行（暗示条件,多个训练故事）	回忆理解并执行（无暗示条件）

表3-4　迁移的背景维度

B　背景：迁移从何时到何时或从何处向何处					
	近 ←→ 远				
知识领域（knowledge domain）	老鼠与耗子	生物与植物	生物与经济学	科学与历史	科学与艺术
物理背景（physical context）	校内同一教室	校内不同教室	学校与实验室	学校与家	学校与海滩
时间背景（temporal context）	同一时段	第二天	几周后	几个月后	几年后
功能背景（functional context）	两个都是清晰的学术问题	两个都是学术问题，但一个无价值	学术与填税务表	学术与非正式调查	学术与游玩
社会背景（social context）	都是单独进行	单个与双人	个体与小组	个体与大组	个体与社会
形态特征（modality）	两个都是同一种格式的书面测试	都是书面／多重选择与文本书写（essay）	学习书面材料与口头测试	讲座与品酒	讲座与木雕

客观上，巴内特和塞西的研究为我们研究和确定迁移任务的难易程度提供了理论基础。这个框架为我们衡量迁移“远”或“近”提供了一个比较可行的客观标准。但是，这个框架理论也不是万能的，仅考虑了知识领域之间的差异，而没有细究领域的知识内容本身的可接受程度，这是它的一个明显漏洞。事实上，迁移任务本身的知识性评价是非常重要的方面。对一个迁移任务的成功可能性研究，首先应该确定迁移任务的难度，而后才是学习者的因素研究和学习方式的研究。

第四节　迁移与元认知能力

元认知能力是学习与问题解决过程之前、之中和之后对过程进行的计划、执行、检查、反馈、调整和体验等活动的能力，表达了学习者对学习过程和学习结果的反思能力。从这个意义上说，它与迁移必定有关系。我们知道，学习者学习时对知识信息进行有效编码是思维能力或元认知能力的体现。根特纳、勒文施泰因（Loewenstein）和汤普森（Thompson）（2003）的研究表明，相似编码（analogical encoding）能够有效地使用更概括和更完整的相关图式（relational schema）来改进表征，从而促进学习与迁移①。在遇到相似情境时，相关图式比用样例学习形成的具体表征似乎更容易提取。从这个意义上来说，相似编码能够促进可移植知识（portable knowledge）的获取，或者说经过有效编码的知识更容易应用于解决问题的过程。

迁移也会与思维的层次有关。有关智力和高层次技能（higher order skills）的教学研究证实了推理能力的成功迁移。许多研究者尝试智力和有关元认知能力的教学（包括批判性思维的教学），努力实施教学智慧（teach intelligence），进行具有一般性的可应用的思维能力（generally applicable thinking skills）教学，避免单纯为考试而教学，这些都是推理能力的一般性迁移的实验。同样，在元认知和批判性思维策略方面的训练也是典型的一般性可应用能力的尝试，也是迁移实验。美国学习科学发展全国研究理事会的布兰斯福德等（1999）总结到，通过各种活动训练学生元认知意识可以促进迁移，例如，互动式教学（reciprocal teaching）、鼓励反省意识（introspective awareness）和自我监控（self-monitoring）②。埃里克松（Ericsson）等（1993）的研究认为：当人们对自己的学习经历积极的监控，深思熟虑式的实践（deliberate practice）时，学习对迁移最有影响③。盖尔德（Van Gelder）等（2004）的研究则认为，非正式推理（informal reasoning）的高级专家知识是经过大量充分深思熟虑式的实践的结果④。

我们可以通过培养学生的元认知能力来促进迁移。有关元认知能力的最著

①Gentner, Dedre, Loewenstein, Jeffrey, Thompson, Leigh, Learning and Transfer: A General Role for Analogical Encoding[J]. Journal of Educational Psychology, June 1, 2003, Vol. 95.

②Bransford J. D, Ann L. Brown, Rodney R. Cocking. How People Learn: Brain, Mind, Experience, and School[M]. The National Academy of Science. 1999, From: http://www. nap. edu/html/howpeople.

③Ericsson, K. A., R. T. Krampe, C. Tesch-Romer. The role of deliberate practice in the acquisition of expert performance[J]. Psychological Review 100, 1993: 363-406.

④Van Gelder, Tim, Bissett, Melanie, Cumming, Geoff, Cultivating Expertise in Informal Reasoning[J]. Canadian Journal of Experimental Psychology, June 1, 2004, Vol. 58.

名的智力理论是斯滕伯格的三元理论（triarchic theory）。斯滕伯格和他的同事们开发了各种旨在教学生如何从分析、创造或实践的角度进行思维训练的课程。这个课程主要教高中生学心理学（Sternberg，1996）[①]。研究者也研究了元认知训练计划，如自我解释（self-explanation）和自我调节（self-regulation）策略。他们的研究显示，训练计划确实能增加策略的使用，并且增加策略使用能有效提高训练任务的成绩。许多学习和迁移中出现的问题都是由于反省认知能力的缺陷造成的，学生需要训练自我调节、自我监督、自我检查和问题识别等各种能力。只有学习者学会了这些概括化的认知策略，他们才能真正学会学习（朱燕，1999）[②]。

深度思维可促进学生迁移。哈珀（Halpern，1998）的批判思维计划是另一个试图应用认知心理学来推进一般推理能力的例子，计划是“促进跨情境思维（transcontextual thinking）能力和意识的学习及指导自己思维和学习的能力的学习”[③]。训练包括了技能，如言语推理（verbal reasoning）、观点分析（argument analysis）、假设检验（hypothesis testing）、可能性（probability）和决策（decision making）。促进迁移的训练重点是技能使用的意识，即提供大量的例子，结合反馈策略和仔细提问，发展丰富的相互联结的知识结构，事实上这就是非常重要的深度理解。所以，批判思维的训练可促进学生对学习对象的深度思考与理解，从而促进迁移。

这些研究说明了元认知能力的培养能够促进迁移。学生的自我学习意识、学习过程的监控能力、对问题的识别能力、发展与建构知识间的联系等，都是实现迁移的重要途径。当然，为了实现远迁移，跨情境的思维能力的培养也是不可缺少的。

①Sternberg, R. Successful Intelligence[M]. New York: Simon & Schuster, 1996.

②朱燕.现代知识分类思想下的学习迁移理论述评[J].心理科学,1999(3).

③Halpern, D. F. Teaching critical thinking for transfer across domains[J]. American Psychologist, 1998 (53): 449-455.

第五节　迁移与自我效能感

众多学习迁移的研究中，多数研究者把问题聚焦到迁移与学习者的自我效能感的关系。斯塔伊科维奇（Stajkovic）等（1998）分别对以前有关自我效能感与工作绩效及职业相关行为的关系研究进行了元分析，结果发现，总体上自我效能感与实际工作绩效之间，以及与行为选择和意向之间都存在一定的相关性。且这种相关性在模拟研究中更为明显，自我效能和实际工作绩效的最高相关性可达到0.85（Sadri G. 等，1993[①]；Stajkovic，1998[②]）。

有研究者对自我效能信念与大学生的专业和职业选择的关系进行了研究，结果表明自我效能信念影响着大学生对专业和职业的选择。而且，女大学生的数学及相关专业的自我效能感明显低于男生（Pajares & Miller，1994）[③]，因此即使有数学天分的女生也会避免选择与数学相关的专业和职业，原因是她们在这方面的自我效能感低，而不是缺乏真正的能力和技能（Hackett, 1985[④], Phillips & Zimmerman，1990[⑤]）。研究者报告：大学生的数学自我效能对他们的数学兴趣和选择与数学相关的课程的影响，比他们以前的数学成绩或对数学结果预期更具预测性。因此，选择学习材料须与学习者的自我效能感相结合，或者对于一定的学习材料我们必须用各种手段来提高学习的自我效能感。

很多研究者研究了自我效能感对培训迁移的影响，发现培训前的自我效能

①Sadri, G. & Robertson, I. Self-efficacy and work-related behavior: A review and metaanalysis[J]. Applied Psychology: An International Review, 1993(42): 139-152.

②Stajkovic, Alexander D, Luthans, Fred. Self-efficacy and work-related performance: a meta-analysis [J]. Psychological Bulletin: 1998 (124) No. 2: 294-261.

③Pajares F, Gender and Perceived. Self-Efficacy in Self Regulated Learning[J]. Theory Into Practice, 1994 (41): 116.

④Hackett, G. Role of mathematics self-efficacy in the choice of math-related majors of college women and men: A path analysis[J]. Journal of Counseling Psychology, 1985(32): 47-56.

⑤Philips, D., and Zimmerman, M. The developmental course of perceived competence and incompetence among competent children[M]. In R. Sternberg and J. Kolligian (Eds.), Competence Considered, New Haven, CT: Yale University Press. 1990: 46-66.

与学员对培训内容的掌握呈正相关；自我效能与迁移的产生和维持存在正相关；提升培训者的自我效能感能够有效提升培训质量。[①] 也有研究者研究了自我效能感对学习教育技术向学科教学的迁移，发现教育技术的实践层面向学科教学的迁移比较明显，而且自我效能感对其影响显著。[②] 从原理上分析，自我效能感的提高可提高迁移能力，从而提高学业成绩。因此，迁移能力与自我效能感的研究可从学生的自我效能感与学业成绩之间来找关系。

第六节　迁移与概括能力

迁移和概括两者联系密切，很多学者或理论学派都把迁移和概括这两个词语联系在一起。在行为主义学习理论中，迁移来自于概括。相同或相似特征的情境可以使得行为在共同要素中实现迁移。沃尔夫德（Woolfold，2001）认为，负迁移的发生是因为问题解决者试图把熟悉但不恰当的方法用于新的情境，其根本原因是由于学习者在一种学习中所概括出来的结论（如原理、概念等）向另一种学习进行了不恰当的推广和应用[③]。

概括化理论观点的学者贾德以实验的方式研究了原理（principle）和概括性（generality）的迁移，提出了概括化学说。根据这一理论，两个学习活动之间存在的共同成分只是产生迁移的必要前提，而产生迁移的关键是学习者在两种活动中概括出它们之间的共同原理，即在于主体所获得的经验类化。贾德的实验——水下击靶是概括化理论的经典实验（Barnett & Ceci，2002）[④]。贾德的支持者认为这一发现支持这样的观点：教师必须重视主要原理和概括化的知识，而不是特殊的事实、技能和公理。概括化理论主张，不在于仅仅讲解概括化原理知识，而在于结合实际讲解原理。

柯勒与思本斯的关系转换理论提醒我们，在问题迁移的产生过程中存在关

①丽萨·博克，霍利·哈特金斯．马颂歌译．培训迁移实证研究述评[J]．终身教育研究，2018(5)：9-23，41.

②张明．自我效能感影响教育技术能力培训迁移实证研究[D]．沈阳师范大学，2012.

③Woolfolk, A. . Educational Psychology[M]. Allyn and Bacon Press, 2001: 310-313.

④Barnett, Susan M.; Ceci, Stephen J. When and Where Do We Apply What We Learn? A Taxonomy for Far Transfer[J]. Psychological Bulletin Vol. 128(4), 2002(7): 612-637.

系和顿悟这两个关键问题。问题之间的关系是客观存在的，需要靠顿悟来发现。由此，在学校教学中为了达到充分利用正迁移的目的，教师首先要注意有关学习材料之间关系的分析；教师要通过平时的训练，培养学生的概括能力，从而提高学生发现知识之间关系的能力。可见，学生的概括能力对于学生的学习迁移能力而言非常重要。

任洁（1996）以小学六年级学生为被试，根据其对数学代数运算所学到的规则的不同掌握水平，把被试在低概组和高概组完成迁移任务时的认知结构和策略总结为两种典型水平。一种是表面迁移，它往往是在感性认识水平上进行的，通过对材料外表属性的分析、比较，推断出事物之间是相似的，再通过联想活动实现迁移。随着练习的增加，有些学生进入另一种水平的迁移，即本质迁移。本质迁移往往是在理性认识水平上进行的，通过对材料内部联系的把握，经过抽象、概括活动实现迁移。高概组被试比低概组更易达到这种水平，表现为高概组被试快速且准确地应用原理，即使项目间关系内隐，他们也能完成测验[①]。

某种意义上说，学习迁移的前提是学生对训练任务与目标任务之间的本质的理解和概括。因此，学生概括能力的差异性可能会影响迁移能力。

第七节　迁移与专业化水平

迁移与学习者的学习能力有关，当然也会与学习者对迁移任务的领域知识的掌握程度有关。祺（Chi）、费尔托维奇（Feltovich）和格莱泽（Glaser）（1981）进一步研究了专家知识的组织方式。他们要求8位专家（物理学博士研究生）和8位新手（学过一学期力学的本科生）对从一本很著名的物理课本中选出的24个物理问题进行分类。结果发现，虽然两个组在完成时间上的差异不显著，但专家与新手在分类上却有质的差异。新手往往用问题间的表面相似对问题归类，而专家则往往用问题间的本质相似或原理相似对问题分类。因

①任洁.影响学习迁移的几个因素的实验研究[J].应用心理学,1996(1):52-58.

此，专家关注的是问题的深层结构，而新手往往依据知觉性的外观相似性解决问题[①]。（详见附录1）

诺维克（Novick，1988）以斯坦福大学学生为被试，学生按照事先以数学学科的SAT（Scholastic Assessment Tests）测定的能力分成专家或新手组，并用经典的数学相似问题进行迁移测试。研究得出结论，当两个问题具有相同的结构特征但非表面特征时，专家比新手会更具自发性的正迁移，新手比专家更具自发性的负迁移[②]。

以上的研究可推断，对于领域专业水平掌握较高的学习者，更容易看出问题的本质，从深层次上来理解问题，因此有更高的迁移能力。布兰斯福德等（1999）的研究也揭示了这个推断：专家更善于组织知识并提取与问题解决相关的信息。专家更善于用大概念（big ideas）来审视问题，如用牛顿第二定律的主要概念或规律；而新手倾向于寻找与他们认为合适的公式或答案。专家更善于提取有效的知识来解决问题。虽然专家能顺利提取信息，但用时不短，有时恰恰相反用时更久，因为专家在提取信息时会考虑其适用性。因此，有效的知识是条件化的知识（conditionalized knowledge），有效的知识应该是不仅知道事实性知识，更要理解何时、何地和为什么要用该知识（John D. Bransford, Ann L. Brown & Rodney R. Cocking，1999）[③]。

在此基础上，埃特默等研究了学生的学习行为。他们把学生分为专家型学生和新手型学生[④]，并把两者的差别归纳如下：专家型学生不仅在知识技能的数量上与众不同，更重要的是具有一种实施恰当的调节策略的能力。即当他们觉得要达到预期的目标但缺乏必要的知识技能时，他们会采取相应的调节措施。专家型学生表现出有计划、善控制和能反思的特点，善于注意到什么时候学习效果不佳，并且会寻找某种策略加以弥补；有意识地注意自己作为问题解

①Chi M., Feltovitch P. & Glaser R. Categorisation and representation of physics knowledge by experts and novices[J]. Cognitive Science, 1981(5): 121-152.

②Novick, Laura . R. Analogical Transfer, Problem Similarity, and Expertise[J]. Journal of Experimental Psychology: Learning, Memory, and Cognition. Volume 14(3), 1988(7): 510-520.

③Bransford J. D, Ann L. Brown, Rodney R. Cocking. How People Learn: Brain, Mind, Experience, and School[M]. The National Academy of Science. 1999, From: http://www. nap. edu/html/howpeople.

④Ertmer, P. A. & Newby, T. J. The Expert Learner: Strategic, Self-regulated, and Reflective[J]. Instructional Science, 1996(24): 1-24.

决者并检查自己的思维过程；能够在较专业的水准上完成学习任务，不管他们所拥有的特定领域的知识有多少。相反，新手型学生很少思考自己的学业行为，很少评价或调整自己的认知功能以满足任务变化的要求或者去纠正不成功的学业行为。当专家型学生面临认知受挫（不理解）时，会查明失败的原因，并及时改变学习策略以便能适合问题的要求，而新手型学生却不可能去查明这种失败的原因。

第八节　影响迁移因素的综合分析

在学科教学中研究影响学生学习迁移的因素，对于提高学生的学习效率、提高教师的教学设计能力都具有重要的意义。笔者以高中物理学科为例，研究了学习迁移的影响因素，如问题间的相似性程度、学习者的学习方式、学习者的概括能力、推理能力和自我效能感等（见第四章，以下很多讨论基于第四章的研究）。我们综合讨论高中生问题解决中学习迁移的影响因素，研究高中生在问题解决中学习迁移的规律，研究高中生在问题解决中学习迁移的方法与实践意义，并探讨本研究有待进一步解决的问题等，这些问题也是教育心理学和学科教育中探讨的热点问题。

问题解决和迁移是众多认知心理学家和教育心理学家长期研究的重点和热点。就问题解决中学习迁移的影响因素方面，也有不同的学者从不同的角度进行了研究和探索。在学习过程中，能否发生迁移主要受学习材料的相似性、认知结构特性和迁移的意识等因素的影响（林崇德，2003）[①]。纵观各类研究，影响学习迁移的因素主要有两方面：一是客观因素，即习得的知识、技能与目标问题之间的相同要素；二是主观的概括化因素，即人的分析、综合、抽象、概括能力。就问题之间的相似性对问题解决的迁移的影响而言，不同的研究人员得出的结果侧重不同的方面（任洁，1996）[②]。罗斯（1989）认为，不同类型的

①林崇德.学习与发展[M].北京:北京师范大学出版社,2003:23-27.
②任洁.影响学习迁移的几个因素的实验研究[J].应用心理学,1996(1):52-58.

表面相似对选择与使用先前例子具有不同的影响[①]。卡伦兹（2001）认为，学习者优先迁移那些与共享类似结构（shared analogical structure）相联系的信息[②]。陈泽（2002）认为，程序水平层次上的相似能够最有效地产生迁移。戴斯等（1994）认为，当新旧问题内容相似、程序相似和学习原则相同时，就可能发生迁移[③]。师保国、张庆林（2004）研究了单个和两个源问题条件下大学生学科问题类比迁移情况，结果表明表面相似性对迁移成绩影响显著；依据表面和依据结构的相似来激活源问题都是有效的策略；思路归纳对迁移成绩有显著影响[④]。

笔者的研究表明，问题间的相似性对高中生的学习迁移有影响，问题间的高相似性有助于促进高中生的学习迁移。从问题间相似性的具体方面来考察，物理问题相似性包括了原理或定律相似、方法与策略相似和物理模型相似三个方面。原理的相似是问题之间高度抽象的相似性，必须结合学习者对问题的情境理解，并建立或搜寻恰当的问题解决策略与方法才能发挥应有的作用，而物理模型既有物理问题所具有的过程与状态的信息承载，又融合了物理规律与方法的相似成分。因此，从物理学科本身的特性出发，这三个方面较全面地包括了物理问题相似性。许多研究认为，有效的抽象知识通常来自具体的信息，这样在学习问题解决时更有助于学习迁移的发生。最佳迁移见于初始状态是具体的元素（concrete elements）变成理想化的情况。逐渐理想化（progressive idealization）或具体性消退（concreteness fading）可以使初始具象和可转化的原理变得与具体的背景联系更少，因此更容易迁移（Goldstone & Son，2005）[⑤]。

不同的学习方式对高中生的学习成绩有直接的影响，对其学习迁移的成绩也具有非常直接的影响。梅里恩博尔（Van Merriënboer）等认为，不完整的样例能够有效地支持认知技能的获得。不完整组被试的自我解释质量较高，获得

①Ross B. H. Distinguishing types of superficial similarities[J]. Journal of Experimental Psychology: Learning, Memory, and Cognition, 1989(15): 456-468.

②Karen. L. Yanowitz. Transfer of structure-related and arbitrary information in analogical reasoning[J]. The Psychological Record. Gambier: Summer 2001. (51): 357,23.

③J. P. 戴斯，J. A. 纳格利尔里，J. R. 柯尔比(1994)；杨艳云，谭和平，译(1997). 认知过程的评估——智力的PASS理论[M]. 上海：华东师范大学出版社，1999：168-176.

④师保国，张庆林. 大学生学科问题类比迁移的实验研究[J]. 心理科学，2004(3)：606-610.

⑤Goldstone, Robert L. and Son, Ji Y. The transfer of scientific principles using concrete and idealized simulation[J]. The journal of the learning science, 14, 2005(1): 69-110.

了问题解决方法的迁移[①]。邢强和莫雷（2005）研究不同数学能力的被试对于不同的样例变异和不同层次的自我解释对迁移的影响，其研究结果表明：样例的变异性只有和一定的自我解释模式结合以后才能有效地促进原理图式的获得和学习迁移[②]。就学习迁移的效果来看，“变异性样例＋诱发自我解释”优于“一致性样例＋诱发自我解释”优于“一致性样例＋自发自我解释”优于“变异性样例＋自发自我解释”。这与阿特金森（Atkinson）、伦克尔（Renkl）和玛格丽特（Margaret）（2003）的教学方法看来有异曲同工之妙。阿特金森等用不断减少提示的教学方法促进学习者自我识别问题解答过程中的深层原理，即促进学习者进行自我建构，结果不仅促进了近迁移，也实现了远迁移[③]。

杰弗里和约翰逊·莱尔德（Geoffrey & Johnson-Laird，2005）认为关于空间、时间和其他关系的推理随处可见[④]。他们提出了一个推理的理论，并提出基于模式理论（model-based theory）的原理。根据该理论，关系的逻辑推理来自建构关系的意义的模式和知识；个体倾向于构建单一的、典型的模式；推理者会为关系推理自主地发挥他们的策略；忽视策略推论会遇到困难，主要来自对分离信息的整合加工、需要整合成模式的数量和探求关系的深度。克拉赫（Klahr）等（1999）也报告了小学生“控制各种策略”的关于科学推理的成功迁移[⑤]。哈迪（Hardy）等（2005）的研究表明，可视表征（visual representations）能够支持学生的图形推理（diagrammatic reasoning）。学生的自我建构表征（self-constructed representations）有利于顿悟并产生推理的迁移[⑥]。因此，他们认为科学领域中功效强大的学习环境应该包括使用图表或把图表作为

①Van Merriënboer, J. Training Complex Cognitive Skills: a Four-Component Instructional Design Model for Technical Training[M]. Englewood Cliffs, NJ: Educational Technology Publications, 1997.

②邢强，莫雷. 样例和问题的联结方式对迁移作用的实验研究[J]. 应用心理学，2003(3):31-35.

③Atkinson, R. K., Renkl, A. and Margaret M. M. Transitioning From Studying Examples to Solving Problems: Effects of Self-Explanation Prompts and Fading Worked-Out Steps[J]. Journal of Educational Psychology, Vol. 95(4), 2003(12): 774-783.

④Geoffrey P. Goodwin and P. N. Johnson-Laird. Reasoning About Relations[J]. Psychological Review, Vol. 112(2), 2005(3): 468-493.

⑤Chen, Z., & Klahr, D. All other things being equal: Acquisition and transfer of the control of variables strategy[J]. Child Development, 70, 1999: 1098-1120.

⑥Hardy, Ilonca, Schneider, Michael, Jonen, Angela, Stern, Elsbeth, Möller, Kornelia. Fostering Diagrammatic Reasoning in Science Education[J]. Swiss Journal of Psychology, September 1, 2005, Vol. 64.

一种工具，这样就能促进学生长期使用图形推理。研究者的以上研究说明了推理与迁移之间的紧密关系与我们的研究所表达的推理能力与迁移能力的关系是一致的。

自我效能感的水平影响到学习者的学习迁移。桑青松（2002）强调自我效能感对于构建策略型学习者的重要性，并指出策略型学习者要能够积极选择动机策略，进行自我强化，培养自我效能感；能够积极地选择适合自己的学习内容和学习策略，自我构建有利的学习环境。在自我调节学习策略的运用过程中，高成就组学生在策略的运用、策略使用的频率及策略应用的坚持性这三方面都显著高于低成就组学生[①]。

综合以上研究和讨论，我们可以看出迁移的影响因素不仅与问题之间的相似程度有关，还与学习者对学习内容的学习方式与学习水平有关。当然，迁移的成功除了客观因素以外，主要与学习者的个人因素有关。因此，我们可以这样认为：迁移的基础是两个问题之间具备一定的相似性，成功迁移的关键还在于学习者对材料进行有效加工，以及学习者自身的推理能力、概括能力和自我效能感。如果综合考虑这些影响迁移的主观因素，我们不妨提出迁移能力的概念。我们认为学习者面对一个确定的问题，迁移的成功完全在于学习者的迁移能力，迁移能力取决于概括能力、推理能力、学习者的学习方式，而自我效能感不仅直接影响迁移能力，还影响学习方式。因此，自我效能感是非常重要的一个因素。在学习迁移的过程中，学习者原有的知识结构是一个关键因素，而其知识结构的外在表现就是概括能力、推理能力和学习方式。因为一个学习者的自我知识结构的建构过程是与学习者的能力发展同步进行的。

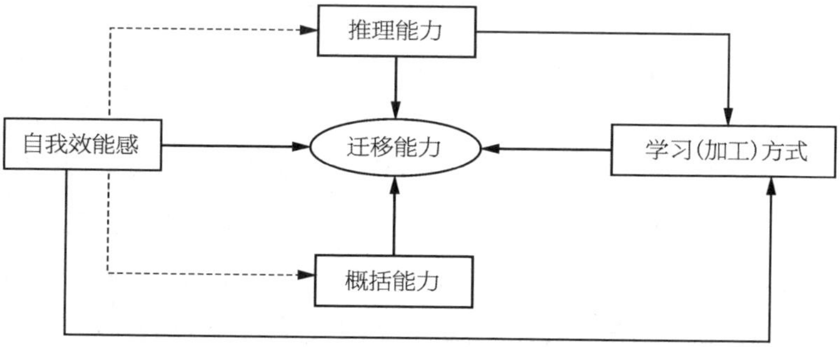

图3-1　迁移能力的影响因素

①桑青松.构建策略型学习者问题解决能力培养模式[J].教育理论与实践,2002(9).

第九节　教学中学习迁移的规律

在迁移理论的百年发展历程中，人们一直在探究迁移理论的发展规律。从最早的形式训练说到现代的不同理论，提出迁移理论的目的都是为揭示学习迁移的规律。形式训练说认为，人的心智由若干不同的官能组成，心智的各种成分是各自分开的，分别从事不同的活动，各种官能可以通过练习增强力量（能力），这种能力在各种活动中都能发挥效用，而学校教育就是对这些基本能力的训练。针对该理论学说，不同的研究者提出了不同的学术观点。詹姆斯于1890年首先用记忆实验来检验形式训练说。他认为记忆力不受训练的影响，记忆力提升不在于记忆能力本身的改善，而在于记忆方法的改进。桑代克的实验发现，训练可以迁移到类似的学习活动中，对不相似的学习活动则无迁移现象。其他人的研究也显示，对某种材料做的观察、记忆或思维训练，对该种材料的感知、记忆或思维有显著的促进作用，而对其他材料的促进很小，甚至对某些材料可能会有负迁移（陈琦，1997）[①]。

桑代克和伍德沃斯以刺激一反应的联结理论为基础，以“形状知觉”为经典实验，提出了学习迁移的相同要素说。他们认为只有当两个机能含有相同的要素时，一个机能的变化才会改变另一个机能。相同要素说主要考察两个问题之间的客观相似性或客观相同的要素。

而贾德以“水下击靶”实验研究了原则和概括性迁移，提出了“概括化理论”。他认为，两个学习活动之间存在的共同成分，只是产生迁移的必要前提，而产生迁移的关键是学习者在两种活动中概括出它们之间的共同原理，即在于主体所获得的经验类化。在教学实际中，教学不在于仅仅讲解概括化原理知识，而在于结合实际讲解原理，教育的内容和手段同样受到重视。贾德理论与桑代克理论的关键区别在于前者只关注问题的客观联系，而后者在重视客观相似性的同时，更重视主观对客观的理解程度。桑代克等的刺激一反应联结理

①陈琦. 当代教育心理学[M]. 北京:北京师范大学出版社,1997.

论是迁移研究的一个转折点。

柯勒作为格式塔心理学家提出了关系转换理论的迁移观点，认为“顿悟”关系是学习迁移的决定因素，迁移不是因为两个学习情境具有共同成分、原理而自动产生的某种东西，而是学习者突然发现两个学习经验之间存在的关系的结果①。柯勒作为格式塔学派代表人物，他的迁移观点显然更重视学习者的自我意识，对客观问题之间关系的“顿悟”、转换。

现代的学习迁移理论中，有结构映射理论、实用图式理论和样例理论等三种类比迁移理论，有布鲁纳的编码系统迁移理论（认为迁移是把习得的编码系统用于新的事例），有奥苏贝尔的认知结构迁移理论，有罗耶的认知迁移理论，还有元认知迁移理论，等等。这些理论都从不同方面对学习迁移的规律进行了总结，这些理论最显著的特点是强调学习者对迁移任务的“加工”。

从迁移理论的发展历程来看，迁移研究的关注点逐渐发生了变化。早期理论只关注迁移任务之间的客观相似性或相同要素，而后期的理论逐渐向既关注客观的相同要素，又关注学习者对迁移任务之间关系的理解或解释转化。因此，迁移的本质是学习者对新旧任务进行的分析与概括，用已有的知识结构认知（加工、编码、“顿悟”）新知识。从这个意义上来说，迁移的本质就是学习。

近期的迁移研究更集中于学习者对迁移任务的“加工”，研究大多围绕着学习者对迁移任务的信息获得或建构。贝尔纳多（Bernardo）的研究表明，用相似问题建构（analogical problem construction）策略能促进高中生解决文字问题的类比迁移（analogical transfer）。这一策略包括让学生建构他们自己的类似问题（analogous problems）。运用相似问题结构策略的学生在三个方面更突出：在源问题与目标问题之间迁移类比问题信息；提取类似源问题的信息；将提取的类似问题的信息运用于目标问题。他的研究结果还表明，学生自我建构类似问题有助于产生迁移（Allan B. I. Bernardo，2001）②。哈迪等则认为，可视表征（visual representations）能够支持学生的图形推理（diagrammatic reasoning）。学生的自我建构表征（self-constructed representations）有利于“顿悟”

①Kohler, W. Gestalt psychology[M]. New York: Horace Liveright, 1929.

②Allan B. I. Bernardo. Analogical Problem Construction and Transfer in Mathematical Problem Solving [J]. Educational Psychology, Vol. 21, 2001(2).

并产生推理迁移（Hardy等，2005）[①]。

自我建构的学习方式更需要学习者具有反思能力的支持。如何培养或改进反思能力，目前尚未得到较好的理解（甚至缺乏经验性证据）。休斯顿（Houston）等（1990）认为，反思探究不是通过听讲或阅读书本学到的，相反，它是通过运用以及在对运用做进一步反思中形成的习惯[②]。安妮米等（2003）认为，所有的元认知与认知技能都必须明确地进行教学，不能期望学习者从自由的经验学习中得到元认知的发展。眼下研究者都赞同大多数学生除非在运用中接受外部指导，否则，不可能使他们掌握学习策略[③]。埃特默等（1996）认为，学会学习不能光靠学生自己，还必须由教师来教。仅仅告诉学生那些专家型学生知道什么或者向他们展示专家型学生运用什么程序，这是不够的，因为专家型学生的所作所为并不一定能观察到或便于模仿。专家型学生接受学习任务时充满自信，勤勉刻苦且足智多谋。他们不仅在知识技能的数量上与众不同，更重要的是具有一种实施恰当调节策略的能力。专家型学生是自我指导型和目标定向型学生，有目的地去寻求必要的信息并梳理，然后应用多种策略行为，能最优化地达成学习业绩（Ertmer & Newby，1996）[④]。

笔者以物理问题为材料，从相似性、学习方式、概括能力、推理能力和自我效能感等方面，对高中生在物理问题解决中的学习迁移进行研究。结果表明，物理问题间的高相似性有助于促进高中生的学习迁移，而且高中生采用不同的学习方式对其学习迁移成绩有影响。因此，迁移的关键是认识任务之间的相似性（或者相同要素），但迁移的成功取决于学习者的主观认知能力的诸因素：合适的学习方式，较强的概括能力、推理能力和自我效能感。

任洁（1996）的研究结果表明：概括化和相同要素对学习迁移的影响依然存在，但需做具体分析，而概括化应是影响学习迁移更重要的因素；在学习材

①Hardy, Ilonca, Schneider, Michael, Jonen, Angela, Stern, Elsbeth, Möller, Kornelia. Fostering Diagrammatic Reasoning in Science Education[J]. Swiss Journal of Psychology, September 1, 2005, Vol. 64.

②Clift, R., Houston, W., & Pugach, M. Encouraging reflective practice in education[M]. New York: Teachers College Press, 1990.

③Annemie, D., Herbert, R. Armand, D. C. Can Offline Metacognition Enhance Mathematical Problem Solving?[J]. Journal of Educational Psychology, March 1, 2003, Vol. 95.

④Ertmer, P. A. & Newby, T. J. The Expert Learner: Strategic, Self-regulated, and Reflective[J]. Instructional Science, 1996(24): 1-24.

料的相同要素中，对迁移起实质作用的是内在原理相似性，而表述形式相似性不起主要作用；概括化因素和内在原理相似性因素之间的交互作用对学习迁移影响极大。在某种程度上，笔者研究的结果与任洁研究结果基本相符[①]。

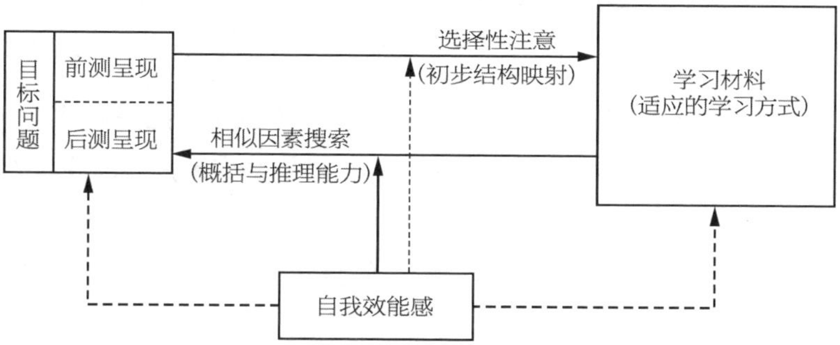

图3-2　学习迁移的过程

综上所述，针对研究中的测试过程，学生在问题解决中正确迁移或许会经历几个阶段（如图3-2）：首先被试根据不同的学习方式进行学习时，前测中困惑的问题形成的个体经验会影响个体知觉和注意的各方面内容，形成对学习材料的问题解决信息加工的倾向和偏好，这使得个体不仅唤起与问题相关的外来的行之有效的信息，而且也能主动地对新知识进行选择性注意。学生对学习材料加工（学习）过程的有效程度可能受到选择性注意和个体自我效能感的影响，同时适合学生的学习方式也是当前学习效果的重要影响因素。在解决本研究后测的问题时，个体在有关学习材料的学习经验的基础上，对后测任务的信息（第二次）进行整理，并对学习材料的问题信息进行搜索与对比，再进行推理与概括，形成学习者对后测迁移任务的自我理解或自我建构。当对新的信息达到奥苏贝尔所说的有意义的理解后，可同化到个体原有认知结构中，与新的信息结合而构成包容性更大的新的认知结构，从而完成物理问题解决的认知任务。当然整个建构过程需要一定程度的自我效能感的支持。在这个过程中，不同的学习者在这几个阶段可能会因人而异，有的阶段和过程是高度简缩的、内化的。

①任洁.影响学习迁移的几个因素的实验研究[J].应用心理学，1996(1):52-58.

第十节 教学中学习迁移的方法

尽管一个多世纪来有关学习迁移的研究并没有如人所愿获得满意的结果，还引发了人们对迁移问题的争论，但大多数人并不赞成因某些迁移实验的失败而否认迁移的存在，他们认为迁移是一种基本的学习现象。当然，这种争论也促使人们对学习迁移的实质、过程与条件等迁移机制不断进行深刻反思，以改进研究方法。

从建构主义观点来分析，所谓学习的迁移，实际上是认知结构在新条件下的重新建构，这种重新建构同时涉及知识的意义与应用范围两个不可分割的方面。知识的意义要通过知识的应用来理解，知识的获取是一个新知识与学习者已有的旧的知识结构相互影响的整合过程。任何一个知识都具有一定的内涵（知识的意义）、逻辑外延（潜在的应用范围）和心理外延（主观上的应用范围）。知识在新条件或新情境下的重新建构过程，意味着学习者的知识内涵、逻辑外延和心理外延都发生变化或部分发生变化，从而使学习者原有的知识结构发生变化。也就是说，知识的内涵与外延（包括逻辑外延和心理外延）的变化总是与新情境联系在一起，学习者的知识应用范围总是与使用情境联系在一起。事实上学习者对某一知识所掌握的应用范围直接影响了学习者对这一知识应用的灵活性或应用性。因此，知识的学习过程就是新旧知识的相互影响、整合的过程，从这个意义上来说，知识的学习就是迁移。

从新知识的形成角度而言，学习者运用原有的知识结构，获取对新知识和新情境在心理上的联系，而这种联系的结果会使学习者原有的知识结构发生变化。学习者从某种规律中概括或总结出来的知识，应用到新的学习或解决问题中，就是知识的建构过程，也是学习迁移的一种体现方式。从建构的观点来分析，这种联系的共同体决定了新知识应用的灵活性。只有当情境知识与抽象知识（如原理、规律、概念）得到最优化的结合与联系时，学习者获得的新知识才会有应用能力。戈德斯通（Goldstone）等（2005）认为，从初始具体情境信息逐步理想化或具体性消退的过程获取的知识最有利于发生迁移，具有一定的灵活应用性[①]。沙拉曼和珀金斯把高路迁移分为前伸（forward-reaching）迁移与后伸（backward-reaching）迁移两种情况[②]。前伸是指产生于初始任务的知识须考虑其他情境中可能发生的情境如何迁移，而后伸是指学习者面对迁移情境时主动联系与分析以前的情境。例如，在学习电的原理的时候，我们考虑可能应用的其他科学领域，这就叫前伸迁移；而学习电的某一原理（全电路的特点）时，尽可能搜集与回顾相关知识（部分电路的特点），这叫后伸迁移（Fuch 等，2003）[③]。事实上，沙拉曼和珀金斯所指的两种高路迁移形式恰恰反映了促进学习者自我建构能够促进迁移的基本思想，也说明这样的迁移能够使学习的知识既深化内涵又扩展外延，达到知识结构的最优化，从而自然提高知识的应用能力。

影响学习迁移的因素可概括为客观因素（习得的知识、问题间的相同要素）和主观因素（人的分析、综合、抽象、概括能力），国内外关于这两方面的研究成果仍存在一些不足，主要表现在：这些结论大多属于对某一因素的较为细致的探讨，而较少涉及两者更为复杂的关系。而在知识的迁移中，常常是两者相互联系发挥作用；学习材料间的内在原理相似性和表述形式相似性未分别对待。笼统地将两者合而为一，考查对学习迁移的影响显然是不够的。另外，所使用的实验材料大多是字母、词汇或概念等，特别是关于相同要素的研究结论主要适用于机械学习。这就使我们对于共同要素和概括化在较为复杂的认知学习中，对迁移影响的普遍性及其相互关系怎样影响迁移问题提出疑问。针对以上的这些疑问，任洁（1996）曾采用了代数运算材料作为实验材料进行了研究，结果认为，概括化因素和内在原理相似性因素之间的交互作用对学习迁移影响极大[④]。

笔者的研究中，采用的测试材料与学习材料完全来自高中物理学习中的典

---

①Goldstone, Robert L. and Son, Ji Y. The transfer of scientific principles using concrete and idealized simulation[J]. The journal of the learning science, 14, 2005(1): 69-110.

②Saloman, G., & Perkins, D. Rocky roads to transfer: Rethinking mechanisms of neglected phenomenon[J]. Educational Psychologist, 1989, 24(2): 113-142.

③Fuchs, Lynn S., Fuchs, Douglas, Prentice, Karin, Burch, Mindy, Hamlett, Carol L., Owen, Rhoda, Hosp, Michelle, Jancek, Deborah. Explicitly Teaching for Transfer: Effects on Third-Grade Students' Mathematical Problem Solving[J]. Journal of Educational Psychology, Vol. 95, June 1, 2003.

④任洁. 影响学习迁移的几个因素的实验研究[J]. 应用心理学，1996(1)：52-58.

型内容，有概念的建立、规律的探索和模型的建立等。问题解决的学习材料与测试所用的材料取自学生将要学习的内容，同时为避开平时学习所用的练习的形式，材料的内容与呈现又具有新颖性。因此，研究材料既具有学科教学的特性，又具有测试所用的一般性。在研究设计上，我们采用一个迁移量作为中心变量，分别考察相似性、学习方式、概括能力、推理能力和自我效能感等对迁移的影响，试图通过各个方向的考察与研究来认识迁移的本质。当然，我们的研究中用相似材料作为前后测的依据，可能会对学习者中间插入的学习产生意识指向，而这种意识指向也许是学习者的元认知能力体现。

研究结果提示我们，教学过程中要十分重视新旧知识之间的联系。要想提高学习者的学习效率，教学者必须根据学习者已有的知识和学习能力，精心设计新旧问题之间的相似程度。一般来说，如学习者的学习能力强，可以设计相似程度低的问题（两个问题之间的差异性大一些）。当然，学习能力本身依存于学习者已有的知识结构。问题的难度实质上就是新旧问题之间的差异大小，或者说待解决的问题与已有知识之间的差异程度。同一个问题因不同的学习者原有知识结构不同而具有不同的难度，因此，问题的难度由主客观因素同时决定。以这种观点来看，学习能力与个体的认知结构应该存在着相关的关系。

往往有这样的情境：教师自认为教学设计非常完美、无懈可击，但在课堂教学实施过程中却出现了很多问题，如学生对教师的问题无所适从，大多回答不上来。教师认为是学生在课堂上的主动性和积极性有问题，不配合老师。事实上，课堂上的提问大多是一环扣一环的迁移性问题，很可能因为教师没有处理好前后问题之间的差异或相似程度而出现了学生被动听讲的局面。因此，设计课堂问题时，教师应该根据学生原有的认知水平或认知结构设计新的问题，而新的问题与旧的问题之间的差异大小（实际上是迁移的“远近”）也要根据学生的能力来设定。问题设计的差异性太大，会出现学生回答问题“不积极”的现象，这实际上会使学生产生挫折感；设计的问题梯度或差异性太小，则会出现“齐声回答”的现象，看起来课堂热闹，但思维量不多。这两种现象都不利于调动学生的积极性和主动性，不利于学生思维能力的提高。下面的一个例子可说明教师启发学生的思维以促进迁移的重要性。

在静电场教学中复习电容器这一内容时，笔者在课堂上提出一个问题：当两块平行板电容器都充电以后，两板组成的系统（含该空间）是否储存着能量？你有几种方法可以证明或说明？[①]

问题中的最后一句话“你有几种方法可以证明或说明？”在初稿上是“请你证明。”课堂上的效果是没有引起学生相互之间的思维碰撞，也就是没有在相互讨论过程中实现学生之间思想的相互激发与迁移。当笔者把它改成“你有几种方法证明或说明”后，学生讨论非常热烈，而且相互启发、相互迁移，得出了笔者没有想到的十种答案。(笔者原来的教案中只有三种答案)

学生1：充电是电源输入了电能，故两板之间有电能。

学生2：可在两板间放入一个电荷，电荷在电场力的作用下运动起来后具有动能，动能不可能凭空产生，说明两板间具有能量。

学生3：若在两板间用绝缘细线挂一个电荷，则电荷在电场力的作用下使悬线与竖直方向偏离一个角度，电荷的重力势能增大了。增大的重力势能只能由系统能量转化而来，故说明系统具有能量。

学生4：可在两板间接入一个电表，电表指针会发生偏转，指针的偏转需要能量，说明两板间储存着能量。

学生5：若在两板间用一导线短接两板，则导线上由于放电电流会发热，这说明系统是具有能量的。

学生6：设想两板处于光滑绝缘的水平面上，则两板在相互间的电场力的作用下作相向运动，两板的动能增加了。增加的动能不可能凭空而来，只能从系统的能量转化而来，故说明系统具有能量。

学生7：若把两板从距离很近开始变化到如图3-3所示的状态，必须外力克服电场力做功，所以如图3-3所示的状态系统具有能量。

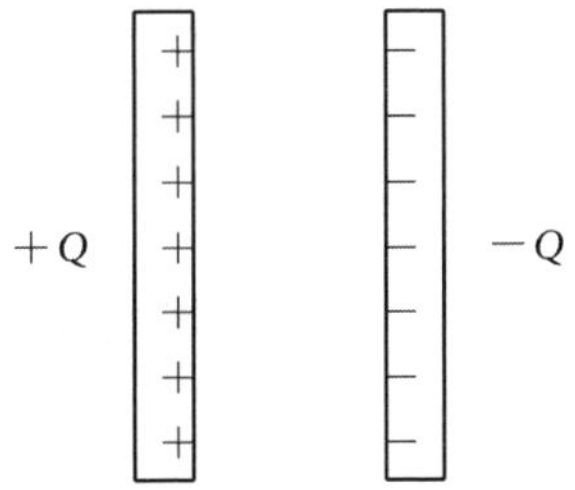

图3-3　平行板电容器图

学生8：两块不带电的金属板，把电子从一板上移送到另一板，在如此移送电子的过程中外力必须克服电场力做功。系统起电的过程就是储积能量的过程。

学生9：两板间有电场，而电场是一种物质，物质当然具有能量。

①曹宝龙.问题性教学及其在课堂教学中的教学策略[J].物理教学,2000(6).

学生10：既然如此，当带电量不变时，把两板的间距拉大，电场线的密度不变而空间增大了，故两板间的能量是电场能，且与板间距离成正比。显然如图3-3所示的状态中，系统是具有能量的。

因此，迁移需要条件创设和心智激发。学生的迁移需要教师对教的情境、问题的条件、学生的认知状态进行有效调控，以最佳的问题学习情况、最好的解决问题心境，提升学习和迁移的效率。

第十一节　迁移原理的学科应用案例

把学习中的迁移现象按问题解决思维路径方式进行分类，可以分为水平迁移（lateral transfer）和垂直迁移（vertical transfer）两种。水平迁移是指同一模型与同一思维层面的问题之间的迁移，而垂直迁移是从一个已学的问题向思维层面或问题结构更纵深的方向的问题发生迁移。研究表明，如果把策略训练提高到元认知水平，则策略训练的迁移效果良好。① 现代心理学各种理论所揭示的迁移的本质，实质上是两种学习之间在知识结构、认知规律上相同要素间的影响与同化。学习的迁移是检验学习过程中是否培养创造力的重要标志。从教学目标来看，教学着眼于学习中的正迁移，尽可能避免负迁移。正迁移量越大，说明教学效果越好。中学物理中运用迁移规律可以从概念学习的迁移、规律学习的迁移和问题解决学习的迁移三个方面来考虑。

一、概念学习中的迁移

学生物理概念形成的根本方法是教师引导他们分析大量的物理现象与物理事实，从现象和事实中概括、抽象出共同、本质的属性，因此概念教学的关键是进行合理抽象与概括。当然很多概念可以在原有概念的基础上进行迁移而得。笔者认为：概念的获得可由图3-4表示。

①邵瑞珍，等. 教育心理学[M]. 上海：上海教育出版社，1997：133.

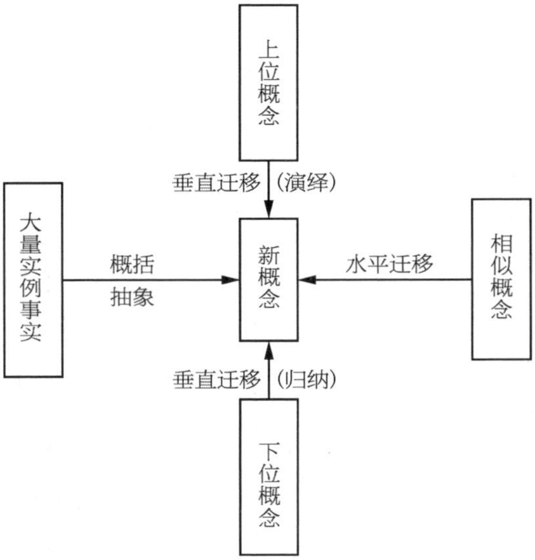

图3-4　概念的迁移

新概念的获得一般是通过对大量的同类物理现象概括、抽象出共同属性或本质属性，也可以从另外三种渠道获得。一、从相似概念中通过水平迁移获得。例如，学习了圆周运动的周期概念后，可迁移到振动、波动、交流电、磁场、原子模型、物理光学等各种物理问题的周期概念的学习中；学习了万有引力的概念后可迁移到库仑力的概念；学习了电场概念后可迁移到磁场概念。二、从异位概念中通过垂直迁移而获得。存在包容关系的两个概念称为异位概念。例如，力和重力、弹力、摩擦力、电场力、磁场力、核力之间存在包容关系。其中，“力”是另外几个具体的力的上位概念，另外几个具体的力是“力”的下位概念。在学习了力的概念后，学生明确了力是物体对物体的作用，而不同的力无非是引起作用的原因不一样，传递力的形式不一样。各种形式力的概念的学习，有助于学生加深对“力”的认识；而“力”的概念认识的加深，则有助于学生对新形式的某些具体力的学习。这种迁移形式显然是垂直迁移。

二、规律学习中的迁移

物理规律反映了物理状态或过程中的物理概念之间的相互制约关系，是物理学的核心框架。物理规律之间由于存在一些相同要素，因此学习过程中可以进行迁移。从元认知的角度来分析，物理规律之间能否进行顺利迁移，取决于导致规律产生的深层原因（原理）是否具有一致性或相似性。例如，万有引力定律与库仑定律的基本原理十分相似，因此在很多规律上可以迁移。原子的动能、势能、总能、速度、加速度、周期等物理量与轨道半径的关系，这些与人造卫星问题完全具有相似迁移关系。但如果研究原子结构中电子的轨道问题，我们知道它与人造地球卫星的轨道不完全相等。原因是电子的运动又要遵从量子化规则，因此其轨道、能量等物理量均表现出量子化规律。笔者认为，一个新的规律的获得方式，可用图3-5表示。

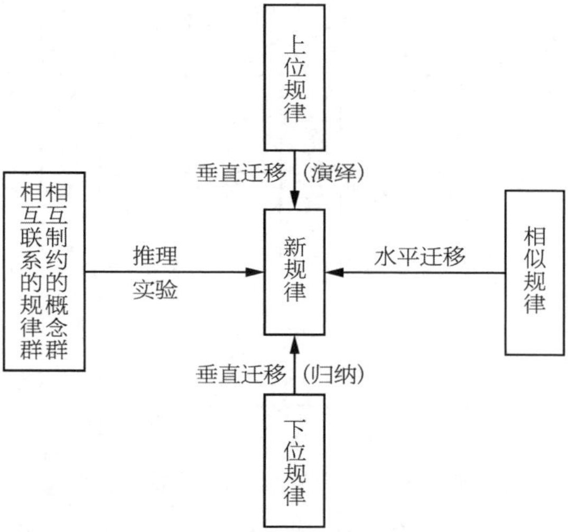

图3-5　规律的迁移

动量定律可从牛顿第二定律推导而得，而动量守恒定律必须根据牛顿第二定律和牛顿第三定律推得。这是物理规律获得的主要渠道。另外三条渠道为：一、以相似规律水平迁移获得，例如把机械振动中的周期、动能、势能的变化规律迁移到LC振荡，分析其周期、磁场能、电场能的变化；二、从异位规律（包括上位规律、下位规律）通过垂直迁移获得，如从玻意耳定律和查理定律（下位规律）通过归纳方法（垂直迁移）推得理想气体的状态方程（上位规律），反过来也可从理想气体的状态方程通过演绎方法（垂直迁移）推得气体的三大实验定律。

三、问题解决的迁移策略

问题解决需要一定的策略作为指导。研究表明，专家与新手解决问题主要区别在元认知监控水平。因此，教师在教学过程中要尽可能利用迁移方法对学生进行指导。从信息加工理论的观点来看，笔者认为新手在解决问题时使用大脑的零散信息来处理问题，而专家往往用“知识组块”来处理信息，所以专家易产生“直觉”或“顿悟”。迁移过程本质上是学习者利用已有的“知识组块”来处理新的问题，这种方法的熟练使用有利于新手向专家过渡，并培养其思维能力。

（一）水平迁移解决问题

当两个或多个并列的物理问题之间存在状态或过程相似，抑或要素相同时，可用水平迁移方法解决问题。如图3-6所示，A、B、C实质上表示的是同一个问题，无非是形式上有所不同而已。又如光滑的水平面上，木块被子弹击中和一滑块m滑上质量为M的小车，D、E实际上也是同一个问题，无非是作用快慢不一样。有些问题虽然初看不是同类问题，但仔细研究会发现其本质相似。如图3-7所示，一切表面光滑，如果m从右端运动到左端，比较一下有哪些相同要素呢？（这样的训练，有助于培养学生对迁移的元认知思想的理解）从教学实践可知，学生对水平迁移问题的元认知能力越强，迁移的跨度就越大。上述图3-6之例的迁移跨度不是很大（较近的迁移），但是图3-7之例的迁移跨度便大了（“远迁移”）。

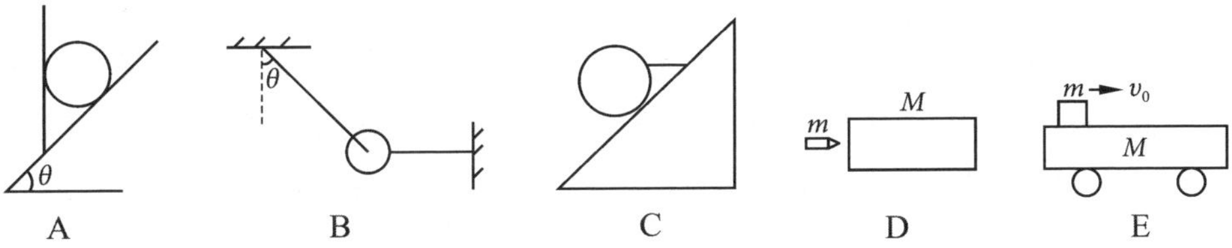

图3-6

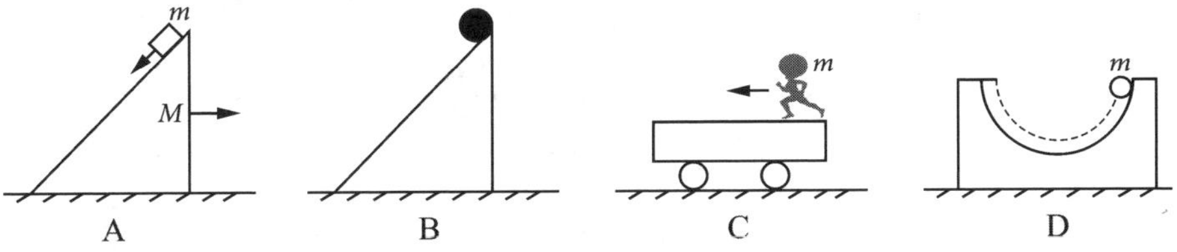

图3-7

教师在教学中也要引导学生进行相似的物理过程迁移。例如，弹性碰撞中两个等质量小球的速度交换问题是大家熟知的，而图3-8中，在一个光滑的水平面上有一个质量为M的静止光滑滑块，一个质量为$m=M$的小球以速度v_0滑上M后又回下来，当小球返回到水平面时，M和m的速度各是多少？这个问题通常不能顺利迁移，但可以让学生进行计算，通过计算发现也是速度交换，这时要抓住时机让学生思考：两个结果相同的原因是什么？然后进行过程的相似性分析，遵循动量、能量转化的相似性分析，再让学生总结与归纳，还可让学生进行同类问题的编题训练。实践证明，学生能编出很多类似的问题。例如，图3-9所示，$m=M$，水平面光滑，小球m以速度v_0射入，与弹簧发生正面碰撞后弹回，两个物体碰撞后的速度多大？

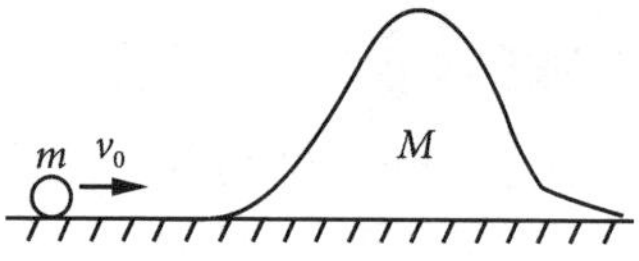

图3-8

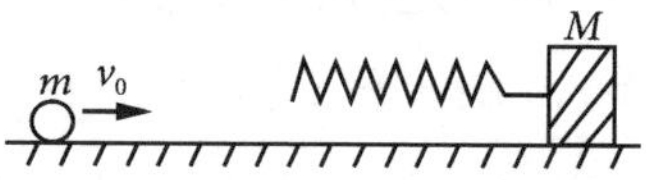

图3-9

笔者的实践证明，编题训练有助于提高学生学习的积极性，培养学生的思维能力或良好的迁移思维习惯，有助于培养学生的元认知能力，从而提高迁移能力。

（二）垂直迁移解决问题

当两个或多个非并列（含包容关系）的物理问题之间存在状态或过程的相似要素时，可使用垂直迁移方法解决问题。按信息加工理论的观点，笔者认为垂直迁移是学习者在已有的“原问题的知识组块”上添加某一条件变化信息来处理一个目标问题，或从已有的知识组块中分离出相对较小的知识组块的信息加工过程，如图3-10所示。

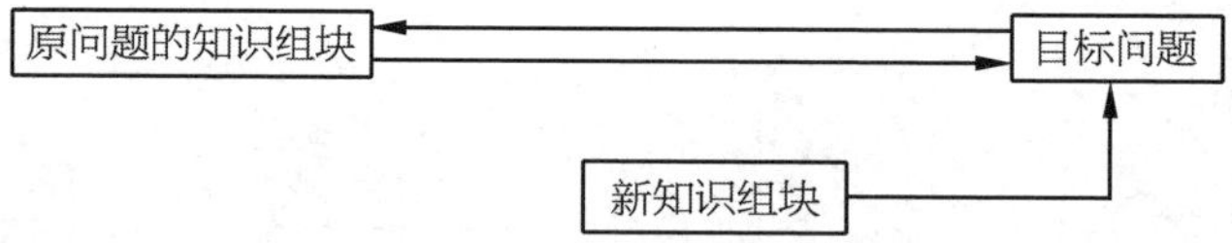

图3-10　垂直迁移

笔者认为，学生垂直迁移能力的关键在于头脑中所储存的关于“原问题的知识组块”和学生对目标问题的分析能力，而对目标问题的分析能力体现在学生是否能够从“目标问题”中分析出解决这一问题所需要的“新知识组块”。垂直迁移的难易程度取决于“原问题知识组块”和“目标问题”的差异大小。差异越小，即所需的“新知识组块”越小，迁移越容易。当然，对同样一个问题，不同的处理或解决方法，会有不同的难度，因此也需要不同的“新知识组块”。

例如，如图 3-11 所示，一个质量为 m 的小球从固定的四分之一的光滑圆周的上端以无初速地下滑，到达 B 点时以水平速度滑上一个质量为 M 的小车，小车处于光滑的水平面上，小车平面离水平面的高度为 h。

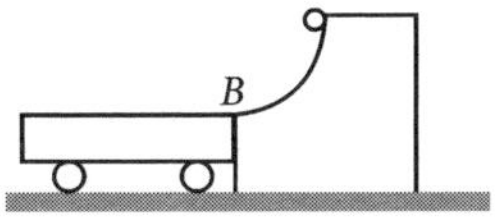

图 3-11

这个问题情境可以从多个角度提出很多问题。但这个情境的“原问题知识组块”是一个物体以一定的初速度滑上一个小车后，两者相互作用的简单问题。在处理这个综合问题时，只要加上两个“新知识组块”——小球从圆周上滑下来时的末速度和平抛运动的末速度，通过垂直迁移就可以解决了。

迁移是解决问题的最有效的途径之一。如果没有迁移，或者不能成功运用迁移方法，问题几乎不可能解决，除非问题出奇简单。但过于简单的问题没有什么意义，因为它不需要解决问题的过程，只需要提取相关信息就可回答。在中学物理教学中利用迁移培养学生自我学习新知识和解决问题的能力，应该是通过学生对概念的理解、规律的探索和运用原理解决实际问题等三条途径。

第四章

迁移影响因素的实证研究

EMPIRICAL STUDIES ON THE INFLUENCE FACTORS OF TRANSFER

LEARNING AND TRANSFER

如何评价与测量学习任务与目标任务之间迁移的“远”和“近”？如何评价与测量迁移发生的量？如何在教育心理研究中用控制变量的方法设计实验来研究学习迁移量与某个自变量之间的关系？迁移的影响因子是如何对迁移发生综合性影响的？本章的实证研究案例期望能给您一些对迁移研究的启示。

迁移的影响因素有很多，除了与问题本身的因素有关，更重要的是与学习者的主观个人因素有关。笔者的研究认为，迁移的影响因素涉及问题之间的相似性（客观因素）和学习者的学习方式、概括能力、推理能力、自我效能感（主观因素）。为了让读者了解迁移研究的基本方法，本章以高中物理学科为例，对学习迁移的影响因素的实证研究作简要介绍。（以下几个研究中的被试与测试材料均相同）

第一节　问题相似对迁移的影响

一、问题的提出

在教学过程中，教师采用的训练问题和学生考试问题之间的相似性会影响到学生的学习成绩。很多情况下，学生考试成绩不理想，他们会归因于教师不曾教过他们求解类似这些考试题目的问题。事实上，教师讲授知识涉及的问题类型和考试问题之间具有相似性，只是学生没有意识到，或者他们没有把学习过的问题类型和面临的新问题进行联系罢了。

物理学是一门研究自然现象中物理变化规律的学科。它需要学习者整合考虑时间与空间等因素，发现现象背后的原理和规律。因此，相似性主要体现在现象遵循的原理、现象可抽象出的模型和解决问题采用的方法或策略。这三个方面的相似性可体现物理问题之间的本质相似性。

那么，不同物理问题的相似性究竟会对学生的学习成绩具有什么样的影响？对于高中生而言，不同物理问题的相似性程度对学生学习迁移成绩的影响有性别差异吗？本研究拟采用不同相似性程度的物理问题，对学生解决物理问题的成绩进行测评，从而考察物理问题的不同相似性对学习迁移的影响。

二、实验方法

（一）被试

选取某中学高一学生168名作为被试，剔除已学过高一物理知识的学生，将余下的学生随机等分成三组。根据两个问题之间的相似性程度分成三个方面（原理、方法与策略、模型）进行测试，除去一些极端被试，正式进入实验的高一学生有155名。

将具有不同相似水平的学习材料分别发放给三个组被试，进行15分钟左右的学习，再用同一个与学习材料相似的测试卷对两组被试共同测试。

（二）实验材料和程序

本研究的测试分成几个步骤。一、用学后测试卷（LR测试卷）对所有被试进行前测。同时发下LR测试卷，让被试用30分钟时间解这些问题。之后收回这些试卷。二、发下三种不同的学习材料，每一名被试使用其中的一种学习方式学习材料，25分钟后回收所有的学习材料。三、再用空白的LR测试卷发给每一名被试，让被试用30分钟解这些问题。四、分别用统一的评分标准评出第一步和第三步做出的成绩。其中，第三步的成绩减第一步的成绩即为迁移量。

（三）计分方法

就高中物理而言，一个问题的相似程度可以从三个维度来区分，即原理相似、方法与策略相似以及模型相似。我们以三个维度的相似性等级来区别出物理问题间的相似性程度，从而考察不同物理问题间相似性程度对高中生物理问题解决中的学习迁移的影响。

本研究将两个问题之间的相似性程度分成三个方面（原理、方法与策略、模型），每一个方面的相似性程度采用三级计分方法。三个方面的相似性在权重上均等，每个方面均为3分。两个问题的相似性最高为9分，最低的为3

分。评分通过专家（物理特级教师与具有物理教学经验的心理学博士）综合评价方法来确定。物理问题间的相似性程度评价指标见第三章第一节。

三、实验结果与分析

（一）不同物理问题相似性对学习迁移总成绩的影响

考察不同相似性程度对学习迁移量的影响，数据分析结果如图4-1所示。

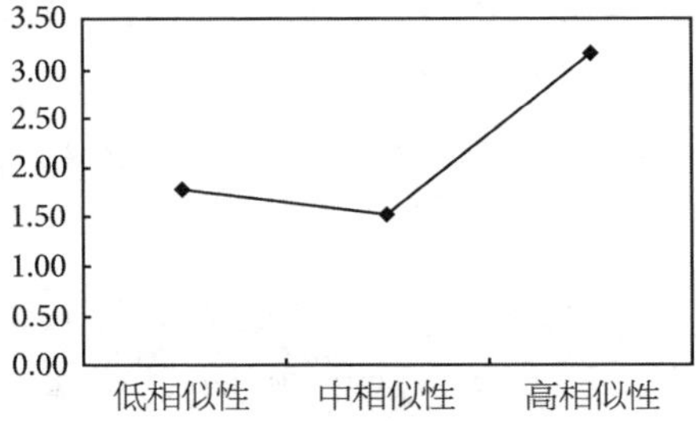

图4-1　不同物理问题相似性对迁移量的影响

若物理问题间的相似性程度不同，高中学生解决物理问题的学习迁移成绩也是不同的。总体来说，物理问题间的相似性程度越高，学生在解决问题中表现出的学习迁移成绩越好。高相似性的物理问题间的学习迁移成绩明显好于中相似性和低相似性的物理问题的学习迁移成绩，但中相似性的物理问题间的学习迁移成绩则逊于低相似性的物理问题间的学习迁移成绩。

如表4-1，从不同物理问题的相似性的学习迁移总成绩方面来考察，女生的学习迁移成绩略高于男生，性别差异不显著，$F(1,154)=0.407$，$P>0.05$。

表4-1　物理问题间的学习迁移量的男女生差异

	平均数	标准差	人数
男	2.10	1.36	93
女	2.23	1.16	62
总计	2.15	1.28	155

（二）不同相似性物理问题对学生学习迁移的影响

表4–2　不同相似性物理问题与学生迁移成绩的差异

相似性	性别	平均数	标准差	人数
低相似性	男	1.88	2.41	93
	女	1.63	2.28	62
	共计	1.78	2.36	155
中相似性	男	1.19	2.17	93
	女	2.00	2.20	62
	共计	1.52	2.21	155
高相似性	男	3.22	1.50	93
	女	3.06	1.44	62
	共计	3.15	1.47	155

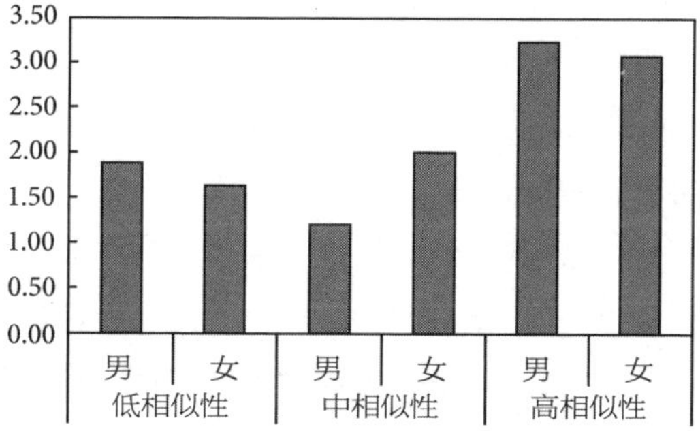

图4-2　不同物理问题相似性的学习迁移的性别差异

如表4-2和图4-2所示，对于男女生而言，物理问题的相似性程度对其学习迁移也有不同程度的影响。对于物理问题间的低相似性和高相似性而言，男生的学习迁移成绩均高于女生，但在中相似性的物理问题间的学习迁移成绩表现中，女生则显著高于男生。单元方差分析结果表明，不同程度相似性的物理问题间的学习迁移，性别差异均未达到显著性水平［低相似性：$F(1,154)=2.375$，$P>0.05$；中相似性：$F(1,154)=24.194$，$P<0.05$；高相似性：$F(1,154)=0.843$，$P>0.05$］。由此可见，不同物理问题的相似性程度不同，高中生学习迁移的成绩亦不尽相同。但其中有一种学生的学习迁移成绩随着物理问题间相似性越高而变得越好，尽管这种趋势受到中等程度相似性的物理问题的影响。

四、讨论

课堂教学的目标之一是培养和发展学生的能力。在教学实践中，要求学生能够把先前学到的知识迁移到后继的学习中。陈泽（2002）认为，问题间内在结构的相似性程度包括原理水平（principle level）、策略水平（strategy level）和程序水平（procedure level）[①]。陈泽的研究结果显示，程序水平层次上的相似能够最有效地产生迁移。一个纯原理性的解决方案不能有效促进问题的解决，原因是它缺少具体情境或操作步骤水平的支持。一个缺乏例证性程度支持的解决方案的原理几乎不能产生迁移，因为缺少步骤细节而妨碍了执行过程。因此，为了产生有效迁移，必须同时存在抽象水平的原理和具体的案例信息。程序性相似的水平是总体相似的主要方面，它决定迁移的程度和问题解决的执行程度。用于解答问题的相似程序的图片模型比其他类型的模型更能被参与者使用。被试解决问题的难易程度在很大程度上取决于源问题与目标问题之间的相似程度。在解决问题时，人们通常选择和使用一个先前的例子。一般的观点是，表面相似可能会影响先前问题的选择，但它们对如何利用先前的问题几乎没有影响。罗斯（1989）的实验结果与这个观点不符。他认为不同类型的表面相似对选择与使用先前例子具有不同的影响，因此，罗斯建议区分不同的表面相似。戴斯等（1994）认为，当新旧问题的内容相似、程序相似和学习原则相同时，就可能发生迁移。[②] 一个合理的解释是有效的抽象知识通常来自于具体的信息。

拉萨林（Lassaline）和墨菲（Murphy）（1998）的研究表明，相似性是一种有用学习的预报器：同一维度内相似性促进有效学习，不同维度间相似性妨碍有效学习。通过运用对比案例（contrasting cases）方法的教学可以增强学生理解何时、何地以及为何要用新知识。适当地安排对比能够帮助人们关注以前

①Chen, Z. Analogical Problem Solving: A Hierarchical Analysis of Procedural Similarity[J]. Journal of Experimental Psychology: Learning, memory, and Cognition. Vol. 28, 2002(1): 81-98.

②J. P. 戴斯，J. A. 纳格利尔里，J. R. 柯尔比(1994)，杨艳云，谭和平，译(1997). 认知过程的评估——智力的PASS理论[M]. 上海：华东师范大学出版社，1999：168-176.

忽视的新特征，并且知道哪些特征对于一个特定的概念是有关或无关的。适当地安排对比案例不仅有利于知觉学习，同时也有利于概念学习。例如，当学习了非线性函数后可以对线性函数有一个更清晰的认识（John D. Bransford, Ann L. Brown, Rodney R. Cocking，1999）[①]。

本研究的结果表明，总体来说，物理问题间的相似性程度越高，学生在解决问题中表现出来的学习迁移成绩就越好；高相似性的物理问题间的学习迁移成绩明显高于中相似性和低相似性的物理问题间的学习迁移成绩。在高相似性和低相似性的物理问题中，男、女生的学习迁移成绩差异均未达显著性水平。这说明，物理问题间相似性程度越高，高中生解决问题的学习迁移成绩就越好。

在得到这一结论的同时，我们还注意到本研究中的中等相似性程度的物理问题间的学习迁移成绩低于低相似性程度的物理问题间的学习迁移成绩的现象。我们认为，中等相似程度的物理问题有可能会让学生产生两个问题间似乎不相关的印象，导致他们在解决新的问题时，并不会对于前面学过的中等相似的问题给予更多的关注、思考和反思，从而降低了学习迁移的成绩。此外，我们认为，这也许是因为问题材料本身影响了学生的学习迁移成绩。在仔细调查了原因并进行了深刻分析之后，我们发现，在中相似性物理问题中，第一次让学生进行练习时，部分学生因为教师曾讲授过此方面的知识而得分相对较高。因此，在教师给学生讲解过同类的物理问题后，学生解决问题的成绩虽然也较高，但由于前测的成绩相对较高而导致了中相似性物理问题间的学习迁移成绩相对较低的结果。

因此，在解决物理问题中，物理问题在三个维度上的不同的相似性对高中生的学习迁移成绩是有影响的。物理问题的高相似性有助于促进高中生的学习迁移。

①Bransford J. D, Ann L. Brown, Rodney R. Cocking. How People Learn: Brain, Mind, Experience, and School[M]. The National Academy of Science. 1999, From: http://www. nap. edu/html/howpeople.

第二节　学习方式对迁移的影响

一、问题的提出

学习者的主观意识在很大程度上决定了学习者的学习方式。有效的学习者能够明确地意识到迁移的重要性，并具有强烈的内部动机来利用迁移的机会，具体表现在主动识别不同学习任务之间的相关性、识别可迁移的具体情境，在迁移机会出现时，主动、恰当地提取或联系有关经验或可利用的资源，并灵活地运用这些经验和资源。如果具有这种主动的自我调控能力，学习者将减少头脑中惰性知识经验的存在，提高已有经验的可利用性（林崇德，2003）[①]。

布兰斯福德等（1999）认为，通过各种活动训练学生元认知意识（awareness）可以推动迁移，如互动式教学（reciprocal teaching）、鼓励反省意识（introspective awareness）和自我监控（self-monitoring）。宽泛方式的“教育”比用特殊的、任务简单的“训练”更能促进迁移[②]。

卡特兰博（Catrambone）等（1995）以概率论学科的样例学习为研究材料，通过三个阶梯实验，测试学生对不同学习材料的迁移成绩。实验发现，学生往往从一些例子中记忆一些步骤，而没有学习（领会）到那些步骤的子目标（subgoal）。样例中一些在分类和视觉上都独立的步骤帮助学生学习子目标，并且更有可能解决包含那些目标而需要不同的步骤来解决的新问题。而在难度较小的或与学习样例差异较小的问题解决上，样例学习中的子目标设定不影响学习效果[③]。

邢强、莫雷（2003）研究了样例和问题的联结方式对学习迁移的影响，实

①林崇德.学习与发展[M].北京:北京师范大学出版社,2003:23-27.

②Bransford J. D, Ann L. Brown, Rodney R. Cocking. How People Learn: Brain, Mind, Experience, and School[M]. The National Academy of Science. 1999, From: http://www. nap. edu/html/howpeople.

③Catrambone, Richard. Aiding Subgoal Learning: Effects on Transfer[J]. Journal of Educational Psychology Vol. 87(1), 1995.

验探讨了渐减提示法对学习迁移的作用，并检验了渐减提示法对诱发学习者进行自我解释的作用，同时也探讨了“渐减提示＋子目标引导”这种联结样例和问题的方式对迁移的效果①。该实验结果表明：渐减提示法是动态的联结样例和问题解决的有效形式，符合认知技能获得的四阶段模型和建构主义学习观的基本要求；渐减提示法有助于促进学习者对样例问题进行高质量的自我解释和产生心理预示；用“渐减提示＋子目标引导”来联结样例和问题有助于减轻认知负荷，有助于产生高质量的自我解释，对原理图式的获得有着重要作用。这种渐减提示法在某种程度上和分步学习法有异曲同工之处。

从前面的这些研究可看出，不同的学习方式或许会给学生的学习迁移成绩带来不同的影响。那么，不同的学习方式究竟会对学生的学习迁移成绩造成多大程度的影响？对于不同难度的物理问题而言，哪种学习方式能更有效地促使学习迁移成绩的提升呢？本研究试图探索这些问题。本研究让高中生采用不同的学习方式，针对在不同难度物理问题解决方案中的学习迁移成绩进行考察，从而探索面对不同难度的物理问题，高中生采用不同的学习方式，其学习迁移成绩受到的影响，进而比较三种学习方式之间存在的内在联系与区别。这也为高中物理在教与学中如何处理不同难度的问题提供了理论依据与实践方面的教学参考。

二、实验方法

（一）被试

把被试分为三组，使其随机接受三种不同的学习方式。

表4-3　不同学习方式的被试数量分布

学习方式	男生	女生	小计
一般	26	20	46
分步	36	20	56
反思	31	22	53
共计	93	62	155

①邢强，莫雷．样例和问题的联结方式对迁移作用的实验研究[J]．应用心理学，2003(3):31-35.

（二）实验材料和程序

选取高中物理中三个难度典型的问题，通过三种方式呈现解决过程。一、一般学习法：在学习材料中用一般方法告知学生解答过程，让学生自我学习，要求学生必须掌握这些问题。二、分步学习法：把问题的解答过程分成几个子问题后进行解答，呈现给学生的学习材料是分步学习的材料。三、反思学习法：在学习材料问题解决的过程中和过程后，用恰当的问题或任务促使学生对问题解决过程进行思维监控或反思。反思式的学习材料中，要求学生写出每一步解答的依据，并评估自己的解答是否正确。测试程序如下：先让学生对三个问题分别用自己组的方法进行定时学习，然后再按照迁移量的测试方法进行迁移测试。

（三）计分方法

迁移测试题共有三个问题，每题满分5分，按答题的步骤数采用5分制计分。学习迁移成绩的计分方法：用统一的评分标准评出前测和后测得出的成绩。学习迁移成绩＝后测成绩－前测成绩。由物理学科的教师与心理学博士研究生分别进行单独评分，并进行评分者一致性信度检验（评分者α信度为0.863）。

三、实验结果与分析

（一）学习方式对高中生解决物理问题中学习迁移总成绩的影响

笔者考察了不同学习方式对物理问题学习迁移总成绩的影响，如表4-4所示。高中生采用反思学习方式解决物理问题得到的学习迁移成绩最差，分步学习方式其次，一般学习方式得到的成绩最好。

表4-4　物理问题学习迁移中不同学习方式的差异

学习方式	平均数	标准差	人数
反思学习	1.74	1.25	53
分步学习	2.20	1.26	56
一般学习	2.57	1.24	46
共计	2.15	1.28	155

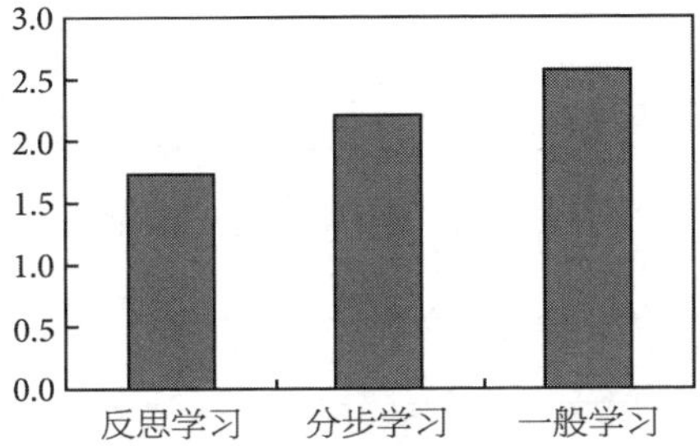

图4-3　不同学习方式对高中生学习迁移成绩的差异

从图4-3中可以看出，在解决物理问题时，高中生采用反思学习、分步学习和一般学习三种不同的学习方式获得的学习迁移成绩呈逐步提高的趋势。单元方差分析表明，高中生采用不同的学习方式对其物理问题解决的学习迁移成绩的差异达到显著性水平，$F(2,154)=5.420$，$P<0.01$。进一步多重比较的结果表明，不同学习方式对学习迁移影响的显著差异，主要源于反思学习和一般学习方式对高中生学习迁移成绩的显著性差异，采用一般学习方式得到的学习迁移成绩显著高于采用反思学习方式得到的学习迁移成绩（$P<0.01$），其他学习方式取得的学习迁移成绩之间的差异未达到显著性水平。这说明对于高中生而言，采用反思学习方式获得的学习迁移成绩最低，分步学习方式获得的学习迁移成绩居中，一般学习方式获得的学习迁移成绩最好。

（二）不同学习方式下的物理问题学习迁移的性别差异

在考察不同学习方式对物理问题学习迁移影响的基础上，笔者进一步考察了在不同的学习方式下，物理问题的学习迁移成绩的性别差异。从表4-5中可以看出，采用反思方式和一般方式学习的男生的学习迁移成绩优于女生；在分步学习方式下，男生的学习迁移成绩则比女生差。

表4-5　不同学习方式下的物理问题学习迁移的性别差异

反思学习	男	1.87	1.33	31
	女	1.56	1.13	22
	总计	1.74	1.25	53

续表

学习方式	性别	平均数	标准差	人数
分步学习	男	1.94	1.35	36
	女	2.67	0.92	20
	总计	2.20	1.26	56
一般学习	男	2.59	1.35	26
	女	2.53	1.10	20
	总计	2.57	1.24	46

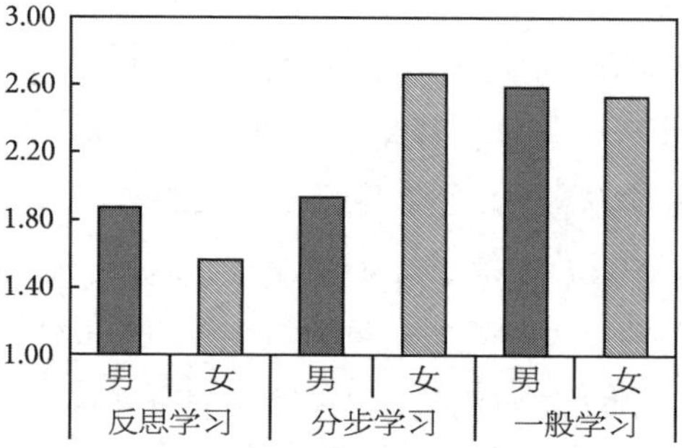

图4-4　不同学习方式下学习迁移的性别差异

笔者进一步考察不同学习方式下学习迁移的性别差异，就反思学习和一般学习方式下高中生取得的物理问题的学习迁移成绩而言，男生的成绩好于女生，但方差分析结果显示，性别差异未达显著性水平；分步学习方式下的男生的学习迁移成绩低于女生，方差分析表明，男生的学习迁移成绩显著低于女生，$F(1,154)=4.646$，$P<0.05$。这说明，在不同的学习方式下，学习迁移量的性别差异亦不相同。

（三）不同相似性物理问题条件下，不同学习方式对学习迁移成绩的影响

在不同相似性的物理问题中，不同学习方式造成高中生学习迁移成绩的差异如表4-6所示。

表4-6　高中生不同学习方式的学习迁移成绩

学习方式	性别	人数	低相似性问题		中相似性问题		高相似性问题	
			平均数	标准差	平均数	标准差	平均数	标准差
反思学习	男	31	1.26	2.24	1.23	2.19	3.13	1.52
	女	22	0.68	1.39	1.73	2.23	2.27	1.64
	共计	53	1.02	1.94	1.43	2.20	2.77	1.61
分步学习	男	36	1.92	2.61	0.75	2.06	3.14	1.64
	女	20	2.30	2.25	2.05	2.09	3.65	0.75
	共计	56	2.05	2.47	1.21	2.15	3.32	1.40
一般学习	男	26	2.58	2.21	1.77	2.25	3.42	1.30
	女	20	2.00	2.81	2.25	2.34	3.35	1.39
	共计	46	2.33	2.48	1.98	2.28	3.39	1.32
共计	男	93	1.88	2.41	1.19	2.17	3.22	1.50
	女	62	1.63	2.28	2.00	2.20	3.06	1.44
	共计	155	1.78	2.36	1.52	2.21	3.15	1.47

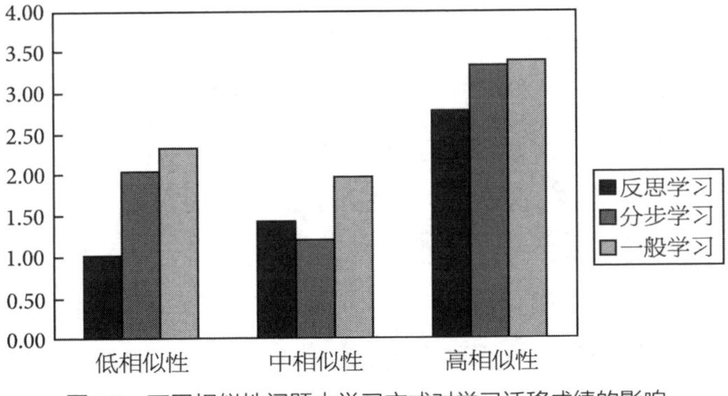

图4-5　不同相似性问题中学习方式对学习迁移成绩的影响

从图4-5中可以看出，对于高、中、低三种不同相似性的物理问题解决而言，高中生采用一般学习方式获得的学习迁移成绩最好。对于低相似性和高相似性的物理问题而言，反思学习方式获得的学习迁移成绩最差，分步学习方式获得的学习迁移成绩居中。而对于中相似性的物理问题而言，分步学习方式获得的学习迁移成绩最差，反思学习方式获得的学习迁移成绩居中，低于一般学习方式下的学习迁移成绩。

四、讨论

在研究学习迁移的过程中，人们注意到了元认知与迁移的关系（Bransford等，1999）[①]。影响元认知学习的变量有学习者、任务和策略等因素。年龄越大的儿童对自身学习状态的判断越准确，幼儿园的儿童和一年级的儿童都认为熟悉或容易命名的项目更容易记忆，年龄大的儿童却认为分了类的项目比未经组织的信息更容易记忆。对于高中生而言，不同的学习方式对学习迁移成绩有不同的影响。总体而言，高中生采用反思学习方式解决物理问题得到的学习迁移成绩最差，分步学习方式其次，一般学习方式获得的物理问题的学习迁移成绩最好。反思学习方式获得的学习迁移成绩最差，这或许和戴尔・H.申克（2003）的研究相吻合。该研究认为，如果结合某个单一的学习任务来教学生某一元认知策略，这可能会带来危险，因为学生可能会把某一策略看作只适合于这一项任务或与之高相关的任务，这样他们就不会形成迁移[②]。因此，专家建议通过多种多样的任务来教授元认知策略，在高一物理教学中，应根据学生的元认知能力和元认知水平让学生进行反思学习。另外，反思能力是反思学习是否成功的关键，高一学生从总体上来说没有达到自觉进行反思的水平。另外，在测试总时间相同的情况下，反思组因为要求学生写出反思的过程，使得反思组的学生对问题本身的学习时间就相对减少了。

在反思学习和一般学习方式下，就高中生取得的物理问题的学习迁移成绩而言，男生的成绩优于女生，但性别差异未达显著性水平；分步学习方式下的男生的学习迁移成绩显著差于女生。这或许说明，对于高一学生而言，男女生在反思和一般学习方式下差异不大；但在分步学习方式下，女生的学习迁移成绩显著优于男生，或许因为女生比男生更细心，在一步一步的步骤提示下，女生比男生更能发现物理问题的解决方法。

---

①Bransford J. D, Ann L. Brown, Rodney R. Cocking. How People Learn: Brain, Mind, Experience, and School[M]. The National Academy of Science. 1999, From: http://www. nap. edu/html/howpeople.

②戴尔·H.申克，韦小满，等，译.学习理论：教育的视角（Learning Theories: An Educational Perspective）[M].南京：江苏教育出版社，2003.

对于高、中、低三种不同相似性的物理问题解决而言，高中生采用一般学习方式获得的学习迁移成绩最好。这或许说明，高一学生更习惯于通过一般的、传统的教学方式来学习，一般的学习方式更有助于促进学习迁移的发生。对于低相似性和高相似性物理问题而言，高中生采用反思学习方式获得的学习迁移成绩最差，分步学习方式下高中生的学习迁移成绩居中。对于中难度问题而言，分步学习方式下高中生的学习迁移成绩最差，反思学习方式获得的学习迁移成绩居中。皮克（Peak）针对在SAT和IMMEX（the Interactive Multi-Media Exercises）中考试得分都低的学生进行考查，发现这些学生往往使用不相关信息来解决问题。在解决问题的过程中，他们没有一个明确的计划。这些学生在问题解决过程中，在再认问题的必要元素和有效组织策略上是有困难的。尽管部分学生能在正确的评估和解决问题中选择必要的信息，然而组织这些信息的能力很差，在不相关的信息中变得迷失方向。此外，高一学生的元认知水平和反思能力正在发展，这或许也造成了在低难度和高难度问题条件下高中生反思学习方式获得的学习迁移成绩最差的结果。

第三节 概括能力对迁移的影响

一、问题的提出

许多研究表明，学习迁移和概括两者联系密切，高概括能力者有较强的迁移能力。概括化理论以实验的方式研究了原理（principle）和概括性（generality）的迁移，并得出了概括化学说。该理论认为，两种学习活动之间存在共同成分，只是产生迁移的必要前提，而产生迁移的关键是学习者能在两种活动中概括出它们之间的共同原理，即在于主体所获得的经验类化（Barnett & Ceci，2002）[①]。

①Barnett, Susan M.; Ceci, Stephen J. When and Where Do We Apply What We Learn? A Taxonomy for Far Transfer[J]. Psychological Bulletin Vol. 128(4), 2002(7): 612-637.

柯勒与思本斯的关系转换理论提醒我们，问题之间的关系是客观存在的，但需要靠顿悟来发现。任洁（1996）的研究则认为，表面迁移往往是在感性认识水平上进行的，通过对材料的外表属性的分析、比较，推断出事物之间是相似的，通过联想活动实现迁移；本质迁移往往是在理性认识水平上进行的，通过对材料的内部联系的把握，经过抽象、概括活动实现迁移。实验表明，高概括能力者更能准确地应用原理，发现项目间的内隐关系来完成任务①。

从某种意义上说，学习迁移的前提是学生对训练任务与目标任务之间的本质的理解或概括。因此，学生概括能力的差异性可能会影响迁移能力。

本实验主要考察概括能力对中学生学习迁移的影响，研究不同概括能力的学生对原理水平相似的物理问题解决的学习迁移情况，探究不同学习方式下，不同概括能力的学生的学习迁移的成绩表现，从而比较不同概括能力的学生对三种学习方式的适应程度。

二、实验方法

（一）被试

选取155名高中生作为被试。其中男生93名，女生62名。

（二）实验材料和程序

自编概括能力测试题。本测试主要测量被试的下定义的概括能力。定义概括题的材料来自最新科学动态的名词介绍，材料准确可靠。要求被试把介绍科学名词的材料采用缩写的方法改编成定义概括。

（三）计分方法

根据学生总体概括能力的得分情况，把不同概括能力的学生分三组：2.25分数以下的为低分组，2.25至3.75之间的分数者为中分组，3.75以上的为高分组。不同概括能力者的概括能力的平均得分如表4-7所示。根据概括能力测试的结果，将得分分为高、中、低三组：概括能力高分组49人（男生33人、女生16人），概括能力中分组68人（男生38人、女生30人），概括能力低分组38

①任洁.影响学习迁移的几个因素的实验研究.应用心理学[J]. 1996(1): 52-58.

人（男生22人、女生16人）。

表4-7 不同概括能力者的概括能力的平均得分

概括分类	平均分	标准差	人数
低概括能力	1.52	0.55	38
中概括能力	3.30	0.39	68
高概括能力	4.28	0.26	49
共计	3.17	1.11	155

三、实验结果与分析

（一）不同概括能力者的物理问题的学习迁移总成绩的差异

对迁移成绩按被试的概括能力分成三组如表4-8，其数据可以转换成图4-6。

表4-8 不同概括能力者的物理问题解决的学习迁移成绩差异

概括分类	平均数	标准差	人数
低概括能力	2.07	1.47	38
中概括能力	1.95	1.22	68
高概括能力	2.49	1.15	49
共计	2.15	1.28	155

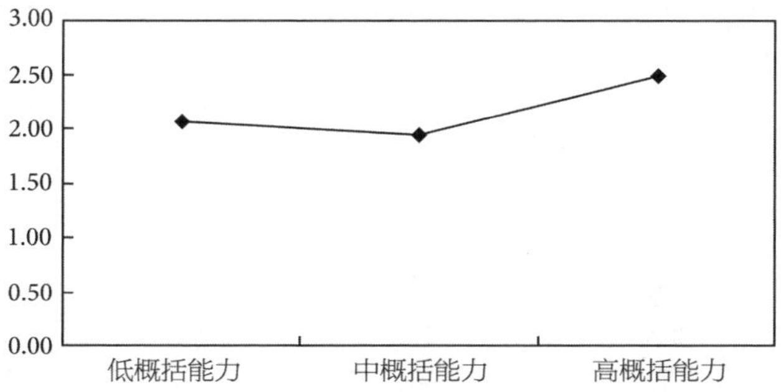

图4-6 不同概括能力对高中生学习迁移成绩的影响

由图4-6可见，总体而言，高概括能力组的学生，他们的学习迁移成绩优于中概括能力组和低概括能力组学生的学习迁移成绩，但中概括能力组学生的成绩低于低概括能力组。单元方差分析结果表明，概括能力的低、中、高三组之间物理问题的学习迁移量的差异均未达显著性水平，$F(2,154)=2.668$，$P>0.05$。这说明，高概括能力组的学习迁移成绩优于中概括能力组和低概括能力组，而中概括能力组的学习迁移成绩稍低于低概括能力组。

考察不同概括能力的学生解决物理问题性别差异可以见表4-9，转换成图4-7所示。

表4-9　不同概括能力组的物理问题解决的学习迁移成绩的性别差异

概括能力分组	性别	平均数	标准差	人数
低概括能力组	男	1.97	1.73	22
	女	2.21	1.07	16
	共计	2.07	1.47	38
中概括能力组	男	1.85	1.19	38
	女	2.08	1.27	30
	共计	1.95	1.22	68
高概括能力组	男	2.46	1.23	33
	女	2.54	1.01	16
	共计	2.49	1.15	49
共计	男	2.10	1.36	93
	女	2.23	1.16	62
	共计	2.15	1.28	155

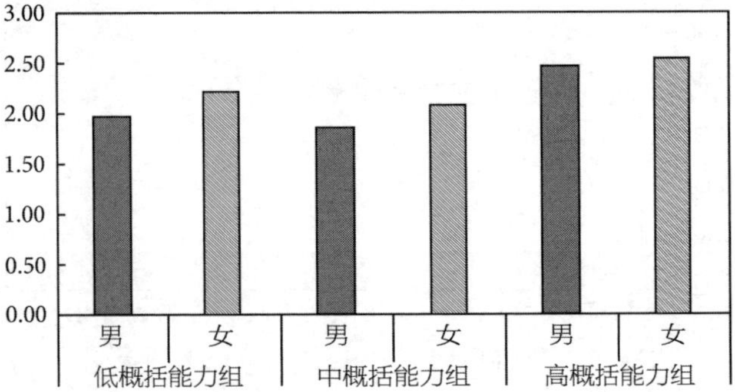

图4-7　不同概括能力组高中生学习迁移成绩的性别差异

由表4-9和图4-7可见，在高中生不同概括能力的组别中，对于高中物理问题的解决，均是女生成绩稍优于男生。单元方差分析结果表明，在高、中、低三个概括能力组中，男女性别差异均未达显著性水平［低概括能力组：$F(1,37)=0.238$，$P>0.05$；中概括能力组：$F(1,67)=0.572$，$P>0.05$；高概括能力组：$F(1,48)=0.047$，$P>0.05$］。由此可见，在不同概括能力组中，高中生学习迁移成绩的性别差异不大。

（二）不同相似性的物理问题中概括能力对学习迁移的影响

在不同相似性物理问题的测试中，不同概括能力者的学习迁移的差异见表4-10。

表4-10　不同相似性的物理问题间，不同概括能力者的学习迁移差异

	概括能力	平均数	标准差	人数
低相似性	低概括	1.55	2.33	38
	中概括	1.53	2.35	68
	高概括	2.31	2.35	49
	共计	1.78	2.36	155
中相似性	低概括	1.68	2.49	38
	中概括	1.35	2.09	68
	高概括	1.61	2.18	49
	共计	1.52	2.21	155
高相似性	低概括	2.97	1.70	38
	中概括	2.97	1.54	68
	高概括	3.55	1.10	49
	共计	3.15	1.47	155

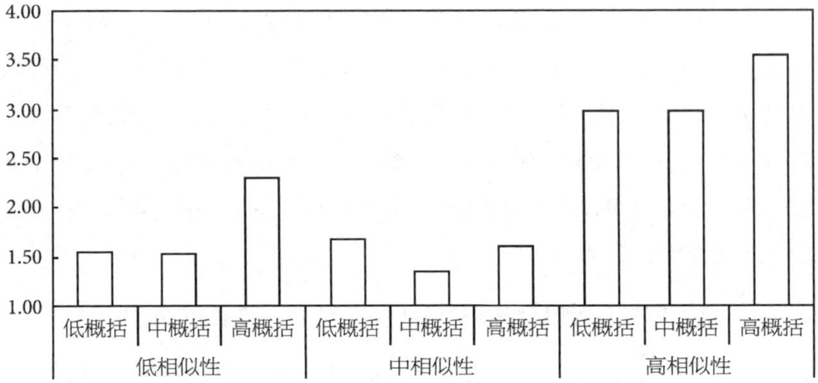

图4-8　不同物理问题相似性条件下不同概括能力组的学习迁移成绩差异

由表4-10和图4-8可见，在不同相似性物理问题条件下，不同概括能力组的高中生解决物理问题的学习迁移成绩表现出不一样的态势。在物理问题间呈现低相似性和高相似性的条件下，高概括能力组学生的学习迁移成绩最好，中概括能力组和低概括能力组的学习迁移成绩差异不大；在中相似性的物理问题解决中，低概括能力组的学习迁移成绩稍优于高概括能力组，中概括能力组的学习迁移成绩最低。单元方差分析结果表明，在低、中、高三个相似性的物理问题中，高、中、低概括能力组的差异均未达显著性水平［低相似性问题：$F(2,154)=1.798$，$P>0.05$；中相似性问题：$F(2,154)=0.338$，$P>0.05$；高相似性问题：$F(2,154)=2.646$，$P>0.05$］。由此可见，在不同相似性程度的物理问题解决中，高概括能力组的高中生整体学习迁移成绩最好，但不同概括能力组高中生的学习迁移成绩的差异不大。

（三）不同学习方式下，概括能力对物理问题学习迁移的影响

表4-11　在不同学习方式下，不同概括能力对物理问题学习迁移的差异

反思学习	低概括	1.60	1.64	15
	中概括	1.48	1.11	22
	高概括	2.23	0.89	16
	共计	1.74	1.25	53

续表

学习方式	概括能力	平均数	标准差	人数
分步学习	低概括	2.56	1.35	9
	中概括	1.90	1.26	30
	高概括	2.53	1.12	17
	共计	2.20	1.26	56
一般学习	低概括	2.26	1.30	14
	中概括	2.69	1.00	16
	高概括	2.71	1.41	16
	共计	2.57	1.24	46

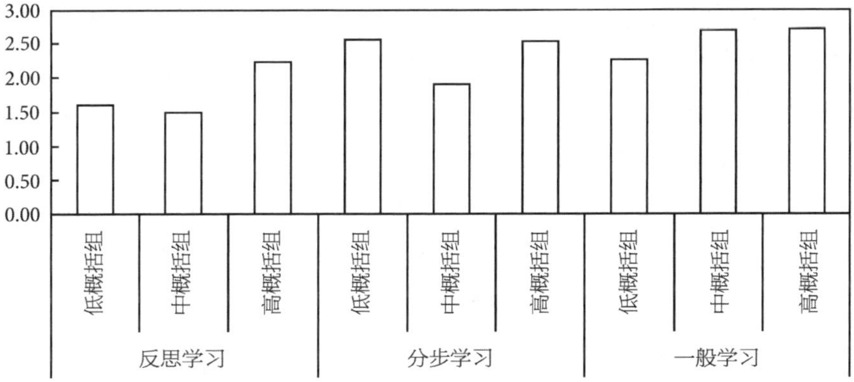

图4-9　不同学习方式下不同概括能力组的学习迁移成绩差异

如表4-11和图4-9所示，高中生在反思学习和一般学习两种学习方式下，高概括能力者的学习迁移成绩均比中概括能力者好；在分步学习方式下，低概括能力组的学习迁移成绩最好，高概括能力组的学习迁移成绩稍低于低概括能力组，中概括能力组的学习迁移成绩最差。在反思学习和一般学习方式下，中概括能力者在学习迁移方面的成绩和低概括能力者的迁移成绩差异不大。单元方差分析结果表明，在反思学习、分步学习和一般学习三个不同学习方式的条件下，高、中、低概括能力组的差异均未达显著性水平［反思学习：$F(2,52)=1.845$，$P>0.05$；分步学习：$F(2,55)=1.855$，$P>0.05$；一般学习：$F(2,45)=0.074$，$P>0.05$］。由此可见，对于高中生而言，在不同学习方式条件下的物理问题解决中，高概括能力组高中生的学习迁移成绩最好，但不同概括能力组高中生的学习迁移成绩的差异不大。

四、讨论

学习迁移和概括能力两者虽联系密切，但以往多数专家学者都是从学习迁移理论的角度定义学习迁移或研究学习迁移的本质，并认为学习迁移在很大程度上有概括能力的成分存在。而本研究则从另一个角度来考察概括能力和学习迁移之间的关系，同时考察不同概括能力的学生在解决物理问题时学习迁移成绩的差异。

研究结果表明，高概括能力组的学习迁移成绩优于中概括能力组和低概括能力组，而中概括能力组的学习迁移成绩稍低于低概括能力组。在不同概括能力组中，高中生学习迁移成绩的性别差异不大。本研究的实验结果验证了概括能力和学习迁移能力两者之间具有密切的关系，具有高概括能力的学生，其学习迁移的能力也较好。实验也从另一角度佐证了贾德的关于迁移的概括化理论的真实性和可靠性，即迁移与概括密不可分，迁移的过程就是学生在问题解决中应用自己概括能力的过程。此外，中概括能力组的学习迁移成绩稍低于低概括能力组；在高、中、低不同概括能力组别中，均是女生的学习迁移成绩水平优于男生，但差异不大，均未达显著性水平。

在物理问题相似性不同的条件下，不同概括能力的学生的学习迁移成绩表现如何，本研究亦进行了探讨。结果表明，在物理问题呈现低相似性和高相似性的条件下，高概括能力组学生的学习迁移成绩最好，中概括能力组和低概括能力组的学习迁移成绩差异不大；在中相似性的物理问题解决中，低概括能力组的学习迁移成绩稍优于高概括能力组，中概括能力组的学习迁移成绩最差。但不同概括能力组高中生的学习迁移成绩的差异未达到显著性水平。我们认为，在物理问题呈现低相似性和高相似性的条件下，高概括能力组学生的学习迁移成绩最好，这或许可以说明，在学生遇到新的问题时，若旧的问题与新的问题间具有高的相似性，则学生有种似曾相识的感觉，可以顺利解决新问题。在这种情况下，解决新问题类似样例学习，表现出概括能力和迁移能力相联系的“共振”一面。但是，当旧的问题和新的问题间表现出低相似性时，新问题会比高相似性问题更能引起学生的警觉，会使学生不完全按照原来旧问题的解决模式进行研究比较，而是重点比较问题的差异。这也体现出概括能力和迁移能力之间的密切联系。

本研究还考察在不同的学习方式下，不同概括能力组学生的学习迁移成绩。研究结果表明，高中生在反思学习和一般学习两种学习方式下，高概括能力者的学习迁移均比中概括能力者的成绩好；在分步学习方式下，低概括能力组的学习迁移成绩最好，高概括能力组的学习迁移成绩稍低于低概括能力组，中概括能力组的迁移成绩最差。我们认为，在反思学习和一般学习两种学习方式下，高概括能力者的学习迁移成绩比中概括能力者的好，这同样验证了概括能力和学习迁移能力之间的密切关系。在高中生熟知一般学习即常规学习方式、高中一年级学生的反思水平不高并对反思学习方式不熟练的状况下，概括能力和学习迁移能力之间的密切关系能够更好地得以表现。而高中生虽对分步学习方式不太熟悉，但通过分步学习方式，学生一步一步地学习和解决物理问题，这在某种程度上可能阻碍了学生从问题整体结构的角度去理解物理问题的能力，从而降低了概括能力在物理问题解决中的充分体现，因此出现了在分步学习方式下低概括能力组的学习迁移成绩最好的结果。

总之，在本研究中，无论是从整体方面还是从物理问题间不同相似性角度，或是从不同学习方式等方面考察不同概括能力组学生的学习迁移成绩的差异，都可以看出概括能力和学习迁移之间存在密切的联系，高概括能力者的学习迁移成绩表现出优于低概括能力者的倾向。

第四节 自我效能感对迁移的影响

一、问题的提出

一个学生在学习解决了一个问题后再去解决另一个新问题，哪怕该学生的学习态度非常好，在解决问题时仔细认真，也未必能够成功解决新的问题。但如果他的自我效能感水平较高，对自己能否成功解决新问题有主观推测和判断，那么，他会运用自己已有的知识基础迅速解决或求助于别人并最终成功解决问题。因为，态度认真是解决问题的必要前提，但如果力不从心的感觉持续太久，会挫伤学生的学习主动性和积极性。因此，在人们获得了相应的训练、知识和技能，确定了自己的学习目标之后，自我效能感就成了学习行为的决定因素（冯忠良等，2000）[①]。

柯林斯等（1989）将学生按照数学能力的高低分为低、中、高三个组，每一组中又分为高自我效能感和低自我效能感两类，要求学生解决新问题和重新做未完成的事情。柯林斯的研究报告显示，能力与成果有关。第一，无论能力高低，高自我效能感的学生更加坚持、努力，他们正确地解决了更多的新问题和更多次重新做完未完成的事情。第二，自我监控学习影响学生的学业成绩，而学业自我效能又与自我监控学习呈显著的正相关，因此自我效能感通过自我监控学习间接影响学业成绩。自我效能感高的学生比自我效能感低的学生会运用更多的认知和元认知策略以及自我调控的学习策略，并且更加会坚持。第三，示范、归因反馈和目标设定影响着自我效能信念的建立，而自我效能信念影响着学业成就[②]。

Eccles的研究认为，在学业自我效能感上存在性别差异。男生在数学和体育方面有较高的效能感，而女生的英语效能感较高。有趣的是，男生对自身的数学和科技能力表现出更大的自信，即使实际成就与女生没有什么差别。尽管女生在语言艺术上的表现优于男生，但是在自信心上并不比男生高[③]。

自我效能感与学习迁移之间的关系研究为数不多。笔者把研究焦点集中在具有不同自我效能感水平的学生在解决物理问题时，学习迁移的成绩表现究竟如何、有何差异、差异具体表现在哪些地方。

①冯忠良. 结构—定向教学的理论与实践—改革教学体制探索[M]. 北京：北京师范大学出版社，1992：152.

②Collins, Brown & Newman, Cognition Apprenticeship: Teaching the Crafts of Reading, Writing and Arthmetic[M]. In L. B. Resnick(Eds), 1989.

③http://personal.ashland.edu/~jpiirto/why_are_there_so_few.htm.

二、实验方法

（一）被试

选取155名高中生作为被试。其中男生93名，女生62名。

（二）实验材料

采用Schwarzer等人编制的一般自我效能感量表（GSES），其中文翻译版具有可靠的信效度。内部一致性系数为0.87，重测信度为0.83，折半信度为0.90。

（三）计分标准与方法

自我效能感分组：25分以下是低自我效能感组；26至29分为中自我效能感组；30分以上为高自我效能感组。自我效能感的平均分数见表4-12。把被试按照自我效能感的得分不同，分为高、中、低三组。低自我效能感组44人（男生26人、女生18人），中自我效能感组66人（男生33人、女生33人），高自我效能感组45人（男生34人、女生11人）。

表4-12　不同自我效能感的自我效能感得分

自我效能感	平均数	标准差	人数
低自我效能	23.07	1.99	44
中自我效能	28.03	1.26	66
高自我效能	32.78	2.09	45
共计	28.00	4.08	155

三、实验结果与分析

（一）自我效能感对高中生物理问题解决中学习迁移的影响

表4-13　不同自我效能感组的学习迁移成绩的差异

自我效能感分组	平均数	标准差	人数
低自我效能	2.13	1.35	44
中自我效能	2.13	1.32	66
高自我效能	2.20	1.18	45
共计	2.15	1.28	155

由表4-13可以看出，不同自我效能感组的高中生，在物理问题解决中的学习迁移成绩差异不是很大。其中，高自我效能感组的学习迁移成绩最好，中自我效能感组和低自我效能感组的学习迁移成绩几乎持平。

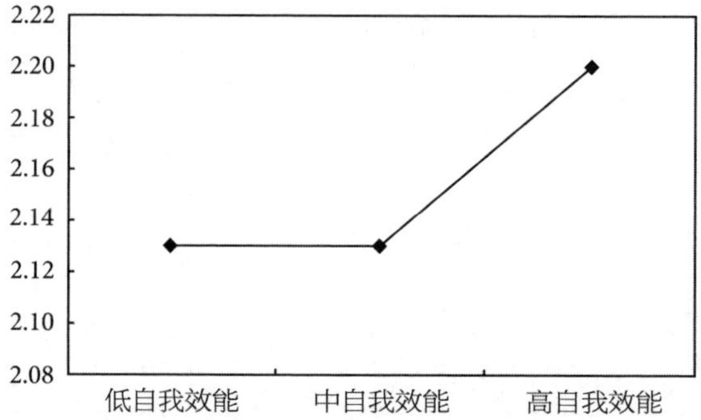

图4-10　不同自我效能感组的学习迁移的差异

进一步对不同自我效能感组学生的学习迁移成绩进行单元方差分析比较，由图4-10可以看出，自我效能感不同，物理问题的学习迁移的成绩不一样；低自我效能感组和中自我效能感组的学习迁移的成绩基本持平，略低于高自我效能感组。单元方差分析表明，三组不同的自我效能感组间的学习迁移成绩差异未达到显著性水平，$F(2,154)=0.047$，$P>0.05$。这说明，高自我效能感组的学习迁移水平略好于中、低自我效能感组的迁移水平。

表4-14　不同自我效能感的学习迁移成绩的性别差异

自我效能感分组	性别	平均数	标准差	人数
低自我效能	男	2.09	1.48	26
	女	2.19	1.19	18
	共计	2.13	1.35	44
中自我效能	男	2.16	1.42	33
	女	2.10	1.23	33
	共计	2.13	1.32	66
高自我效能	男	2.04	1.25	34
	女	2.70	0.78	11
	共计	2.20	1.18	45

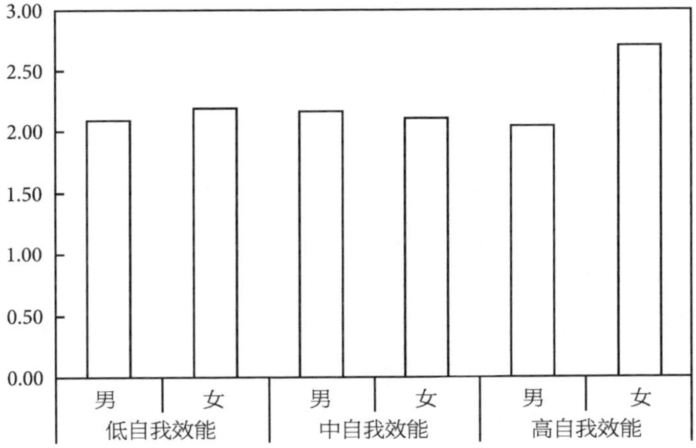

图4-11　不同自我效能感学习迁移成绩的性别差异

进一步分析不同自我效能感组的学习迁移的性别差异，见表4-14和图4-11。在低自我效能感组和高自我效能感组，女生的学习迁移成绩优于男生；在中自我效能感组中，男生的学习迁移成绩优于女生。单元方差分析结果表明，不同自我效能感三组的学习迁移的性别差异均不显著。低自我效能感组：$F(1,43)=0.052$，$P>0.05$；中自我效能感组：$F(1,65)=0.034$，$P>0.05$；高自我效能感组：$F(1,44)=2.684$，$P>0.05$。由此可见，在不同自我效能感组中，高中生学习迁移成绩的性别差异不大。

（二）不同物理问题相似性下，高中生的自我效能感对学习迁移的影响

表4-15 在不同相似性水平下，不同自我效能感的学习迁移成绩的差异

	自我效能感分组	平均数	标准差	人数
低相似性	低自我效能	1.75	2.58	44
	中自我效能	1.74	2.31	66
	高自我效能	1.87	2.25	45
	共计	1.78	2.36	155
中相似性	低自我效能	1.61	2.18	44
	中自我效能	1.47	2.23	66
	高自我效能	1.49	2.25	45
	共计	1.52	2.21	155
高相似性	低自我效能	3.02	1.58	44
	中自我效能	3.18	1.51	66
	高自我效能	3.24	1.33	45
	共计	3.15	1.47	155

本研究又考察了在物理问题间不同相似性条件下，自我效能感对高中生学习迁移成绩的影响。结果表明，在物理问题间呈现出高相似性特征时，高自我效能感组的学习迁移成绩优于中自我效能感，中自我效能感组的学习迁移成绩优于低自我效能感组。也就是说，高中生学习迁移成绩随着自我效能感水平的增加而增加，高中生的自我效能感水平越高，其学习迁移成绩越好；在物理问题间呈现出中相似性特征时，低自我效能感组的学习迁移成绩最好，高自我效能感组和中自我效能感组的学习迁移成绩差异很小；在物理问题间呈现出低相似性特征时，高自我效能感组的学习迁移成绩最好，低自我效能感组和中自我效能感组的学习迁移成绩几乎相等。这说明，随着物理问题间相似性水平的升高，高中生的自我效能感水平也提高，其学习迁移成绩上升的趋势更加明显。

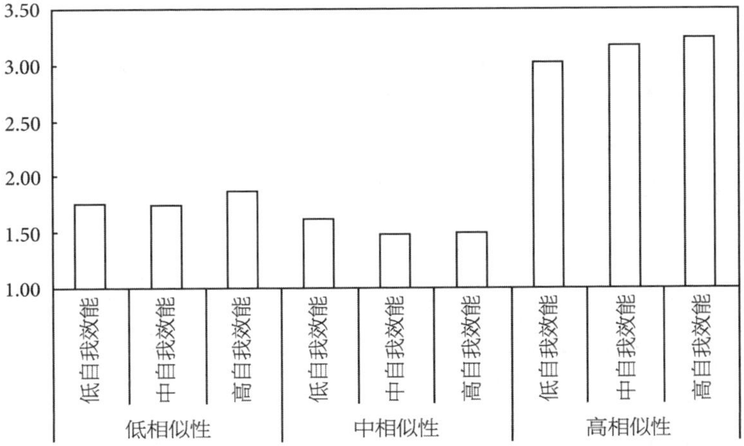

图4-12　不同相似性条件下自我效能感对高中生学习迁移的影响

由表4-15和图4-12可见，本研究进一步考察了在问题间不同相似性条件下，不同自我效能感组的学习迁移成绩的差异。单元方差分析结果表明，在三个不同相似性水平的物理问题中，高、中、低自我效能感组的学习迁移成绩差异均未达显著性水平。低相似性问题：$F(2,154)=0.042$，$P>0.05$；中相似性问题：$F(2,154)=0.060$，$P>0.05$；高相似性问题：$F(2,154)=0.269$，$P>0.05$。由此可见，高中生在不同相似性水平的物理问题解决中，不同自我效能感的高中生的学习迁移成绩差异未达到显著性水平。但从总体上比较而言，物理问题间的相似性越强，对于具有高自我效能感水平的学生而言，其学习迁移的成绩就越好。

（三）不同学习方式下，自我效能感对物理问题的学习迁移的影响

表4-16　不同学习方式下，不同自我效能感对高中生学习迁移成绩的差异

反思学习	低自我效能	1.43	1.10	10
	中自我效能	1.64	1.44	25
	高自我效能	2.06	1.00	18
	共计	1.74	1.25	53

续表

学习方式	自我效能感	平均数	标准差	人数
分步学习	低自我效能	2.08	1.48	16
	中自我效能	2.27	1.08	21
	高自我效能	2.21	1.29	19
	共计	2.20	1.26	56
一般学习	低自我效能	2.56	1.25	18
	中自我效能	2.60	1.24	20
	高自我效能	2.50	1.37	8
	共计	2.57	1.24	46

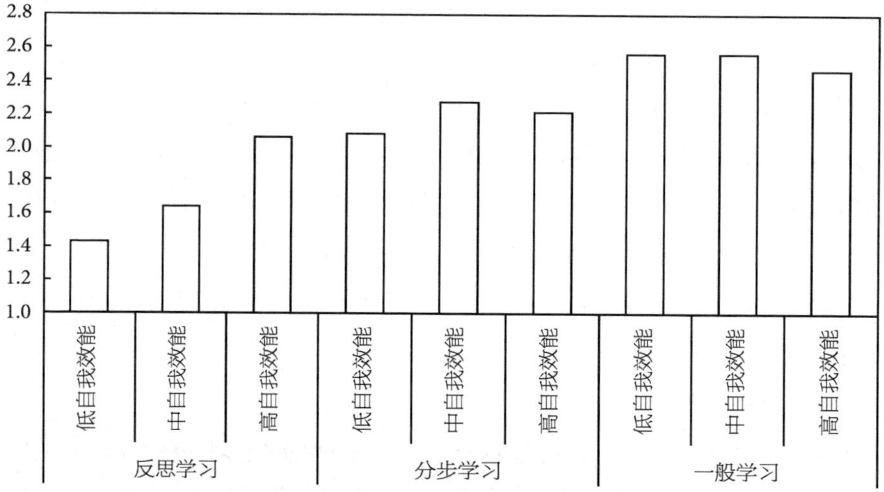

图4-13　不同学习方式下自我效能感对高中生学习迁移的影响

如表4-16和图4-13所示，高中生在采用反思学习方式下，高自我效能感组的学习迁移成绩优于中自我效能感组，中自我效能感组的优于低自我效能感组；在分步学习方式下，中自我效能感组的学习迁移成绩最好，高自我效能感组的学习迁移成绩稍优于低自我效能感组，但低于中自我效能感组；在一般学习方式下，高自我效能感组的学习迁移成绩最差，低于中、低自我效能感组的迁移成绩，中自我效能感组的迁移成绩略优于低自我效能感组。

进一步考察不同学习方式下，自我效能感水平对高中生学习迁移成绩的影响，单元方差分析结果表明，在反思学习、分步学习和一般学习三种不同学习方式的条件下，高、中、低自我效能感组的差异均未达显著性水平。反思学习：$F(2,52)=0.958$，$P>0.05$；分步学习：$F(2,55)=0.099$，$P>0.05$；一般学习：$F(2,45)=0.019$，$P>0.05$。由此可见，高中生在不同学习方式条件下的物理问题解决中，不同自我效能感对学习迁移成绩的影响差异均未达到显著性水平。

四、讨论

本研究结果表明，高自我效能感组的学习迁移水平略优于中、低自我效能感组的迁移水平，中、低自我效能感组的迁移水平差异不大。自我效能感是高中生对自己能否成功有效地解决问题、实现迁移的判断，是对自己的主观推测。当高中生能对自己成功解决问题做出正面的、肯定的评价时，他们实现成功迁移的可能性就越大。也就是说，从某种意义上来说，自我效能感能预测高中生的学习迁移成绩。就性别差异而言，在不同水平的自我效能感组中，高中生学习迁移成绩的性别差异没有达到显著性水平。这似乎印证了自我效能感在问题解决中的确发挥着重要作用，对学习迁移有一定的影响。因为自我效能感能影响个体对于任务的选择、努力程度以及行为的持久性，进而影响学习的效果（张鼎昆等，1999[①]；汪玲等，2000[②]）。而且，中、低自我效能感组的迁移成绩都低于高自我效能感组，且中、低自我效能感组之间没有差异这一结论说明高效能感对学习物理更为重要。

在本研究中，物理问题间相似性的概念类似于物理问题间的难度，物理问题间相似性水平越低，意味着学生所面临的新问题的难度越大。本研究结果表明：在物理问题间呈现出高相似性特征时，高中生的学习迁移成绩随着自我效能感水平的增加而提高；在物理问题间呈现中相似性特征时，低自我效能感组的学习迁移成绩最好，高自我效能感组和中自我效能感组的学习迁移成绩差异很小；在物理问题间呈现出低相似性特征时，高自我效能感组的学习迁移成绩

①张鼎昆，方俐洛，凌文辁. 自我效能感的理论及研究现状[J]. 心理学动态 1999(1)：39-43.

②汪玲，雷雳，Tanja Culjak. 效能信念、加工方式和困难应对策略——关于自我调节学习的特点及各成分间关系的探讨[J]. 心理发展与教育，2000(3)：30-35.

最好，低自我效能感组和中自我效能感组的学习迁移成绩几乎相等。这与柯林斯等（1989）的研究结果“高自我效能感的学生比低自我效能感的学生能正确地解出更多的问题”保持一致①。

帕哈雷斯（Pajares）（2002）在研究中认为自我效能和自我监控学习策略存在着性别差异②。菲利普斯（Phillips）和齐默尔曼（Zimmerman）（1990）也发现女性比男性的效能感低，尽管这种性别差异只有到九年级时才出现③。而其他研究者认为，男性、女性在更小的时候就出现了这种差异，如恩特威斯尔（Entwisle）等（1983）和费雷（Frey）等（1987）的研究发现在小学低段，女生的效能感就低于男生④。本研究考察了不同学习方式、自我效能感水平的学生在物理问题解决方面的学习迁移成绩。结果表明，高中生在采用反思学习方式的情况下，高自我效能感组的学习迁移成绩优于中自我效能感组，中自我效能感组的学习迁移成绩优于低自我效能感组；在分步学习方式下，中自我效能感组的学习迁移成绩最好，高自我效能感组的学习迁移成绩稍优于低自我效能感组，但低于中自我效能感组；在一般学习方式下，高自我效能感组的学习迁移成绩最差，低于中、低自我效能感组的迁移成绩，中自我效能感组的迁移成绩略优于低自我效能感组。对于不同自我效能感组的高中生，学习迁移成绩的差异均未达到显著性水平。本研究认为，在反思学习方式下，高自我效能感的学生的学习迁移成绩较好。这个结果说明，在反思学习方式下，在自我监控能力和元认知的作用下，高自我效能感的高中生在解决物理问题时表现得要比较低自我效能感的学生好。而在分步学习方式下，或许是因为学习材料和提示分步骤呈现给学生，高自我效能感的学生反而会在完全解决问题前的某一步骤

①Collins, Brown & Newman. Cognition Apprenticeship: Teaching the Crafts of Reading, Writing and Arthmetic[M]. In L. B. Resnick(Eds), 1989.

②Pajares F, Gender and Perceived. Self-Efficacy in Self Regulated Learning[J]. Theory Into Practice, 1994 (41): 116.

③Philips, D. and Zimmerman, M. The developmental course of perceived competence and incompetence among competent children[M]. In R. Sternberg and J. Kolligian (Eds.), Competence Considered, New Haven, CT: Yale University Press. 1990: 46-66.

④Entwisle, J. S., & Baker, D. P. Gender and young children's expectations for performance in arithmetic[J]. Developmental Psychology, 1983(19): 200-209; Frey, K. S., and Ruble, D. N. . What children say about classroom performance: Sex and grade differences in perceived competence[J]. Child Development, 58, 1987: 1066-1078.

上犯某种错误，导致无法正确解决问题。相反，中等自我效能感的学生在分步学习方式下，在不完全、不充分相信自己的情况下利用自己的细心和步骤的提示反而使问题得以成功解决。

第五章

主要学习理论

MAJOR LEARNING THEORIES

LEARNING AND TRANSFER

如何研究学习行为的规律？学习遵循哪些规律？学习是一种外界对主体刺激的结果吗？学习是心理加工过程吗？行为学习理论和认知学习理论各有什么优势？人本主义的学习理论对教育有什么重要意义？认知理论如何解释学习过程？如何用认知理论解释学习行为或教学组织行为？通过本章的学习，您或许会对这些问题有新的认识。

人类主要从事两类活动：一是认识和改造我们的主观世界；二是认识和改造客观世界。学习活动是认识和改造主观世界的一种活动。通过认识和改造主观世界，我们可更有效地认识和改造客观世界。心理学中，学习的概念不仅指人类的学习，而且也指动物的学习。行为心理学主要是以动物为研究对象来研究学习和行为方式的。

第一节　关于学习的问题

一、学习的定义

学习会涉及学习者的知识、技能、策略、态度、行为、信仰和价值观的获得或改变，因此学习的定义有很多。目前，关于学习的界定大致可分三种观点：一、行为主义认为，学习是刺激—反应之间的联结的强化。行为主义也认为，学习是学习者因经验而引起的行为、能力和心理倾向的比较持久的变化。这些变化不是因成熟、疾病或药物引起的，也不一定表现出外显的行为（施良方，1994）。[①] 二、认知理论认为，学习是学习者因练习或经验而引起的认知结构的变化。三、人本主义认为，学习是学习者因练习或经验而引起的自我概念的变化[①]。也有学者认为，学习理论可分为行为学习理论和认知学习理论两大类[②]。行为学习理论强调学习是外界对个体的刺激而引起个体行为的变化，强

①施良方. 学习论[M]. 北京：人民教育出版社，1994：2.

②戴尔·H. 申克，韦小满，等，译. 学习理论：教育的视角[M]. 南京：江苏教育出版社，2003：10.

调学习过程中外在因素的作用，而对个体本身并没有深入的研究；认知学习理论则更强调学习过程中个体认知结构的变化过程。人本主义从大的分类来看，可看成是认知学派范畴的。因此，从行为与认知两个大类来认识学习理论是可以解释问题的。

行为主义理论把学习看成是行为或反应速度、发生频率或形式的改变，它强调这种改变是由各种环境因素作用的结果。行为主义的哲学基础是联结主义思想，主张学习是刺激—反应之间联结的形成与强化。早期行为主义理论的代表是巴甫洛夫（Pavlov，1927），他提出了条件反射理论，而斯金纳（Skinner，1953）的理论是对巴甫洛夫理论的进一步深入。20世纪上半叶，行为主义是心理学领域中最强大的力量，大多数比较早的学习理论都属于行为主义学派。行为主义思想不主张用人本身的内部机制（如思想、情感、态度等）来解释学习，而认为学习的原因是可以观察到的外部环境。

认知理论也承认外部因素对学习的重要性，但更重视研究知识和技能的习得、心理结构的形成、信息加工的过程等。它认为，学习是一种内部心理现象，是可以分析其心理发生的具体过程的。认知心理学研究的中心课题是信息的心理加工过程，具体内容包括心理加工的结构、信息的获得、信息的组织与编码以及信息的存储、激活、提取和遗忘等。从行为主义发展到认知主义是心理学发展的一个里程碑。

学习是行为或按某种方式表现出某种行为的能力的持久变化，它来自实践或其他经历（Shuell，1986）。学习指人的心理倾向和能力的变化，这种变化要持续一段时间，而且不能把这种变化简单地归结于生长过程（R. M. Gagne，1985）。[①] 因此我们认为，学习是有机体通过经验或练习，在知识、情感、态度、行为或行为潜能等方面发生相对持久的变化。它具有以下性质：一、学习是由经验引起的（或观察别人的行为）。学习的发生是由外部环境对主体的刺激引起的，这种刺激会激发学习者的已有经验（知识）。二、学习是后天行为，是由于学习者的实践过程引起的，而不是由先天的遗传或个体成熟因素引起的。学习所获得的结果与动物先天遗传的技能有区别。三、学习必须是持久性的行为变化。暂时性的行为变化不一定是学习引起的。例如，违反体育道

①汪凤炎，燕良轼.教育心理学新编[M].广州：暨南大学出版社，2007：23.

德，服用兴奋剂使竞技成绩暂时获得提高；一个人生病、身体疲劳或心理烦恼时，学习成绩受到暂时影响等。四、学习既是一种结果，又是一种内部心理过程。学习的目的是为了获得某种结果，这就是使学生在知识与能力、情感与态度等方面都发生持久的改变；学习也是一种心理过程，学习者在学习的过程中会发生认知结构的变化，这种心理结构的变化所关注的主要是学习的内部变化，而不仅仅是外显行为变化。五、学习既是外显的，又是内隐的。所谓外显学习（explicit learning），是指学习者有意识地获取一些具体知识并且这些知识是可以直接评估的。例如，某学习阶段要求学习者获得一些知识，在测验阶段要求学习者对这些知识进行陈述和应用。所谓内隐学习（implicit learning），是指学习者在不知不觉中获得某种知识，学习了某种规则，即主体受到环境无意识的影响而引起的观念、思想、情感和价值观的变化。

外显学习是陈述性知识的获得和应用，而内隐学习是对非陈述性知识的获得和运用。一般认为，内隐学习具有以下特征：一、自动性。内隐知识能自动地产生，无须有意识地去发现任务操作内的外显规则；二、抽象性与概括性。内隐学习具有概括性、抽象性，很容易概括一组不同的符号集合；三、无意识性。内隐学习有无意识性，且内隐学习获得的知识难以用言语来表达。①

二、与学习相关的几个关系

（一）学习与本能

人与动物都会有各种不是由后天学习获得的，而是先天遗传的能力，如鸡孵蛋、鸟筑巢、蜂酿蜜、婴儿吮奶等，这种能力叫本能（instinct）。人和动物的本能是不需要学习就具有的，是先天带来的。因此，本能与学习无关，而学习的结果产生的能力提高或变化就不是本能了。

（二）学习与成熟

一般说来，人的发展是由成熟（生理的发展）与学习（心理的发展）共同作用的结果。成熟是由遗传决定的，几乎不受外界的影响。因此，成熟似乎像是一生下来就设计好的一个程序。而学习完全是后天行为，是学习者后天获得

---

①林崇德.学习与发展[M].北京:北京师范大学出版社,2003:31.

经验或练习的过程。当然，人的生长过程与学习不是完全没有关系的。例如，学习者的各种学习活动可以促进知识与能力的发展，同时也会对学习者的成长起作用。再如，体育等活动可以促进学生发育得更健康。反过来，健康的体魄也有助于学习活动。

（三）学习与成绩

学习是一种在学习者内部发生的事情，因而学习本身是无法测量的，但学习的结果是可以被测量的。人们只能通过测量学习的结果来判断学习是否发生或学习的状况，这就是学习的测量问题。我们往往通过学习成就（performance）的测量来判断学习的结果，学习成就与学习的时间和效率直接相关。

（四）学习与训练

训练与学习是不同的概念。训练是学习者按一定的程序进行重复行为而获得的结果优化或改进的过程。学习的目的是使学习者在知识与能力、情感与态度等方面获得持久的变化，而训练的目的是使学习者在某些特定的方面获得优化或改进。前者是质变，后者一般来说属于量变。另外，学习是训练的前提与基础，而训练则是学习的巩固或发展。

目前，部分学校中存在着的“题海战”或“刷题”其实是一种效率低下的低级训练。“题海战”表面上看具有题量大或教师有“以量取胜”的思想意识，但本质上存在以下问题：一、无视学生的身心健康，用大量的练习题代替学习活动；二、练习题采用“拿来主义”思想，一些教师将从其他渠道取得的试卷或习题原封不动地布置给学生；三、超要求、超阶段，习题不符合学生实际需求；四、不按有效性的训练原理设计（选择）与排列习题。

第二节 早期学习理论的研究

19世纪末，心理学从哲学中分离出来后，开始了自己的独立研究。早期研究学习的代表人物和研究成果有：德国心理学家艾宾浩斯于1885年出版的记忆研究著作《记忆》，美国心理学家桑代克于1896年从事动物学习研究的博士论文《动物的智力：一项动物联想过程的实验研究》；俄国生理学家巴甫洛夫在二十多年的实验基础上创立的条件反射理论。早期与学习理论相关的艾宾浩斯和巴甫洛夫的研究值得我们关注。

一、艾宾浩斯的研究

图5-1　艾宾浩斯

艾宾浩斯（Hermann Ebbinghaus，1850－1909）是19世纪末和20世纪初德国著名的心理学家。他首次进行人类记忆与联想的实验研究，将实验方法引入到人类高级心理活动的研究中，并得出了心理学的科学结论。艾宾浩斯是心理学发展史上用实验方法进行高级心理活动研究的杰出心理学家。

艾宾浩斯的研究主要受到费希纳（Gustav Theodor Fechner，1801－1887）的启发。费希纳在1860年出版的《心理物理学纲要》一书中提及将物理科学的研究方法应用于感觉领域的研究，但没有涉及高级心理活动的研究。艾宾浩斯为了研究联想的形成过程，用德文字母编造了2000多个无意义的音节。在实验中，这些无意义的音节随机排成长度不同的无意义音节系列，构成实验的主要学习材料。

经过多年的研究，艾宾浩斯得出了一系列重要结论。

一、音节系列的长度与识记音节系列次数的关系：学习各种不同长度的音节系列所需要的重复次数，随着系列内音节数目的增加而显著增加，两者不呈线性关系。

二、重复识记的次数与保持效果的关系：重复识记的次数与保持的效果之间具有线性正比关系。

三、保持和遗忘与时间的关系：遗忘在学习之后立即开始，而且在遗忘的过程中，最初很快，以后逐渐减缓。根据这个实验结果绘出的曲线就是著名的“遗忘曲线”。

四、“集中学习”和“分散学习”的不同保持效果：分散学习的效果优于集中学习。

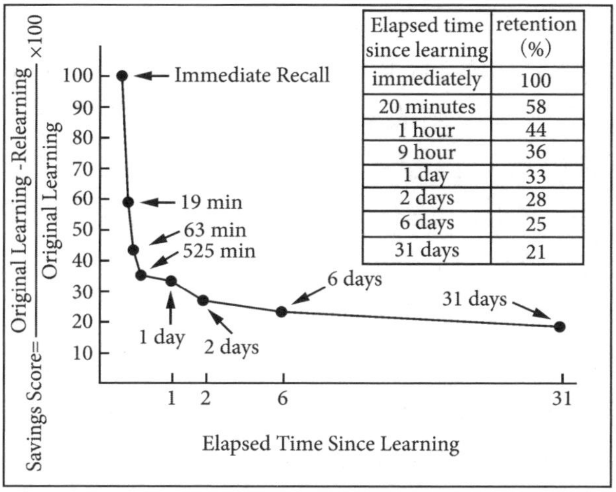

图5-2　艾宾浩斯的“遗忘曲线”

五、音节系列中各音节的联想强度：观念之间不仅存在着直接联想，而且还存在着间隔联想；间隔联想的强度与间隔的距离成反比。

六、关于逆转联想的实验研究：学习逆转序列的音节系列可以比学习正向序列的音节节省12.4%的时间。艾宾浩斯解释说，由于学习一个音节系列的结果，在它的各个成分之间实际上不仅形成了正方向的联结，而且也形成了逆转方向的联结。

七、关于意义材料的联想实验研究：背诵诗人的诗歌要比识记无意义音节容易得多，需要用10倍的努力背下与一首诗歌长度相同的无意义音节。

二、巴甫洛夫的研究

巴甫洛夫（1849—1936）是俄国伟大的生理学家和心理学家，诺贝尔生理学或医学奖获得者。巴甫洛夫花了25年的时间认真从事条件反射的实验和理论研究，著有《条件反射》（1927）和《条件反射演讲集》（1928）等。巴甫洛夫关于条件反射的实验研究是相当细致且系统的，涉及条件反射的形成、消退、自然恢复和分化以及各种抑制现象。

图5-3　巴甫洛夫

一、条件反射的形成：条件反射是在某种先天的无条件反射的基础上形成的。在基本的无条件反射的基础上，条件刺激（conditional stimulus）稍前于或同时于无条件刺激（unconditional stimulus）出现，并经过多次结合后，当条件刺激再次出现时，便能引起动物的反应。这个过程称为“条件反射的形成”，而这种现象称为“条件反射”。

二、条件刺激（CS）和无条件刺激（US）呈现的时间间隔：不同动物和不同物种的条件反射的时间间隔是不一样的，但都有一个最佳的间隔范围。例如，让猫缩回前爪这样的条件反射，最适当的时间间隔是0.5秒；而让狗分泌唾液的条件反射，时间间隔大致在5—30秒。

三、条件反射的消退：已经形成的条件反射，让条件刺激单独出现，而不伴随无条件刺激，条件反应就逐渐减弱以至消失，这就是条件反射的消退。

四、条件反射的自然消退：已经消退了的条件反射，休息一段时间后，当条件刺激又重新单独出现时，动物再次做出相应的条件反应，这就是条件反射的自然恢复。

五、条件反射的泛化：经过条件反射训练的动物对其他相近的刺激物也能做出条件反应，而且其反应程度取决于相似刺激物跟原刺激物的相似程度。这种现象称为条件刺激的泛化。

六、条件刺激的分化：要让动物只对条件刺激做出反应，而对相似刺激物无反应，就需要对动物做相应的训练。即在条件刺激时重复出现无条件刺激，而在重复出现相似刺激物时从不出现无条件刺激。这样的重复训练可使动物只对条件刺激做出反应，而对相似刺激无反应。这就是条件刺激的分化。

七、各种抑制现象：抑制分为外抑制和内抑制。外抑制是指由于外部的分心刺激所引起的条件反射现象的暂时消失现象。如，当一个大的声音刺激、分散动物的注意力时，就会减弱动物对条件刺激的反应。内抑制是一种习得性的抑制，又称为条件抑制。例如，当条件刺激多次出现而不伴随无条件刺激时，条件反应就会出现所谓的消退现象，而这种消退现象本质上是条件刺激与一种抗反应的内抑制力量联系起来了。

三、格式塔理论

艾宾浩斯和巴甫洛夫的研究属于早期的行为主义学习论的探索，而格式塔理论则是早期的认知主义学习论的研究。格式塔心理学（Gestalt Psychology）于1912年在德国柏林大学创立，故又称为“柏林学派”。后来，它在美国发展成西方现代心理学的主要流派之一。格式塔心理学的创始人是韦特默（Max Wertheimer，1880—1943）、柯勒（Wolfgang Kohler，1887—1967）和考夫卡（Kurt Kolfka，1888—1941）。

图5-4　韦特海默

图5-5　柯勒

图5-6　考夫卡

格式塔（Gestalt）在德语里意为“完整结构”。格式塔心理学主张用格式塔（完整结构）的观点研究心理现象。格式塔心理学认为，结构不是其组成部分的简单相加，内部系统性整体结构决定其组成部分的性质。

1913年到1917年，柯勒在滕涅立夫岛的大猩猩研究站以大猩猩为研究对象，做了大量的实验研究。他根据大量的实验结果，得出结论：高等动物是具有一定智慧的。动物学习（或解决问题）的过程是顿悟，而不是“偶然”的。柯勒在实验中发现，动物在解决问题的过程中有一段休止期，而正是这个休止期表现出动物有一定的顿悟能力。这种观点与桑代克的“试误说”有本质的区别。“顿悟说”强调动物在学习过程中对情境的全面考察的重要性，而桑代克的“试误说”则更看重动物在学习过程中不断地从错误中学习的过程。“试误说”与“顿悟说”曾经是心理学的争论焦点，但现在从认知心理学的观点来看，这两种观点都有一定的道理。事实上，从认知的角度来说，人类解决问题的过程中都会用到“顿悟”与“试误”。格式塔心理学的学习顿悟说是建立在实验基础上的最早的认知学习理论，对20世纪后半期的认知心理学的研究起了奠基和推动的作用，同时，格式塔心理学派的研究也为认知心理学的实验研究起到了方向引领作用。但格式塔理论对试误的否定是没有看到认知过程的两重性。

第三节　行为主义学习理论

行为主义心理学于20世纪初形成于美国。它的创始人是美国心理学家华生（John Broadus Watson，1879—1958）。1913年，华生在美国的《心理学评论》杂志上发表了题为《行为主义者心目中的心理学》的文章，标志着行为主义心理学的诞生。行为主义者认为，学习是行为变化的过程，是一定的刺激与反应形成的联结过程。几乎所有的行为主义者都以动物为研究对象研究过学习问题。早期的行为主义学习论有华生的“行为习惯说”和格思里的“接近条件作用”理论，后期的新行为主义学习理论有赫尔的“系统性行为”理论、斯金纳的“操作性条件反射”理论等。

一、华生的行为主义理论

（一）行为主义的研究方法

华生认为，心理学应该且必须是一门自然科学，“心理学是自然科学的分支，把人的活动和行为作为研究对象。它试图通过系统的观察和实验来表达作为人的反应基础的那些规律和原则”。华生坚决反对通过内省法来研究心理学，提倡使用客观方法。他认为心理学的研究方法主要有四种。

图5-7　华生

1. 观察法

观察法分为无帮助的观察和借助仪器的观察。无帮助的观察就是通常所讲的自然的观察。华生认为这种观察也可以了解引起反应的刺激及反应和动作的性质。但由于对许多现象不能加以充分的控制，因而只能是一种比较粗略简便的方法。华生认为，科学的进步都与实验手段和设备的改进有关，因此，心理学应设计精密的仪器，有效地控制被试以便更加精确地研究行为。这种观察实际上就是通常的实验法。

2. 条件反射法

华生认为条件反射法是非常客观的方法，他把条件反射法分为两类：一类是用以获得条件分泌反射的方法，另一类是用以获得条件运动反射的方法。华生不仅把条件反射法正式列入心理学的研究方法，而且还亲自应用这一方法对儿童的情绪进行系统的实验研究。

3. 口头报告法

华生认为，正常人身上有一种动物不具备的能力，即观察自己身体内部所发生的变化并对这些变化进行口头报告的能力。而且，人对各种情境的顺应更多的是用语言而不是其他运动来实现的。有时，这甚至是唯一可观察到的反应。这也决定了对人的研究不仅可能，而且必须采用口头报告的方法。华生所讲的口头报告法所报告的只是自己机体内部的变化，而不是心理和意识的活动，因而并不是通常所谓的内省。

4. 测量法

华生认为，随着科学的发展，纯粹的学术研究与应用研究之间的差异越来越小，测验法也逐渐由应用的方法成为研究的方法。他认为已有的测验方法的一个重大问题就在于它们大多数都与语言行为有关，这就使有语言缺陷的人不能运用这种方法。因此，他主张设计和运用不一定需要语言的明显外部表现的行为测验。

（二）华生的基本观点

华生认为，心理学的研究对象是人和动物的行为，而不是意识。他认为人和动物之间并不存在分界线。他坚决主张心理学应该研究外显的行为方式，而不应该研究那些“不可捉摸或不可接近”的意识、心理状态、意志、意象等。

1. 关于感觉

华生认为，研究人和动物行为的基本方法是找出行为的两个基本要素，即刺激和反应。刺激是个体的环境，或者是由个体自身的肌肉运动和其腺体分泌所提供的；反应是在刺激之后及时呈现的动作或行为现象。行为主义的主要任务是研究刺激与行为之间的各种关系。华生认为，一切心理学问题都可以归纳在刺激与反应这个范畴之中。心理学的任务就是要从刺激中去推断反应，并从反应中去分析刺激的方式或类型。

如果用S（stimulus）表示刺激，R（reflection）表示反应，那么行为主义心理的研究范式可以简化成公式“$S—R$”。一般认为，刺激就是任何能够引起个体行为变化的环境或有机体内部的事物，而反应就是跟随刺激并由刺激引起的各种行为动作。

华生从他的行为主义观点出发，在其著作中尽量避免应用“感觉”之类的传统心理学名词，代之以“刺激”和“反应”等名词。他把各种感觉改为“视反应”“听反应”“痛反应”等，还用“视反应错误”取代“错觉”。同时，华生还认为可以写一部心理学著作，不用“意识”“心理状态”和“心”这类术语，而是用“刺激与反应”和“习惯形成”等术语来表述。

2. 关于遗传与环境的关系

华生在早期并不否认本能的存在，只不过把本能看作是一种由许多在适当的刺激作用下系统地展现出来的先天性反应所形成的组合。后来他却主张在心理学中取消本能的概念，认为在心理学中不再需要本能这一概念。他说：“请给我一打（12个）强健而没有缺陷的婴儿，让我放在特定的环境中去抚养，我能担保，随便挑出其中一个孩子来，他都可以被训练成任何专家——无论他的能力、嗜好、才能及种族如何，我都可以将他训练成为一名医生，或律师，或艺术家，或商界首领，甚至是一名乞丐或窃贼。”这个观点明显地夸大了环境和教育的作用，一直被人们公认为是“环境决定论”的经典表述。

3. 关于动作流的概念

华生又提出了“动作流”的概念，以代替詹姆士的“意识流”。他把人一生的全部行为制成一个由简到繁的图表，认为人一生的行为是川流不息的动作流，从受精卵开始，随年龄增长日趋复杂。一些非学习的动作在很短时间内便消失，有些则保留的时间较长。华生把这个动作流图表称作是他的行为主义观点的表达，并认为行为主义正是通过这些动作流来理解人的行为的。动作流为行为主义观察人的心理提供了现实的背景。

4. 关于情绪的理论

华生认为，情绪是一种遗传的类型反应，包括了整个身体机制的深刻变化，特别是内脏和腺体系统的深刻变化。但是，他认为本能和情绪有区别。如果刺激所引起的适应是内部的，而且是局限于主体的身体之内，那么这就是情绪；如果刺激引起整个有机体对各种对象的顺应，那么这就是本能。

华生认为初生婴儿只有三种非习得的情绪反应——怕、怒、爱，这三种情绪模式主要是由条件反射和习惯所致。华生用形成条件恐惧反应的事实，认定条件化是使情绪复杂化和发展的机制，人的各种复杂情绪都是在上述三种原始情绪的基础上，通过条件作用而逐渐形成的。

5. 关于思维的理论

华生认为思维也是一种感觉运动的行为。他说，语言的习惯有两种：一种是外显的语言习惯，这就是言语；一种是内隐的语言习惯，这就是思维。两种习惯动作在本质上是等值的，因此，言语是大声的思维，思维则是无声的谈话。在这里，他还提出了一个重要的观点，就是内隐的语言习惯是由外显的语言习惯逐渐演变而来的。儿童一开始独自一人不断地对自己讲话，以后在大人与社会的要求下，变为小声地讲话，最后又变为只在嘴唇之内出现。华生注意到了言语与思维的联系。

华生还对思维的创造作用进行了解释。对于各种思维的创造物，他说："我们之所以会得到它们，是由于玩弄词的反应的结果。人们将词的反应变来变去，最后得到一种新的反应模型，这便是各种思维的产物。"

华生认为，人类除了语言形式的思维之外，还有非语言形式的思维。他提出，聋哑人说话时就是用肢体动作代替词汇的，他们的言语和思维都是以同样的肢体反应进行的。甚至正常的人也并非总是用词汇来进行思维的，当一个人在思维的时候，他不仅发生着内隐的语言活动，而且还在发生着内隐的肢体活动和内隐的内脏活动。而在后面这两种活动占据优势的时候，就发生了没有语言形成的思维。

（三）华生的学习理论——学习律

1. 频因（frequency）律

华生认为，在其他条件相等的情况下，某种行为练习得越多，习惯形成得就越快。因此，练习次数在习惯的形成中起重要作用。在形成习惯的过程中，有效动作之所以保持下来，无效动作之所以消失，是由于有效动作比任何一种无效动作出现的次数都多，这是因为每一次练习总是以有效动作的发生而告终的。

举例说来，在一个非常简单的"T"字型测验情境里，有机体只能做出两种可能的反应：正确反应（用R^+来表示）和错误反应（用R^-来表示）。为了简便起见，我们设想最初R^+和R^-的强度是相似的。经过一系列尝试之后，发生的情况是：R^-的强度逐渐减弱，R^+的强度则逐渐增强。华生认为，之所以会产生这样的结果，是因为R^-只是在一半的尝试中发生，而R^+则在每一次尝试中都发生。R^+比R^-更强，是由于R^+发生的次数比R^-多一倍。华生把反应出现的次数作为解释反应的保留或淘汰的原则。

2. 近因（recency）律

华生认为，当反应频繁发生时，最新的反应比较早的反应更容易得到加强，因为在每一次练习中，有效的反应总是最后一个反应，所以这种反应在下一次练习中必定更容易出现。由此，他把反应离成功的远近，作为解释一些反应被保留或淘汰的原则。在他看来，习惯反应必然是离成功时机最近出现的反应。

（四）对华生行为主义理论的评价

1. 华生理论的贡献

（1）推进了心理学研究的科学化进程。在行为主义心理学之前，尽管实验的方法已经应用于心理学问题的研究，但是，对心理学研究的全面客观化和自然科学化的要求，其实是从行为主义心理学开始实施的。华生竭力主张用客观化的方法研究人和动物的可观察行为，这就从总体上强调了研究对象的客观化和研究方法的客观化。这种主张对于心理学来说虽然过于偏激，但是对于彻底清除传统的意识和内容心理学的主观性、烦琐性、神秘性和因袭性来说，还是起到了积极的作用。行为主义使心理学的研究步入了自然科学的范畴，因此，有些学者将其称为“行为主义的革命”。

（2）推动了学习理论的研究。由于华生主张行为主义的心理学要预测、控制和塑造有机体的行为，而行为的改变和塑造都是通过学习实现的。所以，行为主义心理学十分重视学习过程的研究。特别是在华生的倡导下，行为主义学习理论家对在条件作用下的反射式学习过程做了深入研究。可以肯定地说，行为主义的学习理论对深化条件反射式学习的研究做出了一定的贡献。

（3）推动了心理学研究方法的科学化进程。华生的许多实验技术，如定量刺激技术、行为矫正技术等为研究人类行为问题提供了有效的实验手段，为

“行为科学”的诞生奠定了方法论基础。“行为科学”是第一个从心理学中派生出来的科学研究分支领域。

2. 华生行为主义理论的局限性

（1）华生行为主义心理学的最大缺陷是将意识及认知等中介过程排斥在心理学研究的范畴之外，使人的心理过程成为不可知的“黑箱”。这个致命的错误，使得一些他的后期追随者离经叛道；也使得当计算机科学和人工智能科学向心理学提出要求和挑战的时候，他的理论显得更加苍白无力，从而不得不将心理学的“霸主”地位拱手让给当代的认知心理学。

（2）华生对行为的研究采用了元素主义的分析方法，将复杂的行为分解为若干“刺激—反应”单元，从而丢掉了行为的整体性特征。他把学习看成是在条件作用下，将若干无序的“刺激—反应”单元形成有序的行为序列的过程。这种方法论思想使研究的结果抹杀了行为的整体性、目的性和认知性，也抹杀了学习过程的整体性、目的性和认知性特征。

（3）华生试图找出人类和动物的统一行为模式。由于他不考虑行为的整体性、目的性和认知性特征，所以，他的行为研究混淆了动物行为和人类行为的本质区别，否定了意识对人类行为的指导、控制和调整的作用，抹杀了人类行为的本质性特征。

（4）华生的“行为习惯说”是一个不严谨、不完善的学习理论。他没有提出解释学习过程的心理机制的学说或假设。他所提出的学习定律和影响学习过程的因素没有超越联想主义心理学的传统和动物实验心理学的研究成果。他对学习过程缺乏系统、深入的研究。

二、赫尔的系统性行为理论

图5-8　赫尔

克拉克·赫尔（Clark L. Hull，1884—1952）是美国行为主义心理学家，1918年获威斯康星大学哲学博士学位，1935年当选为美国心理学会主席，1945年获美国实验心理学协会的华伦奖章。赫尔的研究主要受巴甫洛夫和华生的理论影响。他公开宣称自己的理论是行为主义和机械主义的，在他的理论中有意回避意识的概念，但提出了内驱力的概念，并以内驱力和习惯强度等概念解释行为。赫尔的代表著作有《行为的原理》（*Principles of Behavior*，1942）、《行为的要素》（*Essentials of Behavior*，1951）以及《行为系统：个体有机体行为理论导论》（*A Behavior System*： *An Introduction to Behavior Theory Concerning the Individual Organism*，1952）。

（一）赫尔系统性行为理论的主要观点

赫尔认为，科学的发现大部分是通过观察和实验获得的，但有时通过逻辑推理过程也能有所发现。真正用演绎提出的解释具有逻辑必然性的特征，科学理论体系就是由大量相互关联的演绎构成的。因此，行为理论也应该是从一些基本的行为原则或公式中派生出来的。提出公式的目的，就是要用严谨的逻辑（数学公式）把那些不能直接验证的中介变量相互联系起来，并把它们与其在环境事件中的落脚点（anchorages）联系起来。

伍德沃斯在1929年出版的《心理学（修订版）》中，建议用“*S*－*O*－*R*”替代“*S*－*R*”。这就是说刺激（*S*）作用于有机体（*O*），作为结果而产生的反应（*R*），既取决于刺激（*S*），又取决于有机体（*O*）。伍德沃斯主张，心理学应该研究整个人的全部活动，而不应该只研究意识或行为。他认为，人的活动包括内驱力和机制两个方面。内驱力发动机制可以转换为内驱力。赫尔的理论受到了伍德沃斯的影响，从某种意义上说，赫尔的理论可以被看作是对公式“*S*－*O*－*R*”的进一步加工。

1. 习惯强度

赫尔认为，行为的最基本要素是刺激（*S*）与反应（*R*）的联结，这与华生的观点是一致的。赫尔进一步假设，他把将刺激与反应联系在一起的力量称为“习惯强度”，用${}_SH_R$表示。一个刺激能否引起反应，主要取决于两者之间的习惯强度的大小。那么，习惯强度与哪些因素有关呢？赫尔认为，只有当刺激、反应和强化三种事件连续发生时，习惯强度才发生变化。即刺激与反应之间的联结取决于习惯强度的大小，而习惯强度的增加取决于刺激与反应时的强化的因素。赫尔认为，强化对学习是不可缺少的，强化主要与生理需要的减少一致。赫尔用公式表明习惯强度与强化的关系：

$${}_SH_R=M\left(1-10^{-iN}\right)$$

上式中，i为学习效率系数，由各个不同被试的学习效率决定；N是强化试验的次数；M是$_SH_R$所能达到的最大值。强化的奖励越大，M值就越大，习惯强度$_SH_R$值也越大。如果$_SH_R$有100个量度单位，其实验图线如图5-9所示。

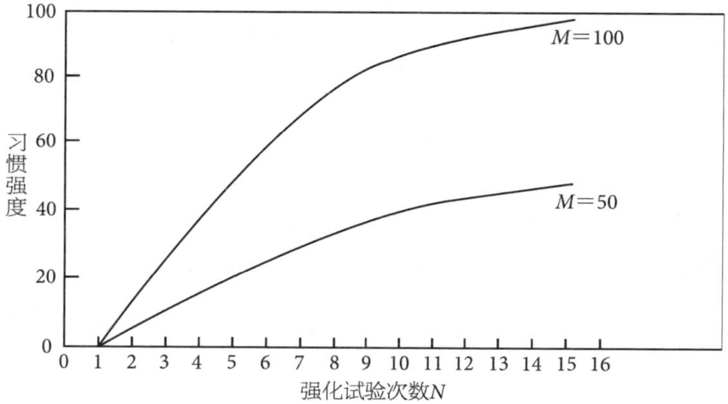

图5-9　习惯强度与练习次数的关系

如图5-2所示，$M=100$的曲线表示奖励大，并立即给予奖励。而$M=50$的曲线表示奖励小，而且延迟奖励。这个实验图线说明，强化越大，越及时，次数越多，习惯强度值就越大，刺激与反应之间的联结就越牢固。

2. 内驱力

赫尔认为，如果动物不饥不渴，没有需求，那么无论习惯强度多大，都不会产生反应。因此，就习惯强度一个因素还是不能决定动物的学习，必须考虑学习的动机问题。当动物处于需要状态时，无论是饥饿、干渴、疼痛，还是其他生理上的问题，都会产生一种动力状态，赫尔称其为“内驱力”（drive）。赫尔提出了如下公式：

$$_SE_R = {_SH_R} \times D$$

上式中，$_SE_R$是反应势能，即在刺激存在的状态下产生反应的潜能，D为内驱力。此式说明，产生反应的潜能大小，不仅与习惯强度有关，还与内驱力大小有关。如果内驱力D为零，那么反应潜能必为零。例如，一只白鼠在迷宫里走得很慢，我们不知道到底是由于它内驱力尚未形成习惯，还是因为它已形成习惯，但没有内驱力促使它迅速做出反应。因为在这两种情况下，都有可能产生同样的行为强度。所以，单凭一次观察是不可能对内驱力和习惯作出判断的，而是要通过一系列观察，再结合某些假设，才有可能确定有机体的行为是由哪些因素决定的。

（二）赫尔理论的基本评价

后来，赫尔对其研究结果进行了一系列的修正，并提出了一系列概念来解释其实验过程与结果。事实上，赫尔的研究从未停止过，他一生都在根据实验结果不断地修正自己的观点。他的研究与理论对心理学界的影响是巨大的。20世纪40年代，赫尔所在的耶鲁大学几乎成了学习理论研究的中心；50年代期间，赫尔的理论几乎统治了心理研究的文献。在他去世后，又涌现了一批“新赫尔主义者”。当时，有人甚至把“学习理论”与“赫尔理论”作为同义词。后来，斯金纳学习理论的出现，才使赫尔理论迎来了有力的竞争者。

赫尔的研究对心理学具有重要意义。首先，他的研究使学习心理学的实验取得了前所未有的成就。其次，赫尔一生的研究也是心理学研究工作的一个典范，开创了系统实验研究与自然科学的变量关系系统研究的先例，对心理学的研究方法是一大贡献。再次，赫尔在研究中提出了“内驱力”的概念，注重动机因素在学习中的作用，系统研究了心理学中学习过程的动力。当然，限于学习心理过程的复杂性，赫尔提出的很多研究变量事实上是无法准确测量的，因此他的理论始终没有得到理想的结果来解释学习的全过程。

三、斯金纳的操作性条件学习

斯金纳（Burrhus Frederic Skinner，1904—1990）是美国著名心理学家、新行为主义心理学的主要代表人物之一。他在1930年获哈佛大学心理学硕士学位，1931年获哲学博士学位，1958年获美国心理学会授予的杰出科学奖，1968年获美国政府颁发的最高科学奖——国家科学奖，1971年获美国心理学会基金会颁发的金质奖章。斯金纳站在极端行为主义和操作主义的立场上，开始对动物和人的行为进行科学研究。

图5-10　斯金纳

1938年，斯金纳出版《有机体的行为：一种实验分析》（*The Behavior of Organisms: An Experimental Analysis*），该书主要通过对白鼠和鸽子的观察，经验性地描述了学习的法则，从而为操作性条件作用原理奠定了基础。1953年，他的另一本代表著作《科学与人类行为》（*Science and Human Behavior*）着重探讨了人类行为的一些重要方面，如思维、自我和社会化等。1968年出版的《教学技术学》（*The Technology of Teaching*）则探讨了他的基本原理在人类学习中的运用，创造了教学机器，设计了程序教学方案，大力提倡程序教学。

（一）操作性条件反射实验

斯金纳从20世纪20年代末在哈佛大学就读研究生时起，便开始了动物学习的实验研究。他采用的被试多为大白鼠、鸽子或猫等动物。他自制实验装置，早期的实验装置构造比较简单，适用于大白鼠做实验。在一个矩形通道中间穿一根横轴，使其呈天平状平衡安置在一块固定的木板上。当大白鼠从矩形通道的一端跑向另一端时，矩形通道就发生倾斜。每当通道倾斜时，附臂就钩住旁边安置的一个轮子，并使轮子移动一个缺口，使一个缺口内的食物经漏斗落入食物盘内。这样，大白鼠在矩形通道内学会来回穿梭跑动，通过自己的动作获得食物奖励。

20世纪30年代后期，斯金纳为研究操作性条件反射，精心设计制作了一种特殊的仪器，这个实验装置被称为“斯金纳箱”（Skinner box）。箱内有一根可供动物按压的活动杠杆，杠杆上面有灯光装置，下面是一个食物盒。如果动物用爪按压杠杆，食物盒内就会出现一粒食物。箱外有一个电动鼓，它的转动一方面可以计时，另一方面其上有一支铅笔与杠杆相连。每按压一次杠杆，铅笔就跳动一下，蒙在鼓上的一张记录纸便自动记下按压杠杆的次数（如图5-11）。

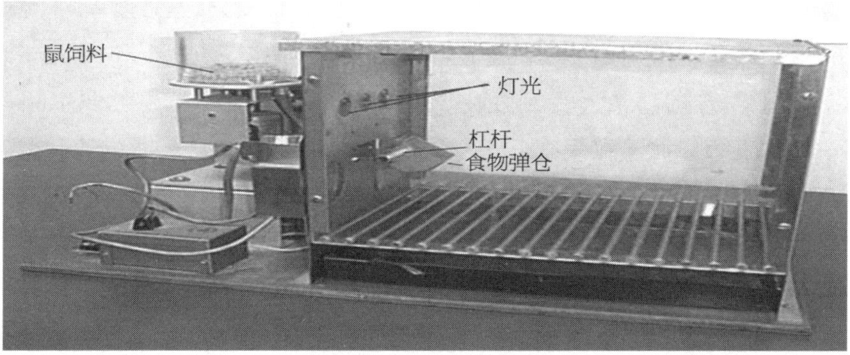

图5-11　斯金纳箱

动物在斯金纳箱内做出按压杠杆的动作反应，然后在食物盒内得到食物的强化。食物的强化使动物重复按压杠杆，从而不断地获得食物的强化。如此，动物按压杠杆的反应概率不断增加，从而使动物学会了按压杠杆的动作反应。斯金纳把这种现象称为“操作性条件反射”或“操作性学习”。

（二）操作性条件反射理论

1. 应答行为和操作行为

斯金纳认为，华生坚持的“没有刺激，就没有反应”的信条不够全面，也不准确。斯金纳提出要注意区分“引发反应”与“自发反应”，并根据这两种反应提出了两种行为：应答行为和操作行为。前者是指由特定的、可观察的刺激所引起的行为，如在巴甫洛夫实验室里，狗看见食物或灯光就流唾液，食物或灯光是引起流唾液反应的明确的刺激；后者是指在没有任何能观察的外部刺激的情境下的有机体行为，它似乎是自发的，如白鼠在斯金纳箱中的按压杠杆行为就找不到明显的刺激物。应答行为是被动的，由刺激控制，操作行为代表着有机体对环境的主动适应，由行为的结果所控制。人类的大多数行为都是操作行为，如游泳、写字、读书等。因此，斯金纳进一步提出两种学习形式：一种是经典式条件反射学习，用以塑造有机体的应答行为；另一种是操作式条件反射学习，用以塑造有机体的操作行为。西方学者认为，这两种反射是两种不同的联结过程：经典性条件反射是$S—R$的联结过程；操作性条件反射是$R—S$的联结过程。

2. 操作性条件反射的建立

如果一个操作发生后，接着给予一个强化刺激，那么其强度就增加。斯金纳的操作性条件反射所建立的原理，在许多动物和人类的学习中得到印证。例如，鸽子偶一抬高头，受到强化，此后会继续抬高头；婴儿偶尔叫一声“妈”，妈妈便报以微笑和爱抚，于是孩子学会了叫“妈妈”。斯金纳甚至根据这个原理，训练两只鸽子玩一种乒乓球游戏，获得了成功。实际上，只要巧妙安排强化程序，可以训练动物习得许多复杂的行为。

3. 操作性条件反射的消退

关于操作性条件反射的消退，斯金纳总结说：“如果在一个已经通过条件化而增强的操作性活动发生之后，没有强化刺激物出现，它的力量就削弱。”可见，与条件作用的形成一样，消退的关键也在于强化。例如，白鼠的压杆行为如果不予以强化（压杆后没有食物），压杆反应便会停止；学生某一良好反应未能受到教师充分的关注或表扬，学生最终会放弃这种做出良好反应的努力。

但是，反应的消退表现为一个过程。即一个已经习得的行为并不即刻随强化的停止而终止，而是继续反应一段时间，最终趋于消失。斯金纳的实验表明，一只已经习得压杆反应的白鼠在强化被停止之后，仍然能按压杠杆达50—250次之多，最终停止反应。至于消退的时间，与该习得反应本身力量的强弱成正比，即如果原来反应非常牢固，那么消退的时间就较长，反之亦然。例如，在上述实验中，受过多次强化的白鼠在强化停止后，可连续按压杠杆250次左右，而仅受过一次强化的白鼠在强化停止后连续按压杠杆仅为50次左右。所以，消退过程的时间长短也是斯金纳衡量操作性条件反射力量的一个指标。

（三）程序教学

20世纪50年代，斯金纳完成了程序教学的一系列研究，其目的在于通过使用机器装置来提高学生在算术、阅读、拼写等方面的学习效率，希望机器能做某些胜过普通教师的事情，这样可以使教师腾出时间，从事那些他们能做得更好的工作。这种机器的早期形式是呈现一些数字组合来教加法的装置。儿童在加法器的键盘上打上自己的答案，如果答案正确，那么机器运转并呈现下一个问题。下一个问题的呈现也就成了正确答案的强化信号，这与在学生做对算术题后教师给予肯定所起的作用是一样的。斯金纳程序教学的基本思想是对学生的正确学习效果必须给予及时的强化，以鼓励学生继续进行学习。在课堂教学中，教师不可能对每一个学生都给予及时的强化，而教学机器可以提供给学生进行个体化学习的机会，并及时得到强化。

斯金纳的教学装置被称为“教学机器”或“自我教学装置”，而作为教学基础的材料被称为“程序”。斯金纳为教学机器编制的程序是“直线性程序”。该程序将教学内容分成一个个小的内容单元，依次呈现给学生，供他们学习。每个单元学完后，会呈现一些测验题，测验学生的学习效果。如果学生做对测验题，教学机器就主动呈现下一个单元的教学内容；如果测验中学生出现错误，教学机器会返回到先前学过的内容，让学生重新进行学习。

利用教学机器进行的教学被称为“程序教学”。当然利用这种思想所进行的教学也可被称为“程序教学”。程序教学的基本要求是：一、教师要编写一系列“刺激（问题）—反应（答案）”界面，这些界面由易到难、一步步地呈现教学内容。二、要求学生必须主动学习，即要求他们对每个界面所呈现的内容（问题）做出积极的反应。三、给学生的每个反应（答案）提供即时的反馈（指出正确答案）。四、尽量安排好问题，使学生能经常做出正确的反应并得到及时强化。五、让每个学生按照自己的进度完成整个教学程序。六、向勤奋和学习效果好的学生提供大量支持性强化物。

（四）对斯金纳的学习理论的评价

1. 斯金纳的贡献

（1）发现了操作性条件反射现象，并对其进行了认真的实验和理论研究。斯金纳的理论打破了传统行为主义的“没有刺激，就没有反应”的错误观点。

（2）斯金纳的“无错误辨别”学习的实验研究，不论在动物的行为训练，还是在学生的行为塑造上都是可借鉴的，而且对课堂教学也有现实指导意义。

（3）斯金纳所做的“强化程序”的实验研究，揭示的强化规律客观可靠。它是驯兽师的必修课，对人类的行为管理和学生学习过程的控制和激励也有重要的参考价值。20世纪50年代兴起的“程序教学”应该归功于斯金纳理论的贡献。

2. 斯金纳学习理论的局限性

斯金纳犯有与传统行为主义者相同的错误，即只注重描述行为，不注重解释行为；只注重外部反应和外部行为结果，而不探讨内部心理机制。他把内部过程看成是一个“黑箱”，因此，他是一位极端的行为主义者。有人把他的思想体系称为“描述性”的行为主义。

斯金纳在晚年仍然坚持自己的行为主义观点，反对认知心理学的研究以及对学习过程和行为塑造过程的认知解释。从行为主义心理学的角度来说，斯金纳是一位坚定的行为主义者；而站在认知心理学和心理学发展的角度上看，他是一位顽固者。

斯金纳倡导的“程序教学”，其实践效果并不像斯金纳预想的那样好。教学实践表明，程序教学减少了师生直接对话的机会，阻碍了师生间的及时交流，这对学生的学习来说是极为不利的。学生在教学机器上学习，还会产生盲目地追求学习进度、猜想问题的答案或不求甚解等不良倾向。这些不利因素导致程序教学运动没有得到继续大发展，而只成为教育史上的个体化教学方式之一。

第四节　认知学习理论

一、布鲁纳的认知发现理论

布鲁纳（J. S. Bruner，1915—2016）是当代美国研究儿童认知发展与认知学习理论的心理学家与教育家。布鲁纳的思想深受皮亚杰认知发展阶段论的影响，他提出了自己的儿童发展阶段理论。布鲁纳的教育思想、教育理论与他的认知发展理论是紧密联系在一起的。准确理解布鲁纳的理论对教育工作者具有重要意义。因为，布鲁纳的理论能帮助我们从儿童的认知发展的特点、学习心理特点出发来设计教育过程。

图5-12　布鲁纳

（一）布鲁纳的认知心理学思想

布鲁纳认为，人的认识过程不仅仅是对世界的反映或反射，而是以人的现实模式为基础，把先前学得的现实心理模式与新的信息联系起来，积极地构建认识过程。在布鲁纳看来，一个人对世界的认识或学习，在某种程度上就是把目前经历的事件与先前已学到的模式进行比较，并从这种模式中学到许多东西，从而能够预言下次会出现什么。

布鲁纳反对把一个人的认识过程看成是一个被动的接受过程，而认为其是一个积极的构造过程。他的观点是，认识过程是个人把他的感觉材料与他的心理模式联系起来，推论出一个关于外部世界的假设。然后，用这个事物的另外一些特性来检验他的假设。因此，一个人的认识过程是一个积极选择信息、形成知觉的假设，并用外部事件的另一些信息特征积极地检验假设的过程。布鲁纳认为，记忆不是一个人对固定的、没有生气的痕迹的重述，而是完成想象的重构过程。思维就是一个人通过概念或类型化的活动来弄懂所觉察的一大堆事实的过程。因此，在布鲁纳看来，人的认识过程具有主动性和建构性。

布鲁纳进一步认为，认知过程的基本操作是对外部事物的类型化和概括化。他认为，知觉过程是一种类型化的过程。思维活动的概念化和类型化过程使我们有极大的能力去区别环境中的对象或过程。

布鲁纳还认为，概念化需要运用一定的策略。策略就是为了达到一定的目的而做出决定的任何程序。策略的选择要权衡三个因素：

1. 信息的情境（informational situation）

思维过程是在一定的信息或材料的基础上进行的，因此，人们只有掌握了一定数量的信息或材料才能开始思维。面对给定的思维任务，人们必须考虑的是根据这个工作任务的认知难度和风险情况来决定搜集多少信息。如果该项工作关系重大、风险较高，而且又有足够的时间，那么就应花更多的时间去搜集资料，以便使工作得到更可靠的保证。如果搜集资料或信息的难度不太大，而且工作的风险又不高，那么就可以花少一些时间来搜集资料。

2. 认知难度（cognitive strain）

一个人在选择策略的时候要考虑到思维活动的艰苦性与复杂性。思维的过程不仅花时间，而且还可能遭受挫折或失败。如果一个人对他的思维过程的可靠性没有把握，就会产生忧虑感。因此，人们在选择策略时应考虑策略的认知难度。

3. 风险性（risk）

思维的概念化过程的结果要承担一定的风险。结果的风险越高，人们就越倾向于谨慎地进行资料分析或信息加工。如果结果的风险不高，那么人们就不愿意花更多的精力用于信息加工。当然，人与人之间对于承担风险的勇气会有明显差异。

关于类型化，布鲁纳提出两种基本的分类标准：一是同一性，二是等值性。同一性是把同一对象的不同变异放入一个“智力筒”构成的。等值性是将不同种类的对象看成互相完全相似而归为同一类。事实上，布鲁纳所指的思维活动的概念化和类型化就是对事物的分析与综合、抽象与概括的思维过程。

（二）儿童的智力发展阶段理论

受到皮亚杰的认知发展阶段理论的影响，布鲁纳也对儿童的智力发展进行了实验研究。布鲁纳认为，智力是人获得知识、保持知识和将知识转化成他本人的工具的力量；儿童智力发展表现为表征模式的变化。表征模式（model of representation）就是人们表征自己关于世界的知识经验的方式。儿童的智力发展水平不同，对知识经验的表征方式也不同。他认为，儿童表征知识的方式有三种："动作表征模式"，简称"动作模式"（enactive model）；"映象表征模式"，简称"映象模式"（iconic model）；"符号表征模式"，简称"符号模式"（symbalic model）。

动作性表征模式是指人们用适当的动作来表达或再现他对于世界的知识和经验。动作表征模式具有高度的操作性特点。在这种表征模式中，认识主要表现为一个人知道怎样去做某件事，它是由一套适合得到某种结果的动作构成的。例如，儿童知道怎样骑自行车，怎样拍皮球等。这种动作表征模式在儿童认知发展过程中是最早出现的。事实上，这种模式相当于皮亚杰认知发展阶段理论中的"感知运动阶段"。布鲁纳理论中动作表征模式与皮亚杰理论中的感知运动阶段在本质上是一样的，区别是皮亚杰的"感知运动"表示认知方式的过程，而布鲁纳的动作表征表示认知方式的结果。他们的理论都说明，儿童认识和适应外部环境的初级方式是通过动作获得的，通过动作去认识和表征外部事物。

映象表征模式是指用意象、图形或表象来表征知识和经验的一种方式。它把事件的时间、空间和定向结构的知觉转化为表象，从而进行概括。映象表征模式出现在动作表征模式之后，一般在六七岁的儿童中表现最明显。事实上，这一模式相当于皮亚杰认知发展阶段理论中的"具体运算阶段"的认知活动。

符号表征模式是用人为设计的特征或符号系统来表征知识和经验的。例如，通过语言或特定符号表达知识经验等。这种认知模式在认知能力或水平上远远超过了前两种方式，它可以使人的认知活动达到高度抽象或高度概括的水平。这种认知模式相当于皮亚杰认知发展阶段理论中的"形式运算阶段"的认知水平。

布鲁纳的认知发展阶段理论与皮亚杰的认知发展阶段论有很多相似之处。

他们的理论都把认知发展水平看成是儿童学习的基础。从教学应用的角度来说，布鲁纳的阶段论更容易被接受与应用，因为他的“三阶段”具有比皮亚杰理论中“四阶段”更鲜明的区分特征。

（三）学习的认知——发现说

布鲁纳的认知发现学习理论是一种描述认知学习过程的学说。该理论强调学习过程中学习者主动探索，对问题提出假说，并设计与验证假说。

1. 关于知识学习的过程和本质

布鲁纳认为，学习就是认知结构的组织和重新组织，即把同类事物联系起来，并把它们组织成赋予意义的结构。知识的学习就是学习者头脑中形成各种知识结构的过程。知识具有一种层次结构，可以依据个人的知识结构或发展的编码系统，在三种表征模式的每一种模式中表达出来。学习的目的是学习者能够在某种程度上概括出一种基本思想或原理，而这种原理或思想又能形成一种最利于理解的知识结构。因此，在布鲁纳看来，学习就是学生头脑中形成一定的知识结构。这种结构由学科的基本概念、基本原理和基本思想所构成。布鲁纳还认为，知识的学习包括三种几乎同时发生的过程，即新知识的获得、旧知识的改造、检查知识是否恰当。

新知识的获得是一个学习者主动的、积极的认知过程。这个认知过程以学习者原有知识与经验所构成的认知结构为基础，接受更精炼的知识，或接受与原有认识相反的知识。新知识的学习过程是认知活动的概念化和类型化的过程。事实上，这些观点与皮亚杰发生认识论中的图式、同化、顺应与平衡的理论观点是很相似的。

同时，布鲁纳引入编码系统的概念。理解和掌握新知识的方式依赖于一个人对他关于世界的信息分类和联系的方式，这种方式的总和构成一个人理解和掌握知识的编码系统。布鲁纳认为，一个人的编码系统就是构成这个人的知识结构。编码系统是一种不能直接观察到的假设构成物，但可以从可观察到的先前的和随之发生的事件性质中推论出来。一个人的认识是在不断发生改变和发展的，因此编码系统也可以发生改变。一个人的编码系统发生变化或改组，标志着这个人理解和掌握知识方式的变化或发展。

布鲁纳认为，编码有两种形式：一是正式编码，即按逻辑原理进行的编码；另一种是非正式编码，它的基本形式是概括，或者是通过归纳获得的概括，或者是直觉的概括。编码过程就是把概念合并到概括化的知识结构中去。

2. 学习的内部动机和外部强化

布鲁纳十分强调学习过程中学习的内部动机的作用。他认为，学习过程是学习者积极主动的过程。这种积极的学习过程受到学生强烈的认知需求的驱动。学习者除了受一些生理的内驱力驱动外，更主要的应该受认知需求的驱动。与学习有关的认知需求主要有以下几个方面：一、从已经形成的认知和理解中获得满足；二、发挥个人全部心理能力的迫切需求；三、正在发展着的兴趣和专注；四、从个人与他人的认知一致中获得满足；五、从个人在认知或智力方面的优势中获得愉快；六、对个人能力或成就的感觉；七、“相互关系”的发展，其中包括个人对他人的反应，以及与他人为达到某个目标而共同工作的需求。[①]

布鲁纳认为，当学习者的认知结构和认知需要有了一定的发展时，内部动机变得更为重要。在能力或认知结构达到一定程度之后，强化或外在的愉快对形成行为的作用减少了。布鲁纳还赞同除了生理内驱力之外，将“好奇心”称为第一需要的观点。这种内部驱动力的鲜明观点明确指出了人类学习与动物学习的本质区别。人类的学习更重要的是受认知需求的驱动。

布鲁纳承认奖励与惩罚等外部强化对学生学习的作用，但他强调要“大量降低”外在的奖励和惩罚作为学校中学习因素的重要性。他认为外部的强化可能激发某种特殊行动，并导致重复。当行为变长久或着重于能力发展的时候，它就要受认知结构的控制，而且这种控制或操纵更多的是从内部到外部。

3. 发现学习

布鲁纳的学习理论之所以称为“认知—发现说”，一方面是布鲁纳强调知识的习得过程是一种积极的过程，另一方面他倡导知识的发现学习。布鲁纳所说的发现，并不是让学生发现人类尚未发现的东西，而是主动获得新知识的过程。对学习者来说，获得的东西就是新的发现。布鲁纳所说的发现学习主要是指学生独立获得知识的方式，比发现人类尚未知晓的事物要容易得多。对于学习者来说，最重要的是具备善于发现学习和发现认知的能力，这也是发现学习

①莫里斯•L. 比格，著，张敷荣，等，译. 学习的基本原理与教学实践[M]. 北京：人民教育出版社，1990：304.

所要具备的条件。对于儿童来说，“良好的、有利于培养学生发现学习能力的教育方式是非常重要的”。[①]

布鲁纳把课堂教学方式分为讲解式教学和假设式教学。他明确提出，假设式教学优于讲解式教学。因为讲解式教学主要由教师决定，学生只是听者。学生往往意识不到教师为了讲解在背后所做的大量专心致志的内部操作。而假设式教学方式中，学生不只是听者，还要投入到系统的阐述中，有时还要担任主要角色。当信息到来时，学生不仅能接受它们，而且还能评价它们。布鲁纳希望，假设式教学能成为培养学生发现能力的主要方式。

布鲁纳认为，促进学生发现学习的教学设计可以遵从以下步骤：一、创设问题情境，提出学生感兴趣的问题，使学生在情境中产生认知冲突，从而提出要求解决或必须解决的问题；二、学生利用教师和教材提供的某些材料，对提出的问题给出解答的各种假设、推测，寻找联系、已知与未知；三、从理论或实践上检验、审查、补充修改自己的假设，对不同意见可以互相讨论；四、引导学生对讨论做出总结，得出共同的结论，使问题得到解决。

布鲁纳认为，发现学习具有以下优点：一、有利于激发学生的智慧潜力。发现学习不是要学生记住教师和教科书上所陈述的内容，而是要培养学生发现知识的能力。这样，学生就好比得到了打开知识大门的“钥匙”，可以独立前进。二、有利于激发学生的内部学习动机。发现学习最能激发学生的好奇心，而学生的好奇心是其内部动机的基础，激发学生的好奇心就可能在发现学习的步骤设计中使学生对学习保持持久动力。三、有助于学生学会发现的试探方法。四、有利于学生所学知识的保持。布鲁纳认为，一个人按照自己的兴趣和认知结构组织起来的材料，便是最有可能在记忆中自由出入的材料。因此，学生的记忆过程既是一个解决问题的过程，也是一个发现的过程。这样的学习过程所获得的知识具有牢固的结构，因此具有很好的保持性。布鲁纳认为，发现学习应该成为学生学习的一种重要方式。

布鲁纳的认知发现学习与“自主学习”本质上是一样的。发现学习的优势在于能够培养学生学习的积极性和主动性，以及发现与解决问题的能力。但是，发现学习也有一定的缺陷，其主要缺点是学习者不可能通过这种方法去学

①林崇德，主编，张奇，著. 学习理论[M]. 武汉：湖北教育出版社，1999：168.

习所有的学习内容。因为，发现学习比讲解式教学方式需要消耗更多的时间，而且发现学习还需要学生具备一定的智慧水平或认知能力。笔者认为，是否使用发现学习要看学习内容的难易程度和性质、教师的教学能力、学生的学习水平和时间许可性等因素。一般来说，讲解式教学可解决学生必要的知识问题，而在知识基础上发展能力的最好方法是让学生更多地进行自我感受与自我体验，这就要激发学生的内部动机。因此，布鲁纳的发现学习理论不仅仅是一种学习方式，更主要的是一种教育理念。教育工作者须从本质上去理解与应用这种方式。事实上，发现学习的积极探索过程是学习者积极思维的过程，积极的思维活动的激发是学生能力获得的根本。在实际的教学活动中，教育工作者在强调发现学习的重要性的同时，不能忽视深入浅出的讲解同样是一种很重要的教学方法，而且也是教师的功力所在。

（四）对布鲁纳理论的评价

1. 布鲁纳理论的贡献

（1）布鲁纳的学习理论重在培养学生的发现能力和创造能力，体现在以下几个方面：一、布鲁纳学习理论的核心概念是“编码系统”。编码系统理论体现了布鲁纳十分重视培养学生的创造性能力。而且人的创新性思想观点的产生确实与已有的知识、观念和知识的结构形式有关。二、布鲁纳提倡的“发现学习”可以激发学生的智慧潜能，获得发现的经验和方法。而且这种发现学习的思想和方法至今仍然是教师教学过程须加强的重要方法。三、布鲁纳主张采用有效的教学方法，把复杂、高深、最新的科学技术知识传授给任何年龄的学生，其目的是让学生尽可能掌握最新的科学技术知识，将来尽快地进入科学研究领域。布鲁纳的这些解释、提法和要求体现了他把创造力的培养作为学习和教学的重要任务的思想。这种思想是非常积极和可取的。

（2）布鲁纳强调学生的知识学习要整理学科的知识结构，而知识结构主要是由基本概念和基本原理构成的。这样，学习各学科知识的基本概念和原理就是学生学习的核心内容。这种观点十分有利于学科结构思想的建立，也有助于学生学科学习效率的提高。

（3）布鲁纳把学习的迁移划分为具体知识的特殊迁移和态度、方法及原理的一般迁移。他不仅指出了这种迁移现象，而且重视一般迁移，这有助于学生学习过程中的概括与提炼，更有助于学生掌握一般原理。具体事物的特殊迁移范围较小，很少能产生较大跨度的迁移。而一般迁移范围较大，可以影响到其他学科知识的学习。

（4）布鲁纳所提出的螺旋式课程结构、为学生安排最佳学习经验、为学生的理解组织知识内容、为学生呈现知识的最佳顺序、激发学生思维的教学程序以及重视学生内部学习动机的激发和正确运用奖励与惩罚等教学思想和措施，体现了知识传授和能力培养的同步进行，这对目前的新课程教学改革仍具有很强的指导意义。

2. 局限性

（1）布鲁纳提出“编码系统”可以产生新的创造性信息，这是符合实际的。但是，对新信息产生的心理机制却没有做深入的探讨和研究，这使得教师对学生创造力的培养仍然是无所适从。

（2）布鲁纳过于强调学生的发现学习。但实际的教学经验告诉我们，发现学习很难按计划完成教学任务。因此，在教学过程中，教师应该根据不同的教学任务、不同的学生和不同的教学目标合理选择教学方法。发现学习的方法并不是在什么情况下都适用的。

（3）布鲁纳的学习理论运用范围有限，只适用于极少数学生，或者说只对“英才教育”有意义，且只适合自然科学的某些知识领域。发现学习对教师的知识素养和教学能力要求很高，一般教师很难达到。

布鲁纳学习理论中的缺陷和不足与它的贡献及其所产生的积极影响相比，几乎是微不足道的。但是，指出它的缺陷和不足有助于进一步开展研究，从而完善学习理论。

二、奥苏贝尔的有意义学习理论

图5-13　奥苏贝尔

奥苏贝尔（1918—2008）是当代美国著名教育心理学家。他积极从事学校的课堂教学研究。他的学习理论和教学思想以“认知结构同化论”为基础，系统阐述了有意义言语学习的实质、条件和种类。他提倡在课堂教学中学生以有意义接受学习为主，教师以讲授教学为主，教师适当地采用“先行组织者教学模式”，可提高学生的学习效率。

（一）认知结构同化理论

认知同化理论是奥苏贝尔认知理论的基础，他试图从理论上解释人类知识的获得过程。该理论对认知结构发生变化的过程做了解释，并通过认知心理的方法解释了知识的保持与遗忘问题。

1. 知识的获得

奥苏贝尔认为，一个事物的意义是在人的意识中引起一个与该事物相当的映象。同样的，一个概念的心理意义在于该概念与头脑中已有的观念相当。因此，客观事物与观念必须在人的头脑中具有可与之相等的“东西”才有意义，这个“东西”就是认知结构。认知结构指学科知识的实质内容在学习者头脑中的组织。这个知识结构是由有组织和稳定的概念构成的，其特点是各种知识按层次高低和纵横联系组成“金字塔”式结构，在塔顶点上的是最抽象和最概括性的知识或概念，下面逐步分化成从属的或具体的概念、命题、规律。

那么，按照奥苏贝尔的同化理论，怎样解释知识的学习过程呢？奥苏贝尔认为，新知识的学习必须以原有的知识为基础。学习者学习新知识的时候，须从原有的认知结构中提取与新知识相似的旧知识，用来“固定”或“归属”新知识。事实上，这是对新知识的“同化”或“类属”过程，导致原有知识结构重新分化与整合，使学习者的知识结构发生变化。这个“同化”就是新旧知识相互作用的过程，相当于皮亚杰理论中的“同化”和“顺应”两种方式。因此，在奥苏贝尔的同化理论中，“同化”概念是一种更宽泛的概念。

奥苏贝尔的同化理论的核心是相互作用观点。他认为新知识的学习过程有以下几种同化模式：下位学习（subordinate learning）、上位学习（superordinate learning）和并列学习（combinatorial learning）。新知识的学习过程模式是由新知识与原有认知结构之间的关系决定的。当原有知识结构中与新知识有关的概念包容了新知识时，新知识的学习就叫“下位学习”。下位学习分派生类属学习和相关类属学习。例如，学习者已有三角形知识，再学习直角三角形时，这种学习就是派生类属学习；原有认知结构中已有“动能”的概念，知道动能是一种机械能的形式后，再学习“势能”的概念时（势能是机械能的另一种形式），这种学习就是相关类属学习。学习者原有的认知结构中已有几个相关概念，现在要学习能够包含这几个概念的概括性的概念时，这种学习就叫“上位学习”。例如，儿童知道了“白菜”“青菜”“萝卜”“菠菜”等概念后，再来学习“蔬菜”的概念时，这种学习就是上位学习。因为，“蔬菜”是在前面几个概念的基础上概括出来的更概括或更抽象的概念。有一些概念的学习与原有知识的旧概念不能产生从属关系，它可能产生联合意义或相对意义，这种学习称为“并列学习”。例如，物理学中力的合成与分解，原子的裂变与聚变；化学中的化合与分解、结晶与溶解；生物学中的遗传与变异；等等，都属于并列概念的学习。

当然，奥苏贝尔的同化理论只能解释一些简单知识的学习，尤其对于低年级学生的知识学习或高年级基础概念或命题的学习具有很强的指导意义，但对于一些实际问题中的复杂知识的学习，其解释或应用的难度较大。

2. 知识的保持和遗忘

奥苏贝尔不仅用同化理论解释了新知识的学习过程，而且还用同化概念解释了新知识的保持与遗忘。他认为，新知识获得后，新旧知识之间的相互作用并没有停止。根据认知同化理论假设，新知识的意义在保持的初期，既可与同化它的旧概念（观念）相联系，又可从旧观念中分离出来，即新旧观念之间存在可分离性。那么知识的遗忘是怎么产生的呢？奥苏贝尔认为，人脑为了减轻记忆的负担，必须对知识加以组织。在知识的组织过程中，原有的较巩固的观念倾向于替代或擦去新的、较不稳定的新知识。这种旧的、较稳定的知识擦去新知识的过程就是遗忘性同化。因此，新旧知识之间的这种相互作用既有利于新知识保持的一面，也有旧知识擦去新知识的倾向。

（二）有意义学习理论

奥苏贝尔认为，学生的学习如果有价值，应该尽可能使之有意义。为此，他仔细区分了机械学习与有意义学习之间的关系。学生主要通过语言文字所表达的概念、原理和事实信息的意义来获得知识。知识学习的真正意义是让学生理解语言文字和符号所表达的实质性内容。因此，奥苏贝尔的知识学习理论称为“有意义言语学习理论”（The Theory of Meaningful Verbal Learning）。

1. 知识学习的类别

奥苏贝尔根据学生学习知识的形式和性质，对学习做出了基本的分类。首先他将学生的学习形式分为“接受学习”和“发现学习”。接受学习指学习的主要内容是以定型的形式呈现给学习者，学习者在学习过程中不需要任何发现，只需要将语言文字所表达的知识内化到自己的认知结构中，以便将来使用。而发现学习的学习主要内容，不会完整或轻易地给学生，在学生内化之前，必须由他亲自去体验、发现，从而内化到他的认知结构中去。

按照知识学习过程的不同性质，奥苏贝尔将学习分为意义学习和机械学习。意义学习是指语言文字或符号所表达的新知识能够与学习者认知结构中已有的相关知识建立起一种实质性的而非人为的联系。划分意义学习和机械学习的先决条件是：一、学习者表现出一种有意义的心向（meaningful learning set）；二、学习任务对于学习者具有潜在意义，即学习的任务能够在非任意的和非逐字逐句的基础上与学习者的知识结构联系起来。[①] 在这里，实质性的联系是关键。例如，儿童在学习“花”这个字时，须与他原有认知中的花的表象相联系；学习“四边形”概念时，须与他头脑中已有的各种四边形相联系。这种联系是非常自然的，而不是人为构建的。

从以上分析可知，区分意义学习与机械学习的关键是学习者对于新知识有没有自然地赋予意义。机械学习是学习者学习一些无意义的材料。例如，无意义音节的学习、无意义电话号码的记忆等都是机械学习。对于这些材料，学习者只能逐字逐句地背诵与记忆。有时为了便于学习或记忆这些材料，往往会人为地赋予一些意义。例如，中国移动的客服电话“12580”，广告词是“一按我帮你”。可见，这种联系是非自然的联系，而是人为的联系。因此，意义学习与机械学习的区别不具有绝对性。有时，一些材料的学习因为缺乏意义而增加了学习难度，而此时对这些材料进行加工，赋予材料一定的意义便能够使学习达到事半功倍的效果。

表5-1　奥苏贝尔的学习形态

	有意义学习	机械学习
接受学习	有意义接受学习	无意义机械性接受学习
发现学习	有意义发现学习	无意义机械性发现学习

从知识学习内容的性质来看，有意义学习的作用远大于机械学习。机械学

①张奇，著. 学习理论[M]. 武汉：湖北教育出版社，1999：189.

习只能学习一些无意义的材料，并且通过机械学习获得的知识无论其知识的价值或知识的保持都不可能与有意义学习相比较。学生学习的各门课所涉及的概念、命题、规律或原理等都有实质性的意义背景，学习的过程都有大量的以思维为基础的逻辑推理与概括总结等活动，这种有意义学习本身对学生的能力提高起到关键的作用。

对于有意义的接受学习和有意义的发现学习的比较，奥苏贝尔认为前者更有优势。原因是，只要符合有意义学习的先决条件，无论是接受学习还是发现学习都可能是有意义的学习，如果不符合有意义学习的先决条件，无论是接受学习还是发现学习，都是机械学习。在课堂教学中如果讲授方法得当，都可以导致学生的有意义学习；相反，如果方法运用不当，即使使用发现学习也可能导致无意义学习。因此，奥苏贝尔更强调有意义的接受学习。理由如下：一、由于发现学习费时太多，因此，不宜用它作为获得知识的主要手段。人类几千年来的知识不可能用发现法通过课堂学习全部获取。二、有意义的接受学习尽管受学生认知水平的限制，但事实上，有意义获得知识本身并不一定要发现过程，只要教师在讲授过程中结合学生的先前经验就可弥补这方面的不足。三、发现学习只能培养一部分具有灵活性和首创性的人才，这与教育的目标——通过教材学习培养大量掌握基础知识的人的目标不匹配，有意义的接受学习显得更有功效。因此，奥苏贝尔积极主张，在课堂教学中，学生应该以有意义的接受学习为主要学习形式。

2. 有意义学习的类型

根据知识学习材料的复杂性程度，奥苏贝尔将有意义学习分为三种类型：代表性学习、概念学习和命题学习。

（1）代表性学习。代表性学习是指学习单一符号或一组符号所代表的事物的意义。代表性学习的主要内容是字和词的学习，即学习字和词所代表的事物。字和词是人们描述世界或表达世界的基础，是语言的基本组成单元。儿童学习总是从最基本的词汇开始的。而学习词汇要从它的三要素“音”“形”“意”开始。“音”就是词汇的读音，“形”就是词汇的书写形式，“意”就是词汇所代表的事物或表达的内心感受。词汇的学习就是把这些要素紧密地联系起来，每当出现一个要素时就会在头脑中出现另两个要素。例如，每当出现“水”这个词的任意一个要素时，学习者就会自觉呈现另外两个要素。即学习者看到“水”这个词，就能读出它的音，也能领会它所代表的意义。词汇学习在最初记忆它的形状或发音时，具有机械学习的特点，因为一些词的发音和形状往往是无规律的，但就其实质而言，仍然是有意义的学习。首先，词或字总是代表某种事物、现象或状态等，能与儿童认知结构中的有关事物联系起来。也就是说，字和词代表了实质性意义。其次，字和词的学习总是以学习者头脑中已有的相关事物为基础，或与已学会的相关字和词相联系。这种联系总是一一对应的，而非人为和任意的。

（2）概念学习。概念是知识的基本单元。任何学科都是首先由概念组成基本单元，再由概念或概念群组成基本原理或基本规律。因此，概念学习是知识学习的主要内容。例如，几何的学习总是从最基本的一些概念出发来寻找规律。学习点、线、面的基本知识后，学生才可能有平行、相似和全等等概念，然后再有从这些概念出发的寻找平行线、相似图形等的条件和规律。

概念学习有两种基本形式：一种是概念的形成，另一种是概念的同化。概念的形成是指学习者从大量的同类事物的不同例证中独立发现事物的关键特征，从而发现概念的过程。概念的同化则是以定义的方式直接向学习者呈现同类事物的本质特征，学习者利用原有认知结构中的有关事物理解概念的过程。按照奥苏贝尔的观点，概念的同化是接受学习的过程，比概念的形成过程所花的时间短。因为在概念的同化过程中，教师可以把事物的关键特征或本质特征直接告诉学生或指示给学生，同时又告知非本质特征或非关键特征，这样学生就可以很快学会新的概念。概念的同化无疑是一种有意义学习的过程。当然，概念的形成也是一种有意义学习的过程，而这种有意义学习需要学习者积极地探索事物的特征，并区别本质特征与非本质特征。这种学习是一个探索发现的过程，更费时。笔者认为概念学习的过程可以如图5-14所示来表达路径。

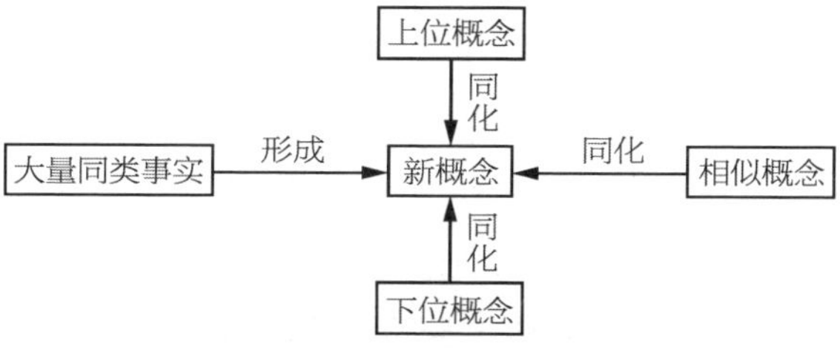

图5-14　概念学习的过程

（3）命题学习。命题是用来表达两个以上事物或性质之间关系的句子。命题可分为两类：一类是非概括性命题，用以表达两个以上特殊事物之间的关系；另一类是概括性命题，用以表达若干事物或性质之间的关系。大量的事实、概念、定理、定律、法则和公理等都是以命题形式来表述的。由于命题是以词汇形式组成的句子，因此命题包含了代表性学习。而概念学习实质上也是一种命题的形式，因此命题也包含了概念学习。命题学习是三种学习形式中最复杂的学习形式。一般来说，命题学习以概念学习为前提，而概念学习必须以词汇学习为前提。

（三）学习动机的内驱力说

我们知道，赫尔就动物的行为研究提出了“内驱力”的概念。赫尔的内驱力就是指动物的生理需要。如果动物处于饥或渴的状态，动物就会产生一种设法获得满足的内驱力。如果动物不饥不渴就不可能有满足这种生理需求的内驱力。奥苏贝尔提出的内驱力是指促使学生学习的三种社会性需求，与赫尔提出的内驱力是有本质区别的。奥苏贝尔的三种内驱力分别是认知的内驱力、自我提高的内驱力和附属的内驱力。

1. 认知的内驱力

认知的内驱力是一种源于学习者自身需要的内部动机。它是一种要求了解和理解事物的需要、掌握知识的需要、系统阐述问题和解决问题的需要。这些需要多半是从好奇心开始，或是为了应付环境的需求。心理学的研究表明，儿童对于知识或周围环境的探索的好奇心最初是不稳定的，只是具有非真实的潜在动机性质，是一种潜在的动机力量。但随着实践活动的推进，儿童在实践的探索过程中不断地取得成功，这种动机力量会真正表现出真实的动机特征，逐渐具有内驱力的特性。

在有意义的学习活动中，学生所获得的是对新事物和新知识的理解。在这样的过程中，学生能够获得成功的体验，而这种成功的体验又会使学习者期望得到新的知识以求新的满足。这种因学习本身而使学习者得到满足的过程，其强化作用并不是来自外部的物质或精神激励，而是来自学习过程本身。因此，它是一种指向学习任务和学习内容本身的内部动机。在教学活动中，教师要设法使学习活动本身更有趣，让学生有更多成功的体验，积极唤起学生的认知内驱力，这是激发学生认知兴趣和求知欲的关键。

2. 自我提高的内驱力

自我提高的内驱力是一种通过自身努力，胜任一定的工作，取得一定的成功，从而赢得一定的社会地位的需要。它与认知的内驱力的区别是：认知的内驱力是直接指向学习内容本身的，以获得知识和理解事物为满足；自我提高的内驱力则指向学习者以取得一定的社会地位为满足。客观上，这种自我提高的内驱力在使自我取得一定的社会地位的同时，也使自己的能力和水平获得了提高。因此，对地位的追求是动机的直接目标；成就获得、能力的提高是间接目标。显然，自我提高的内驱力是一种外部动机。

自我提高的内驱力可以使学生把学习的目标指向将来要从事的理想职业或学术上的成就，以便赢得一定的社会地位。就学习期间的近期目标而言，自我提高的成就动机可以使学生去追求优秀的学习成绩或较高的排名。

自我提高的内驱力虽然属于外部动机，但认知的内驱力属于内部动机。然而，学习活动中认知的内驱力往往是不稳定的。对某一学科来说，有的内容本身有趣一些，而另一些内容则可能会乏味一些；有的老师的课会精彩一些，而有的老师的课可能没那么有吸引力。同时，也会存在学生不感兴趣的学科。因此，认知的内驱力会随不同学科、不同内容和不同环境发生变化。自我提高的内驱力则可能是学生学习过程中的长久动力源。自我提高的内驱力的激发需要学生有远大的理想、切实可行的奋斗目标，需要学生不断地激励和鞭策自己，使自己有为近期、中期和远期人生目标而奋斗的雄心。

3. 附属的内驱力

附属的内驱力是指个人为了获得长者或权威人物的赞许、认可，而表现出的要把学习或工作做好的一种需要。对于学生来说，附属的内驱力表现为学生为了赢得家长或教师的赞许和表扬而努力学习，取得好成绩的需要。附属的内驱力和自我提高的内驱力虽然都是外部动机，但有明显的区别。不同之处是：一、两者追求的目的不同。自我提高的内驱力是为了赢得一定的社会地位；而附属的内驱力是为了追求长者或权威人物的赞许、认可。二、获得满足的原因不同。自我提高的内驱力以自我提高学术成就或成绩，得到公众的认可为满足；而附属的内驱力以获得长者或权威人物的赞许、认可为满足。三、对应的奋斗目标不同。自我提高的内驱力所对应的奋斗目标是在社会的客观影响下自己所确立的个人目标；而附属的内驱力所对应的奋斗目标是长者或权威人物给予的肯定。四、获得的社会地位不同。学生在附属的内驱力的促使下，从长者或权威人物的认可中获得一种派生的社会地位，但这种社会地位与自我提高的内驱力所赢得的社会地位不同。这种派生的地位不是学习者本身确立的，而是从长者或权威人物的赞许中引申出来的。

一般来说，附属的内驱力随着年龄会发生变化。年龄越小的儿童，对家长或教师的赞许、认可越有依赖性，其独立性就越弱，因此有更强的附属的内驱力。随着年龄的增长，附属的内驱力的强度有所减弱，而附属的对象也会从家长或教师逐渐转移到同伴。尤其是青春期的青少年，同伴的赞许或认可可能会成为更有力的动机因素。

奥苏贝尔的有意义言语学习理论以认知同化理论为基础，解释了知识的获得、保持和遗忘。同时，奥苏贝尔还对学习的形式和性质进行了分类，提出了有意义学习的概念。而对于与学习效率直接关联的动机问题，奥苏贝尔又提出了三种内驱力。事实上，奥苏贝尔的理论还包括先行组织者策略和学习迁移策略。这部分内容在迁移理论的章节中已作介绍。

（四）对奥苏贝尔理论的评价

1. 意义与贡献

（1）奥苏贝尔理论对学生学习过程的本质特征做了深刻的揭示。学生学习新知识是以原有知识为基础，通过对语言文字所表述的知识内容的理解，掌握知识的实质性意义的过程。奥苏贝尔认为，对于不同类型的知识的学习，对知识的理解加工方式可能会有所不同，但其本质的意义是理解。他的理论就是建立在这个牢固的基点之上的。

（2）奥苏贝尔对有意义学习的实质、条件和类型的阐述是严格且有说服力的。知识的有意义学习的条件是以有意义的知识内容和已有知识经验为基础，加上有意义学习的心向。这些条件缺一不可，构成了有意义学习的基础和前提条件。

（3）奥苏贝尔强调，学习以有意义接受学习为主是切合教学实际的。在知识爆炸的时代，要正确处理学习内容与学习方法之间的关系。提高学习成效的一种方式是选择精要的知识作为教学材料，另一种方式是提高单位时间内的学习效率。奥苏贝尔提倡的有意义接受学习是一种经济、快捷、有效的学习方式。

（4）奥苏贝尔提倡的以讲授为主的有意义接受学习的教学方式区别于不顾学生接受能力与理解水平的“填鸭式”教学方式。奥苏贝尔认为，任何一种教学方式只要能导致学生的有意义学习，只要符合有意义学习的三个条件，都不可能是“填鸭式”教学。相反，如果教师所教授的方式不能导致学生的有意义学习，或者不能满足有意义学习的三个条件，就一定是“填鸭式”教学。这给讲授式教学既符合学生能力发展要求，又提高课堂教学的效率提供了理论与实践的保证。

（5）“先行组织者”策略是奥苏贝尔创立的为学生建立有意义学习条件、促进学生有效迁移而设计的有效教学方法。这种方法为教师优化教学设计，提高课堂教学效率提供了理论基础。

（6）奥苏贝尔提出的三种内驱力的学说，既包括了学生学习的内部动机，又涵盖了学习的外部动机，突出了学生学习的自然需要和社会需要的有机结合。这是既简洁又明了的动机理论。

2. 局限性

（1）奥苏贝尔的理论涉及的有意义学习，可以提高教学的时效，但这种方式不可能对所有的学习内容都适用。有意义学习体现了学生具有一定的主动参与意识，但与发现学习的主体性组织意识相比较还是有差异的。因此，奥苏贝尔所提倡的有意义学习方法对知识教学有其优势，但对培养学生的能力还是有缺陷的，不可能适用于所有的教学活动。

（2）奥苏贝尔的理论立足于知识教学，而没有涉及学生的能力培养。教师的教学目标是在学生学习知识的同时，还要培养他们的能力。在这点上，奥苏贝尔理论似乎先天不足，因为他的理论研究与确立过程始终是以知识学习为出发点和归宿的。另外，奥苏贝尔的理论强调和关注的是知识的迁移，而不注重方法与策略的迁移，这对培养学生的能力是有欠缺的。其实，从培养学生能力的教育目标来考虑，方法与策略的迁移比知识的迁移更为重要。

（3）奥苏贝尔的理论是建立在思辨假想基础上的，缺少一定的实验验证和实践检验。他的知识学习理论建立在前人的认知理论的基础上，对于记忆的保持与遗忘的相关解释较牵强。

总之，奥苏贝尔的理论是以知识学习问题为基础的，也以学生的知识学习效率为研究目标，但在能力培养方法方面始终存在一些无法弥补的缺憾。

三、加涅的认知分类学习理论

图5-15　加涅

加涅（Gagné，R. M.，1916—2002），美国著名教育心理学家。1933年在耶鲁大学主修心理学，1937年获学士学位后成为布朗大学的研究生，攻读实验心理学，分别于1939年和1940年获得理科硕士学位和心理学博士学位。后在康涅狄格学院任教两年。二战期间应征入伍，在美国空军任军内心理学家，从事训练航空人员的工作和飞行心理学方面的研究。战后任宾夕法尼亚州立大学和康涅狄格学院教授。1949年起任美国空军的实验室主任，长达8年；1959年出任普林斯顿大学的心理学教授；1969年后一直在佛罗里达大学任教授；1974年被选为美国国立教育科学院院士。此外，他还担任过美国心理学会军事心理学会和教育心理学会主席、美国教育研究会主席以及许多杂志的顾问、编辑。

加涅对学习和教学心理学的研究比较全面，自成体系。他对学习的本质、学习的分类、学习的过程和学习方法均作了系统的阐述，并以此为基础提出教学心理学思想。加涅客观地评价了各家之长，并合理采纳与吸收了他人的研究成果，形成了自己的学习理论。他的主要著作有《学习的条件和教学论》（1965）、《教学设计原理》（1974）、《知识的获得》（1962）、《学习对个体发展的贡献》（1970）、《记忆结构与学习结果》（1978）、《教学方法的学习基础》等。

（一）学习的信息加工模式

加涅认为，学习可以看成一个过程或一系列过程。每一种学习都要花费一定的时间，可以将学习的过程分成几个阶段，而每一个阶段完成不同的加工任务，这些阶段可能是按次序发生的，但也可能是几个阶段同时发生的。

加涅认为，当代认知心理学的信息加工观点可以解释学习过程。他主张用学习和记忆的信息加工模式来解释学习的结构和过程。图5-16是加涅在20世纪70年代采用的学习和记忆的信息加工模型。[①]

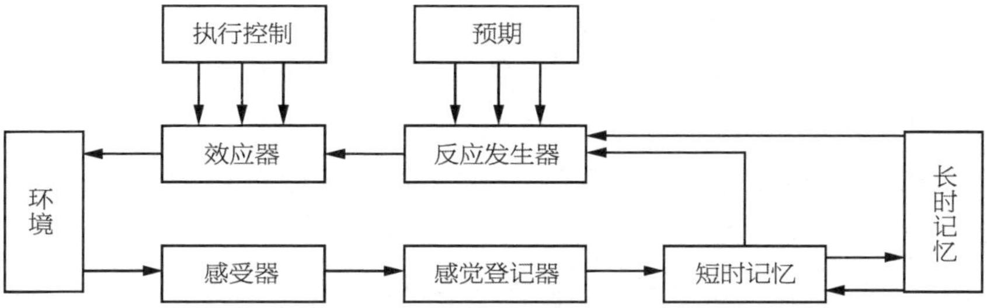

图5-16　由学习与记忆理论所假设的信息加工模型

1. 信息的流程

加涅的这个信息加工模型的许多环节都是经过实验验证的。学习者从环境中接受刺激和输入信息，输入的信息在感觉登记器中保留非常短的时间（约几百分之一秒）。这种感觉表征成分必须成为注意对象才能持续较长一段时间。

（1）从感觉登记到短时记忆。记录于感觉登记器的完整“画面”不会久留，信息在这里转换成刺激模式，这一过程叫作“选择性知觉”。选择性知觉依赖于学习者注意感觉登记器中内容的某些特征而忽略另外一些特征的能力。特征知觉形成一种进入到短时记忆中的新的输入。

（2）短时记忆储存。被转换的信息进入短时记忆，停留很短的时间，一般约为20秒。短时记忆的容量有限，与“瞬时记忆广度”的容量相似，平均为7±2个项目。记忆项目可以是字母数字或单音节单词。一旦超出这一容量，随着新项目储存的增加，旧项目就会被“挤压出去”。

（3）从短时记忆到长时记忆。从学习的观点来看，学习最重要的变化特征是从短时记忆进入长时记忆，这一过程叫作“编码”。在短时记忆中，以知觉方式存在的信息不是以声音或形状，而是以概念的形式储存的。概念的意义是已知的，同时可以正确地与学习所处的环境相联系。编码过程可以采用表格、空间矩阵、轮廓图、表象或者所学的信息“图片”等形式。进入长时记忆中的编码材料的主要特征是语义的或按意义组织的。

（4）长时记忆储存。以编码形式储存于长时记忆中的信息是永久性的，并且不随时间的流逝而损失。然而，储存的信息因某些原因可能提取不出来：新

①R. M. Gagné, Essentials of Learning for instruction[M]. 1974.

旧知识之间的干扰会阻碍被储存信息的提取；搜索与提取过程的失败也是导致遗忘的原因。

（5）提取。一般认为，从长时记忆中提取信息需要线索，这些线索可以是外部情境或学习者所提供的。在搜索过程中，线索与已习得的相关内容作比较，如此才能找到提取信息的线索。被提取的信息加到短时记忆中，就具有“工作记忆”或“意识记忆”的特征。

（6）工作记忆。短时记忆除对输入的信息有暂时储存这一功能外，还起着主动记忆或工作记忆的作用。从长时记忆中提取的材料与新输入的信息在工作记忆（短时记忆）中可相结合与比较。例如，在学习摩擦力的相互作用时，就会提取原来长时记忆中力的相互作用、儿时玩过的具有摩擦效应的玩具等相关信息，所有这些外界输入的信息和从长时记忆中提取的信息会在工作记忆区域进行推理与比较。

（7）反应发生器。信息加工流程到了反应发生器时，就会对从长时记忆或工作记忆输入的信息做出外显性反应。这种行为的表现可以是言语、躯体大肌肉或手部小肌肉等完成的动作。

（8）作业。这个过程事实上是信息加工中可观察到的形式，即效应器作用阶段。学习者学习不同的知识类型，例如学习陈述性知识时，学习者能表述学习了什么；学习程序性知识时，学习者会完成规定的动作，这些作业就表明学习者已经习得。

（9）反馈。反馈主要指学习者的学习任务的自我封闭环节。反馈是通过学习者自己的行为的作业效应的观察和评估提供的。尽管反馈需要外部的检验，但主要还是学习者内部或自觉的行为。它起着巩固学习的作用，使学习长期有用。

从上面的叙述可知，加涅的信息加工流程主要经过如下过程：感应器从环境接收的信息进入感觉登记器，在短时记忆这个工作阶段，信息直接进入反应发生阶段，或经过编码进入长时记忆；而反应发生器的信息，或是直接来自短时记忆，或来自长时记忆，或从工作记忆（短时记忆）获取，反应发生器的信息会输出到效应器而对环境做出反应。现代认知心理学认为，在这个信息加工流程中，经过编码进入长时记忆的信息始终是存在的，但人们出现遗忘一般是由于无法提取信息。信息无法提取的原因通常是找不到它的相关元素，或者说找不到信息提取的路径[①]。

2. 学习的阶段

根据以上的信息加工流程，加涅认为学习可分为八个阶段：

（1）动机。学习的动机过程借助学习者在学习发生以前就建立的“定向”或“预期”的效果，这就是“预期”和“执行控制”的作用。事实上，如果在学习者学习某一内容之前，提出与将要学习的某一些内容有关的问题或任务，学习结果显示出学习者会倾向于更注意与任务或先前的问题相关的内容。因此，利用预期或定向的效应可提高学习者的学习动机，从而提高学习效率。

（2）注意和选择性知觉。在加涅的信息加工流程中已经证实，只有那些被注意到的信息才能由感觉登记器进入短时记忆，而只有进入短时记忆的信息才可能经编码后进入长时记忆。因此，学习过程中的“注意”是提高信息加工流程中保持率的重要一环。

（3）预习。进入短时记忆的信息，如果没有加工，便会很快消失。因为那些与人的头脑中已习得的信息相近的新信息更能引起选择性注意，预习就有保持较长记忆的作用。预习的知识实际上起到了“已习得的知识”的作用，这样在正式学习的过程中，那些没有被掌握的新知识就更能引起学习者的注意。

（4）编码。短时记忆中的信息经过一定的编码后才能进入长时记忆。学习者可能通过不同的编码方式使信息组织起来变得有意义，进而形成一个知识组块而储存起来。学习者的编码方式依赖于学习者的认知策略水平，认知策略决定了编码后的知识组块的性质。一般来说，知识组块越大（联系与概括水平越高），就越容易进入长时记忆，且更容易被提取。

（5）寻找和恢复。加涅认为，恢复就是一个信息的寻找过程，学习者须在他的环境中根据一些相关信息才能找到提取信息的线索，最终得以恢复。已寻找到的信息提取到短时记忆（工作记忆）中可作为进一步学习或输出的材料。

（6）概括和学习的迁移。已经学到的知识是否能够迁移到新的情境，一部分取决于知识储存的方式，另一部分取决于哪些线索可使这些新知识在新情境中再现。这种观点说明知识的储存编码形式对于迁移而言是十分重要的。

（7）反应的生成。长时记忆的内容或再现，转化到学习者的作业中。事实

①Penfield, W. Memory mechanisms[C]. Transactions of the American Neurological Association, 1951, 76, 15-31.

上，学习者的作业可使外界观察到学习的外显行为并确认新学习行为的开始。

（8）反馈。当学习者获知自己的学习行为已经满足一定的预期信息后，学习的行为就完成了。

加涅根据信息加工的流程和学习的八阶段提出了教学的八阶段：动机、了解、获得、保持、回忆、概括、作业和反馈。这个理论对指导教师的课堂教学具有实际意义。

（二）学习的结果

人们通常认为，学习能使学习者产生持久的变化，这种变化会是能力或倾向的变化。但是，学习者到底会在哪些方面发生变化呢？即学习会产生什么样的结果？教育学家和心理学家一直以来都没有很好地回答这个问题，直到加涅提出了学习层次理论。加涅所说的能力和倾向包括五个方面：言语信息、智慧技能、认知策略、动作技能和态度。

1. 言语信息

加涅所说的“言语信息”（verbal information）又被称为“言语知识”（verbal knowledge）、“陈述性知识”，实际上是人所获得的能力中的一种，即能用语言表述信息的能力。加涅认为，“能够陈述观念是一种习得能力”，称为言语信息。它是“知什么”或陈述性知识。[①] 加涅将不同的言语信息形式分为三类：一、名称或称谓。例如，四面体、地球、斜面等。二、单个命题或事实。例如，氯气是有毒气体，月球绕地球转，等等。三、在意义上组织起来的命题组合。这类信息往往是学习者对一系列相关信息进行组合后的信息，与认知心理学中常见的“图式”或某一知识点的“认知结构”是相当的。例如，学习力学后知道力有很多性质：力是一种相互作用；力可以改变物体的运动状态；力可以做功从而转化或传递能量；力可以改变物体的动量；等等。这些相关的知识都是关于“力”的认识，可以共同构成“力的认知结构”。

2. 智慧技能

加涅认为，智慧技能指“使个体通过符号或观念的使用与自身的环境发生相互作用”，通常包括可以从学生的作业中推论出的四种不同的胜任能力。[②]

①R. M. 加涅. 学习的条件和教学论[M]. 皮连生，王映学，郑葳，等，译. 上海：华东师范大学出版社，1999：55.

②吴庆麟. 教育心理学[M]. 北京：人民教育出版社，1999：46.

（1）辨别。加涅称辨别能力是“针对刺激物在某一物理维度或某些物理维度上的相互差别，能够做出不同反应的一种能力”。辨别学习常常涉及刺激物的独特特征。例如，儿童能区分物体彼此间的特征并做出不同的反应。这些特征可能是大小、形状、颜色、质地、质量等。事实上，儿童认知过程的第一步往往是辨别学习。例如，学习英文要先辨别26个字母，学习算术要先从最简单的10以内的数字辨别开始等。

（2）具体概念。概念是对一类事物的归类，是对事物的本质特性的一种表达。而具体概念是直接指代某一类事物的概念。例如，红的、圆的、房子、书本等，这些概念的特性代表了一类具体事物，与后面的定义性概念是不一样的。具体概念的学习是对一类事物的归并，而辨别学习是对事物的区分。从表面上看，辨别与具体概念是两个完全不同的学习过程。但实际上，这两者是相辅相成的，只有对一组事物进行特征分析与区分，才能把一类事物的本质特征抽象出来进行归类，形成对这一类事物的概念。例如，对于图5-17所示的图形，在辨别的基础上才能形成具体概念。

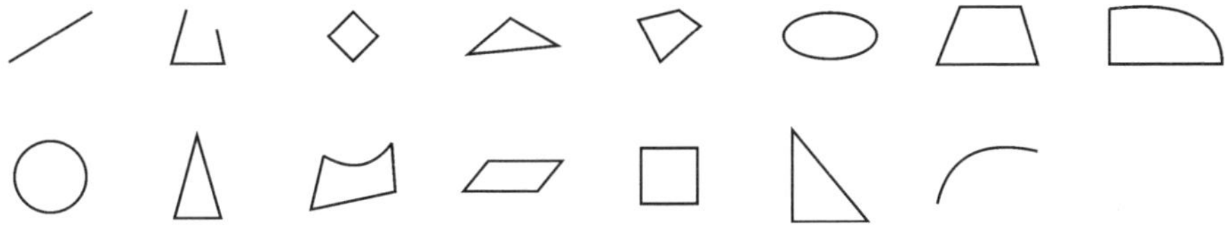

图5-17　各种图形

图中有直线、曲线、三角形、四边形和曲边形等图形。学习者首先要对图形进行辨别，分清哪些是直线、哪些是曲线、哪些是三角形、哪些是四边形等；然后对它们进行归并学习，形成具体的概念。学习者可以按以下顺序学习：直线与曲线→三角形与非三角形→四边形与非四边形→曲边形与多边形……当然，具体概念指代事物范围有大小，如三角形与直角三角形、三角形与等腰三角形的外延就都不同。

（3）定义性概念。定义是表达分类规则的陈述。定义性概念是指分析事物的一些抽象特性后做出的对一类事物的概括。因此，定义性概念又叫作“抽象概念”。例如，自然数、质数、质量、能量、做功、力、密度、叔叔、爷爷、数量、方法等。儿童学习往往从具体概念开始，因为具体概念是对具体一类事物的特征的概括，而定义性概念是抽象概念，只有在对事物的性质有了理解后，才能对其进行抽象的概括。定义性概念的获得途径见奥苏贝尔理论“概念学习”中的内容。

（4）规则。定义性概念是一种特殊的分类规则，而规则表达概念之间的关系。例如，儿童学习数学的顺序是这样的：先从大量的生活情境或日常交流中，知道对各种单一事件（一张椅子、一幢房子、一个杯子、一张纸、一个人等）可以用“1”来表示，然后到两个同样的东西合在一起可以用“2”表示，再到领悟“1＋1”就是“2”的规则。前面对“1”和“2”的认识是概念学习，而后面对“‘1＋1’就是‘2’”的理解是规则学习。因此，规则学习是概念学习的继续和深入，而一些定义性概念的学习又涵盖了规则学习。例如，密度＝质量／体积，建立“密度”的概念，首先需要“质量”和“体积”的概念学习，然后在对它们之间的关系进行探究后才引出它的概念。而“密度”概念定义的探究过程本身就是规则学习的过程。因此，有时定义性概念的引出是从规则学习开始的。

加涅认为，以上四种能力是从低到高体现层次的，但又是相互依赖的。学习者在学习过程中往往从低层到高层逐步累积学习。为了表达这种学习的层级关系，我们可以用加涅的案例来表达（如图5-18所示）。

3. 认知策略

加涅认为，认知策略可从学习的信息加工过程的流程来分类，分别有注意中的认知策略、编码中的认知策略、提取策略、解决问题中的认知策略和元认知。

（1）注意中的认知策略。学习者通过应用认知策略可练习控制自己在课文学习中的注意。[①] 因学习之前或学习之中，学习者具有先前相关知识或信息，促使其在学习过程中提升注意选择的有效性，从而提高学习成绩。这就是注意中的认知策略。

（2）编码中的认知策略。从短时记忆到长时记忆，学习者需要对信息进行编码，而不同的编码策略当然会导致长时记忆中对信息的不同保持率。采用知识组块的编码策略，由于把相关的联系或关系用编码方法组合起来，从而减少了记忆的单元数量，这样可提高学习和记忆的效果。

---

①R. M. 加涅. 学习的条件和教学论[M]. 皮连生，王映学，郑葳，等，译. 上海：华东师范大学出版社，1999：158.

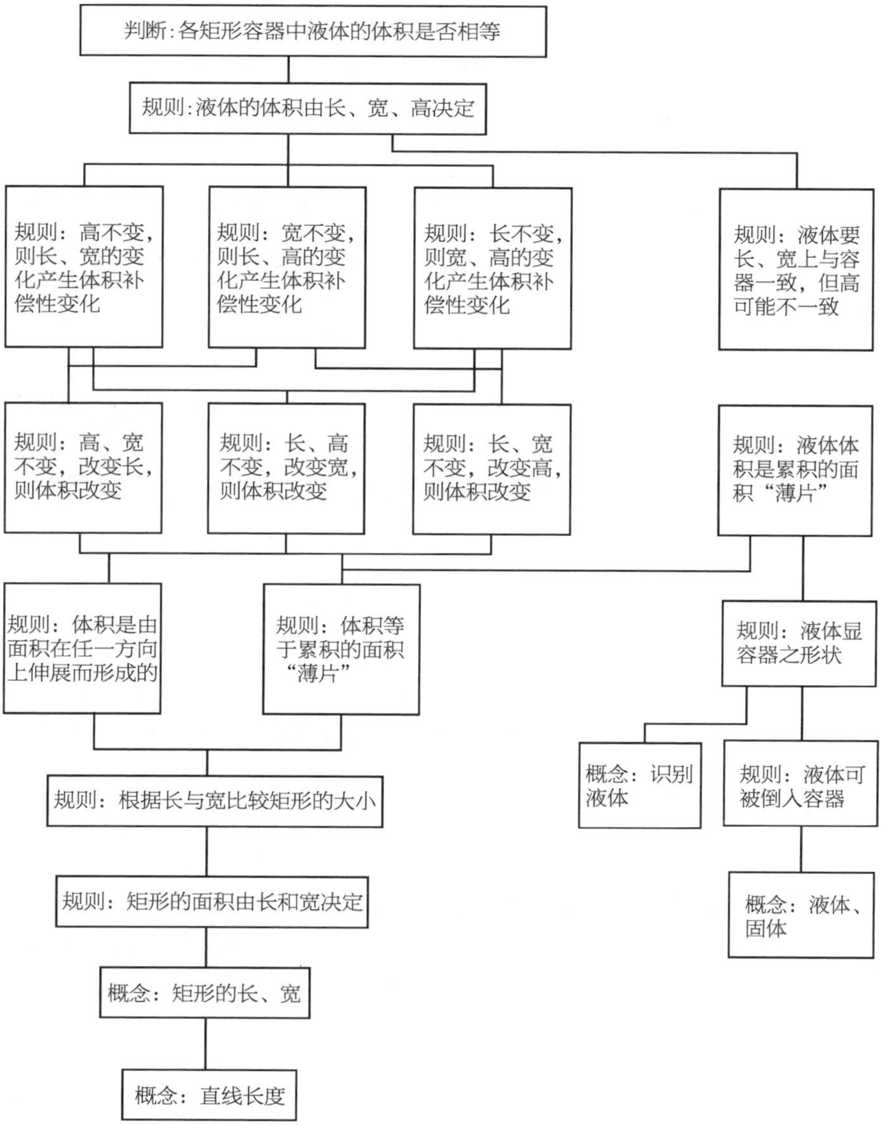

图5-18　学习的层级关系

（3）提取策略。记忆的关键在于提取，而不在于存储。一般，提取需要找到与待提取信息相关的事物或情境，因此，提取策略与编码策略联系紧密，或者说提取策略应该归并到编码策略中。

（4）解决问题中的认知策略。学生在解决问题时，不仅可以学到适用于这些问题的规则，而且还可以学会解决问题的一般方法。即他们可能学会对自己的思维过程做出某种控制的方法：如何分析问题的特征，如何将问题的相关信息联系起来，如何思考或假设问题的解决过程或结果，等等。这就是解决问题中的认知策略。

（5）元认知。

元认知（metacognitive）是弗拉维尔（1976）提出的，又称“反省认知”，是指个体对自身的认知过程及其产物的了解，是对学习或问题解决过程的自我调节（self-regulation）的机制。

4. 动作技能

加涅认为，动作技能在学校的学习中是容易识别的。它包括体育运动技能、表演和艺术技能、书写和言语技能、实验操作技能等。学习动作技能是让学生学会平稳而适时地反应。因此，教学主要采用运动反应的强化练习。

5. 态度

态度的种类很多，有对待自己的态度、对待他人的态度、对待学习知识的态度和对待消极事物的态度。学校有责任培养学生的态度、改变学生的不良态度。态度的培养须建立在学生正确的自我意识、社会意识和为人处事意识的基础上。学生要学会正确地分析与处理事物，这就是社会认知能力。

（三）对加涅理论的评价

1. 加涅学习理论的贡献

（1）学习与记忆的信息加工模型对于研究学生的学习规律、提高教与学的效率具有理论和实践指导意义。模型中提出的记忆信息的提取与储存为我们提供了学习过程中信息加工的研究方法。在教学过程中，教师如果能够按照这个模型来设计教学，将会达到事半功倍的效果。

（2）加涅在学习结果中提出的“认知策略”概念与学习策略的研究密切相关。认知策略概念对当今学习策略的研究做出了历史性的贡献，因为认知策略是学习策略的前提和基础。

（3）加涅提出的学习过程“八阶段”对应了教学过程的“八阶段”。这个阶段理论对于教师理解学生的学习过程、研究教师的教学过程、从学生学习的角度设计教学具有理论指导意义，它也是教学设计的重要理论依据。

（4）加涅既不主张完全的发现学习，也不主张全部的接受学习，而是主张

“有指导的发现学习”。这种学习方式既有助于学生发现能力的培养，又可以规避发现学习费时费力的缺点。我国的课程改革实践也表明，有指导的发现学习是一种较好的学习方式，能培养学生独立学习的能力，便于教师向学生传授学习方法，让学生学会学习。同时，这种学习方式还能激发学生的学习动机，使学生增强求知欲望，养成自主学习的习惯。

2. 加涅学习理论的局限性

（1）加涅的学习理论是一种假说，虽然有一些实验的支持，但总体上他的教学阶段理论等缺乏可靠的实验依据。加涅虽重视原理学习的研究，但是研究的深度和广度都明显不足。

（2）加涅主张，“学习理论应包括具有行为主义倾向的事实，和经过实际研究确定的并用概念的模式相互联系起来的学习原理。”实际上，在加涅的学习理论中既有行为主义心理学的术语，又有信息加工理论的解释。但他是借用他人的研究成果来构建自己的理论框架，因此，他的学习理论并没有揭示学习过程中的一些新的本质特征，而仅仅是引用他人的研究成果来解释学习的过程。

第五节　人本主义学习理论

一、人本主义

人本主义心理学是20世纪50年代末60年代初兴起于美国的一种心理学理论，在60年代和70年代得以迅速发展，被称为心理学的“第三势力”。人本主义心理学是由许多持有相近似观点的心理学家和学派联合发起的一种学术思想运动，其主要发起者是马斯洛（A. H. Maslow，1908—1970），后来影响较大的代表人物是罗杰斯（C. R. Rogers，1902—1987）。

图5-19　马斯洛

图5-20　罗杰斯

人本主义心理学研究的主题是人的本性及其与社会生活的关系。人本主义者强调人的价值和尊严。他们既反对精神分析学派的性本能倾向，又反对行为主义的机械化倾向，主张心理学要研究对个人和社会富有进步意义的问题。

二、人本主义学习论的主要观点

人本主义学习观的代表人物之一是罗杰斯，他是心理咨询家和教育改革家。从20世纪30年代起，罗杰斯从事儿童心理咨询和心理治疗工作。40年代初，他根据自己的工作经验，公开提出“患者中心疗法”。在个性理论方面，他在30年代初提出人格及其变化的理论，即“自我理论”。从60年代起，罗杰斯把他的理论推广到教育和教学领域，出版了《学习的自由》一书，系统地阐述了他的学习和教学观点。罗杰斯的学习观集中反映在以下几个方面。

（一）学习是有意义的心理过程

在对学习过程本质的看法上，罗杰斯的观点与行为主义的学习理论根本是对立的。罗杰斯认为学习不是机械的刺激—反应联结的总和，个人学习的主要因素是心理过程，是个人对知觉的解释。罗杰斯曾举例说明，具有不同经验的两个人在感知同一事物时，其反应不一定一致。罗杰斯认为两个人因对知觉的解释不同，从而他们所认识的世界以及对这个世界的反应也不同。因此，要了解一个人，要考察一种学习过程，只了解外界情境或外界刺激是不够的，更重要的是要了解学习者对外界情境或刺激的解释或看法。罗杰斯的学习理论属于现象学派的思想范畴，虽然他注意到认识的主观能动性，但他对知觉的解释完全不同于辩证唯物论的能动反应论对知觉的解释。辩证唯物论的反应论认为，人对客观世界的认识是以客观世界在人头脑中的主观映象为基础的认识，而并非由自己的主观世界来决定客观世界。罗杰斯对知觉的解释具有主观唯心主义的认识倾向，这是需要澄清的。

（二）学习是学习者内在潜能的发挥

在对学习的起因和学习动机的看法上，罗杰斯认为，人类具有学习的自然倾向或学习的内在潜能。人类的学习是一种自发的、有目的的、有选择的学习过程。教学的任务之一就是创设一种有利于学生学习潜能发挥的情境。人本主义的学习观把学生看作是一个有目的、能够选择和塑造自己行为并从中得到满足的人。因此在教学中，罗杰斯强调以学生为中心。教师的任务主要是帮助学生增强对变化的环境和自我的理解，而不应该像行为主义学习理论所主张的那样，用安排好的各种强化去控制或塑造学生的行为。罗杰斯还认为，学习过程对于学习者来说应该是一个愉快的过程，在教学中不应把惩罚、强迫、种种要求或约束作为促进学生学习的方法。

罗杰斯认为，人的学习具有主动性和自觉性，这种观点是可以接受的。但罗杰斯认为这种主动性和自觉性来自人的本能或所谓的内在的潜能，这种本能主义的观点，我们并不认同。我们认为，人类学习的主动性和能动性主要受外界社会环境和教育的影响，离开了人类社会和人类的实践活动，就谈不上主动性和自觉性。另外，罗杰斯特别强调人的自然发展，否定环境或教育的重要决定作用。这种否定环境作用的本能决定论的观点是错误的。在教学中，教师固然要尊重和发挥学生学习的主动性和自觉性，但还是要合理地运用奖励或惩罚等方法和手段。完全放弃对学生学习的约束和要求而任其自然发展，是不符合社会对教育的要求的。

（三）学习应该是对学习者有用的、有价值的经验的学习

在学习的内容上，罗杰斯强调学生学习的内容应该为学习者认为是有价值、有意义的知识或经验。罗杰斯认为，只有当学生正确了解到所学内容的用处时，学习才成为最好的、最有效的学习。一般来说，学生感兴趣并认为有用处、有价值的经验或技能是比较容易学习和保持的；而那些学生认为价值很小、效用不大的经验或技能往往学习起来很困难，且容易遗忘。如果某些学习内容需要学习者改变自己的兴趣或自我结构，那么这些学习就可能受到学生的抵制。罗杰斯这一学习观点提示教师要尊重学生的学习兴趣和爱好，尊重学生自我实现的需要。在课程内容的安排和设置上，应该给予学生充分的自由，允

许学生根据自己的兴趣、爱好以及自我理想来选择有关学习内容，而不应该把一些学生不喜欢的东西强行灌输给学生。

罗杰斯的这种尊重学生学习自由的观点是可取的，但是自由也应该是相对的，而不应该像罗杰斯所认为的那样——给予学习绝对自由。学生学习的自由应该建立在完成必要的和必修的学习任务的基础上。有些对将来有用的知识内容，尽管当前看来没有实用价值或不感兴趣，但为了将来的需要，学生仍然应该认真学习。学习是一项艰苦的劳动，不付出一定的劳动代价是不会有良好收获的。学习的绝对自由会使学生产生避重就轻、抛繁就简的不认真的学习态度，更谈不上系统地掌握知识和培养良好的个性品质。

（四）最有用的学习是学会如何进行学习

罗杰斯特别强调学习方法的学习和掌握，强调在学习过程中获得知识和经验。罗杰斯在《学习的自由》一书中明确指出："只有学会如何学习和学会如何适应变化的人，只有意识到没有任何可靠的知识，唯有寻求知识的过程才是可靠的人，才是有教养的人。现代世界中，唯有变化可以作为确立教育目标的依据，这种变化取决于过程而不取决于静止的知识。"罗杰斯认为，很多有意义的知识或经验不是从现成的知识中学到的，而是在实践的过程中获得的。学生通过参加实践性学习活动，进行自我发现、自我评价和自我创造，从而获得有价值的、有意义的经验，这便是最宝贵的知识。罗杰斯还强调，在学习过程中获得的不仅仅是知识，更重要的是获得如何进行学习的方法和经验，这些方法和经验可以运用到以后的学习中。所以，最有用的学习是学会学习，它可以使学生对各种经验的不断变化具有适应性。罗杰斯的上述思想被称为"学习是形成"的观点。所谓"学习是形成"，就是在"做"中学，在学习过程中学会如何进行学习。

罗杰斯的这种在"做"中学和在学习过程中学习如何学习的观点是可取的。我们提倡在实践活动中学习，但并不否定书本知识的作用和价值；提倡总结学习经验和学习方法，理论联系实际。

人本主义心理学从哲学上来看，主要思想倾向于唯心主义。它脱离了社会和社会关系而强调所谓人的本性，背离了辩证唯物主义对人本性的看法。人本主义的学习观过分强调人的学习本能，忽视环境和教育的作用，强调学习的绝对自由，这些观点都是错误的。对待人本主义学习理论，应该取其精华去其糟粕，既要看到它积极、合理的一面，又要看到它消极、片面的一面。

第六节　建构主义学习理论

一、建构主义

（一）建构主义的概念

图5-21　皮亚杰

建构主义源于20世纪60年代瑞士儿童心理学家皮亚杰（Piaget，1896—1980）的认知发展理论、维果斯基（Vygotsky，1896—1934）的社会心理学理论以及布鲁纳的发现学习理论。皮亚杰认为，学习是一种“自我建构”。个体思维的发生过程，就是儿童在不断成熟的基础上，在主客体相互作用的过程中获得个体经验与社会经验，从而使图式不断地协调、平衡的过程。皮亚杰反对行为主义心理学的刺激—反应模式。他认为，一切认知活动的获得，都离不开认知结构的同化（assimilation）与顺应（accommodation）的作用，都是同化与顺应的产物。同化与顺应是个体与外界环境发生相互作用后，个体原有认知结构与外界刺激的情境之间具有较小差异或较大差异时，产生的一种认知结构的调整过程。同化是指主体把外界刺激或输入的信息直接融入自己现有的认知结构中的过程；顺应是指主体原有认知结构因受到外界刺激的影响而发生改变，以使其与外界刺激相适应的过程。

（二）建构性学习的主要特征

建构主义认为，学习是学习者在原有知识和经验的基础上，在一定的情境或社会文化的背景下，借助他人（包括教师和学习伙伴）的帮助，主动对新信息进行加工处理、建构意义的过程。建构主义者认为学习具有五大特征：积极性、建构性、累积性、目标性，以及诊断性与反思性[①]。

1. 积极性

建构主义认为，学习应该是积极的心理过程。学习过程并不是简单的信息输入、存储和提取，它同时包含由于新旧经验的冲突而引发的观念转变和结构重组，是新旧经验之间的双向作用过程。学习是学习者利用感觉吸收并且建构意义的过程，这一过程不是被动地接受知识，而是同学习者接触的外部世界相互作用的结果。学习是一个以学习者已有知识和经验为基础，通过个体与环境的相互作用，主动建构知识的过程。建构主义不仅注重知识是学习者主动建构的精神，也注重知识的社会层面、同伴或师生之间的沟通与协商。“学习”是一种学习主体展开多元对话——与课本对话、与别人对话、与自身对话，从而形成认知性实践、社会性实践、伦理性实践的过程。

2. 建构性

学习具有建构性。在学习过程中，学习者必须对新信息进行编制并将其他信息关联起来，以便在保持简单信息的同时，理解复杂信息。建构主义认为，学习是在一定情境中进行的，而且是一个交流与合作的互动过程，当然也是一个主动建构意义的过程。建构主义学习理论强调以学生为中心，认为“情境”“协作”“会话”和“意义建构”是学习环境中的四大要素和四大属性。“意义建构”是整个学习过程的最终目标，是对当前学习内容所反映的事物的性质、规律以及该事物与其他事物之间的内在联系达到较深刻的理解。建构主义者认为，建构主义不是一种适应某些条件的教学策略，而是一种学习的哲学，是了解世界的方式。因此，人的建构性的学习方式与真实的本质、知识的本质、人的交互作用的本质以及科学的本质有关。

3. 累积性

学习是累积性的，因为一切新知识的学习都建立在原有知识的基础上。要解决一个新问题，就须激活与新问题相关的原有知识，且在与认知图式相互作用的基础上，通过同化和顺应过程重建新旧知识之间的平衡。这种建立平衡的过程，事实上是一种知识的累积过程。当然，这种累积并不是知识的简单叠加，而是对原有知识结构的“质”与“量”同时进行作用与改变，是对原有知

①吕耀中，王新博．论建构主义学习观[J]．青岛科技大学学报(社会科学版)，2003(4)：98-99.

识的深化、超越和质变。

4. 目标性

建构主义的学习是目标定向的。只有学习者清晰地认识到学习的目标状态并形成预期时，学习才能成功并有意义。建构主义者认为，建构性学习的目标不是由外部驱动的，而是由学习者的内部因素决定的，即由学习者本人主动设计的。学习目标的设定也与学习者的真实性任务有关。因此，真正的学习目标取决于学习过程、学生与教师互动的过程。

5. 诊断性与反思性

诊断性与反思性是建构主义学习的主要特征。这个特征要求学习者主动对学习过程进行自我监控与自我评估，以自己的主动性评价方式对学习过程的有效性进行不断地诊断与反思，从而不断地在学习过程中对自我学习进行有效监控。应该说，诊断性与反思性是建构主义学习区别于传统学习最主要的本质特征。

二、建构性学习的类别

根据建构主义学习论的基本原则与方法，人们不断地对学习方式进行研究。目前，建构性学习大致可以概括成以下几类。①

（一）发现导向学习（discovery-oriented learning）

建构性学习在探究方面通常是强有力的，尤其是在学习过程中激发动机的起始阶段和以应用为目的的阶段，探究学习的地位很重要。发现导向学习作为建构主义学习的一种形式，最主要的特征是在一定的情境中以任务解决为目标，学生主动积极参与并在教师的指导下完成问题解决的任务。这种问题解决的方式方法包含着对学生能力的培养，尤其是对创新思维能力的培养。发现导向学习需要教师对学生的引导与帮助，也需要学生对任务的兴趣与理解。

（二）情境学习（contextual learning）

部分教师将课堂教学导入一种去情境化的方式，即从理想化内容到理想化的应用的抽象化学习状态。学生从一种抽象的情境中获取一些知识，从而应用

①高文．建构主义学习的特征[J]．外国教育资料，1999(1)．

于抽象的情境之中。这样的教育模式培养的学生往往缺乏知识的实际应用能力，不能把学到的知识应用于实际情境中。事实上，能力表现于学习者对环境的适应，在一定的情境中对问题的解释或解决。教育过程中大量的问题是结构良好的问题，而学生对于结构不良的问题往往表现得束手无策。实际存在的“高分低能”现象说明了教育存在严重的问题。情境学习要求学习者注意知识表征的多元化并注重各种知识表征之间的联系，同时还要注意使知识表征与多元化的情况相联系。情境学习的教学设计往往是以实际情境中的问题为研究和探索的对象，解决这个问题需要对情境进行要素分析，分清主要因素、次要因素和影响问题的关键因素；用问题重构或模型建构的方法对次要因素进行简化或忽略，抽取和保留主要因素，提出一个问题结构的理想化模型，这样才使问题得以解决。通过这种学习学到的知识，是一种既有理想化认知结构又结合具体情境的能应用于实践的真知识。

（三）问题导向学习（problem-oriented learning）

问题导向学习要求学习者面对一个结构不良的问题，在解决问题的过程中扮演积极的角色，在开发问题解决策略的同时，获得学科知识与技能。学习者必须完成如下的学习任务：确定是否存在某一问题（从情境中发现研究问题）；对问题精确的陈述；识别为理解问题所必需的相关信息；确定可用于搜集信息的资源；展示可能的解答。问题导向学习的基本途径：呈现问题的陈述；列出已知的知识；对已有知识进行分析，并对某一问题进行陈述；列出学生为填补知识的缺陷所必须发现的信息，以引导学生的探索与搜寻；列出学生可能采取的行动，可能提出的建议、解答或假设并进行尝试性检验；学生以书面或口头的形式呈现、交流各自的发现、解答或建议。问题导向学习是对学习的思维与问题解决的方法的挑战，在解决发现的问题后往往又会提出新的问题。因此，这种学习是开放性很强的学习方式。现在，正在实施的基于问题的学习（problem-based learning）和基于项目的学习（project-based learning）与问题导向学习是类似的。

（四）基于案例的学习（case-based learning）

基于案例的学习能有效地加强记忆的语义表征与情节表征之间的关系，能克服侧重概念、命题的传统学习的抽象性，加强理性与感性之间的有机联系，对提供案例所依托的情境、激发学习者的学习内在动机是十分有利的。基于案例的学习要求教师对案例的选择既注重基础性又注重情境性，且更重视知识与情境、知识与知识之间的相互联系性。

（五）社会学习（social learning）

在维果斯基历史文化学派的影响下，学习的社会性问题受到了普遍的关注，同时也引发了围绕该问题的讨论与研究。这些研究从个体发展的社会源、社会文化的中介以及通过心理工具的加工与处理促进知识的内化等方面，开发了以计算机技术支持的情境学习、合作学习、学习共同体、认知学徒制等突出学习的社会性的建构性学习模式。

（六）内驱学习（intrinsically motivated learning）

建构性学习是一种认知动机驱动的学习。这种内驱力表现为学习者渴望理解和掌握知识，以及陈述和解决问题的倾向。这是一种求知的需要和对学习的热爱，起源于学习者的好奇心、强烈的求知欲、认知的兴趣以及探究、操作、理解和应对环境的心理倾向。学习过程中教师要鼓励学生不断地向自我提出挑战，向自我的能力提出更高的要求，充分调动学生的能力潜质。

三、建构主义的学习条件

建构主义认为，学习者的学习条件是学习过程的关键。

（一）师生关系

建构主义注重学习者的主体作用，强调以学生为中心。建构主义认为，学生是信息加工的主体，是意义的主动建构者，而不是外部刺激的被动接受者和被灌输的对象。教师是学生意义建构的帮助者、促进者和指导者，而不是知识的灌输者。

（二）情境

建构主义注重情境的作用，特别是真实情境的作用。建构主义强调创建与学习有关的真实世界的情境，即能够促进学生积极主动地建构知识的社会化的、真实的情境，以激发学生的联想思维，使其能利用自己原有认知结构中的有关经验，同化当前学习到的新知识，从而在新旧知识之间建立起联系并且赋予新知识某种意义。

（三）互动作用

建构主义强调协作学习和交互式学习对学习内容的理解，这对知识意义的建构起着关键性的作用。在个人自主学习的基础上，开展小组讨论、协商，可以进一步完善和深化对主题的意义建构。通过协作学习，学习者群体的思维与智慧就可以被整个群体所共享，有利于学习者的协作式探索。

（四）学习环境

建构主义特别注重对学习环境的设计，为学习者提供充分的资源，使其积极主动地进行知识意义的建构。学习环境就是学习者可以在其中进行自由探索和自主学习的场所。

四、内隐学习和内隐知识

建构主义者认为，学生用自己原有的知识结构和方法来解读教材的内容，从而在头脑中建构出一个新的概念或新的知识图式。因此，学习者的建构性学习是一个自主的过程。建构主义强调学习是学习者在丰富情境中主动建构意义、创造知识的过程。当然，这一主动建构的基础是学习者的有意注意。学习作为一种主动的过程，就必定是一个有意识的过程，也应是有主动意向的过程。美国心理学家瑞伯（A. S. Reber）在1965年提出内隐学习（implicit learning）的概念，用他早期著作中的话说，内隐学习就是无意识获得环境刺激中的复杂知识的过程。瑞伯指出，人能够按照两种本质不同的模式来学习复杂的任务，一种是人们所熟悉的外显学习（explicit learning），另一种便是内隐学习。内隐学习相对于外显学习，最突出的特征在于其无意识性，学习者可以自动地产生内隐知识，无须有意识地去发现任务操作的外显规则[①]。由此可见，学习并非都是一种有意识的过程，个体可以通过无意识的内隐学习获得内隐知识。因此，这样的内隐学习就不一定是学习者主动学习的过程。皮亚杰在论述个体的认知过程时，提出个体通过同化与顺应，或是将外在刺激纳入已有图

①张卫.内隐学习及其特征研究[J].华东师范大学学报(教育科学版),2001(3):56-63.

式，或是调节原有图式来适应环境。个体认识世界的过程就是个体与外在世界互动的过程，个体既可以作用于外部世界，又可从外部世界获得反馈。因此，学习既包含学习者主动建构的成分，又包括从外界吸收的成分。

第七节　认知研究对学习的解释

20世纪50年代，在行为主义统治心理学界40多年后，认知科学诞生。行为主义是唯物主义哲学思想体现在心理学上的代表，主张研究外显的、可观察的客观行为，而不关注个体内部的主观心理过程。认知心理学认识到行为主义的缺陷，把研究重点转移到了内部心理过程。行为主义强调严格的实验方法，排斥主观经验的报告；认知心理学则既重视实验室实验，也重视主观经验的报告。认知心理学主张用系统的方法，着力研究那些不易观察到的内部机制和过程，如信息的感觉与登记、记忆与加工、存储与提取等。

一、认知理论与教学活动的关系

认知心理学者对人的认知过程、学习过程等方面做了大量的研究，揭示了人类学习过程的基本心理特征，并提供了大量关于学习过程的有意义的解释。教学是促进人的有效学习的过程或方法，从认知心理学的角度也能够为教学原理做出科学的解释。

对学习本质做出解释，是在学生的学习行为与认知心理学理论之间建立联系的桥梁。作为教师，如果不能从认知心理学理论角度对学习进行深度理解，就难以分析平时教学工作中遇到的疑难问题，也不能有效地进行教学设计。学习行为与认知理论之间的联系可以表现为两个方面（如图5-22所示）：一是认知心理学的实验结果或理论对学习活动的启示，即理论对实践的指导意义；二是用认知心理学理论来解释学习活动存在的问题，即从实践问题回归到认知理论的解释。本节讨论第一个方面的问题，第八节将讨论第二个方面的问题。笔者有意识地安排这两节内容，用心理学的研究成果对学习问题进行应用性讨论，是为了帮助读者了解在教学领域中用心理学去思考和解决问题的方法。

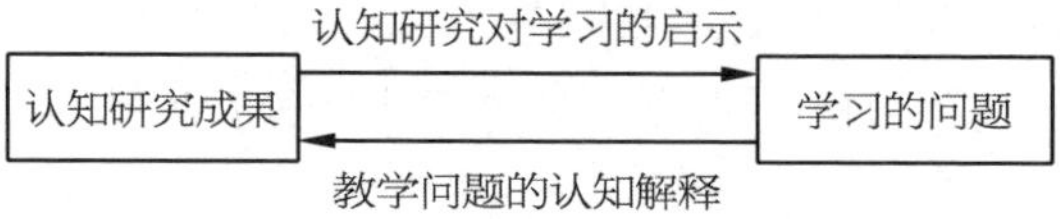

图5-22　学习行为与认知理论的关系

二、认知心理学的典型研究分析

认知心理学认为，人的学习经验（已经学习的知识）或关于一个问题的相关知识，可看成某一认知结构。当学习发生时，外界对主体输入的刺激（或信息）会在信息加工区与从长时记忆区自动提取的相关认知结构发生相互作用（如比较、辨析等），学习加工的结果会使学习主体的认知结构发生变化，产生新的结构，达到新的认知平衡，这就是学习过程。认知心理学在这样的观点指引下，对学习领域的各种问题进行了研究，这些研究成果对教学有启示作用。所以，笔者在此做一些研究案例的分析，以帮助教师在教学中理解学习相关问题的本质。

（一）专家与新手的研究

认知心理学研究中常常对不同人群的认知过程、认知能力和认知方式进行比较研究，“专家”“新手”就是常用的两组研究对象。某一领域中专业水平差异明显的两组人群，专业水平相对高的一组可标记为“专家”，而另一组则标记为“新手”。例如，物理系大四应届毕业生相对于大一新生，大四学生是“专家”，大一新生是“新手”；而大四学生相对于同系的博士生则是“新手”，博士生是“专家”。

1. 专家学生与新手学生

人们很可能习惯地认为，“专家”知识丰富，他们懂得比一般人多。而埃特默和纽比所述的“故事”彻底颠覆了人们原有的认识。[①] 埃米尔（Emilie）和莫妮卡（Monica）两名学生都接到通知，在自学教材的基础上，教师将要进

①盛群力，马兰编译．专家型学生：策略、自我调节和反思[Ertmer, P. A. & Newby, T. J.（1996）The Expert Learner: Strategic, Self-regulated, and Reflective, Instructional Science 24, 1-24．][J]．远程教育杂志，2004(1).

行一次有关环境污染对生态系统所起的破坏影响方面的测验，测验的题型是论述题。

埃米尔在听到要考试的消息时显得有些不安。原因是测验前的那天晚上有一场她非常喜欢的篮球赛，另外她自己感觉对论述题有点不适应。为此，她想办法弥补自己的不足。于是，她排出一个学习计划日程表，并找到一个安静的环境（学校阅览室）以保证自己集中精力地高效学习。她也注意到了用与以前选择题考试复习不一样的方法——摘录重要内容并进行理解与整理来准备论述题的考试。

在认真阅读教材后，埃米尔发现课文中已经将原因和结果联系起来进行了阐述。因此，她用原因与结果的对应关系来整理教材内容。在笔记整理过程中，她还不时地停下来估量自己的学习进展，如是否按照原计划在进行，效果如何，理解是否到位，等等。埃米尔还在学习过程中将概念之间的关系重新进行梳理与表达，并把生态系统之间各种事件的关系通过示意图的方式表达出来，以此检验自己是否真正掌握。之后几天，她不时地复习摘录的内容并与同学进行讨论。当讨论中有不同的看法时，她会重新翻看教材，必要时向教师请教。在考试前一天晚上，埃米尔先做完一套自测题，再去看篮球比赛，毕竟她不愿放弃这一个娱乐机会。

莫妮卡也对这场考试比较担心，因为她觉得自己在考试时做选择题更有把握些。但是，她并没有仔细思考过一些本质的问题，也没有认真思考与计划针对这个新的学习任务所需的新的方法与策略，更没有制订相关的学习计划。她习惯性地认为只要更用功些总会通过考试。她便用更多的时间去反复阅读教材、记忆一些词语，但没有认真思考如何学习才有效。她对球赛也感兴趣，但并没有想出更好的准备考试与看球赛两不误的方法。

在这个研究中，埃米尔和莫妮卡是同一个班的学生，埃米尔是成绩非常好的专家学生，而莫妮卡则是成绩一般的新手学生。她们的行为对比告诉我们：一、专家学生具有良好的计划能力、监控自己学习行为的能力、及时评估自己学习的能力以及调整与反思的能力。二、专家学生会针对自己遇到的新问题进行策略设计与研究。三、培养学生的计划、检查、评价、反思等能力，促进学生对学习任务的分析与研究，将有助于学生成为专家学生。

2. 专家棋手与新手棋手

国际象棋大师、A级棋手与新手的比较研究也可以给我们的教学带来启示。① 记忆力相同的国际象棋大师、A级棋手与新手用相同的时间来记忆国际象棋的对弈残局，成绩是16：8：4。记忆力相同，为什么对残局的记忆量不一样呢？认知心理学给出的解释是：专家对其领域的知识是组块化记忆的，而新手几乎很少有组块记忆；对某一领域的专业化水平越高，知识的组块化程度也越高，对这一领域的问题理解力就越强。另外，在数学、电子学、辐射学等领域的研究也得出了相似的结果。②

上述案例告诉我们：一、知识的组块化是衡量学习者在该学习领域的专业水平的重要标志。二、知识以组块化的形式存储与提取可以提高学习者的专业知识内容的记忆量。三、组块化程度是解决问题能力的关键。专家的知识组块化程度高，关联信息的组块紧密，提取与运用信息的组块化水平也高，这便更容易解决问题。相反，新手所掌握的碎片化信息就不利于高效地解决问题。四、精心设计教学，对促进学生学习过程中相关学习内容的组块化策略的研究十分重要。例如，加强相似知识之间的联系，加强知识与实际情境之间的联系与运用，加强形同质不同、质同形不同的知识之间的比较与辨析，等等。

3. 物理问题的专家与新手归类

祺等人对物理系的大一新生（新手）和博士生（专家）对物理问题分类的研究表明：专家对问题的分类趋向于以本质理解为原则，而新手趋向于从问题的表面结构去归类。③ 这说明问题解决者对问题的分析与判断有着本质的区别，专家更多地考察问题的深层次结构，而新手更容易从表面的或浅层的现象去理解与分类。

这个案例可知：一、学生在某个领域的专业化水平越高，对这一领域问题的分析、理解与解决越可能倾向于问题的深层次结构与本质。二、引导和促进学生对问题结构的分析与理解，而不让他们停留在对问题表面特征的分析与归类，是非常重要的。三、教学的重要任务是促进学生对问题本质结构的认识。

①Chase, W. G., H. A. Simon. Perception in chess[J]. Cognitive Psychology, 1973(1): 33-81.

②约翰·D. 布兰斯福特等编著，程可玲等译. 人是如何学习的[D]. 上海：华东师范大学出版社，2013：31-32.

③Chi M., Feltovitch P. & Glaser R. Categorisation and representation of physics knowledge by experts and novices. Cognitive Science, 1981(5): 121-152.

专家与新手的研究方法为我们研究和寻找不同人群的认知行为的特征和规律提供了有效的途径。我们可以利用专家与新手的各种研究结果为教学做合理的解释，也可以让专家与新手的研究方法服务于日常的教学研究。

（二）学习目标与学习过程的分析

1. 最近发展区理论分析学习目标

选择合适的学习内容是有效学习的前提与基础。只有那些适合学生学习且能有效促进学生发展的学习内容，才能作为有效的学习活动的内容。内容的有效性除了内容本身的客观价值以外，还与内容的目标定位有很大关系。教学过程中经常有这样的情况：因为学习内容超出学生的理解水平而使学生的学习产生困难，从而影响学生学习的效果与学习兴趣。同样，如果学习内容明显低于学生的认知学习能力，也会使学生感觉到学习内容没有挑战性，而失去学习的动力与兴趣。

维果斯基的最近发展区理论为教学目标适合性提供了有用的“法典”。[①] 最近发展区理论告诉我们，学习目标（或教学目标）必须在学生现有的发展水平与可达成的潜在发展水平之间确定。现有发展水平的确定要求教师对学生的初始状态进行调查与分析，做出准确评估，确定学生认知发展的起点；而潜在的发展水平是指学生在教师（或专家学生）的指导下可以达到的学习（发展）水平。显然，只有教学目标与学生发展区间完全吻合时，目标才是最适切和有效的。如图5-23所示，目标区域A表示定位太低；B表示定位太高，而C则为教学目标的理想定位。因此，如果目标定位不准确，无论有多好的教学方法，都不可能有高效的课堂，也将从根本上造成教育时间和教育资源的浪费。

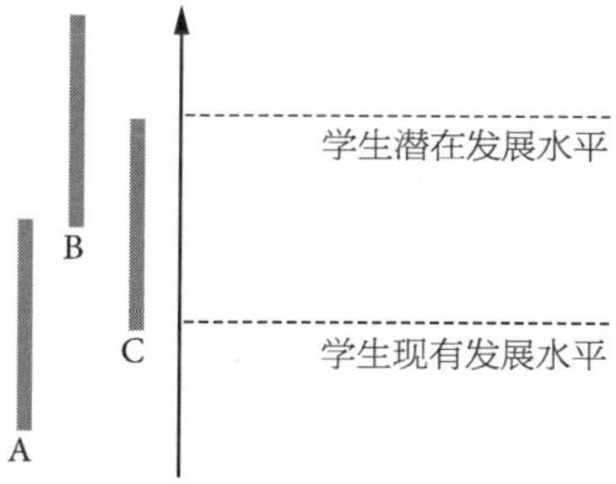

图5-23　最近发展区理论图示

目前，学校组织各种形式的“前置自学”（如学案导学、先学后教、导学案等），主要是在实施课堂教学活动之前，让学生能够达到比原来传统方法所能实现的更高的“现有发展水平”，这样就缩小了教学的目标区间（最近发展

①Vygotsky L. S. Mind in Society[M]. Cambridge: Harvard University Press. 1978: 85-87.

区），可减少课堂教学中教师的辅导（指导）量。优秀的导学案主要体现“导”的功能，尽可能引导学生达到更高的“现有发展水平”，而不是把导学案演变成课前练习。

2. 图式理论对学习本质的认识

多数研究认为，近迁移是可能发生的，而学习内容之间相异性较大的远迁移很难发生。因此，教学过程中要设置合适的台阶，把难度较大的学习任务分解成若干个与当前学习状态比较接近的难度适宜的近迁移任务，促使迁移容易发生、学习容易成功，这就是给学生“搭脚手架”。“搭脚手架”就是把远迁移的学习任务转化成数个近迁移，并把学习难度降低到适合学生的程度。教学要设计一些化“远”为“近”的“脚手架”，以便使学习迁移顺利发生，学习活动高效。

现代认知心理学认为，学习者对学习内容的本质理解是学习有效的主要标志，也是继续学习（迁移）新任务的基础。例如，图式理论研究者提出，学习迁移发生的关键在于学习者能够架构起学习内容的心理图式。[①]（详见第二章第二节）

先给学习者呈现第一个问题“军事问题”，当他们熟记问题的文字内容后，再让他们解决第二个问题“放射疗法问题”（这两个问题在第二章第二节中已有详细介绍）。

其实，这两个问题之间能成功实现迁移的条件是，学习者认识到一种表达问题特征或结构的图式。这种图式的归纳过程如下：

①Gick, M. L., & Holyoak, K. J. Analogical problem solving [J]. Cognitive Psychology, 1980 (12): 306-355; Gick, M. L., K. J. Holyoak, Schema induction and analogical transfer [J]. Cognitive Psychology, 1983 (15): 1-38.

军事问题

初始状态

目标：用军队攻破城堡

资源：足够庞大的军队

限制：不能沿一条道路派遣整个军队

计划方案：同时沿多条道路派遣小股部队

结果：城堡被部队攻破

放射疗法问题

初始状态

目标：用放射线消灭肿瘤

资源：强度足够的射线

限制：不能只从一个方向发射高强度的射线

计划方案：同时从多个方向发射低强度的射线

结果：肿瘤被射线消灭

测试过程表明：如果不做任何形式的提示，很少有学习者能解决这个问题；而当测试者明确告诉学习者，第二个问题可借用第一个问题的解决方法时，90%以上的学习者都能解决问题。因此，让学习者理解或感知两个学习任务之间的关键信息的关联性，这对学习迁移非常重要。而将军问题与放射疗法问题之间的共同特征可用以下面的图式来表示。

聚合图式

初始状态

目标：用一种力量征服某一个中心目标

资源：足够强大的力量

限制：不能只用一种途径施加所有力量

计划方案：同时采用多条途径运用微弱的力量

结果：中心目标被这支力量征服

这个案例给我们的启示：一、学习者在学习时需要对学习内容的信息有一个整体性的认识，才能够形成对问题建构的心理图式。二、教学过程中，只有在学生解决问题遇到困难时，才需要教师进行关键信息的提示或暗示，以激发学生对新旧问题之间的思维联系。三、学习者只有理解了学习内容的本质图式，才算真正意义上掌握了学习内容。

（三）记忆的本质：信息存储与提取

现代认知研究并没有直接的证据支持假设：储存于大脑中的信息会痕迹衰退，而是支持线索依赖性遗忘。[①] 当人们需要使用储存的信息时，大脑会在自动搜索、匹配后提取信息，并进入信息加工区，这就是记忆的存储与提取的本质。之前的记忆如果无法回忆起来，是因为信息无法提取出来。它的原因是无法找到搜索该信息的正确“路径”。因此，遗忘的本质并不是长时记忆区内不存在该信息，而是我们无法找到该信息。信息遗忘类似于存放在图书馆的藏书找不到了，但存放的书是客观存在的。

那么如何使大脑中的学习内容减少遗忘呢？其关键在于存入大脑的信息能够容易被找出。也就是说，每一条信息的提取都要有规则的路径可找。图书馆的藏书方法是根据每一本书的分类特征信息对其进行编码，然后根据编码将该书放在编码对应的位置，这就保证了该书一定能被找到（被提取）。同样地，在电脑中存储文件，我们可以根据需要存储的文件情况设置一定量的文件夹（当然可以是多层次的）。如果根据文件的内容特征，把文件放在正确、合适的文件夹内，那么这个文件就可以被顺利地提取。在把文件放在合适的文件夹内之前，对文件特征信息的准确分析，事实上是对文件进行“编码”，如果编码错误就有可能因放错“位置”而找不到该文件。

上面的讨论提示我们：一、学习过程中需要对学习内容进行“编码”。对学习内容的意义的理解、分析与比较等思维加工过程就是“编码”。奥苏贝尔的意义学习就是要求学习者在新知识与学习者已有的相关知识之间产生关联或联系，使新旧知识发生同化。这个过程相当于让新知识找到与自己相关联的“亲戚”（已有知识），确保它不找错位置，存放在自己该放的“地点”。二、促进学生分析与理解疑难问题和重点知识十分重要。分析与理解包括以下情况：知识是怎么来的（其发生过程）；相关知识（相同、相反、相似等知识）的联系；知识与实际问题的联系与应用等。事实上，这是让新知识与旧知识之间产生融合或同化，或者使新知识与实际情境产生牢固的“联结”，这样才使新知识的“存放点”更加合理。

①M. W. 艾克森，M. T. 基恩. 高定国，肖晓云译. 认知心理学[M]. 上海：华东师范大学出版社，2004：253-261.

以上教学策略可以理解成知识组块化的三个方面。一、让学生理解知识的发生就是让学生从原理上建立新知识与旧知识的联系，这是绑定原有的认知结构。二、让学生理解并行的相关知识的联系，就是让新知识绑定相近（关）知识。三、知识与实际问题的联系与应用就是绑定知识的相关“情境”，强化建构。因此，零碎知识不容易提取且容易遗忘，而组块化知识更容易提取与应用。

60多年来，认知心理学的发展非常快，研究的成果也非常多。多数认知研究的成果可为教与学提供有益的启示，使教育工作者能从认知原理来解释与改进教学行为。

第八节　学习问题的认知解释

学校教学活动中经常会遇到教与学的有效性问题。学科教研组可以针对某一教学环节或片段的有效性或合理性进行研究与讨论，多数情况是根据组内人员或某些专家教师的经验分析来评价和改进教学。这是一种经验解释方法，它的可靠性依赖专家教师的经验水平。那么，我们是否可以用理论分析的方法，即用认知研究结果来解释实际遇到的教学问题呢？下面以教学实际中所遇到的学习问题的认知解释为例说明，帮助读者理解如何用认知理论解释学习或教学中遇到的问题。

一、学习的信息加工解释

信息加工理论将人的认知看作是一个信息加工的系统，认为信息加工（感觉输入、感觉登记、编码加工、储存和提取）就是认知的全过程。信息加工理论可以用来理解或解释学习者的学习（加工）过程。

（一）问题的思维性解释

在课堂教学中，教师经常会设计一些问题来引导学生开展问题解决活动。好的问题可以引领学生的思维活动，促进学生对相关信息进行综合加工。但有的问题看上去使课堂很“热闹”，其实缺乏问题的基本特征和作用。例如，教师问学生：“鸦片战争是哪年爆发的？”按照加涅的信息加工模型（如图5-16）①来解释，学生接受信息与处理信息的过程是：感受器（听到这个问题）→感觉登记（注意到这个信息并进行信息登记）→短时记忆（即信息加工与编码，学习者将这个问题转化成关键词：鸦片战争、时间）→长时记忆（在长时记忆区内搜索信息并匹配到信息）→反应发生→效应。这个问题的信息加工过程从感觉输入到输出和效应“走”的是一条串行的路线，信息并没有在哪个区域特别停留。学生搜索到信息后立即回答了问题（效应）。

如果将这个问题换一种方式来提问，“为什么1840年会爆发鸦片战争？”其信息加工过程就会复杂一些。我们假设：一、这个问题学生没有遇到过，即学生没有现成的答案。二、学生知道“战争爆发的原因”，这个问题可以从政治、经济、军事、社会发展水平、国际关系（外交）五个方面来分析。那么，学生对这个问题的信息加工过程可能是：感受器（听到这个问题）→感觉登记（注意到这个信息并进行信息登记）→短时记忆（即信息加工与编码：鸦片战争、原因）→长时记忆（没有搜索到可以匹配的信息）→（返回）短时记忆（重新编码：战争、原因）→长时记忆（重新搜索并匹配到：战争发生原因可从五个方面分析）→（返回）短时记忆（第三次进行加工编码：1840年左右，国内政治、经济、军事、社会发展、国际外交）→长时记忆（搜索“1840年左右”等五个方面的信息）→（返回）短时记忆（信息加工编码：将五个方面的信息归类并筛选出发生战争的原因）→反应发生→效应（问题得到解决）。

与前一个问题相比，这个问题的解决过程具有下列特点：一、信息多次在短时记忆加工区与长时记忆区之间传递；二、信息在短时记忆加工区内多次被有效编码；三、信息在长时记忆区内多次被搜索与匹配；四、在短时记忆区进行新旧信息的整合与编码；五、信息在短时记忆区内进行筛选与组合。由此，这个问题的信息加工过程环节多，流程更为复杂，而前一个问题的加工过程几乎没有信息流程的复杂性可言。前一个问题形似问题，其实缺乏问题解决的思维性，可以称为“假问题”；而后一问题具有丰富的思维性，可以称为“真问题”。课堂教学的问题性主要体现在思维性。因此，由“真问题”引导或组成

---

①R. M. Gagné. Essentials of Learning for instruction[M]. 1974.

的课堂是思维型的课堂；而充斥“假问题”的看似“热闹”的课堂缺乏思维，也缺乏问题解决的根本特征，不利于学生的真正发展。

（二）主动学习的效率解释

为什么要促进学生的主动学习？主动学习与被动学习的效率差异到底有多大？我们先分析一个生活案例：我们哪怕搭乘着别人的车去过某个陌生地三四次，之后自己开车去那个地方，若不用导航，可能还是会迷路。但是，如果第一次是自己开车去这个地方的，那么第二次去的时候一般不需要问路便可找到。我们从这个案例可以推测：自己开车一次的学习效果比乘车三次的学习效果还要好。[①] 为什么会有如何大的差异呢？我们可以这样分析司机与乘客的学习效率：

司机	乘客
眼观六路，耳听八方	看路、接听电话、聊天、睡觉
注意力集中于认路（学习）	注意力很少集中于认路
对实时路况必须及时做出反应	不注意路况，反应也被动
特征	**特征**
注意力集中，感受器与感觉登记器高效工作	注意力不集中，感受器与感觉登记器低效工作
对进入短时记忆（加工）区的信息及时正确处理	对进入短时记忆（加工）区的信息不及时处理或被动处理

从上面的分析可知，司机在开车时，感受器、感觉登记器和信息加工等环节都是高效率的；而乘客并不需要信息加工的高效率。这个当然可以理解，司机把握着方向盘，必须处于这样一种状态，而乘客没有必要专注于这些。假设司机进行信息加工时的感受器、感觉登记器和短时记忆（加工）区的信息传输与处理效率为90％，而乘客的三者效率为30％，则

司机的信息传输与加工的效率为：90％×90％×90％＝72.9％

①司机在城市内找某一个目标类似白鼠走迷宫实验，因此可看成学习行为。

乘客的信息传输与加工的效率为：30％×30％×30％＝2.7％

即司机的学习效率是乘客的27倍！相当于开一次车的认路效率与乘27次车是一样的！这也就是说，学生主动学习的效率大大高于学生作为一个被动“参与者”的被动学习的效率。[①]

学习效率取决于信息加工过程（学习过程）的主动性程度。这个结论可以解释课堂上一些司空见惯的低效现象。

例1：本章知识框图。教师煞费苦心地设计了一个“本章知识框图”并展示给学生看，用来总结本章的知识结构。这是没有意义的！因为这是教师主动加工的产品，而不是学生主动加工学习的结果。对学生而言，这个框图是被动学习的材料，而不是他们主动学习与加工的产品，学生的学习效率当然很低。正确的做法：首先学生自己总结，画出知识框图，然后进行生生交流（小组、大组、全班），最后教师帮助学生归纳与总结。

例2：课堂小结。教师在最后3—5分钟进行课堂小结，教师把自己的总结展示给学生看，并讲（展示）给学生听，这样做效率当然也是极低的。正确的做法：让学生自主总结后再交流，让总结（学习）变成学生的主动学习过程。

例3：知识复述式课堂引入。课堂的复述式引入也是一个低效率的课堂环节，因为复述发生在教师身上，学生处于被动接受的过程。正确的做法：改陈述式引入为任务型或问题型引入，把前后课文（内容）的联系转化成任务或问题。

课堂的有效性不是看热闹，也不是看教师如何叙述得好，而是看学生能否在教师的引导下主动、积极地学习。因此，一个优秀的教师能创设促使学生主动学习的学习活动，而不是陈述自己对学习内容的理解。

因此，学生主动学习、自主学习是课堂学习有效性的关键，主动学习的效率会大大高于被动接受性学习的效率。

---

①目前，信息加工的串行与并行两种模式还存在争论。如果承认了信息以流的形式存在，那么串行模式就更有可取性。我们的分析过程假设了信息加工是通过串行模式。

二、教学行为的认知解释

如果教学活动中所实施的教学行为有不合理的成分存在，就会严重影响教学效率。因此，发挥认知科学的理论解释功能，对教学行为进行合理解释可以使教学活动符合学生发展的需要。下面以认知理论解释一些常见的教学行为。

（一）“失败”的样例教学

样例教学是学习者从理论走向实践，提高解决问题能力的好方法。样例教学方法有时出现如下情境：教师先将一个例题的解决过程作为示范进行分析与讲解，讲解结束后问学生：“听懂了没有？”学生：“懂了！”然后，教师就亮出与例题的类型、难度差异不大的问题让学生练习。然而，只有少数学生得出结果，多数学生只能完成一部分，还有部分学生几乎不会解决。于是，学生抱怨自己太笨了；教师为自己没有“讲”好例题自责；家长问学生：“题目做不出，是不是上课听不懂？”学生说：“我听得懂课，但做不出题！”

“听得懂，不会做”的原因可以通过布鲁姆（B. S. Bloom）的认知目标分类理论来解释。样例教学中，教师往往追求让学生听懂例题，而不是让学生会解决实际问题。因此，样例教学结束后，学生达成的目标是“听懂了例题”，即“理解了例题”，学生达到了“理解”层次。当面对一个类似的问题时，学生只能用“应用”或“分析”的认知水平来解决。问题症结：“教”的环节只达到了“理解”，学生自己解题却要求具备“应用”或“分析”水平。

上述现象当然不是学生的问题，而是教师的教学缺乏实效性（“运用…解决…问题”应该是学生需要达到的目标）。正确的处理方法：把例题“教”的环节设计成学生“学”的活动，教师设计合适的支架来支持学生的学习，由学生自主完成问题的解决。也就是说，让学生来当“司机”，教师指导学生“开车”。这样的样例教学才能提高学生“应用”或“分析”的水平。目前学校教学的一个通病：重讲解（陈述）的接受性学习，轻学生自主学习与实践的主动探究性学习，这样做不仅导致学生学习知识的效率低，也不能培养学生的自主学习能力。

事实上，学生能力提升的正确途径是让学生自主学习、自主探究。真正的知识一定是与情境联系的，能力往往是知识与对应情境合成的“知识组块”，而且这样的知识组块更有助于学生提升继续学习的能力。例如，让幼儿背诵加法口诀或乘法口诀，而不让其真正理解实际生活中“数”的概念，这不仅使幼儿失去学习数学的兴趣，还会让他们失去进一步学习的动力。

（二）媒体的抽象程度与思维

随着信息技术的发展，教学手段的信息化在一定程度上提高了教学效率，使得一些光靠传统手段难以解决的问题得以解决。例如，通过多媒体来模拟细胞的分裂过程、宇宙膨胀、种子发芽、冲击波、布朗运动等，利用模拟软件解释一些无法直接观察的实验现象或自然现象。多媒体给教学方法带来了革命性的变化。

但是，过度依赖多媒体技术也会给教学带来负面效应。多媒体呈现形象生动的画面的同时，有时也会影响学生思维能力的发展。例如，每个学生读《荷塘月色》都有自己的想象与理解，并且其中的韵味是无法用简单的图片来表示的。如果教师在学生没有完全领会文章带来的美感时就向学生展示一组荷塘的图片，这就会把学生对美的想象完全禁锢。再如，一堂课使用大量的PPT，不仅破坏了学生的自主思维，而且也对学生头脑中的信息加工区的发展产生不良影响。假设一个学生从小到大一直接受的教学方式都是采用形象的图片或动画进行教学与解释，即使他懂很多知识，但很可能不具备正常人的思维和想象能力，因为那样的学习过程不需要高级思维活动。因此，教学方式含多媒体成分越多，思维需要量越少。一个人在一生的学习过程中，随着思维水平的提高，应该不断改进使用媒体抽象程度，使抽象思维能力得到应有的发展。因此，在学生可接受可理解的前提下，不必过度使用多媒体而错失学生的思维训练的机会。

（三）翻转课堂有效的原因

从实践结果看，翻转课堂教学在一定情况下是有效的。我们可以从理论上解释其有效的原因。传统课堂存在两个无法克服的缺陷：一、教学目标的趋中性。每个学生的最近发展区是不同的，而教师制定的“公共课堂目标”往往针对中等水平的学生，因为这样才能让更多的学生达到统计意义上的有效目标区间。但是，对高水平学生来说这个目标太低了，因为他们已理解（或自学就可解决）课堂中的多数问题；而对低水平学生来说这个目标太高了，他们在课堂教学后对多数内容仍处于似懂非懂的状态。如此，对全班学生的平均效应，班级共同的课堂教学目标可能只剩下部分有效了。二、学生在传统课堂上不可能完全处于自主学习的状态。传统课堂的教学主线（学习内容与内容学习程序）是由教师设计与控制的，不管教师如何努力调动学生的学习积极性，学生的学习都不可能达到完全自主的状态。

翻转课堂是学生在家看5—7分钟的教师录像，并在看完课本后完成作业的基础上，确定第二天课堂学习的内容（这些内容是自己通过看书与录像没有搞清楚的问题），这些内容即为课堂学习的目标。理论上，这些目标百分百来源于学生自己，完全是个性化的，有效性也应该为百分之百。另外，学生在课堂上为了完成自己学习中没有掌握的内容，会通过小组合作学习、交流讨论、向教师请教等形式进行自主学习，而不是跟着教师的公共节奏学习。这样的学习方式中，学生的自主性达到很高的程度。因此，翻转课堂在学习目标与学习自主性程度的两个维度上都大大地优于传统教学，教学当然应该是高效的。学校实施翻转教学时，应该考虑这两个维度是否得到明显的改观，否则改革也不可能成功。

教学研究是永恒的任务，教学现象的科学解释是走向教育科学化的道路。心理学也还在不断发展，我们需要更多的认知研究成果来武装教育。认知理论可以指导教师解释教学，改进教学，设计更加科学、合理的教学方案。

第九节　学习概念的综合性解释

一百多年来，心理学对学习本质的研究从没有停止过。行为主义对学习的研究和解释打开了环境与人的相互关系的研究途径。行为主义把学习看成是环境对人的刺激所引发的人对环境的反应，通过这种反应的正确性或适合性来判断学习者是否学会了某种行为方式。因此，行为主义理论强调教育者对学习者进行有选择性的强化反应训练。适时适度的强化是学习效率的关键。行为主义的学习理论为教育方式的有效性提供了非常有效的解释和指引。但行为主义的学习理论因为过分强调刺激与反应之间的连结作用以及对这种模式的强化，而忽视学习者的学习过程，因此难免会产生学习目标和效应的偏差。

认知心理学的发展为我们理解学习的原理指引了更有意义的方向。认知心理学把人的已有知识看作一个图式或认知结构，而这种结构的形态和特性决定了人的认知水平或认知能力。认知心理学把人的学习看成是人与环境（学习对象）之间的信息传输与加工过程，学习就是主体对外界输入的信息进行编码、搜索、匹配、提取、重组和储存等信息加工的过程。因此，认知心理学的信息加工理论把学习看成是信息加工、储存等处理过程。

认知建构理论则把人与环境之间的关系看成是人与环境之间的互动过程。皮亚杰的建构主义经典理论认为，学习的过程是当人所具有的认知结构与外界的信息有认知冲突时，这种冲突引发已有认知结构与新信息之间的互动，于是产生同化或顺应的过程，最后使认知结构发生新的变化，获得新的认知结构，从而使认知达到新的平衡。皮亚杰的理论所体现的思想以结构主义为前提，以人与环境之间的相互性或互动性关系为主导，进而解释了学习的主动建构的重要性。

经历一百多年发展的心理学，其中对学习解释比较成功的理论主要是认知主义的信息加工理论和建构主义理论。我们可以借助信息加工理论、建构主义理论来解释学习的原理。

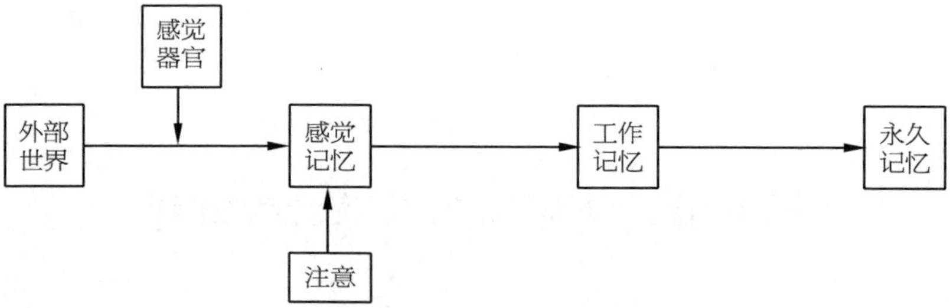

图5-24　学习原理的综合解释

如图5-24所示，学习需要经历主体从“外部世界”感知信息，“感觉器官”感知的信息经过神经传输到达大脑的“感觉记忆”，经过“感觉记忆”的信息会传输到“工作记忆”，到达“工作记忆”的信息才开始真正进行信息加工，即正式进行学习加工。我们可以把这一系列学习加工过程分成如下几个阶段。

1. 获取信息

学习者通过感觉器官（耳的听觉、眼的视觉、鼻的嗅觉、皮肤的触觉等）吸收外界的各种信息并转化为神经传输的信息，通过神经的传输可以把信息传递到大脑的入口“感觉记忆”处。

2. 登记信息

到达“感觉记忆”入口的信息只有在被注意力关注的情况下才能进行感觉登记。如果学习者的“注意”没有关注输入的信息，信息就不可能进行感觉登记。信息在“感觉记忆”入口处等待注意放行的最长时间大约是1/200秒左右，如果超过这个时间，信息就自行消失了。

3. 信息加工1

经过“感觉记忆”登记的信息会输入到“工作记忆”区。“工作记忆”区是一个信息交互的地方，从外界输入的信息首先在这里暂时“住下来”等待处理。于是，大脑会启动另外一套系统专门到“永久记忆”区搜索与输入的“新信息”相关联的“已有知识”，搜索到的“已有知识”会排列在“工作记忆”区，如图5-25所示。

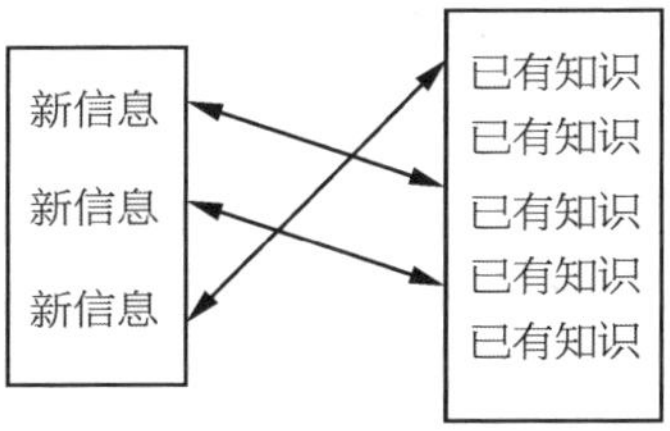

图5-25　工作记忆区的信息加工示意图

4. 信息加工2

这时，“工作记忆”区的已有知识具有信息加工的“主动权”，它会根据已有知识所组成的认知结构主动对“新信息”进行辨识与比较。辨识与比较的结果可能会有以下几种情况：一、发现新信息与已有知识几乎没有区别，即学习者发现这些信息对自己没有任何意义，这就是皮亚杰所说的没有认知冲突，学习因缺乏动力而不进行。二、已有知识组成的认知结构与新信息存在一定的差异。这样就会有认知冲突，学习就会进行。如果新信息与已有知识结构没有本质的差异，但新信息有些地方很有新意，那么已有认知结构会吸纳这些新知识中有意义的那些知识点，从而主体的认知结构就得到了一次“升级”或“更新”，这就是皮亚杰所说的“同化”过程。三、如果主体的认知结构与新知识之间有较大的差异，并且新知识占主导地位，那么主体已有知识的认知结构就会“顺从”新知识而彻底改变自己，且由新信息来主导知识结构的更新过程，这就是皮亚杰理论的“顺应”过程。

5. 编码储存

经过信息加工处理后，学习者就完成了对新知识的学习过程，形成的新认知结构应该达到一种新的认知平衡态，并且通过加工升级后的认知结构会保存在永久记忆中。

通过以上分析可以发现，学习具有以下特点：一、学习需要信息的感知，而且只有学习者的注意力集中于学习内容时，学习才可能进行。二、如果学习者的已有知识不够，或者已有知识的认知结构所表达的认知水平太低，那么学习者不可能对新信息进行辨识与比较，学习就不可能进行。三、学习需要足够的已有知识，即学习能力与学习者已有知识的储存有关。四、如果学习内容的难度太大，学习者会因为已有知识不够而无法学习。若想完成学习，则要降低学习内容的难度，可以使用分步学习法使学习得以进行。支架理论、近迁移思想和先行组织者理论的原理都可以用这个原理来理解。

第六章

知识观的发展

THE DEVELOPMENT OF KNOWLEDGE VIEWS

LEARNING AND TRANSFER

知识是从哪里来的？知识与人们的生产生活有什么关系？知识与学习者的生活经验有什么关系？知识有什么性质？又有什么用？知识观对学校的课程建构有什么影响？如何评价知识的价值？关于知识的来源、知识的本质、知识的学习方法、知识的应用价值等问题，涉及教育哲学、学习心理和社会教育理论的研究与应用。本章从不同视角对知识的概念、应用和价值等观念问题做系统的论述和研究。

知识是什么？从日常观点来看，知识是一种重要的智力资源。知识有利于提高人们的认识水平和实践能力。[①] 教育是培养人的活动，它所从事的活动内容是教学活动过程中的知识学习。因此，教学过程中，学习或迁移的内容是知识。可以这样说，没有知识的参与，就不可能存在教育活动，就不可能发生学习或迁移的现象；没有知识，也不可能培养学生的能力、情感和态度，学生更不可能形成我们所期望的价值观。

在教育活动中知识是如此不可缺少，那么什么样的知识是最值得选取的教育内容呢？什么样的知识最有利于提高人的素养呢？什么样的知识对教育没有价值甚至是起负作用呢？回答这些问题就要求我们理解知识的本质观的发展，并了解知识观对教育的作用。事实上，作为教育工作者或教育研究人员，从事知识传授的事业，应该对知识的本质有一个全面的、深入的理解。

第一节　知识观的哲学基础

从哲学的角度来看，知识是认识论的一个重要概念。简单地说，认识可以分成两个层次：作为动词来讲，认识是人们对外部世界的观察，是与外部世界的互动所积累的经验事实，也是对自己已有的经验事实的概括和提升的过程；作为名词来讲，认识与知识是相同的。因此，知识就是人们从经验过程中形成认识的结果。但是教育哲学对知识的探索不满足于此，知识的概念本身也随着教育的发展、社会的发展和人的认识的发展不断地发生进化。

①石中英.教育哲学导论[M].北京:北京师范大学出版社,2004:133.

知识观事实上是关于知识的观点、看法，就是我们对知识的认识，也可以认为是关于知识的知识。例如，知识从哪里来？人们如何认识外部事物？我们怎样学会新东西？在当今社会我们需要什么样的知识？具备什么特征的知识最有助于发展学生的能力？等等。这些问题都是教育工作者需要关注与思考的基本问题，这些问题反映了教育的本质和教育的方向。

知识的起源是知识观的一个最基本的问题，它反映了知识的发生过程与知识的本质。关于知识的起源及其与环境的关系存在两种不同的极端立场，一种是唯理论（唯理主义），一种是经验论（经验主义）。唯理论认为知识通过精神而产生，尽管人们获取的信息来自外部世界，但只有通过人的精神才能把杂乱无章的信息整理并产生出知识。而经验论坚持经验是知识的唯一来源，主张外部世界是人们知识产生的根本原因。每一种教育流派或教育方法的背后或多或少地存在一种立场。例如，1958年布鲁纳在美国的教育改革中主张教育更理性，而目前我国的基础教育改革则主张更经验些。

一、唯理论

唯理论也称为理性主义，是指知识产生于推理，并非借助于感觉的理念。精神与物质的分离是人类理性主义观点的主要特征，这种观点可追溯到柏拉图。柏拉图区分由感觉获得的知识与由推理获得的知识。他认为，物质的东西通过感觉才能展现在人的面前，而人们只有通过推理或思考自己知道的东西，才能获得思想。推理是最高的心理能力，人通过推理学会了各种抽象的观念。法国哲学家、数学家笛卡儿（René Descartes，1596－1650）也是唯理主义者。他认为由感官获得的知识是混乱的，是人与动物共同具有的；只有由思想获得的知识才是清晰可靠的，是人类所特有的。

柏拉图（Plato，约前427年一前347年）和笛卡儿都建立了精神与物质的二元论学说。笛卡儿认为，外部世界是机械的，就像动物的行为一样。因为有推理能力，人和动物就区分开了。笛卡儿提出了二元论，但又承认精神与物质之间相互作用，人的灵魂或思想的能力影响身体的机械动作，而身体通过产生感觉经验又作用于精神。

德国哲学家康德（Immanuel Kant，1724－1804）则更进一步认为，外部世界是杂乱无章的，但被理解为有序的，因为精神赋予了它们秩序。精神通过感觉来理解外部世界，并按主观、内在的规律改变它。世界永远不可能像它存在的那样被认识，而只能像被理解的那样被认识。人们的理解使世界有了秩序。康德认为，推理的作用在于它的知识源泉，不过推理只能在经验王国内发挥作用，与外界无关的纯粹知识是不存在的。信息从外界吸收进来，然后用精神来解释。因此，知识是属于经验的。由此可见，康德的思想更大程度上承认了物质与精神之间的联系。

总之，唯理论认为知识通过精神而产生。尽管人们所获得的感觉信息来自外部世界，但人们的思想产生于精神活动。笛卡儿和康德都认为，推理作用于来自外部世界的信息，但柏拉图则认为存在纯粹的由推理而获得的绝对知识。

二、经验论

经验论也称经验主义，它认为经验是知识获得的唯一来源。这种观点来自柏拉图的学生亚里斯多德（Aristotle，前384—前322）。亚里斯多德没有在精神与物质之间划出一条明显的界线。他认为，外部世界是人类感觉印象的基础，反过来，精神把感觉印象解释为规律（一致的和不变的）。通过感觉印象不可能揭示自然规律，但从外部环境中汲取信息后，通过推理就可揭示自然规律。与柏拉图不同的是，亚里斯多德认为观念不能离开外部世界而独立存在，外部世界是一切知识的来源。

英国哲学家洛克（John Locke，1632—1704）掀起了一场摈弃柏拉图观念的运动。在1690年发表的《人类理解力论》一书中，洛克特别提出不存在什么生而俱来的观念，所有知识都来自两种经验：外部世界的感觉印象和个人意识。人刚出生时的心理就像一张白纸，观念知识是由感觉印象和对这些印象的思考而获得的。感觉中不存在的东西，心理上是不可能存在的。心理是由不同方式组合起来的观念构成的，只有把观念分解成单一的单元才能理解人的心理。这种思想基于复杂结构可分解成简单事件的理念。培根（Francis Bacon，1561—1626）则认为，真正知识就是对外界事物的忠实的反映，观察和实验是获得知识的最可靠的途径。

总之，经验论坚持经验是知识的唯一来源，主张外部世界是人们知识产生的根本原因。

唯理论与经验论的形成，是认识论上的一大突破，对于后世哲学的发展以及教育思想的发展，都产生了深远的影响。唯理论和经验论又与西方主要教育哲学流派的发生与发展有渊源关系，实际的学习理论或教育理论并不是严格地与这两个极端理论相对应的，而一个实际的理论往往介于这两个理论之间。例如，行为理论偏于经验主义，而认知理论则更偏于唯理主义。

第二节　科学主义知识观

科学主义知识观的提出与讨论始于19世纪50年代的英国。在此之前的英国学校，人文知识作为学校教育的内容处于完全霸主地位，科学知识最多只是一种点缀。而此时，英国的工业化水平处于相当高的水平，工业化的经济水平对人才提出新的要求，学校的课程体系已不能适应发展要求了。但是，由古典人文主义主导的教育保守思想仍对科学主义教育思想产生了强有力的对抗。

一、斯宾塞的知识观

英国哲学家与教育家赫伯特·斯宾塞（Herbert Spencer，1820—1903）发表了《什么是最有价值的知识》的文章，从而展开了科学主义知识观对人文主义知识观主导下的古典人文课程体系的挑战。斯宾塞认为，个人利益与社会利益常常是对抗的，但个人利益更为重要，因此与个人健康和个人幸福相关的科学知识应该放在学校课程的首要位置。

图6-1　斯宾塞

（一）知识的分类理论

斯宾塞把知识分为最低级的知识、科学知识和哲学三类。这三类知识的不同不是它们的内在本质不同，而是它们的内部相联的程度、抽象的程度不同。“最低级的知识是完全不相联系的知识，科学是部分联系的知识，哲学是完全联系的知识。”他认为，知识的联系程度、抽象程度越高，并不表示越能深刻地反映事物的内在规律，而恰恰表示它们越空洞，因此哲学是最空洞的知识。

（二）科学知识的生活价值

斯宾塞认为教育的目的不再是造就传统的绅士，而应该是为生活做准备。斯宾塞从个人主义和功利主义出发，指出人类生活包括五种活动：

一、与维持自己生存有直接关系的活动。

二、为获得生活必需，与维持自己生存有间接关系的活动。

三、以抚育后嗣为目的的活动。

四、关于维持正常社会生活和政治关系的活动。

五、当闲暇时为满足爱好和情感的一切活动。[①]

斯宾塞认为，唯有科学知识才能满足上述五项需求。科学知识包括：生理学、心理学、医学、物理学、化学、地质学、生物学、社会科学、审美艺术等。不难看出，斯宾塞所认为的教育内容（科学知识）包含了当时的科学的各个分支，但没有当时学校教育最推崇的古典人文知识内容。

（三）科学知识的比较价值

一般来说，各种知识都有其内在的价值和外在的功能（价值）。教育内容的确定就是要在比较各种知识的价值后选择最大价值的知识作为学校课程内容。任何一种选择都是有价值判断和依据的。在斯宾塞看来，教育必须为“完满的生活”服务。他认为，知识可以从知识的内在价值、准内在价值和外在的世俗价值三个方面来衡量。拉丁文只有准内在价值，因为它的知识已经转移到其他衍生语言中了，而科学知识具有实际的内在价值。具有内在价值的知识必须优先于准内在价值和世俗价值的知识。

（四）科学知识的教育价值

知识的教育价值也须从大到小排列，学校教育须取教育价值大的知识。斯宾塞认为，科学知识对于人的完满生活是必不可少的。科学的价值不仅体现在运用科学方法来理智地判断事务、对待事务，也不仅体现在科学知识所蕴含的“解放”意义。“解放”意味着培养学生的求实精神和增强学生的自信，从而反

①洪成文.现代教育知识论[M].太原：山西教育出版社，2001：99.

对“空洞的说教”，避免学生出现唯唯诺诺、盲从书本和教师的状态，促使学生养成科学的批判性思维能力。

斯宾塞的观点提出后就引起了保守势力的强烈反对，也得到了很多同情与支持，赫胥黎就是斯宾塞的支持者。

二、赫胥黎的知识观

托马斯·亨利·赫胥黎（Thomas Henry Huxley，1825—1895）不仅是英国19世纪潜心于专业研究的科学家，而且是一位成就斐然的教育思想家与改革家。他与斯宾塞都是科学教育的极力推动与改革者。斯宾塞从纯学术理性角度提出的科学主义观点较极端，而赫胥黎则从更现实的角度出发，提出了折中的科学主义思想。因此，赫胥黎在推动学校科学教育过程中做出了很大的贡献。

图6-2　赫胥黎

（一）知识的二分法

赫胥黎将人类的知识分为科学知识和科学以外的艺术。属于理性范畴的都属于科学，反之即为艺术。但赫胥黎认为，科学和艺术在实践过程中是没有绝对的界线的，二者没有绝对的分割，只有相对统一。科学和艺术是难以区分的，任何试图割裂的想法都是狭隘的、功利的，因而是不正确的。

（二）论科学的训练价值

在当时的英国，学校课程中满是古典学科，学生除了背诵枯燥的文体和语法规则，就是训练机械的记忆。赫胥黎痛感这种教育不仅不适应工业化的需要，反而会牺牲一代青少年。青少年用了12年时间完成学校学习，却对自然世界依旧一无所知，这是很不正常的。他大声疾呼要把科学知识引进学校，并将古文教学和宗教从教学中清除出去。科学和科学教育之所以重要是由其自身的价值决定的。科学有训练和教育价值，因为科学基于实验之上，以归纳法求得知识，而归纳法本身具有极高的心智训练价值。其次，科学知识可以发展学生的观察能力、推理能力和概括能力，而这是其他知识难以比拟的。

（三）温和折中的科学知识观

赫胥黎是当时英国教育决策的制定和有力推行的关键人物，在保守主义力量强盛之时，他认为与其态度激进地推行科学知识进学校，还不如采取温和折中的思想和方法更为有效。因此，赫胥黎不否认文学教育的重要性，而是认为单纯的科学教育和单纯的文学教育都会使学生的发展扭曲。他提出了科学文化教育的完整概念，使顽固的思想保守派接受。他将科学知识的概念范围扩大到不仅包括自然科学，还包括社会科学，比如道德、政治和社会理论方面的基础知识，以及历史知识（特别是英国史）和地理知识。

斯宾塞和赫胥黎分别是英国科学主义知识观的创立者和推动者，赫胥黎因其强有力的社会活动能力和温和的折中思想，在把科学教育推行到英国的课程体系中做出了卓越的贡献。

第三节　人文主义知识观

虽然斯宾塞和赫胥黎的举措推动了科学教育的发展，但19世纪的下半叶，人文主义与科学主义的争论与对抗始终没有停止过。争论的结果是到19世纪末，英国皇家成立了“皇家中等教育委员会”，认为现代语言教育、自然科学教育、技术教育、手工劳动教育与古典学科应具有同等重要性。很明显，这是在科学主义和人文主义之间取得了一个折中的平衡。纽曼和阿诺德便是人文主义知识观的代表。

一、纽曼的知识观

图6-3　纽曼

约翰·亨利·纽曼（John Henry Newman，1801—1890）是英国19世纪古典派的代表人物。他一生关注两点——宗教和教育。在知识观上，纽曼主张“自由教育”，认为只有通过学习纯粹的知识（如哲学、古典文学、经典名著），才能获得成功的心智训练。

（一）论知识的性质

纽曼认为，特定的、实际的事务，虽然可以给人带来实用价值和福利，但它们不是真正的知识。真正的知识是某种理性的东西。知识从一开始就具有科学的性质，它的价值在于它的科学过程或哲学过程。有一种知识是合乎需要的，尽管不会产生别的东西，但它本身就是一种财富。因此，知识是一种内在的、非实用性的东西，是一种“精神的能力”，而这种能力绝不存在于所谓的实用知识、专业知识中。在纽曼看来，实用性和专业性的知识不是真正的知识，知识只有清纯的“哲理性”古典知识。

（二）自由教育思想

自由教育的核心是“形式训练”，利用一切知识来训练智力，学校课程就是为智力训练服务，并不是为了获得暂时的效益。纽曼说：“我非常坚决地认为，智力训练的第一步是在孩子的头脑中印上科学、方法、秩序、原则、系统、规则、例外、丰富、和谐等概念。”[①] 自由教育在于心智训练，而心智训练要依赖文法、古典文学和古典哲学等知识。他认为，过分阅读细分的一门学科会造成学生思想狭窄。

（三）知识与能力

在知识与能力的关系上，纽曼作了辩证的分析。过分强调具体的知识，误把知识的获得当作目的，而把智力训练贬低为记忆力的训练，把学习的过程当成各科知识的储存，这会使学生在得到大量知识的同时淹没自己应有的主见。纽曼因此认为，古典人文知识是基础，哲学的思辨能力是真正的知识。对智力发展最有利的是古典人文知识，而不是具体的实用知识、专业知识或科学知识。

二、阿诺德的知识观

托马斯·阿诺德（Thomas Arnold，1795—1842）也是倡导传统自由教育，反对科学教育的代表人物之一。

---

①洪成文.现代教育知识论[M].太原：山西教育出版社，2001：106.

图6-4　阿诺德

1828年起，阿诺德任拉格比公学校长。经过14年的努力，阿诺德将拉格比公学从地位极低的状态逐步变成英国学校的典范。阿诺德认为教育的目的应该是培养“完美的绅士”。这种绅士不仅要为人正直、忠诚可信、尊敬家长，而且还要具备成熟的理智。绅士性格的养成离不开古典人文知识的训练和含有健康的道德和宗教气氛的校风。针对科学主义极力主张将古典人文知识排斥于课程之外，阿诺德认为，“把希腊文和拉丁文排斥出校门，你就会把现在这一代人的思想限制在这一代和上两代人身上，这样会砍去漫长的世界经验，而使我们觉得似乎人类是从1500年开始存在的。”

第四节　实用主义的知识观

19世纪末和20世纪初，美国的实用主义知识观关注的问题并不是科学知识是否融入课程，也不是人文知识与科学知识在课程中孰轻孰重，而是解决知识与经验、知识与实践如何结合。实用主义、要素主义、永恒主义三者的知识观的争论焦点就在于此。

一、哲学基础

图6-5　杜威

约翰·杜威（John Dewey，1859—1952）是美国教育史上一位里程碑式的教育家。实用主义（Pragmatism）源于希腊文πραγμα，意思是行为、行动。杜威反对经验主义的知识观，也反对理性主义的知识观。他认为，必须将知识置于探究、理智和意识的适当关系中来理解。经验和自然不是对立物，而是认识过程中的两个方面。“观念就是实际行动，就是去做一些事情”，“知识本身就是一种行动”，“行动处于观念的核心”。[①] 杜威把

①赵祥麟.外国教育家评传(第2卷)[M].上海:上海教育出版社,2002:515.

一切经验都归结为有机体和环境的相互作用，同样，他也把实践当成有机体与环境之间的相互作用，环境对有机体产生刺激，有机体对环境做出反应，这个过程既是经验又是实践。因此杜威认为，实践就是有机体适应环境的行动、行为，或者说有机体的生活。[①] 在整个实用主义哲学中，实践概念与经验概念是一致的。杜威所表达的知识显然具有实践性与能动性的特点。

二、知识的经验性

杜威的实用主义并没有把知识看作是一成不变的静止的东西，而是在人们的认识过程中不断发生变化的。这种知识的流变性不仅是因为社会生活和文化发展的变更，而且是因为知识的创造和学习过程中经验连续不断的作用过程。因此，知识应该不断地被经验修正，而不应该是不变的。他在《我们怎样思维》（*How We Think*，1910）一书中提出了著名的“思想五步说”（探索的五个阶段）：一、感觉到的困难；二、困难的所在和定义；三、对可能的解决办法的设想；四、运用逻辑推理设想的意义；五、进一步的观察和试验，引导出肯定或否定，即得出可信还是不可信的结论。后来，胡适在《实验主义》一文中对五步做了比较通俗的转述：一、疑难的境地（暗示）；二、指出疑难究竟在什么地方（问题）；三、假定种种解决疑难问题的方法（假设）；四、把每种假定所含的结果一一想出来，看看哪个假定能够解决疑难（推理）；五、证实这种解决使人信赖，或证明这种解决的谬误使人不信赖（试验）。这种被胡适称为“大胆地假设，小心地求证”的步骤，也证明了杜威的“知识是随着认识发生变化的”的知识观。[②]

在知识的经验性与理性问题上，杜威强调经验，但这并不意味着只重视直接知识而忽视间接知识。他认为，学生直接的经验与系统的科学知识只是构成知识这条线段的两个端点，后者正是努力进取的目标。杜威既反对传统知识忽视直接经验，也反对进步主义的完全忽视间接知识。他认为，个人的直接经验是极其狭隘的，必须由被称为“种族经验”的间接知识作为补充与扩展。这种思想体现了杜威知识观的折中性、合理性与辩证性。但在杜威看来，一切知识

①全增嘏.西方哲学史（下册）[M].上海：上海人民出版社，1985：569.

②全增嘏.西方哲学史（下册）[M].上海：上海人民出版社，1985：571.

都统一在经验基础上，一切知识都要服务于经验的连续不断的改造。因此，事实上杜威的知识观在实际操作中很难在直接经验与间接理性之间取得平衡。

三、科学知识与人文知识

杜威重视科学知识的教育，更重视科学体系所蕴含的科学精神、科学态度和科学价值观。他认为，只在学校设立科学课程，仅仅是形式上的胜利，只有将科学精神的学习纳入课程之中才算是实质性的胜利。科学精神不完全是抽象的，科学方法、科学态度和科学价值中都蕴含着科学精神。杜威认为，科学方法就是习惯于运用观察、实验等实证的方法对待所要解决的问题；而科学的态度就是不迷信权威，敢于大胆质疑，养成一种在不断探究和反省中研究新问题的理智习惯。[①]

杜威在强调科学教育重要性的同时，对人文教育也给予了很好的包容。他认为，人文知识并不是空疏无用、机械枯燥的古典语言，而是一切能帮助人类以科学的方法和精神解决社会问题和个人问题的知识技巧。从广义上讲，凡是有益于国计民生的知识都是人文知识，科学就是最高的人文学科。因此，无论从个人的角度，还是从科学与社会的紧密联系来看，都需要科学与人文的携手。科学与人文都是经验必不可少的基础，同时经验也是科学与人文之间能够联结的桥梁。

从上可知，杜威的知识观用辩证的思维阐述了经验与理性、观念与行为、科学与人文之间的联系，这是他的思想与理论得以推广、延续与发展的根本。

第五节　要素主义的知识观

因实用主义知识观的盛行，进步主义教育思想的负面效应逐步显现，传统的人文主义知识观逐步衰落。由于进步主义过分强调“儿童中心”“做中学”和“经验为主设计教学”等，导致教育质量逐步下降，学生纪律松散，学校管

①洪成文.现代教育知识论[M].太原:山西教育出版社,2001:115.

理混乱。于是人文主义以一种全新面貌出现，再次登上了历史舞台。要素主义是新传统派的代表之一。要素主义强调在民族生活、文化历史发展过程中那些基本的、永恒不变的、青年人必须学习的文化和知识要素，同时也坚持传统的教育、教学的基本内容、原则和方法等仍应是现代教育必须保留和发扬的要素。要素主义站在进步主义的对立面，主张重新恢复传统文化知识在学校教育中的地位，以及重新加强对青少年的训练，使之掌握坚实的知识和基本技能。

一、巴格莱的知识观

巴格莱（Willian Chandler Bagley，1874—1946）是美国著名的教育家、要素主义的核心人物。1938年，他发起成立了“要素主义者促进美国教育委员会”。巴格莱的知识观是在与进步主义思想相抗衡的过程中形成的。他对知识的研究有两个基本观点：一、知识的增长是无限的，但知识的基本核心是不变的，学校教育的基础在于传授这些文化要素；二、经验在人的认识过程中是不可缺少的，而个人的经验与人类积累的历代间接经验在价值上是无法相比的。因此，过分强调个人经验会使学校教育误入歧途。

图6-6　巴格莱

巴格莱同时对进步主义进行了评价。进步主义教育软弱无力，不能够对一系列教育问题做出有效反应，从而在很多方面引起混乱，带来教育质量的下降。巴格莱认为，进步主义的主要错误在于：一、把“民主”解释为让未成年人自己决定学习目标；二、把“自由”解释为让未成年人由着自己的兴趣做愿意做的事。巴格莱认为这样的教育必然导致混乱。他认为自由并不是无条件的，“自由必须与责任携起手来”。他提出了“有效民主”的概念，即有效民主是建立在文化的共同性的基础上的。如果民主社会中的公民没有掌握这些基本要素，就容易滋生出与民主相对立的东西而最终导致民主社会的毁灭。[①] 巴格莱的观点是20世纪60年代美国“回归基础”运动的思想根源。

①洪成文.现代教育知识论[M].太原：山西教育出版社，2001：119.

二、康南特的知识观

图6-7　康南特

康南特（James Bryant Conant，1893—1978）是美国著名的化学家和教育家，曾任哈佛大学校长，是20世纪50年代美国要素主义的代表人物之一，也是外交家和有影响的教育评论家。他认为进步主义教育理论对美国教育毒害太深，导致了普通教育对科学基础知识的忽视。康南特认为普通教育有三个目标：一、为所有未来公民提供普通教育；二、为准备就业的学生提供良好的选修课程，使他们学到谋生的技能；三、为准备升学的学生提供高级文理课程。为了实现这三个目标，康南特提出：一、提供数学、自然科学和外语的教育，是公民最起码的要求；二、对能力和个性不同的学生，提供不同系列的知识；三、为了国家利益，需要加强国际事务、历史、外交、科学（工程）、数学等教育，以培养各种国家需要的人才。

要素主义者认为文化的价值具有永恒性，在人类文化中有不变的共同要素，学校的任务就是把这些共同的文化要素传授给年轻一代。要素主义教育的基本原则是：一、学习必须刻苦和专心；二、教育过程的主动权在于教师而不在于学生；三、教育的核心是学习规定的教材；四、学校应该保留传统的心智训练的方法。从此可以看出，要素主义是在对进步主义的批判基础上发展的，与永恒主义有共同之处，但也不完全相同。[①]

第六节　永恒主义的知识观

永恒主义教育思想形成于20世纪30年代，和要素主义一样，矛头直指当时的实用主义和进步主义思想。它的主要代表人物是美国的赫钦斯、艾德勒，英国的利文斯通和法国的阿兰。永恒主义实际上是19世纪人文主义思想的复

①黄济.教育哲学通论[M].太原：山西教育出版社，2000：225.

活。永恒主义者主张“共同人性”的存在，训练理智的重要，强调教育应该集中于理性的养成和完善，而养成和完善的手段则来自蕴含“永恒真理”的古典学科。永恒主义认为，尽管现实世界存在明显的混乱，但真实世界并非杂乱无章。真实世界具有稳定、严谨的结构，其本身的发展是有秩序和规律的。这种观点与进步主义的观点相反。进步主义者认为世界的本质是变化的，不仅物质世界在变化，而且精神世界也同样在变化。

罗伯特·赫钦斯（Robert Maynard Hutchins，1899—1977）是美国著名的教育家，40岁时就任芝加哥大学的校长，成为美国历史上最年轻的校长之一。他对20世纪30年代人们由于受到进步主义的影响而对实用主义造成曲解的教育现象提出了尖锐的批评：“我对教育制度所从事的一切无用、幼稚和不相干的活动感到惋惜。……同样，我反对充塞着美国很多名牌大学课程表的那些名目繁多的无聊课程，如美容学、捕鱼和踢踏舞，这些课程除了帮助学生无所用心地消磨四年时光以外毫无作用。”[①] 赫钦斯认为，科学方法不是唯一的求知途径，如果人类除了通过实验室实证的方式来取得知识外没有其他途径，那就谈不上人的改善和社会的改造了。他主张用自由教育的方法，用古典名著来弘扬人的理性、发展人的智力。因为20世纪30年代主导的实用主义思想，赫钦斯的思想并没有起多大作用。

图6-8 赫钦斯

永恒主义认为，知识存在于不变的、绝对的和普遍的真理中，教育应该试图让学生去适应真理性的知识。只有这样，学生的理解力才能得到发展。而那种认为学生应适应各种真实情境的教育制度，实际上没能使学生认识世界的实质，即共性的真理性知识。因此，教育的任务是使学生掌握真理性知识，而不是适应现实世界。

永恒主义教育的基本原则是：一、因为人性是不变的，所以教育的本质也是不变的；二、因为人的显著特点是有理性的，所以教育就应集中发展其理性能力；三、教育应该培养的唯一一种适应力是适应普遍不变的真理；四、教育不是生活的复本，而是生活的准备；五、应该让学生学习一定的基础科目，这

①洪成文.现代教育知识论[M].太原：山西教育出版社，2001：121.

些科目将使他们知道精神世界和物质世界的永久性；六、应该让学生学习天文、哲学、历史和自然科学方面的名著，以体现教育的永久性。[①] 由此，永恒主义强调，首先发展学生“理智能力”的通才教育，认为教育作为一种工具，应当重视对概念和理论的理解。所以，理论思维和创造思维在教育中占重要地位，应当排除单纯性的职业训练。当然，永恒主义并不反对职业教育，而是强调职业教育应该建立在通才教育的基础之上。目前一些大学在大一、大二阶段不分专业而只是到了大三才细分学生的专业也是受到这种思想的影响。

从19世纪中叶到20世纪中叶的一个多世纪里，科学主义与人文主义的争论，要素主义、永恒主义与实用主义、进步主义的对抗，使人们对知识的本质和课程的理念有了更深、更广的认识。但是，对于知识的认识从来没有停留于某一点。

第七节　结构主义的知识观

结构主义（structuralism）者所说的“结构”是抽象的和内在的，接近于事物的普遍本质。结构主义与教育有着密不可分的关系。结构主义理论的先驱者是皮亚杰，他在《结构主义》一书中阐述的认知结构是一个与环境不断发生作用的动态的结构。在皮亚杰看来，认知发展不是一个简单的累加过程，而是认知结构由量变到质变的发展变化过程。不同性质的认知结构形成了不同的认知发展水平。个体心理的发展过程，既不是外部世界的简单复本，也不是主体内部预成结构的展现，而是主体在不断成熟的基础上，与客体相互作用的过程中获得个体经验与社会经验，使图式不断地协调、建构，逐步形成由低级到高级的心理图式的过程。心理图式是皮亚杰发生认识论中个体的“知识结构”，它的发展有四个动力因素：一、成熟，包括神经系统和内分泌系统的成熟。这在一定程度上会促进或阻碍认知发展，但它只是必要条件，而不是发展的充分条件。二、物理经验和逻辑数学经验。三、社会环境，包括社会生活、文化教

①黄济．教育哲学通论[M]．太原：山西教育出版社，2000：229-233.

育、语言信息。在皮亚杰看来，这些不是充分条件。四、平衡。认知结构的发展是图式的自我调节，即从不平衡到平衡，再到新的不平衡和平衡的矛盾运动过程。皮亚杰认为，这种平衡机制的矛盾运动是一种内部因素，是认知结构发展的真正动因。皮亚杰的教育思想强调主体因素，强调主动性。人们将皮亚杰的结构主义思想称为“建构主义”，是抛弃了早期结构主义的静态观，而涵盖了他的思想所特有的主体与环境作用过程中的发展与变化的思想，也反映了突出主体作用的主动性。

20世纪以来，由于自然科学的高度发展，特别是数学与数理逻辑的发展，使哲学有可能对这些材料进行概括，因而产生了各种关于过程、系统和结构的哲学体系。20世纪50年代后期，国际竞争越来越集中在科技的竞争上。苏联在空间技术上的成就震惊了美国，于是美国开始对自己的教育进行反思，教育改革的呼声日渐高涨。在这场教育改革中，以杰罗姆·布鲁纳为代表的结构主义学派首先发挥了作用。由于结构主义知识观顺应了时代的发展，以科学家为培养目标，以有效传授科学知识为主要任务，直接针对因知识急增带来的问题，从而为教育界所接受。

结构主义是20世纪六七十年代最流行的哲学思潮，曾经以一种方法论的形式出现。结构主义强调认识事物的内部结构，反对单纯研究外部现象；强调整体研究，反对孤立的、局部的研究；强调从系统、功能、关系中把握事物，反对单纯的经验论。布鲁纳在1960年出版的《教育的过程》一书中阐述了结构主义思想在教育中的应用。布鲁纳的结构主义知识的主要观点是：知识总是有结构的，这种结构就是学科的基本概念、原理和原则。结构主义知识能够使散乱的观察和积累系统化，赋予学习的对象意义，并且有可能创造出新的认识方法的结构化知识。

布鲁纳论述了结构化知识的教育意义：一、结构化知识就是学科的基本原理和概念体系，而原理和概念对整个学科起统领作用。掌握了结构化知识可以帮助学生将新问题与已有的知识相联系，帮助和加深知识间的联系。二、舍弃学科基本结构可能使实证知识混乱且繁杂，这样结构化知识更单纯，更便于记忆。三、掌握了知识结构可以举一反三、触类旁通，可以促进知识技能的迁移。四、掌握了知识结构可以缩短知识层次间的距离。布鲁纳认为，知识结构由于其简约性，因而便于理解、掌握和记忆；知识结构具有迁移力，因而能将新旧知识联系起来；知识结构蕴含着前人的科学探索方法，因而掌握了它也就获得了方法上的启发，抓住了知识的“质”，知识“量”的问题也就解决了。

布鲁纳对“知识结构”做了系统阐述：一、学科知识都可以结构化，知识结构的学习和掌握既可以方便理解和接受，也可以发挥知识的迁移功能；二、学科结构的优劣与这种结构迁移能力的大小有关，与学习者的心理成熟程度有关；三、任何知识都可以通过结构化而适合任何年龄的学习者；四、人所拥有的知识，与掌握知识的顺序和方式有关，仅仅获得知识还不是关键，关键在于活用知识；五、知识的形成有其特定的顺序和方式，应该先有行为把握，然后到图像把握，最后到符号把握；六、不同学科的知识结构的严密程度存在差异，例如，物理学的知识结构就十分严密，而历史和地理就不那么严密了。①

布鲁纳提出，现代学校的课程设计和教材编写都必须以“学科基本结构”为中心。他认为，“学科基本结构”就是某门学科的基本概念、定义、原理和原则，它包括学科的题材结构和学科的概念结构。布鲁纳认为：一、“学科基本结构”是学科的精髓和概要，学生掌握了学科基本结构就可以理解和把握这个学科；二、“学科基本结构”是一种简化的知识，有助于学生记忆；三、“学科基本结构”具有“广泛而强有力的适应性”，而且结构化的知识越是基本，它对新问题的适应面就越广；四、基本知识能够缩小学校“高级”知识与“初级”知识之间的差距，使各级学校保持连贯性。因此，布鲁纳强调学科教材的螺旋式编排方式。

20世纪70年代曾任美国教育哲学专业委员会会长的费尼克斯（P. H. Phenix）提出将知识分为“实体结构”和“形式结构”。知识的实体结构就是某一学科中的一般原理和基本概念。例如，物理学中的因果关系、质量和能量，道德知识中的善和恶的概念，宗教知识中的神、救济、圣化等概念，语言学、美学中的风格、体裁和美的概念等。知识的形式结构指学问的知识探究的步骤、方法以及相关规则，其核心就是方法。他认为，仅仅重视知识的实体结构是不够的，知识结构应该还包括学习活动中的探究方式。费尼克斯认为形式结构与实体结构应该是互补的，而不是对立的。掌握方法应该是以内容学习为基础的，而学习基础内容的目的是为了掌握方法，因此，形式结构是以实体结构为

①钟启泉.现代课程论[M].上海:上海教育出版社,1989:134-137.

基础的，但实体知识的学习须上升到形式结构。

布鲁纳等结构主义者十分推崇自己的知识结构理论，而且认为结构化的程度就是知识的理解、掌握和应用水平。事实上，这种理想化的结构主义思想反映了他在反对进步主义忽视系统知识的过程中，不自觉走到了进步主义的另一个极端。

第八节　人本主义的知识观

结构主义曾经是美国20世纪60年代引导教育改革的主要思想，而进入70年代后，结构主义遇到了理论和实践的双重挑战。在理论上，结构主义者对自己的思想产生了怀疑，人本主义也对它进行了批评；在实践中，因结构主义思想主导的课程不能被教师和学生适应，教育质量不升反降。人本主义教育流派的主要代表人物有马斯洛、罗杰斯等人。人本主义的发展是基于结构主义者的自我反思和对结构主义的批判。人本主义把人的“潜能”看成是人的内在价值，把“潜能”的发展看作最高级的心理需要，因此，教育将以“自我实现”为最高目标。在教育内容的选择上，人本主义不是以知识的逻辑体系作为主要依据，而是根据学生自己的兴趣、能力、需要和个人适切性。

人本主义教育者认为，经验是人类认识和变化的基础，学习活动一旦与人的生活经验相联系，那就是有效的。人本主义者不仅强调学习与经验的联系，同时也强调学习与情感的结合，认为人的心理过程是一个统一的、有机的整体，这个整体由躯体、心智、情感、精神和心理力量融合为一体。对于知识的起源，人本主义认为，人类具体的意识经验，才是真实的存在；在认识方法上，偏重于人际间的认知或存在的认知；在知识内容上，主张人文科学与自然科学并重。

图6-9　萨特

作为人本主义思潮的代表，存在主义在西方国家是很有影响力的理论。存在主义在第一次世界大战后首创于德国，在第二次世界大战期间传播于法国，之后又传入美国，目前是世界上有较大影响力的人本主义哲学派别。存在主义对于传统的理性主义哲学持反对态度，是现代非理性主义哲学的主要派别。萨特（Jean Paul Sartre，1905—1980）是存在主义的重要代表。存在主义之所以兴盛，是由于科学技术的发展所带来的负面影响，资本主义对人的异化影响，特别是第二次世界大战造成的灾难，使人本主义的存在主义得以传播和发展。存在主义认为哲学的基本问题是个人的生存问题，哲学的研究出发点是人的“存在”，而不是“本质”，“存在先于本质”是存在主义的主要命题，并认为通过客观的手段所得到的任何知识都是假设性的，真正的知识是通过人的直觉而得到的，真理不是人们的发现，而是个人选择的产物。如果理性主义者笛卡儿说“我思故我在”，那么存在主义者萨特就会说“我在故我思”。

存在主义者对于知识的看法是：正确的知识应当能产生自由，因为它能把人从无知的偏见中解脱出来，并使他看到自己真正的样子。因此，学校必须完全修改传统的知识观，不再认为教材本身就是学习目的，也不是为学生从事未来职业做准备的工具，而应当看成是培养自我的手段。学校应该鼓励学生无论学习什么，都投入自己的理智和情感，必须把所进行的任何练习或研究的任何问题都与自我实现的要求相结合。课程的整个重点必须从客观世界转到个人世界。因为存在的意义在于个人自身，所以学生应该用外界的知识来服从和服务于培养自己的本性。①

存在主义比较重视人文学科，因为这些学科比其他学科更深刻地揭示人的本性与世界的冲突，有利于人的自由发展。存在主义哲学思想在教育上的表现就是强调自我发现、自由发展、自我完善；否认知识的真理性，认为知识包含着偏见；否认道德有客观标准，强调道德教育的方法是自由选择。当然，存在主义过分强调学生的主体性，否定教师在教育中的作用。这种片面崇尚个人自由的教育会使学校教育和管理思想混乱，失去学校应有的地位。

存在主义哲学提出了当代社会物质文明与精神发展不相协调的问题，试图纠正由于科技发展所带来的负面影响。它对提高人的自主性、能动性，弘扬人的主体作用，要求人们对自己的行为负责等方面，都产生了积极的影响。

①黄济.教育哲学通论[M].太原：山西教育出版社，2000：248.

第九节　建构主义的知识观

在知识观上，建构主义超越了二元论的束缚，吸收了人本主义思想中以人为本的主体思想，也吸收了结构主义思想中的主体的认知结构的概念，既看到了人本主义教育思想中过于强调人的自由意识的问题，也克服了结构主义教育思想中过于强调认知学习而忽视情感领域的缺陷，实现了一种相对完整的教育思想。建构主义的知识观强调知识的社会性、情境性、复杂性和默会性。

一、知识的社会性

建构主义认为，个人通过与社会互动、融合、转化等作用形式，从而构建一个完整的、发展的知识观。社会建构论认为，“对话”是教育的核心环节。对话的关键是平等，对话关系可以发生在学生与教师、学生与学生以及学生与环境之间；“知识”就是在对话过程中产生的。

二、知识的情境性

关注知识的情境性是揭示知识本质的一个新视角。建构主义认为知识（认知心理图式）不是孤立的，而是在与环境的相互作用过程中逐步发展的过程。因此，任何知识的建构过程都离不开情境的作用，知识本身就是以情境为认知起点的。

三、知识的复杂性

建构主义认为，稳定的、结构良好的是信息，而不稳定的、结构不良的是知识。日常生活中的这种信息事实上只能看成是简单知识，简单知识是可以用某种方式记录、积累、储存和分配的。建构主义认为知识要复杂得多，它是主观的、不稳定的、结构不良的，是与形成知识的情境紧密相联系的，是难以直接获取和传递的。复杂知识的主要特征是结构的开放性、不良性，知识的建构性、协商性和情境性。

四、知识的默会性

建构主义对显性知识（explicit knowledge）和默会知识（tacit knowledge）进行了区分，特别重视对知识默会维度的研究，以进一步解释作为显性知识与默会知识互动、转化而形成的知识的完整统一体。1996年经济合作与发展组织（Organization for Economic Cooperation and Development，OECD）在《以知识为基础的经济》的报告中，提出了知识经济时代对于知识的一种新的分类：一、知道是什么的知识（know-what），即关于事实的知识。二、知道为什么的知识（know-why），如有关自然法则与原理方面的科学理论。三、知道怎样做的知识（know-how），指做某些事情、完成某种活动的技能。四、知道是谁的知识（know-who），涉及谁知道如何做某些事的信息。前两类是显性知识，后两类是默会知识。事实上，显性知识很容易表达，也容易用纸笔形式测试出来；而默会知识是与实践经验紧密联系的，用纸笔形式很难测试。一般从知识分层的角度来说，默会知识比显性知识的层次更高。

第十节　认知主义的知识观

现代认知心理学认为：知识是个体通过与其环境相互作用后获得的信息及其组织。储存于个体内的是个体的知识，储存于个体之外的，即为人类的知识。认知主义同时认为个体的知识分为两类，一类为陈述性知识，另一类为程序性知识。前者以世界事实为特征，后者以技能为特征。研究认为程序性知识学习的第一阶段是陈述性的，也就是说程序性知识学习的第一步是陈述性知识。程序性知识学习的第二阶段是通过应用规则的变式练习，使规则的陈述性形式向程序性形式转化。程序性知识学习的第三阶段是程序性知识规则完全支配人的行为，整个活动达到相对自动化[①]。由此，我们不难理解知识的本质和两大类型知识表征的差异（图6-10）[②]。

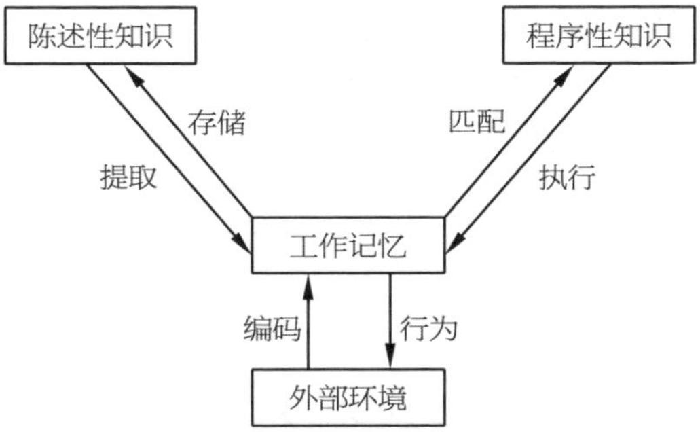

图6-10　陈述性知识与程序性知识相互作用关系图(J·R·安德森,1987)

程序性知识是通过操作而获得的，通常认为是重复和练习的结果，因此程序性知识的获得是比较慢的。相反，陈述性知识的获得借助观察和教学，并通过精加工、连贯和组块化得以强化。陈述性知识的获得速度很快而保持时间不长，但是程序性知识的保持时间比陈述性知识长。

知识网络是两类知识在脑内系统化的存储方式。知识网络在主体学习的过程中不断变化，它有两个特点：一是联系的多维性，二是网络的开放性。多维性是指网络上的一个点可以与多点联系，同时两个点之间不只有一种联系方式。例如，从"猫"这个概念可以联系到"狗""猪""狼""老鼠"等，也可以联系到"动物""生物"等概念。在"猫"与"狗"之间可以用"动物""宠物"等方式联系起来。所谓网络的开放性，是指网络中已有知识和知识之间的联系不是一成不变的，是可以无限扩展的。认知心理学的研究又发现："专家"和"新手"脑中的知识表征是不同的。"专家"头脑中的知识按层次排列，而"新手"头脑中的知识采取水平排列，零散且孤立。也就是说，"专家"比"新手"知识网络更具有层次性和相互联系性。因此，"专家"的知识具有更优的网络结构性，知识的存储方式更多地以组块化方式。因此，解决问题时，"专家"更注意问题结构，"新手"更注意问题表面细节。"专家"具有更多的记忆空间来处理各种已有的信息之间的联系，这样就更容易解决问题。

①丁家永.知识的本质新论——一种认知心理学的观点[J].南京师大学报(社科版),1998(2):67-70.

②Anderson, J. R. Skill Acquisition: Compilation of weak-method problem situations[J]. Psychological review, 1987, 94(2).

根据认知心理学的观点，知识是以两种形式储存的。知识网络化具有复杂的形式，知识结构的发展就是知识网络更新、升级过程。学习的过程就是知识网络不断优化的过程。

认知主义知识观也会影响教育的实施与评价。总结以上可以得出：一、知识由个人实践（或前人的经验）得来，它离不开经验（实践）与理性（思考）；二、知识的主要功能是可应用性，即能解决实际问题；三、知识是以陈述性与程序性形式储存的，陈述性知识可以向程序性知识转化；四、知识是以网络化形式存储的，网络的结构是否优化是个体的知识质量高低的一种标志，学习的过程是网络化的知识不断更新的过程；五、学习过程必定是原有网络知识与外部环境相互作用的过程；六、网络越优化的知识结构越容易解决问题。以上几点其实不是孤立的，相互之间有着共同性。从一个实际环境或实际过程中得出的知识，如果经过理性的思考（加工）过程，能够使知识网络更优化，也更容易应用于问题解决。在学习过程中，要不失时机地用新的学习来优化原有的知识网络，使原有的知识更趋于组块化，且组块结构更优。

认知心理学对认知过程的本质揭示为教育的有效性提供了理论支持，它的知识观的理论与实验研究从以前哲学层面的论述深入到了实证研究阶段。因此，认知主义的知识观可以直接应用于教育教学的实践，指导教师实施高效教学。

第十一节　社会文化知识观

社会文化知识观的提出被称为“教育心理学学科自诞生以来所发生的第三次变革”。前两次变革分别为行为主义知识观和认知主义知识观的提出，它们都深刻影响了能力、学习和教学等理论。前两次变革所形成的如强化原则、程序教学、知识分类、技能获得等思想，至今仍对中小学校教育产生着重要影响。[①] 第三次变革，则是从社会文化的视角，从知识学习的哲学原理到学习主

①朱虹，刘晓陵，胡谊. 社会文化观下的教育心理思想——维果斯基的机能性系统分析视角[J]. 全球教育展望，2013(3)：25-30.

体对学习过程的主导等方面都有较大的变革，其代表人物是当代社会文化知识观先驱维果斯基。

维果斯基的知识观强调人与自然、人与社会相互作用后所形成的知识与观念。维果斯基提出了“文化一历史”发展理论，以区分两类心理机能：一类是低级心理机能，属生物学意义，主要通过遗传得到，不存在中介影响，只是各个独立的心理单元；另一类是高级心理机能，建立在低级心理机能的基础之上，包括两类，一类来源于文化发展，如有意注意、逻辑记忆、概念形成等，它们是有意识的，获得方式具有社会性，其中介影响要通过社会意义来实现，另一类是存在于动物及人的各类反射，如无意注意、机械记忆等。它们是无意识的，获得方式具有社会性，其中介影响要通过社会意义来实现。

高级心理机能不同于低级心理机能，其特点是：一、它们是随意的、主动的，是由主体按照预定的目的而自觉引起的；二、它们的反映水平是概括的、抽象的，也就是各种机能由于有思维的参与而高级化；三、它们实现过程的结构是间接的，以符号或词为中介；四、它们的起源是社会文化历史发展的产物，是受社会规律制约的；五、从个体发展来看，它们是在人际的交往过程中产生并不断发展起来的。

维果斯基认为：一、人的高级心理机能是在与周围的交往过程中发展起来的，当然受人类的文化历史所制约。二、影响高级心理机能发展的因素，既包括低级心理机能的形成和掌握情况，也包括个体与外界交往互动过程中情绪体验等的自我调节。三、学习过程可解释为社会过程的内化，以及个体过程的外化，这都涉及不同形式的质性转化，因而不是简单的知识传递、技能模仿、原理讲解等，更不是个体思维对社会化思维的模拟。因此，学习不是“个人的”，而是“社会的”，是个体自身心理机能间互动、个体与社会间互动的过程和结果。所以，人不仅受环境影响，而且可以主观能动地创造环境。学习的情境有物质的也有心理的（如学习者所处团队及所持观点）。四、已有认知是最重要的一类情境。它在已知到未知之间建立联系，是学习中关键一环。但这种联系并不自然发生，需要学生积极主动从事归类、分析、解释等活动；需要教师理解与发现学生所处的情境，包括心理工具、已有认知、文化环境等，并将学生学习过程与该情境密切联系起来进行思考。①

可以看出，维果斯基的“文化一历史”理论包含的知识观具有几个特征：一、特别强调社会文化历史在人的发展过程中的作用，尤其强调活动和社会交往在人的高级心理机能发展中的突出作用；二、个体已有的知识结构不再仅仅是主体的一部分，而是社会文化环境的重要组成部分；三、在知识学习的过程中，特别强调个体的主动性、能动性作用，学生需要主动操作知识学习过程的“交互”；四、强调学习的内化作用，高级的心理机能源自外部动作的内化，这种内化不仅通过教学，也通过日常生活、游戏和劳动等来实现；五、“最近发展区”理论更关注学习要考虑学生的现有发展水平和可能发展水平，只有处于这两种水平之间的知识才能使学习者的学习达到高效。

维果斯基社会理论是指人类的主观知识如果要得到社会的认可，必须符合人类对其普遍认同成为客观知识，即主观知识只有被社会接受方能成为客观知识。维果斯基认为知识的基础是语言知识、约定和规则，而语言则是一种社会的建构；人类知识、规则和约定对某一领域知识真理的确定和判定起着关键作用。个人的主观知识经发表可转化为使他人有可能接受的客观知识，这一转化需要人际交往的社会过程，因此，客观性本身应被理解为社会性。发表的知识须经他人的审视和评判，才有可能重新形成并成为人们接受的客观知识。

①朱虹，刘晓陵，胡谊.社会文化观下的教育心理思想——维果斯基的机能性系统分析视角[J].全球教育展望，2013(3)：25-30.

第七章

学生发展素养

THE DEVELOPMENT COMPETENCIES OF STUDENTS

LEARNING AND TRANSFER

学习迁移会使学生发生哪些变化？理性知识的学习可以让学生发生哪些变化？感性经验的增长会使学生发生哪些变化？如何评测学生的学业质量？如何让知识转化成能力或素养？素养的结构是怎么样的？如何在教育活动中落实素养？如何测量和评价个体的素养？对学生发展素养概念的探究可让您对这些问题有新的认识。

培养和发展学生的素养是教育的目的。从某种意义上讲，教育就是运用必要的课程或载体，根据一定的教育方法，使学生获取知识、发展能力和素养的过程。知识的学习结果使学生的认知结构达到优化，而这种结果是否会使学生形成教师所期望的“学习终结状态”或学习目标状态呢？这就需要对学习的结果进行测量和评价。评价学生学习的结果就是测量学生学习过程的效果，一般可以从知识、能力和态度等几个方面来考查和设计测试和评价的方法。

近年来，关于学生发展的素养观得到了教育界极大的关注和重视，我国目前正在进行的课程改革和课程体系的建构也基本按照学生素养发展的理念来设计。因此，素养发展的研究显得尤为重要。本章介绍与学生发展问题有关的学力理论、素养发展理论，讨论学习目标、学习测量与评价等方面的问题。

第一节　学力理论[①]

一、学力概念的由来与发展

按照标准化的解释，“学力”（accomplishment, achievement, academic attainment）分为狭义和广义两种[①]。狭义的“学力”是指“日常生活所必需的读、写、算的基础能力”；广义的“学力”是指“通过学习获得的能力”；还有一种更宽泛意义的解释，即包括解决问题的能力、思考能力、态度与价值观等人的全面发展的能力。随着时代的变化，人们还不断赋予“学力”一些新的意

①钟启泉.学力理论的历史发展[J].全球教育展望,2001(12).

义。有人主张既然学力是知识和技能水准的到达度，就应当是可以测评的；有人认为尽管有些内容是不可测评的，但还应当包含在学力的范畴内，如学习兴趣、情感、态度，以及信息技术能力等多种可迁移的学习能力①；也有人提出学力包括三方面的能力：兴趣和思考力等——学习能力，知识和理解等——学到的能力，判断力、表现力和解决问题能力等——灵活运用“学到的能力”之能力。还有人认为教育观决定对学力的界定，如学科主义的学力观和经验主义的学力观是完全不同的，等等。

我们可以用测量学力的方法来测量学生掌握的“知识”。学力的研究可从两个方面来说明其用意：一是需要让学生建立怎么样的一个智能框架或认知结构，或者学生要发展的素养结构是怎么样的。这是一个教与学的目标问题。学力理论可引导教与学向“真知识”的目标努力。二是怎么才能客观地测量学生的学习结果。对学习结果的测量既是对学习效果检验的需要，更是为教与学提供准确反馈的需要。

对学力的理解是教育的一个核心问题。不同的教育观念或教育思想会有不同的学力概念。不同的学力概念会导致学校采用不同的教学方法、课程设置，原因是学力作为教育目标必定是影响教育全局的顶层概念、核心概念，即不同的学力理解产生不同的教育目标。因此，学力概念的发展离不开教育的研究与发展，也离不开社会对教育需求的发展与变化。

1805年英国发生了“利兹文法学校事件”。利兹是产业革命时期迅速崛起的一座城市，当时利兹文法学校的理事会主张加快课程近代化步伐，增设数学和外语以适应时代的要求。然而，这个课程设置遭到保守教师的强烈反对，并为此闹到了法庭。法庭以创设学校的本意在于教授传统古典语言为由，判决理事会败诉。

当时，深受德国新人文主义的影响，改革公学的代表人物阿诺德（T. Arnold）这样强调了古典语言的价值：“在拉丁语、希腊语作为文明人的唯一书面语言的时代里，它们提供了自由教育的一切内容，这是显而易见的。但在今日（阿诺德所处时代），出现了用英语、法语、意大利语、德语写成的，同古希腊罗马匹敌的文学、诗歌、历史、哲学的作品，确实是今非昔比了。尽管如

①2006年PISA科学测试就成功测试了学生的科学态度。

此，文法学校的本质并没有变。所以将古典语言驱逐出学校，放弃十几个世纪以来人类的文化遗产，只能是回归到蒙昧的状态。”这就是说，古典语言是中世纪以来自由教育的核心学科。它所追求的学力是非生产性、非职业性、非实用性的学力，是建构中上流阶级的思想、道德和兴趣的学力。

支持这种学力思想的教育观就是当时占有统治地位的形式训练说（formal discipline theory）。形式训练说主张迁移要经历一个“形式训练”过程才能产生，其心理学基础是官能心理学（faculty psychology）。官能心理学认为，心智的各种成分（官能）是各自分开的实体，分别从事不同的活动。如，利用记忆官能进行记忆和回忆，利用思维官能从事思维活动。从这种认识出发，形式训练说认为，各种官能可以像肌肉一样通过练习增强力量（能力），这种能力在各种活动中都能发挥效用。同时，一种官能的能力改造，也无形中加强了其他所有的官能。因此，形式训练说把训练和改进心智的各种官能，作为教学的最重要目标。它强调“形式”和“训练”的重要性，要求学生开展严格而充分的练习；认为练习愈严格、愈充分，心智能力的发展就愈完善、愈全面。所以，学校教育就是对这些基本能力的训练。如拉丁语和希腊语等古典语言有助记忆能力和意志的“忍耐”能力的形成；数学有助于逻辑推理能力的形成；历史能提高记忆力；自然科学中的难题被视为训练心智的最好材料。在这样的训练中，“学生学会观察、分析、比较、分类，学会想象、记忆、推理、判断，甚至创造”，认为“有了这样的造诣，足以使学生在日后的学习和工作中受益无穷”。因此，学校的主要任务是训练学生的官能而不必重视实用知识的学习。也就是说，学什么课程并不重要，重要的是训练什么官能，至于用什么训练这些官能则不必考虑。

在英国，直至18世纪，数学都是作为任选学科教授的。到19世纪中叶，几乎所有的学校都把数学纳入了正规的课程。不过，当时开设数学课程的理由并不是因为数学是当时迅猛发展的机械生产的基础，而是数学像烦琐的古典语言的文法思维体操一样，有它的智力训练价值；由于数学具有抽象性、非实用性，因此被视为自由教育的一环。到了19世纪后半叶，学校也已经认识到，习得伴有自然与社会之事实与法则的知识的学力或是习得现代外语知识而非传统的希腊语、拉丁语的学力，是十分必要的。这样，自然科学与史地之类的近代学科以及英文和现代外语被纳入了课程之中，完成了课程与学力的近代化。

到了19世纪50年代，英国的综合制中学和文法中学广泛开设了更大众化、现代化（诸如工艺、家政、园艺之类）的非学术性学科。

二、学力的结构

作为教学成果（attainments）的学力，有人把“学力”界定为“儿童在教学过程中所习得的知识、能力”，即“学习者内化学科内容的成果”。这种学力大体可以分两点考虑：一是现实的学习成果的知识和能力，二是牵涉未来学习的潜在的“学习力”。

日本的远山启用“术·学·观”来勾勒“学力结构”。他形容学力由三层组成：“术”为底层，指技能的内容；“学”为中层，指学科、学术的内容；“观”为上层，指世界观、人生观、社会观、劳动观、职业观等的自我形成[①]。

日本的安彦忠彦提出了区分“基础学力”与“发展性学力”的方法。所谓“基础学力”，就是主观上（主体）以记忆力为主、思考力为从，客观上（客体）伴随着要求这种智力因子起作用的基础性内容的部分。而“发展性学力”则反之。“发展性学力”主观上（主体）以思考力为主、记忆力为从，客观上（客体）伴随着要求这种智力因子起作用的基础性内容的部分。“发展性”部分是以“基础性”部分为前提的。相对来说，“发展性学力”具有“开放性”的一面，要素间关系的重整、变更视点而进行的再建构等问题的解决及创造性思考，构成了“发展性学力”的主要部分。

布鲁姆倡导的“教育目标分类学”使得学力问题的抽象争论宣告终结，表明了分析性、实证性的研究学力的取向。布鲁姆的“教育目标”，即通过教学所要形成的“学力”如下：一、认知领域——知识、领会、应用、分析、综合、评价；二、情意领域——接受、反映、价值判断、组织、价值观念的个性化；三、运动技能领域——模仿、技巧化、精致化、分节化、自然化。布鲁纳以皮亚杰的认知发展阶段理论为基础，倡导问题解决与思维的三种方式：动作表征模式，简称动作模式（enactive model）；映象表征模式，简称映象模式（iconic model）；符号表征模式，简称符号模式（symbolic model）。所有这些

①高峡编译. 日本义务教育改革新动向——日本中央教育审议会2005年咨询报告的主旨及其启示[J]. 教育科学研究，2006(9).

学力论都是以历来的知识、概念的逻辑认识为中心来思考学力内容的，它们表明了学习知识和概念的方法（学习方法）这一行为能力；学习的基础——动机、兴趣、爱好等的情意领域，乃至同知识背后的学习者的经验相关联的表象，统统都是学校教学应当形成的学力内容。

因此，学习所考察的几个方面可能组成“学力”的内容：一、认知方面——以知识、概念、法则为中心的逻辑性、语言性知识；二、表征方式——与学习者的自身经验相关的、内化客观的知识和概念时起作用的思维方式；三、学习方式——学习者自己发现并获得客观的知识和概念时，涉及的操作技能、行为及集体性讨论、合作学习的程序和行为；四、情意方面——学习的意志、兴趣、钻研力、持续力、忍耐力、价值观等支撑学习的态度。我国在21世纪初提出的课程三维目标（知识与能力、过程与方法、情感态度与价值观）也反映了学力的几个方面。当然，从宽泛的学力概念来理解，2016年发布的“中国学生发展核心素养”模型其实也属于学力模型。

从应试教育的角度来理解，“学力”存在以下问题：一、思考能力仅限于出题范围，被动应付，缺乏质疑、反驳、创意；二、练习是使学生敏捷地抓住出题意向的训练。这是一种机械训练，目的是让学生对题目形成“条件反射”，但这个过程缺乏整合知识、运用知识的能力的培养。从素养的角度来理解，“学力”旨在培养学生的学习动机与主动应付社会变化的能力。任何一门学科教学的目标，大体有四个组成部分：一、关注、动机和态度；二、思考力和判断力；三、技能；四、知识和理解。这四个视点作为一个整体反映了一种学力观。有人借助“冰山模型”清楚地说明了这种学力观的特色。假如有一块冰山，浮在水面上的冰不过是“冰山的一角”。这个浮出水面的部分可以比作“知识、理解”及“技能”，而隐匿于水面下的不可见部分（占冰山总体的80％－90％）才是支撑浮出部分的基础，这就是“思考力、判断力”及“关注、动机、态度”。与冰山由浮出水面与未浮出水面两部分组成一样，“学力”也由显性部分和隐性部分组成。“显性学力”靠“隐性学力”的支撑才能存在与发展。如果说“显性学力”相当于“基础学力”，那么“隐性学力”便相当于“发展性学力”了。

三、真实性学力模式与传统学力模式

学力作为学生在一个学习过程中所获得的知识与能力，包括习得部分（基础部分）和能力部分（发展性部分），既具有一定的具体指向又具有抽象概括。学力的真实性评价是目前国际教育研究的重要课题。真实性评价模式必然导致真实性学力模式的产生，同时也可能会导致真实性评价的应试模式的产生。真实性学力模式是在传统学力模式的基础上，依据学力的本质研究与现代社会对人力的需求而产生的。

表7-1　真实性学力模式与传统学力模式比较①

类别	真实性学力模式	传统学力模式
问题	注重多样性、复杂性，反映现实生活	强调答案的单一性，往往提出与现实生活无关的、不现实的问题
教材	注重一手资料，使用具有“深度”的多样化教材	依据二手资料，将教科书照本宣读
学校课程	注重基本概念和有效策略且具有“深度”的学校课程	只强调事实和公式化的学校课程
教育评价	注重掌握知识的实际表现能力，通过真实性表现进行学力评价	采用记忆和理解为主的简短式问卷答题的方法
授课方式	注重高层次的思维训练，提供“脚手架”，促进元记忆，组织小组讨论，注重学习的理解力，主张采用多种有效的教学方法	属于传统的教学模式，教师讲、学生听；强调低层次的思维训练，学生遵从教师的指示，不关注元记忆和讨论式学习，只注重知识的记忆和积累

从表7-1中可知，真实性学力模式与传统模式相比，更强调教育过程中的经验性、理解性和过程性，更重视高层次能力的培养。

①Allan A. Gllathorn. Performance Standards and Authentic Learning[J]. Eye on Education, 6 Depot Way West, Suite 106, Larchmont, NY 10538. 1999.

第二节　知识的分类与测量

一、知识的分类

知识本身涵盖很广，极具多元性。为了更好地认识与管理知识，研究人员力图将知识进行分类。从认知心理的角度来考虑，有研究者（Diekhoff, 1983; Jonassen, 2000）将知识分为三类①：陈述性知识（declarative knowledge）、程序性知识（procedural knowledge）和结构性知识（structural knowledge）。安德森等人把知识分为事实性知识、概念性知识、程序性知识和元认知知识等四类。② 1996年，经济发展与合作组织（OECD）把世界上迄今创造的所有知识分为四类形态：事实知识（know-what）、原理知识（know-why）、技能知识（know-how）和人力知识（know-who）。波兰尼（Polanyi，1958，1962）提出，将知识划分为显性知识（explicit knowledge）与隐性知识（tacit knowledge）两种③。按照波兰尼对知识的划分，OECD提出的前两类知识一般称为"显性知识"或"明确知识"，后两类知识一般称为"隐性知识"或"默会知识"、"策略性知识"。

所谓显性知识通常可以通过书面文字、图像和数学符号公式表述出来。显然，这种类型的知识容易获取，便于整理与交流。相反，隐性知识通常"只可意会不可言传"，难以通过语言、文字、图表或符号明确表述出来。这种知识由人的认知、情感、信仰、价值、经验、技能、文化等因素构成，相对内敛而零乱无序，且难于整理、加工和储存于其他载体，不易交流与分享。下面用

①Diekhoff, G. M. . Relationship judgments in the evaluation of structural understanding[J]. Journal of Educational Psychology, 1983(75): 227-233.

Jonassen, D. H. Computers as mind tools for schools: Engaging critical thinking (2nd ed.)[J]. Upper Saddle River, NJ: Merrill, 2000.

②Anderson, J. R. ACT: A simple theory of complex cognition[J]. American Psychologist, 51, 1996: 355-365.

③Polanyi, M. Personal knowledge: Towards a post-critical philosophy[M]. Chicago: The University of Chicago Press, 1958, 1962.

《庄子·天道》中的“斫轮老手”来说明隐性知识。

桓公读书于堂上，轮扁斫轮于堂下，释椎凿而上，问桓公曰：“敢问，公之所读者何言邪？”公曰：“圣人之言也。”曰：“圣人在乎？”公曰：“已死矣。”曰：“然而君之所读者，古人之糟粕已夫！”桓公曰：“寡人读书，轮人安得议乎！有说则说，无说则死。”轮扁曰：“臣也以臣之事观之。斫轮，徐则甘而不固，疾则苦而不入。不徐不疾，得之于手而应于心，口不能言，有数存焉于其间。臣不能以喻臣之子，臣之子亦不能受之于臣，是以行年七十而老斫轮。古之人与其不可传也死矣，然则君之所读者，古人之糟粕已夫！”

轮扁所说的不能教会儿子的这个“不徐不疾”的“绝招”，具有“得之于手而应于心，口不能言，有数存焉于其间”的特征，这就是隐性知识。因此，隐性知识是与经验或体验相联系的。一般不能用纸笔测试这种简单的方法来评价。

二、隐性知识的特征

（一）默会性

隐性知识一般很难通过语言、文字、图表或符号明确表述，是人类非语言智力活动的成果。这是隐性知识最本质的特性。

（二）个体性

隐性知识存在于个人头脑中，其主要载体是个人。隐性知识不能通过正规的形式（如学校教育、大众媒体等形式）进行传递，因为它的拥有者和使用者都很难清晰表达。但是，隐性知识并不是不能传递的，只不过它的传递方式特殊一些。例如，通过“师传徒授”的教育方式进行，在实践中需要师傅教、学徒学，学生边学边体验与总结，从而获得真正的“绝招”。

（三）非理性

显性知识是通过逻辑推理过程获得的，因此它能促使人理性地进行反思。而隐性知识是通过身体的感官或直觉领悟获得的，不是经过逻辑推理获得的。

因此，隐性知识很难用严密的逻辑、语言文字和程序来表达；主要成分是感性，理性特征不明显。

（四）情境性

隐性知识总是与特定的情境紧密相联系，依托特定的情境而存在，是对特定的任务和情境的整体把握。这是隐性知识很重要的特征。

（五）文化性

隐性知识比显性知识更具有强烈的文化特征，与一定文化传统中人们所分析的概念、符号、知识体系分不开。处于不同文化传统中的人往往分享不同的隐性知识体系，包括隐性的自然知识体系，也包括隐性的社会和人文知识体系。例如，不同的校园熏陶出的学生会有不同的个性特征；不同地方的人的个性也会有较大的差异。

（六）偶然性与随意性

隐性知识比较偶然、随意，很难捕捉，所以其获取比显性知识要困难。

（七）相对性

这里的相对性有两层含义：一是隐性知识在一定条件下可以转化为显性知识；二是有的知识对于一个人来说是隐性知识，但对另一个人来说可能已经是显性知识了，反之亦然。

（八）稳定性

与显性知识相比，隐性知识与观念、信仰等一样，不易受环境的影响而改变；隐性知识较少受年龄影响，不易消退遗忘；个体一旦拥有某种隐性知识，就不会轻易改变。这意味着隐性知识的建构需要在潜移默化中进行。

（九）整体性

尽管隐性知识往往显得缺乏逻辑结构，然而它是个体内部认知整合的结果，是完整、和谐、统一的主体人格的有机组成部分，对个体在环境中的行为起着主要的决定作用，其本身也是整体统一、不可分割的。

隐性知识包含两个层面：一是“技术”层面，包括非正式和难以明确的技能或手艺，常常被称为“秘诀”（know-how）。秘诀源自个体的亲身体验，高度主观，个人的洞察力、直觉、预感及灵感均属于这个层面。二是“认知”层面，包括信念、领悟、理想、价值观、情感及心智模式。这个层面影响个体对周围世界的感受方式。

三、知识的转化

显性知识与隐性知识在一定的条件下可以相互转化。一般来说，某一种知识是显性知识还是隐性知识并不是绝对的。例如，轮扁的“不徐不疾”这一绝技也是可以用适当的技能教育的方法表达出来，至少有一部分可以显性化。知识之间的转化可用表7-2总结。

表7-2　隐性知识与显性知识的转化关系

	隐性知识	显性知识
隐性知识	社会化(意会知识)	外化(概念化知识)
显性知识	内化(操作化知识)	综合化(系统知识)

（一）隐性知识到隐性知识的转化

这是在个人与个人之间分享隐性知识，是知识社会化的过程，主要通过观察、模仿和亲身实践等形式使隐性知识得以传递。师传徒受就是个人与个人之间分享隐性知识的典型形式。借助信息技术建立虚拟知识社区，可为在更广的范围内实现从隐性知识到隐性知识的转化创造条件。

（二）隐性知识到显性知识的转化

这是对隐性知识的显性描述，将其转化为别人容易理解的形式，这个转化所利用的方式有类比、隐喻和假设、倾听和深度会谈等。隐性知识向显性知识转化是人类文明得以传承的主要方法。

（三）显性知识到显性知识的转化

这是一种知识扩散的过程，通常是将零碎的显性知识进一步系统化和复杂化。将这些零碎的知识进行整合并用专业语言表述出来，个人知识就上升为组织知识，能更容易地为更多人共享并创造组织价值。对知识的归类与整理也是知识传播的必要方法。

（四）显性知识到隐性知识的转化

学习者学习显性知识后，再亲身实践和体验，在实践的过程中将显性知识转化成自我体验的成功行为方式，共享的显性知识就转化成学习者个人的隐性知识。不过，通过学习、体验获得的个体隐性知识是因人而异的，具有个性。

四、知识的测量方法

我们通过学习是否掌握了知识？这就需要测量。知识的测量是学业评价的一个重要方法。怎样才能准确地测量一个被试的真实性学力水平？这不是一件容易的事情。例如，通过纸笔测试的方法，是否可以公正、公平地测试学生的信息技术、通用技术等技术类学科的学业水平？同样，是否可以通过纸笔测试来测量学生的体育技能？亦或教师的师德水平和学生的道德水平？

这是一个真实的故事：一名成绩优秀的学生在一次全区《品德与社会》的统考中，只写了自己的姓名而没有答任何一道题目。在家长问其原因时，他说："这份试卷的考题与昨天老师给我们做的练习题几乎一样，我觉得这样的考试没意思！"这名小学生的卷面成绩是"0"，但能够说明该学生的道德水平是"0"吗？显然，这暴露了目前道德教育存在的问题，同时也说明了纸笔测试的局限性。事实上，只能在实际情境或案例中通过观察、分析，才能获得人的道德水平等信息。

同样，一个学生背出了制作一个工件的工序，但这并不能表示他真会做。如果要考查他的技能水平，只有用实践考核法（做出这个工件）才能真实地测量出他的制作能力。木工要测试徒弟的水平，并不是让他们完成几道纸笔测试题就可以了的，而是要通过做某一件家具，再根据他完成的速度、家具的精美程度等进行综合评价。

目前有的考试系统依旧存在一些缺陷，如过分依赖纸笔测量法而很少采用动手（实践）的方法进行测评。这导致部分学校的教育关注学生显性知识的学习，而不重视对学生隐性知识（能力）的培养。一般认为，纸笔测试只能测量出被试的显性知识的水平，而不容易测量出被试的隐性知识的水平。我们平时用纸笔测试方法所能测量的"知识"其实相当于"显性知识"，而"操作能力"相当于是"隐性知识"。因此，"知识"容易用纸笔法测量，而"能力"范畴中的“技能”部分就不容易用一般的纸笔法来测量了。按照布鲁姆的认知目标分类，笔者对目前的知识类型与测试方法概括为表7-3。

表7-3　各类知识的测量方法

能力层次	知识类型	最适合的测试方法	举例
记忆	事实性知识	口头/纸笔	电子的带电量是多少
理解	识别性知识	口头/纸笔	钠离子与钠原子的相同点与不同点
	解释性知识	纸笔/口头	地球变暖的原因是什么
应用	论证性知识	纸笔	论中美关系发展的基本走向
	设计性知识	纸笔	设计一个机器用以摘树上的苹果
	操作性知识	动手操作	在技术实验室做一个铁榔头

从原理上说，在实践过程中测量学生的能力方法是可行的，但需要投入大量的人力、物力才能完成，而且在具体实施测量时也会遇到很多困难。怎么才能用纸笔测试的方法尽可能地测量出学生的能力呢？这尽管是学业测量的一个难题，但还是可以研究出一些好的方法去实现的。

第三节　素养目标的研究

一、素养的概念

（一）素养

素养是在先天素质的基础上经过后天的培养而形成的能力和品格。长期以来，人们一直认为人的素养取决于人的认知水平，培养人的素养主要是培养人的认知水平，并把通过教育提高学生的认知水平认为是素养培养的全部。而近年来心理学和教育学的大量研究证实：单纯地重视培养认知能力并不能获得最好的教育效果，而非认知领域的动机、态度、情绪、性格等因素对人的成长有重要影响。[①] 从素养的定义来看，素养培育不仅要培养学生的能力，更重要的是培养学生的品格。如果教育培养的是“高能力、低品格”，甚至是道德败坏的人，那么就是失败的教育。因此，培养人的良好的品格是教育的基本要求。

（二）学生发展核心素养

核心素养是学生在接受教育的过程中，逐步形成的适应个人终身发展和社会发展需要的必备品格和关键能力。[②] 这个定义蕴含三个方面的含义：一、核心素养包括必备品格和关键能力两个方面；二、核心素养是在接受教育之后形成的，它不是先天禀赋，而是在先天禀赋的基础上经后天培养而获得的；三、学生在个人发展和社会发展两方面都需要核心素养。

《中国学生发展核心素养》要求把学生培养成一个“全面发展的人”，并具备三个方面的素养：文化基础、社会参与和自我发展。这三个方面包括六大素养（文化底蕴、科学精神，责任担当、实践创新，学会学习、健康生活），涵盖十八个要点。[③] 本质上，这是描述人的素养的一个理想化模型。理解这个模型要注重以下几个方面：[④]

1. 学生发展核心素养是一个体系，各大素养之间具有整合性

学生发展的六大素养之间是相互联系又相对独立的关系。例如，发展学生的科学精神需要文化底蕴，也需要学生积极地参与社会实践活动，同时科学素养的培养离不开自我发展。为什么“科学精神”能独立成为一个素养呢？主要是科学领域有独特的思维方式和问题解释、解决方式，科学活动需要这种独特素养的支持。

2. 素养之间没有高低贵贱之分

有人会问：六大素养（或十八个要点）哪个更重要？这个问题没有意义。因为六大素养是紧密联系的一个整体，相互之间是协同发展的关系，结合起来才能使人获得全面发展。另一方面，如果从模型的类型来说，这样的分类方法是要素分类法。在要素分类法中，各个因素没有重要和不重要之分。正像我们

---

①熊昱可，许祎玮，王泉泉，任萍，刘霞，林崇德.核心素养研究的基本思路与方法路径[J].北京师范大学学报(社会科学版),2018(1):41-48.

②林崇德.中国学生核心素养研究[J].心理行为研究,2017,15(2):145-154.

③林崇德.构建中国化的学生发展核心素养[J].未来教育家,2017(2):10-13.

④曹宝龙.课堂教学中落实物理学科素养的关键问题[J].中学物理,2019(9):12-15.

把人分成男人和女人。如果问男人和女人相比哪个更重要？这是没有意义的。

3. 每个学科的教育活动对六大素养的提升都会有贡献，但侧重的素养不同

文史学科与科学领域的学科所侧重的方面显然是不一样的。科学领域的学科能有效地培养学生的科学思维能力（如证据、模型、解释等），这与文史类学科的侧重素养是有区别的。

4. 核心素养是知识、能力和态度等的综合表现

知识是人对外部世界的认识，可以通过直接经验学习或间接学习获得。能力是在知识的基础上发展的，是人们运用已有的知识对外部世界的解释或对外部世界问题的解决。因此，没有知识不可能有能力，知识是能力发展的前提和基础。态度是兴趣、动机等方面的表现，包括自我认识、自我管控等方面。态度既是对人的认知过程和问题解决过程等的认识与管理，又是高层次能力发展的需要。总体上来说，态度属于品格范畴。

5. 核心素养具有发展连续性和阶段性

核心素养的发展是一个连续发展的过程，高中生的素养是在义务教育阶段形成的素养的基础上的进一步发展。因此，教师不能认为高中生需要的科学素养与小学生的相同。

6. 发展学生核心素养已经成为世界各国教育改革的主流方向

教育的根本目标是为学生适应社会、服务社会打下基础，而适应社会能力的培养关键在于学生的全面而有个性的素养发展。因此，发展学生核心素养是教育的目标，而学科核心素养的培养必定是学科教育的目标。2016年《中国学生发展核心素养》的发布，为教育改革指出了课程与教学改革的总方向。它要求教育研究者以学生发展为本对课程体系进行改革，构建基于素养发展目标的课程体系。同时，它也要求教师重新梳理现有的教学目标体系，改革教学实施行为，使教学为实现课程理念与课程目标服务，使教学过程体现学生核心素养发展的需要。因此，目前教育工作者必须思考、研究与实践的核心问题或中心任务有以下三个方面：一是研究核心素养的内涵及其在学科教育中的体现，二是构建体现核心素养发展的课程理念的课程体系，三是以学生素养发展为目标改革现有的教学。[①]

①曹宝龙. 基于素养发展的课堂教学目标体系[J]. 课程·教材·教法，2018(1)：7-11.

二、体现素养发展的教育目标

（一）教育目标

教育目标应该是经过一个教育过程后，教育工作者期望学生能达到的基本要求，是教育的目的所在。教育目标有大有小，我国发布的《中国学生发展核心素养》是关于人的培养目标，属于教育的大目标。在此目标下，可以有学生发展的阶段性目标，例如小学生发展核心素养目标、大学生发展核心素养目标等等。核心素养总目标下有学科教育目标，即学生在经过学科课程的学习后应该达到的基本要求。2017年版普通高中各学科的课程标准中所表达的学科核心素养就属于这个范畴。学科核心素养是一个学科课程的总目标，是学科的课程组织与编写、教学实施与教学评价等环节应该遵从的目标体系，是学科的纲领性要求。

（二）学科核心素养

学科核心素养是学科课程和学科教学的总体目标，也是学科评价的依据。学科核心素养是经过一定的学科教学后，学生所获得的学科能力和品格。例如，高中历史学科的时空观念、史料实证、历史理解、历史解释和历史价值观，高中物理学科的物理观念、科学思维、科学探究和科学态度与责任①，高中生物学科的生命观念、理性思维、科学探究和社会责任，都能够表达一个学生学习了这个学科课程后可以获得的必备品格与关键能力。因此，学科教师必须具备学科核心素养的基本观念，必须对学科核心素养有深刻的理解力，具备基于学科核心素养的课程实施能力。

（三）课堂教学目标

课堂教学目标是学生经过一定的教学程序后所获得的素养或能力，是课堂教学活动实施的方向和预期达成的结果。课堂教学目标是指教学过程后，学生所获得的能力与品格的状态，这种状态既可以用学科核心素养来表达，也可以用三维目标来表达，总体来说其成分应该是学科必备品格和学科关键能力。课

①中华人民共和国教育部.高中物理课程标准[S].北京:人民教育出版社,2017:4,46-48.

堂教学目标是否实现取决于学生的学习结果，表现在学生身上，而不是教师的教学过程，包括方法和手段。教学效果评价的直接对象不应该是教师，而应该是学生。因此，课堂教学的目标应该主要以学生学习后的素养状态来表达。

教学过程是为实现教学目标而设计的。教学过程与教学目标之间具有对应关系，可以分为以下几种情况：一、单一教学片段对应某一个教学目标。这属于最简单的对应关系。二、多个教学片段对应某一个目标。具有一定难度或学习内容量较大的教学目标一般需要通过多个教学子过程来实现。三、单一教学片段对应多个目标。设计精准的教学子过程或学习内容的难度不大时，就出现这种情况。四、多个教学片段交叉对应多个教学目标。这种情况比较复杂，一般来说比较少，只有在内容的难度比较大和学习内容之间的关系较复杂时才出现。综上所述，任何一个好的教学设计都应该可以清晰地看出教学目标与为实现教学目标而设计的教学过程这两者之间的关系。

三、对“三维目标”的讨论

三维目标是2000年课程改革提出的学科课程目标，对于课程与教学改革起到了积极的引导作用。它引导学校的教学注重学生能力的发展，注重教师教学过程的呈现，重视知识发生过程的教学设计。但基层教师在理解与使用三维目标的过程中也出现了一些或多或少的问题。因此，我们必须重新思考三维目标的内涵及其在教学中的应用。

（一）知识与技能

知识是指学习者必须知道的或理解的学习内容，主要表现为客观事物的事实性的特征和事物之间的简单关系。知识可以表示事物的表面特征、内部本质特征、深层次特征以及事物之间相互关系等各个方面。

教学设计中，对于简单的反映客观事物表面特征的知识可以直接用“告知”的方法，可行性标准是：如果把知识直接告知学生，学生能够理解，那么这种告知的教学方法是恰当的。告知方法是课堂教学中必要的方法之一，我们不能认为课堂中所有的知识都是不能直接告知学生的。对于中等难度的知识，教师可以设计问题引导学生讨论。学生在讨论的过程中逐步领会了知识目标所对应的学习内容，达到理解层次，那么该知识目标就可以认为是实现了。因此，“问题讨论”是知识学习的一个重要方法。对于难度比较大的知识，教师往往用“解释”的方法。例如，空间想象力薄弱的学生很难理解立体几何中诸如一个立方体对角线等概念，对于这样的知识难点，教师可以用实际模型帮助学生展开立体想象，克服学习上的困难。其实，教师帮助学生学习知识难点的方法有很多，例如模型解释、类比解释、推理解释等。因此，知识学习的方法可以是“告知”“问题讨论”，也可以是“解释”等。

知识的应用包括两类：一、心智性解释，即以大脑中已有知识为基础，对任务信息进行思维加工的过程。这样的过程具有内隐性，例如解释彩虹形成的原因，解释鸦片战争发生的原因，等等。这些问题的解释可以是问题解决者的内隐性思维，不一定会显示出可观察的外显性行为。这类应用能力可以用纸笔测试方式进行有效测试。二、行为方式的输出，即动作的外显行为，一般称为“技能”。这种过程具有外显性，例如根据实验程序进行实际的实验操作，这是实验程序知识的应用。知识的这两类应用可以统称为“能力”。

能力是个体对于任务环境的适应性行为。这种适应性行为往往需要个人经验和知识的应用来支持。能力的实现方式与知识的实现方式完全不同。能力应该由学习者自主操作所需要学习的行为（包括内隐性的心智性解释和外显性动作技能）。教师的责任是指导学习的操作，当学生在操作学习中最终能够自主操作时，即可认为学生学会了这种能力。因此，能力学习的途径是学生的自主操作与教师的指导的协同作用。教师单一的讲解不可能使学生学会能力。

综上，因为知识与能力具有不同的本质特征，所以教师应该采用不同的教学组织方式帮助学生掌握。教师对于学生的学习目标要做细致的理性分析，对于认定为知识的目标可以用“告知”“问题讨论”和“解释”等方法；而对于认定为能力性质的目标就不能用讲解的方法，应该让学生进行自主操作（包括心智性思维操作和动作性技能操作），教师要设计符合能力性质的学生自主活动才可能使学生有效学习。当然，如果把知识与技能放在同一个目标维度内，则不利于正确引导教师的教学过程设计与教学实施。因此，建议把“技能”扩展为“能力”，并且将“知识”与“能力”放在不同的维度，以引导教师采用不同的教学设计与实施方式。

（二）过程和方法

“过程与方法”是课程目标之一，要求教师在教学中重视学生学习的获得过程，重视知识的发生过程。“过程与方法”是对教师教学行为的要求，但它并不是教学目标，因为教学目标是经过一定的教学程序后学生获得的品格与能力。教学目标是否达成应该以学生作为评价对象。“过程”是实现目标的教与学的行为的总和，是教学经过的“路径”；“方法”是实现目标的手段或者是解决某些问题的有效策略。因此，“过程与方法”只能是课程实施中针对教师教学的行为性要求，并不是课堂教学中学生获得的素养或能力目标。

（三）情感、态度与价值观

“情感、态度与价值观”作为课程目标，要求教师关注学生的学习动机与兴趣、学习态度与习惯，关注学生对事物的认知、判断与价值取向，这些目标总体来说属于课程范围的目标，并不能表达课堂教学的目标。课堂教学目标应该以与学科相关的情感和价值观为基础，突出学科态度层面的培育。例如，科学课程中“培养学生爱做实验的情感”应该是所有实验课程与演示实验环节的课堂目标，不是某一节特定的课堂的教学目标。课堂目标是课堂教学可以落实并且能够取得效果的要求，例如，教师可以在第一节实验课时列出下列三个目标：一、进入实验室后保持安静；二、在教师的指令下才能动手实验；三、实验结束后，清洁实验台，并且把实验仪器恢复到初始状态。这样的课堂目标是可以落实并且经得起评价的。

因此，“情感、态度与价值观”这一维度转化成课堂目标，可以用“态度”来表示，而这里的“态度”应该融入了“情感”与“价值观”可实施的因子。

（四）课堂教学的三维目标

综上讨论，我们可以用知识、能力和态度三个维度来表示课堂教学目标。

表7-4　教育目标的达成方式与评价原理

目标		目标达成方式	目标评价
知识		告知、问题讨论、解释	学习是否达到理解水平
能力	心智性解释	学生自主进行心智活动，主要是心理加工的思维过程，教师进行问题解决思维方法的指导	学生是否具有心智性解释能力与问题解决能力
	行为与技能	学生自主操作，教师进行恰当的指导	学生能否自主发生某种需要的行为操作
态度		在知识学习与能力获得的学习过程中，获得的认知与行为方式的改变	学生对学科是否具有正确的学习动机，是否具有良好的学习行为品质和价值判断

在课堂教学的目标体系中，知识是关于人对外部世界的认识，能力是解释或解决外部世界的问题，而态度是学习过程中形成的对世界的观点、看法、态度和价值观等。

四、教学方式与学生发展的关系

教学活动的目的是发展学生的能力，而不同层级的目标需要用不同的教学组织方式达成。知识目标可以用“告知”“问题讨论”和“解释”的方式来实现；能力目标需要让学生自主进行行为操作或心智性操作才能实现，仅靠教师的讲解不可能实现能力目标。相对于能力目标而言，知识目标是发展能力的基础，因此作为相对高阶的能力目标所需要的教育组织方式就与知识目标不一样。这说明教学组织方式与学生目标的层级有着某种对应关系。

（一）认知目标的层级分类

认知目标的层级分类理论较多，从目前的情况来看，马扎诺的教育目标分类比较符合教育的要求。依据马扎诺的教育目标分类，教育目标的认知系统包括了信息提取、理解、分析、知识应用四个等级；而认知系统是由元认知系统监控与调整的，因此马扎诺认知目标分类中第五级目标是元认知。马扎诺认知目标的最高层级是自我系统，自我系统是决定做不做某一件事的最高层次的决策能力。[①]

表7-5　马扎诺教育目标新分类

水平6	自我系统：重要性检验、效能检验、情绪反应检验、总动机检验	自我系统
水平5	元认知：目标设定、过程监控、清晰度监控、准确性监控	元认知系统
水平4	知识应用：决策、问题解决、实验、调查	认知系统
水平3	分析：比较、分类、差错分析、概括、具体化	
水平2	理解：综合、表征	
水平1	信息提取：再认、回忆、执行	

从能力层级来看，高阶与非高阶并不是绝对的，之前的多数分界是以布鲁姆的认知目标为依据来划分的，并且没有统一的界线划定。[②③④] 所谓的高阶能力应该是支持与调控认知系统的认知活动的能力，按照马扎诺的理论，元认知能力和自我系统两级属于高阶能力。在马扎诺的教育目标分类中，认知系统的信息提取、理解、分析和知识应用这四个等级表示一个人处理一个给定的任务时所表现出来的能力，这种能力反映了人的“聪明”程度。而元认知系统是对某件事的目标系统设定与目标实现的策略设计，自我系统则是在任务环境中决定个人是否介入其中的最高思维形式。因此，元认知系统与自我系统反映了一个人的“智慧”水平，应该属于真正意义上的高阶思维或高阶能力。

（二）教学方式与学生发展层次的关系

不同的教学组织方式可以使学生获得不同的素养发展层级。如果课堂上教师的控制极强，学生的自主极少，那么学生获得的能力的低阶成分就会更多。培养学生的高阶能力必须在课堂中充分调动学生的自主性，这就需要教师设计有助于高阶能力发展的综合性学习任务，让学生用自主学习的方式解决综合性的学习任务。

我们可以用一个案例来说明高阶能力发展的重要性。一名家长从孩子读小

①盛群力. 旨在培养解决问题的高层次能力——马扎诺认知目标分类学详解[J]. 开放教育研究，2008(4)：10-21.

②刘仪辉，刘晓艳. 设计面向高阶能力发展的教学[J]. 江西广播电视大学学报，2013(1)：64-66.

③王帅. 国外高阶思维及其教学方式[J]. 上海教育科研，2011(9)：31-34.

④刘艳军. 培养高阶思维，营造高阶课堂[J]. 教育实践与研究，2015(3)：5-7.

学四年级开始坚持每天为他检查作业并进行点评。在孩子每次考试后，家长也会认真分析研究试卷，并视考试情况决定是否需要请家教老师进行辅导。这名家长就这样一直坚持了四年多时间，直到孩子八年级时，孩子在三次考试中的成绩直线下降。分析原因后才发现问题的症结所在。

在这个案例中，家长对孩子严格监控，并且帮其决定是否需要介入辅导等，导致孩子没有机会发展元认知能力与自我系统的能力。这样，当学习科目增多、学习难度和容量显著增加时，孩子的学习就变得无序、低效，成绩在八年级出现了断崖式下降。因此，发展学生的高阶能力不仅是高阶能力本身的需要，更重要的是若高阶能力不足，它对认知系统的支持作用也将不复存在，学生的认知系统也会变得无序、低效。

在学校与家庭教育中，如果教育者对被教育者过度地进行控制（包括对其监控，帮其完成他自己应该做的事等），被教育者的高阶能力就没有机会充分发展。因此，家长与教师都应该给孩子足够的自主空间，让他们对任务进行自主计划、执行、检查、评价、反馈和调整，让他们对学习探究的过程进行主动有效的体验，这样孩子的高阶能力才可能得到发展，孩子才会变得“智慧”。

（三）培养学生高阶能力的条件

经以上分析，笔者提出培养高阶能力的条件：一、学生具有自主学习的状态。学习者应该具有这种心智状态，具备这种主动学习的状态才可能使学习变得具有深度。二、学生的学习任务具有足够的综合性程度。只有具有综合性的学习任务，才可能使学生对学习更有兴趣，学生才会学得更主动和积极。这样的任务环境可以全面调动学习主体的潜能，从而发展其高阶能力。

自主学习是以学习者作为学习的主体，学习者自己完成学习的计划、执行、检验、反馈、调整等过程，并及时有效地对学习过程进行必要的体验的学习方式。自主学习需要主体参与意识、主体元认知监控意识和主体的元认知体验意识的全要素到位。当然，自主学习与“自己学习”是不同层面的概念，自主学习是学习者的学习意识与能力高度激发的高效学习，而“自己学习”只是表示一种学习的表面形态。因此，自主学习是高阶能力发展的主观条件。

按照马扎诺的认知学习水平分类，水平5的元认知系统是学习者自我监控与自我体验的能力，这是学习者自主能力的体现；水平6的自我系统是根据重要性与效能检验决定是否做某件事的最高决策能力，这更体现了学习者的自主能力。显然，高阶能力本身体现了学习者的自主性，因此自主的学习状态应该是高阶能力的培养条件。事实上，自主的学习状态不仅仅是高阶能力的培养条件，也是学习活动中所有能力获得的效率保障。①

综合性学习任务适合学生的基于真实情境的综合性的学习探究任务，它需要学生综合运用已有知识和经验，通过设计和探究等方法来完成任务。因此，综合性学习具有以下特征：一、问题结构可能不良，体现内容的综合性与开放性，有利于激发学生的内部动机；二、问题基于真实情境，具有复杂性与挑战性；三、深度整合，多学科交叉；四、完成综合性任务的过程会体现渗透学习与跳跃性学习；五、突出问题解决的过程性与体验性；六、突出个体间的协同与合作。②

上述综合性学习的特征，突出体现了学习者的任务环境和面对这样的任务环境所需要的学习自主性。从这个意义上来说，综合性任务与学习自主性这两个条件之间具有相互映衬关系。

第四节　素养的层级模型

基础教育课程改革提出的三维目标对重建教师的目标概念、改进课堂教学行为和提高课程实施的质量起到了很好的促进作用。实施三维目标对纠正基础教育课堂教学中存在的重知识传授轻知识探究、重学习结论轻学习过程等问题，对转变教师课堂教学观念和改进课堂教学行为等方面，效果显著。由于三维目标本身在理论体系建构和目标实施方法等方面存在一定的缺陷，实施效果不尽如人意。教师使用三维目标所遇到的困惑或困难也在所难免。

三维目标的理论建构与实施主要存在的问题是：一、“知识与技能”是两个不同性质的目标，两者组合不利于教师认识它们的实施方法的不同特点；二、“过程与方法”在性质鉴定上很难说明其具有教学目标应该具备的学习结

①曹宝龙.用认知的观点解释学习[J].课程教学研究,2016(2):17-21.

②曹宝龙.深化义务教育课程改革的问题解析[J].教学月刊(小学版),2016(10):3-7.

果性质；三、对各个维度的目标缺乏科学的、合理的评价方法。[①] 因此，构建合乎教育实践需要又在理论上具有一定的自洽性的目标体系，探讨与研究每一个目标的性质与达成方式，研究与确立针对各个维度的目标的有效评价方法，对于教师深度认识教学目标体系，合理设计课堂教学行为方式和评价方法具有重要意义。

一、确立课堂教学目标体系的依据

学生发展核心素养是在“立德树人”根本任务的要求下，对“培养什么人”的问题的回答。发展学生的核心素养是我国社会政治经济发展大背景下对教育的总体要求。落实学生发展核心素养的主要渠道是学科教育，且学科核心素养的落实关键在于课堂。所以，课堂具体化表达的教学目标一定是体现学生发展核心素养要求的。[②] 因此，落实学生发展素养必须基于素养发展的要求，重构课堂教学目标体系。

课堂教学目标体系是一种分类和分层的综合体系。任何事物的分类都需要先确定分类依据，然后对同一性质的个体进行水平分层或性质分类。那么教学目标的分类依据是什么呢？笔者可以想到的分类依据有课堂教学的内容、课堂实施过程、课堂学习成果等。教学目标是学生学习某一个内容后所获得的个人成长与发展的描述。因此，课堂教学目标是学生学习的成果，是学生学完课程内容后所获得的能力与品格的发展，即学生的素养发展。课堂目标的本质是以素养来描述和反映学生的成长与发展。那么课堂教学目标的分类依据是学生的素养发展，分层依据是素养发展水平的层次。

二、课堂教学目标体系构建的目标与任务

为什么要构建课堂教学目标体系？这是教育目标的根本问题或者要回答的本质问题。构建课堂教学目标体系，首先，是为了让教师对课程内容的教学有一个纲要性的认识，使教师对课堂教学实施程序的设计更有针对性。其次，目标的建立往往需要研究与设计实现目标的方法与途径，使目标达成的方法与策

①曹宝龙. 基于素养发展的课堂教学目标体系[J]. 课程·教材·教法，2018(1)：7-11.

②林崇德. 中国学生核心素养研究[J]. 心理与行为研究，2017，15(2)：145-154.

略更简洁、高效，以提高课堂效率。再次，针对确定的目标才能设计与确立目标达成情况的评价方法。因此，构建课堂教学目标体系的基本任务是：理清课堂目标的类别与层次；探索达成课堂目标的有效方法和策略；研究确立课堂目标达成情况的测评方案。

三、建构人的素养发展的层级框架

课堂教学的目标是培养学生的素养，而素养是学生能力与品格发展的描述，其本质是促进人的发展。认知理论研究认为，人的发展总是从关注外部世界的信息，到整理与重构这些信息，再到对这些信息的应用与管理。[①②] 我们可以从认识论和认知发展理论两个方面来考虑人的素养层次。人的发展首先是人对外部世界的认识。人自婴儿期开始就对外部世界进行有效的认知，人在对外部世界的认识过程中所形成的信息会经过信息加工区的加工处理后储存在大脑中。因此，人的发展的第一个层级是人对外部世界的认识所形成的知识，它的本质是信息与知识的输入、加工与储存，衡量的标准是所具有的知识的“质”与“量”的发展情况。

拥有知识的人可以对外部世界所发生的事件做出自己的理解和解释，寻找外部世界问题的解决方法。因此，人的发展的第二层级是知识的应用，即用已有的知识对外部世界的事物进行解释和解决。这个层级的本质是储存的知识对外输出与应用，本质是人的能力表现。

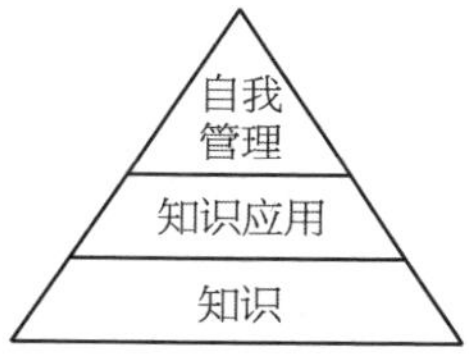

图7-1　素养的层级模型

人的发展的第三层级是自我管理。即人对自己的观念、思维方式和行为方式的自我评估、自我监控、反思认识和调控管理，反映了人对自身与周围环境的协调适应的水平。因此，这个层级主要包括态度与品格、行为的自我监控、学习方法的体验和社会责任等范畴。自我管理这个层级可以分为认知领域的自

①Robert E. Patterson, Leslie M. Blaha, Georges G. Grinstein, Kristen K. Liggett, David E. Kaveney, Kathleen C. Sheldon, Paul R. Havig, Jason A. Moore. A human cognition framework for information visualization[J]. Computers Graphics, 2014, 42.

②盛群力. 旨在培养解决问题的高层次能力——马扎诺认知目标分类学详解[J]. 开放教育研究，2008（4）：10-21.

我管理和非认知领域的自我管理。认知领域的自我管理主要表现在元认知能力；而非认知领域的自我管理包括态度、品格、价值观等方面，是人对自身的情感态度进行的自我认识与管控。知识和知识应用这两个层次主要是人"应对外界"而引起的，从某种意义上来说具有"被动性"。自我管理这个层次是人对自身进行反思、评价与调控，是"自我革新"的表现。这个层次是人从一般水平走向卓越水平的主要通道，因此，这个层次的素养是人的发展的最高层次，主要表现在行为的自觉和主动方面。基于人的认知的这三个层级的基本架构，笔者做了一个课堂教学目标的框架体系。①

第五节　课堂素养目标体系

由上节可知，人的素养有三个层级：知识、知识应用和自我管理。那么这三个层级的素养如何落实于课堂教学？即课堂教学中可实施的素养层次如何展开呢？下面针对课堂教学需要，对三个层级进行展开介绍。

一、知识

知识是将人对客观世界所认识到的信息经过加工处理后进行储存的东西。如果个体对外部世界的认识是零散的，没有对相关的信息进行深度加工处理，那么这些储存的信息所承载的意义不大，并且这些信息在长时记忆中较难提取，或遗忘，或不能运用。

如果知识的学习过程经过学习者的深度思考，即对信息与其相关的信息进行多维度的联系与组合，那么储存于长时记忆的知识便比较稳定，也容易提取，即不容易遗忘，这样的知识也能够运用。

从外部获得的信息如果没有进行深加工而仅仅是存储，这实际上是无意义的记忆。学习的有效性就在于增加有意义的学习，对外部的信息进行多维度的

①曹宝龙.基于素养发展的课堂教学认知目标体系的构建、实施与评价[J].课程·教材·教法,2019(7):47-53.

深度加工。因此，知识学习过程中的加工水平越高，学习的有效性就越强。

（一）信息记忆

信息记忆是信息的再认、回忆，主要是针对情境与问题提取相关的信息。

类型：术语词汇、事实等。

学习方式：认识信息本身的意义与关联意义，并将信息编码后储存。

教学组织方式：分析信息的意义，尽可能让信息的关联意义清晰化。

评价方式：能否用自己的语言表达。

（二）理解

理解是对相关信息的重组，使信息与相关内容组织后形成结构化知识，并把相关信息依据事件的时间序列、空间关系或因果关系等进行有效组合。

类型：概括性知识、原理性知识。

学习方式：意义学习的方式，对相关的一组信息依据时间序列、空间关系或因果关系进行重组，使它们组合成有效的知识结构。

教学组织方式：让知识的学习与知识环境以及相关（上位、下位、相似、相反）知识联系，使学生达到深度理解。

评价方式：对相关概念和原理的理解能否用自己的语言以口头或书面的方式表达出来，并阐述其意义。

二、知识应用

知识应用可分为两种方式：一是对外部世界现象的解释；二是对外部世界问题的解决。用已有的知识（或者说已有的心智结构）对外部世界的现象所含的信息集合体的元素进行有序的组织，使各个信息之间从时间、空间或因果关系等方面都变得有序，这样的认知过程可称为“对现象的解释”；这个层级还有一种情况是用已有的知识（或者说已有的心智结构）对外部世界的问题所含的信息集合体的元素进行有序地组织和心智操作，并把这种心智操作赋以实际的行为操作，以完成对问题的任务因子的操作，这样的认知与操作过程可称为“对问题的解决”。

知识应用的主要目的是解释现象与解决问题。在解释现象与解决问题的过程中，需要下面两种认知方式：心智操作和行为技能。从认知水平来看应该有三个层次：心智操作、行为技能和心智与技能的综合操作。

（一）心智操作

心智操作主要是运用已有知识对问题进行思维加工。例如，爆发鸦片战争的原因是什么？彩虹形成的原因是什么？从这些实验结果可以得出什么结论？

类型：因果问题的思维加工、空间关系的思维加工、时间系列的思维加工等问题的解决或现象解释。心智操作的难度与三种类型的融合程度有关。

学习方式：对问题进行有序的思维加工。

教学组织方式：设计思维加工的问题，让学生进行思维加工的心智操作，教师进行指导。

评价方式：学生能否用思维加工的心智操作方式解决或解释问题。

（二）行为技能

行为技能主要是将已有的心理程序转化成动作技能。当然，行为技能是离不开心智操作的。我们可以找到比较纯粹的心智操作活动，但没有完全纯粹的行为技能活动，因为任何行为离不开心智的“指挥”。行为操作层次的程序性知识也在这个层次。

类型：将已有的操作程序转化成实际的行为操作。例如，依据一个简单的电路图连接电路；依据一个实验测试程序进行实验操作；根据篮球跳投的动作要领做投篮动作。

学习方式：指导学生操作已有的程序，使学生学会独立操作。

教学组织方式：教师设计活动程序方案，让学生进行自主操作，其间教师进行适时指导。

评价方式：学生能否根据已有程序进行独立的行为操作。

（三）心智与技能的综合操作

心智与技能的综合操作本质上是心智与行为高度混合的具有较高复杂程度的综合性任务解决行为。它是依据一定的原理与规则设计活动的操作方案，并且将活动进行程序化操作，由于这种操作的复杂性程度较高，往往会产生实践操作与程序方案的反馈与调整。例如，设计一个调研方案并进行调研，设计一个实验方案并进行实验操作与数据处理，设计一个测量工具（例如温度计、密度计、电流表或电压表）并用材料与器件制作、调试需要的测量工具（仪器），等等。这些过程需要心智操作与行为技能之间不断进行监控、反馈与调整。

类型：问题提出并设计和实施问题研究过程；制定、实施调查方案并写出总结报告（设计、做实验并写出实验报告）；工具、仪器类设计与制作等。

学习方式：综合运用知识，调查分析相关信息，设计操作程序；依据程序进行操作实施；对实际操作进行评估并对程序实施进行反馈与调整。

教学组织方式：设计综合性学习任务，指导学生进行预案设计、操作实施和反馈调整等，并给学生的研究过程给予必要的帮助。

评价方式：学生能否设计与实施综合性任务，并对任务的执行过程进行评估。

三、自我管理

从认知层级上来说，第一层级“知识”的本质是人如何把外界的各种信息通过一定的方式加工后储存在大脑中；第二层级“知识应用”是指人如何运用已有的知识解释外部世界的现象或解决外部世界的问题。那么，在这两个层级之上的应该是人对自我的认知与调控能力。在这两个层级上实际存在着个人对自己认知过程的认识与调控，以及个人与社会之间关系的认识与行为调控。前者包括了认知领域高层次能力，如元认知能力；后者包括“态度、品格、道德”等非知识认知领域的素养。本质上，这些都是人对自我的认识、管理或监控，即对自我的准确认知与自主管理。

态度是人们对待事物的心理评价和行为趋向。学科态度是学习者对学习这个学科的兴趣、投入程度和学习行为倾向等方面的体现。品格是人对自己所处的人生处境的回应方式。品格是素养的重要组成，与能力一起构成一个人的素养。人的品格是人生发展的重要基石，也是构成和谐社会的关键。一个由“高能力低品格”的人群组成的“社会”是不和谐的。品格从本质上来说，是人的自我修炼的结果，也是人对自我要求的结果。当然，道德与品格的关系非常紧密，品格更强调人的内存赋性，而道德是内外一致的心理与行为的总和。

元认知是人对自己的认知与行为过程的主动体验、自我监控与调整等行为的总和。元认知是人在认知领域的"顶级管理机构"。

因此，"态度、品格、道德与元认知"是人的认知发展的最高层级，也是人的素养的顶尖层。这个层级相对应的学科素养可以分成三种成分：学科态度、学习监控、学科方法。

（一）学科态度

学科态度是学生对这个学科的兴趣程度、学习投入程度和学科与社会之间关系的认知水平。例如，学生对某学科非常喜爱，非常投入，因而学习虽非常用功也不会感觉累，甚至达到乐此不疲的程度。学习的投入程度包括学生对这个学科相关的实际问题有没有主动参与讨论解决的兴趣。学科与社会之间关系的认知水平指对学科发展与社会发展之间的关系的理解力和关注力。例如，学生看到水面上的油膜呈彩色，是否会设法探究；学生是否会主动用社会学知识对一个社会热点问题进行分析与思考；等等。

学科态度的另一个方面是学生在学习这个学科的过程中逐步形成的特有的赋性。例如，科学学科的学习可以让学生习惯于用证据说话，注重实证研究的严谨性；文学课程的学习让学生变得更富想象力，更加具有对事物观察和文学描写的冲动；哲学课程的学习使学生更加重视思辨性和哲理性；艺术课程的学习使学生更加具有艺术鉴赏力和表现力；社会政治类课程的学习使学生更有兴趣关注社会问题、参与社会活动。每一个学科的学习都会给学生带来特有的学科品格。

类型：学科学习兴趣性和投入度，体现学科本质的科学赋性。

学习方式：学习过程充分体现学科特有的品质；学生自觉用学得的学科内容自主分析与解决问题。

教学组织方式：教师设计的教学方案充分考虑学科特有的品格；设计实际问题让学生用学科思维自主分析与解决。

评价方式：调查学生对学科学习兴趣性和自觉投入程度；调查与测评学生对学科相关的实际问题的主动关注程度。

（二）学习监控

学习监控是学生对自己的学习过程的管理，即学生对自己学习过程的计划、执行、检查、评估、反馈等过程的高级管理行为。如果一个学生这方面的能力比较强，往往表现出以下行为特征：一、对复杂的任务有自觉的计划制订与分解能力；二、对任务的执行过程有主动的体验、检查、评估、反馈或调整能力；三、对已执行的任务或项目有主动总结反思的习惯，并能形成改进方案。学习监控与调整能力是人的认知学习的高级管理层，主导学习过程的效率和未来学习能力的发展。

类型：对问题（任务）解决的计划能力；对学习（任务解决）过程与结果主动监控与调整能力；对学习（任务解决）过程主动反省能力。

学习方式：启动学习（任务解决）过程的主动监控与反省认知。

教学组织方式：设计教学活动的主动监控与反省环节，使学生逐步养成元认知监控能力。

评价方式：学生能否在学习过程的关键环节进行必要的监控与反省，以优化过程；学生能否对任务有主动计划和事后反省的习惯。

（三）学科方法

学科方法是一个学科所特有的分析问题与解决问题的方法。例如，历史学科的问题提出方法，历史事件的时间序列分析方法、因果分析方法、证据方法和推理方法，历史评价与比较方法，等等；物理学科的证据获取与证据推理方法、证据解释方法、实验方法等。学科方法本质是学习者学习这个学科后形成的认知性知识与能力。

类型：学科学习的方法体会与归纳；学科学习的认知性知识和能力。

学习方式：对实际问题的解释和解决的方法归纳；形成具有概括水平的一般性方法。

教学组织方式：在解决问题的过程中与过程后，体会与总结解决过程中所涵盖的方法并归纳有用的结论。

评价方式：学生是否有主动体验与归纳问题解决方法的习惯与能力。

第六节　素养目标的实施与评价

在构建素养的课堂目标层次结构的基础上，我们可以研究和讨论不同层次目标的教学方式和不同层次素养的评价方式。

一、不同层次目标的教学方式

探索目标的分类与分层体系，不仅是要帮助教师理清教学内容的框架体系和对应的素养发展目标的层次与类别，更重要的是要让教师从理论与实践两方面认清各种类型和层次的目标所对应的学习方法或目标达成方法。正确的目标达成方法有助于教师进行精确有效的教学设计与教学实施。

知识是人对外部世界的认识，从信息加工的观点来看，知识学习是人对外部世界获取的信息加工整理后形成的对于学习对象的认识，包括文字、图像等信息所涵盖的时空关系的直接认识。知识学习的有效性取决于认知系统对信息的深度加工的程度，加工水平越高，学习后获得的知识的有序程度就越高，知识结构也就越好。因此，知识目标的教学主要是教师帮助学生对信息进行加工整理（主要是记忆与理解），教学方式可以采用传授讲解为主体的教学方法，主要表现为告知、讨论和解释等方法。简单的知识教师可直接告知学生；中等难度知识主要通过问题讨论的方法，使学生的思维紧跟着教师引导；对于难度大的问题，教师可用层层递进、螺旋上升、深入浅出的方式帮助学生进行深度理解。因此，知识教学总体来说用传授方法就可以了，但教师的“功力”在于如何让学生花最少的“功”理解知识，达成目标。

知识的应用即为能力。能力的本质是人们对任务环境的适应性水平。所以知识的应用是对“任务环境”的适应。以思维为主体的问题，主要任务是如何整理出问题相关要素并把这些要素联系起来。行为技能方面的任务环境主要表现在思维与实践操作相结合，即任务是技能行为实施者如何把这个任务环境改变成“人与环境之间相适应”的环境。例如，一个不慎落水者的任务环境是如何使自己游到岸边自救，只有当他具备游泳技能才有可能成功。能力获得的方法应该是学生自主活动，教师对学生的活动进行有效指导。例如，为了让学生学会思考，教师多让学生进行问题思维的训练，并适时指导；为了让学生学会游泳，教师就应该让学生下水游泳，并进行指导。因此，能力的获得方法可用一句话来概括：学什么能力，就操作什么活动。例如，想提升演讲能力，你就得练习演讲；想获得开车能力，你就得练习开车。当然，为了使这种学习变得更有效，必须有指导者介入指导。

以思维活动为主体的心智操作的目标达成方式应该是学生自己对问题解决过程进行思维加工，而教师对学生进行思维方式的指导。行为技能的获得主要是通过学生协调心智与动作的学习。心智与行为的综合性操作能力应该让学生在综合性的任务学习中获得[①]。

综上可知，对于知识目标所对应的内容的学习，可以用传授方法进行；对于知识应用目标所对应的内容的学习，应该设计相应的学生活动，并精心设计指导方案。我们强调课堂教学要注重学生的参与，注重学生自主活动，其主要目的就是实现能力发展的目标。当然，想要获得层次较高的心智与行为的综合性操作能力，需要学生参与综合性程度较高的具有真实情境的实践活动，例如考察、调查、实验等研究性的活动。

自我管理层级三个层次素养的达成一般并不需要专门设计单独的学习活动，而是学生在学习过程中启动自我管理系统并采取各种改进提升学习的策略。学科态度素养的形成，需要教师在教学中注重融合学科特有的方法，注重培养学生的学科品味。学科监控是高层次能力发展的标志，学科监控能力表现为学生能启动必要的自我监控与反省活动，能培养学生的批判性思维等高层次素养。在教学中，教师要多设计自我监控与反思的活动，例如重要问题解决过程的反思与总结、一日学习活动的反思纪录、一周学习活动的反思记录等，这些都有利于学生形成元认知监控能力。

二、不同层次目标的评价方式

如何评价学习者学习之后的目标达成情况呢？针对不同的目标，需要设计

①曹宝龙.基于素养发展的课堂教学目标体系[J].课程·教材·教法，2018(1)：7-11.

不同的测评方法。知识目标的测评只要用纸笔测试就可以了，而且测量知识层次目标的纸笔测试的工具相对容易制定，仅测评学生知识掌握程度的试卷容易拟制就是这个道理。

以思维活动为主体的心智操作能力测试与知识测试的方法类似，只是试卷拟制比纯测知识目标的试卷难。行为技能目标的测评显然需要学生动手操作，例如学生是否会操作实验，是否能完成“三步上篮”动作，等等，都需要用操作测试的方式才能有效测定。心智与行为的综合性的操作能力则需要用更高层次的综合性学习活动才能测评出来。

自我管理层次的三种素养的测评需要有针对性地研究，处于这个层次的素养用纸笔测试显然不行，用一般性活动测评也行不通。品格、情感、元认知等能力最好的测评方式是让学生参与实践活动，并对学生进行一定时期的观察与记录，然后做出评判报告；或者设计一个完成时间较长、具有综合性且需要集体合作与个人任务相结合的实践性活动，从活动过程的表现性评价与个人、团队任务的完成质量等因素来综合评判，形成报告。

从上面的分析可以看出，知识层次的素养最容易测评，而自我管理层次的测评最难。我们可得出结论：素养层次越高，测试的难度就越大，且完成测试所需要的时间也越长，人力和财力资源投入成本也就越高。

表7-6　课堂教学目标体系①

素养目标	层次或类型	意义解释	学习方式	教学组织方式	评价方式
知识	信息记忆	主要是能够针对情境与问题提取相关的信息。例如，再认、回忆各种术语词汇、事实等	认识信息本身的意义与关联意义，并将信息编码后储存	分析信息的意义，尽可能让信息的关联意义清晰化	口头与文字表达

①曹宝龙.基于素养发展的课堂教学认知目标体系的构建、实施与评价[J].课程·教材·教法，2019(7)：47-53.

续表

素养目标	层次或类型	意义解释	学习方式	教学组织方式	评价方式
知识	理解	相关信息的重组，使信息与相关内容组织后形成结构化知识。把相关信息依据事件的时间序列、空间关系或因果关系进行有效组合。包括概括性知识、原理性知识	意义学习的方式，对相关的一组信息依据时间序列、空间关系或因果关系进行重组，使它们组合成有效的结构	让知识的学习与知识环境、相关（上位、下位、相似、相反）知识联系，使学生进行深度理解	对相关概念的理解是否可以用口头或文字表达出来
知识应用	心智操作	主要运用知识进行思维加工。例如，爆发鸦片战争的原因是什么？彩虹形成的原因是什么？从这些实验结果可以得出什么结论？	对问题进行有序的思维加工	设计思维加工的问题，让学生进行思维加工，教师指导	学生是否能用思维加工的方式解决心智操作问题
	行为技能	将已有的操作程序转化成实际的行为操作。例如，根据一个实验测试程序转化为实际的实验操作；根据篮球跳投的动作要领做实际的投篮动作	让学生操作已有的程序，使学生学会独立操作	教师设计活动程序方案，让学生进行自主操作，其间教师进行适时指导	学生是否能根据已有心智程序进行独立的行为操作
知识应用	心智与行为的综合操作	问题提出、设计和实施问题研究、制定并实施调查方案、总结报告（实验设计并实施）、工具仪器类设计与制作等	综合运用知识，调查分析相关信息，设计操作程序；依据程序进行操作实施；根据实际操作的评估对程序实施进行反馈并恰当调整	设计综合性学习任务，指导学生进行预案设计与操作实施，并对学生的研究过程给予必要的帮助	让学生设计与实施综合性任务，并对任务的执行过程进行评估

续表

素养目标	层次或类型	意义解释	学习方式	教学组织方式	评价方式
自我管理	学科态度	学科学习心理与行为表现，体现学科学习的品格	学习过程充分体现学科特有的品质；学生用学得的学科内容自主分析与解决问题	教师设计的教学方案充分考虑学科特有的品格；设计实际问题让学生用学科方法自主分析与解决	学生对学科学习的兴趣程度与投入程度；学生对学科相关的实际问题有没有主动关注的能力
	学习监控	对问题学习（任务解决）的计划能力；对学习（任务解决）过程与结果主动监控与调整能力；对学习（任务解决）过程主动反省能力	启动学习（任务解决）过程的主动监控与反省认知	教学活动设计主动监控与反省的环节，使学生逐步养成元认知监控与反省的能力	学生是否在学习过程的关键环节进行必要的监控与反省
	学科方法	学科学习的方法体会与归纳；学科认知性知识与能力	学科方法对实际问题的解释与解决的方法归纳；学科的认知性知识与能力	在解决问题的过程中与过程后，体会与总结一些运用相同方法的问题解决过程中所涵盖的方法并归纳出有用的结论；总结归纳学科的认知性知识	是否有主动体验与归纳问题解决方法的意识与能力

那么，如何改进基础教育的素养测试？如何全面测评学生的素养？显然，要想全面测试素养必须运用各种素养测试的方法。例如，对小学低段的学生，不仅要用纸笔测试方法来测量学生的知识和心智操作两个层次的素养，还要用任务环境的表现性评价来测评学生行为技能以上各种层次的素养，然后把纸笔成绩和表现性成就通过一定的比例合成总的素养水平。再如，说课比赛只能测评一个教师对某节课的知识和心智操作两个层次的素养，如果要进行全面的教师素养考评，就必须通过上课比赛的方式。如果一些不合适的考试方式大规模地推广，这将对教育产生负作用。例如，教师不能用纸笔测试的方式来测评体育技能、音乐技能以及技术学科的操作内容，也不能用纸笔测试来测评学生的实验操作能力。纸笔测试的优点是低成本，适合于大规模考试，而其缺点是只能测评低层次素养。

第七节　学业质量标准

学业质量是指学生通过学科学习后学科素养的成长与发展情况。学业质量以学科核心素养为评价依据，反映学生的学科理念、学科能力和学科态度的发展情况。[①]

一、体现素养的学业质量

（一）学业质量标准

质量标准是做一件事或一个物件在“量”与“质”两个维度上的规定和要求。例如，制造业对各种产品的标准主要是规定产品的尺度要求、材料要求和加工精度等方面的要求，尺度体现量的要求，材料和精度是质的要求。学业质量标准是对学校实施学业教育的水平要求，同样也规定量与质两个方面的要求。

教学过程是教师对学生学习活动的有序组织的过程，其本质是教师组织与指导的学生学习活动，是学与教的统一。从教师教的角度来说，教学质量是指教师教学过程组织与指导策略的合理性与对学生产生效果的质量，即教师组织教学活动的质量，但这并不是教学目标所反映的教学质量，因为它主要反映的是“教师教得怎样”的情况。教学的根本目的是让学生的学习过程与学习结果具有较好的效果，即教学质量应该反映的是“学生学得怎样”，应该关注学生在学习过程中所获得的情况。因此，学业质量不完全等同于一般意义上的教学质量。学业质量是学生学业水平、学业成就的一个质量集合体，指向学生全面成长与自主发展。[②]

学业质量标准的测评对象是学生。如果要全面反映学生的学业状况，可以从学生全面素养发展的角度来考查学生的学业质量。依据《中国学生发展核心

①曹宝龙.基于学科核心素养的学业质量评价探索[J].物理教学探讨,2018(6):1-9.

②郭元祥,马友平.学科能力表现:意义、要素与类型[J].教育发展研究,2012(15-16):24-34.

素养》的模型，核心素养是学生适应个人终身发展和未来社会发展所需要的必备品格和关键能力，它关注的是品格和能力两个方面。考查学生在能力与品格两方面的发展状况，是反映学生学业质量的根本依据。这样的质量标准反映了对学生品格与能力两方面全面成长的关注，具有综合性。

要考察一个学生某一学科的学业状况，就必须制定学科课程的学业质量标准。学科学业质量标准应该以学科核心素养发展为质量测评的依据。因此，学科课程的学业质量标准显然要反映学生通过学科课程的学习，在该学科的素养发展状况。显然，某一学科的学业质量标准应该以这个学科的学科核心素养为构建的依据。

（二）学业质量标准的功能与作用

学业质量标准为学校的教学、学校对学科的评价、学科对教师的评价、教育主管部门对学校的评价和各种形式的考试等提供了依据。学业质量标准具有以下功能与作用：

1. 为日常教学提供科学与规范的依据

长期以来，我国的基础教育只有教学大纲或课程标准所规定的学习内容（此前的课程标准中只有内容标准没有质量标准），而缺乏必要的关于课程学习内容所对应的学业质量标准，使部分学校在教学中出现超内容范围和超学习要求的现象，也出现了重复操练现象，这是加重学生学业负担的主要原因。因此，规范学业质量标准可以从客观上减少这些无序、低效的教学现象。

2. 为学校或地区的教学质量监测提供依据

事实上，普通高中大多存在区域性的教学质量监测，这些监测可为学校改进教学和区域改进教育管理提供反馈依据，也是学校教育决策的依据。如果没有规范的学业质量标准，大规模考试的依据就不存在，就有可能出现地区性考试大纲不规范的现象，这就会影响质量监测的科学性和可靠性，从而影响监测后反馈信息的科学性与合理性。当然，这也会影响学校

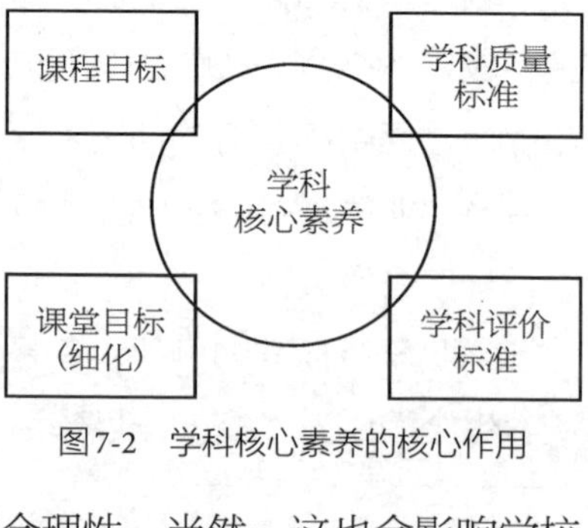

图7-2　学科核心素养的核心作用

和地区教育管理决策的科学性，影响学校的学科教学的基本导向。

3. 为选拔性考试提供依据

我国长期以来的惯例是教育行政部门制定教学大纲或课程标准（主要是内容标准），而招生考试部门制定考试内容范围与具体能级要求，即教学工作的要求与选拔考试的要求出自于两个渠道。这就会造成两个标准并不完全一致，或者教师对两套标准的理解错位等情况，从而导致日常教学混乱、效率低下，也会增加学生不必要的学业负担。学业质量标准可以把日常教学、考试评价（包括质量监测和选拔性考试）等功能融合起来，提高教育评价的系统效能。

（三）构建学业质量标准的依据

1. 学科核心素养是学业质量标准制定的基础

以高中物理学科为例，通过该学科的学习，高中生应该形成的必备品格与关键能力主要表现在“物理观念”“科学思维”“科学探究”和“科学态度与责任”四个方面，即四大学科核心素养。学科核心素养是课程标准制定的依据，也是该学科学业质量标准的依据，当然也是学业评价的依据，在具体的课程实施中也应该成为制定和实施课堂目标的依据。

2. 学生的学科核心素养是评价学业质量标准的依据

学生学业质量标准是学生获得的学科核心素养的学业表现（learning performance）的测量标准。理解物理学科的学业质量标准的关键是理解物理学科的核心素养，因为学业质量标准是把物理学科的核心素养的学科关键能力与必备品格的表现用几个恰当的维度来表达的。

3. 学科能力是评价学业质量水平的核心

学科核心素养的核心表现是什么？笔者认为，学科核心素养是学科关键能力和学科必备品格的融合，而学科关键能力又是学科核心素养中较容易测量的那部分素养，因此学科能力是评价学业质量水平的核心。

（四）学业质量标准的体系建构

1. 学科能力是学业质量的表达

学生的学业质量如何测量？其等级如何表达？这是学业质量标准所要解决的核心问题。学生学业质量的测量方法主要看学生学科能力的表现，而不是知识掌握的熟练程度。学习者的知识获得对应的是非稳定的心理结构，随着时间与环境的变化，这种以知识掌握为基础的认知结构就会变得不稳定或消失；而通过知识的学习过程所获得的能力（或认知结构）具有稳定的心理特征。所以，学业质量的测量主要是测量学生的学科核心能力，学业质量的表达也是基于学科能力的结构或框架。

2. 以问题解决能力表达的学科能力观

能力是人在某种环境中所表现出来的适应性行为，能力的本质是对环境的适应。学科能力其实是学习者对体现学科本质的真实问题情境的适应能力，即解决真实情境问题的能力。测量学生的学科能力就是测量学生适应怎样的学科问题情境，即学生能够解决怎样情境下的问题。

3. 真实情境问题的难度

如图7-3所示，学业质量标准中表达影响问题复杂性程度的几种因素：一、问题情境的复杂性x。情境的复杂性是指问题所指的情境因子的多少，相互之间的融合交叉性程度，学生对情境的熟悉程度等。一个问题所涉及的情境因子越多，各因子之间相互交叉融合的程度越高，学生对情境的熟悉程度越低，说明情境的复杂性程度越高。二、内容的抽象性y。内容抽象性程度是指问题所表达的内容的言语的清晰性、内容承载对象的具体性或抽象性等因子。表达问题的言语越抽象，或问题研究的对象与情境越抽象，那么问题的抽象性程度就越高、问题难度就越大。三、应用的综合性z。应用的综合性程度是指问题所涉及的知识内容因子的多少，解决问题所需要的知识的综合性程度和所涉及的知识之间的交叉与融合的程度。问题涉及的知识内容越多、知识的综合性程度越高、知识之间的交叉与融合的程度越高，那么应用的综合性综合程度就越高。图7-3中，如果问题性质所表达的影响问题复杂性的三个维度值越大，那么由问题性质三维度交点P所对应的长方体的体积就越大，这样我们可以用此长方体体积的大小来描述问题的综合复杂性程度。一般来说，这也是问题的难度，即问题的难度$D=x_0y_0z_0$。

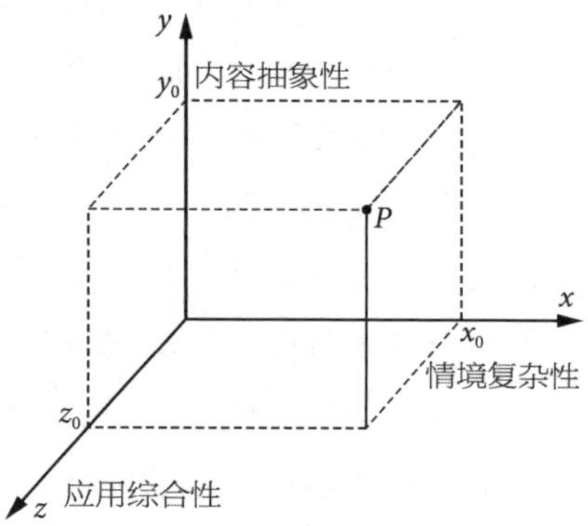

图7-3　问题复杂性的相关因素

4. 学业质量的等级表达

以高中物理学科为例，学业质量以学科核心素养为依据来表达，考虑到学科素养水平五等级划分，我们可以这样来理解学业水平的五个等级：

表7-7　核心素养的等级水平要求

等级水平	等级水平的基本要求
1	学生有学习物理的意愿与兴趣，但其学业水平处于向学业合格的水平发展之中
2	通过必修课程的学习，达到了高中学业水平考试合格的要求
3	超过了学业水平考试的要求，但还没有具备高等学校相关专业学习的要求
4	通过必修与选修Ⅰ模块的学习，达到高等学校相关专业学习应达到的水平要求
5	达到了全国一流大学相关专业学习的要求

当然，上面的等级是相对的，教师不可能把一个学生的学业处于何种水平区分得非常清晰，而且学业质量的某种等级水平与学业合格水平或高校招生的要求并不可能完全等同，因为事实情况并没有假设的那么简单。

二、以素养观改革学科教学，有效实施学业质量标准

（一）建立正确的学业质量观

1. 建立学业质量的学科素养观

基础教育界实际存在着对学业质量的各种不同的基本理解。长期以来，“以知识为核心”的学业质量观对学校的影响非常深。其实，知识只是学生素养（或能力）发展的载体，知识学习的目的不仅仅是掌握或记住某些东西，更重要的是通过知识学习发展学生的素养（或能力）。要想改变教育工作者的教育观，首先要从“以知识为核心”的学业质量观转变到“学科素养为核心”的学业质量观上。因此，教育工作者要建立以素养（能力）为核心的学科教育的观念，树立学科育人的理念；摒弃“为获得知识而教育”的理念，确立“为素养发展而教育”的教育观。

2. 以"学科素养为核心"的学业质量观改革教学

建立以"学科素养为核心"的学业质量观要着力达成以下三点[①]：一、由"抽象知识"转向"具体情境"，注重营造学习情境的真实性；二、由"知识中心"转向"能力（素养）中心"，培养学生形成高于学科知识的学科素养；三、由"教师中心"转向"学生中心"，促进学生主动学习和合作学习的意识与能力。素养（或能力）主要是学生从自主学习活动中获得的，因此建立以学科核心素养为基础的教育理念，就要求教育工作者倡导自主学习的课堂模式。

（二）发挥学业质量标准的规范作用，改革学科教学

学业质量标准是教学与评价的基础，可以运用学业质量标准来规范教学目标、教学过程、教学评价和学生作业与考试体系。因此，教师要重视用质量标准来指导和改进自己的教学。下面以高中物理课程标准中教学与评价案例中的《探究感应电流产生的条件》为例，说明学业质量标准对物理教学的改进。

1. 以学业质量标准表达教学目标

利用学业质量标准可对物理教学的课堂进行有效地监控。学业质量标准是对学科核心素养的学业要求的定义，教师可以利用质量标准的定义确立课堂教学目标。例如，《探究感应电流产生的条件》教学目标的确定，如表7-8所示。

表7-8 《探究感应电流产生的条件》的教学目标与质量标准[②]

序列	教学目标	对应学业质量标准	质量标准解释
1	能够从分析归纳感应电流产生的条件(普适性条件)建立磁通量的概念,并形成"磁生电"的认识:穿过闭合电路的磁通量发生变化,回路上就产生感应电流	"物理观念"水平4:理解所学的物理概念和规律及其相互关系,能正确描述和解释自然现象,综合应用所学的物理知识解决实际问题	理解磁通量概念的建立过程;形成"回路磁通量变化是产生感应电流的原因"的物理观念与认识
2	会运用产生感应电流的条件判断分析具体实例		对于实际的案例,能用回路中磁通量是否发生变化这个根本条件来判断是否产生感应电流

①姜宇，辛涛，刘霞，林崇德. 基于核心素养的教育改革实践途径与策略[J]. 中国教育学刊，2016(6)：29-32.

②何文明，曹宝龙. 构建基于学科素养的高中物理教学目标新体系[J]. 物理教学探讨，2017(8)：19-21.

续表

序列	教学目标	对应学业质量标准	质量标准解释
3	从有序设计的系列递进实验，用归纳思维得出产生感应电流的一般性条件	“科学思维”水平4：能将实际问题中的对象和过程转换成物理模型；能对综合性物理问题进行分析和推理，获得结论并做出解释；能恰当使用证据证明物理结论；能对已有结论提出有依据的质疑，采用不同方式分析解决物理问题	对一系列的实验得出的结论用归纳思维的方法来建立一个物理模型：磁通量；用磁通量是否变化的概念来解释感应电流产生的条件
4	能进行分组分层自主合作实验，并综合分析各组信息，得出产生感应电流的条件	“科学探究”水平4：能分析相关事实或结论，提出并准确表述可探究的物理问题，做出有依据的假设；能制订科学探究方案，选用合适的器材获得数据；能分析数据，发现其中规律，形成合理的结论，用已有物理知识进行解释；能撰写完整的实验报告，对科学探究过程与结果进行交流和反思	能够针对任务进行实验探究，并对自己实验小组和其他各组得出的实验结论进行综合分析，并发现其中的共同特征，得出实验探究的结论
5	通过基于本组实验的证据和逻辑推理发表自己的见解	“科学态度与责任”水平4：认识到物理研究是一种对自然现象进行抽象和理想化的创造性的工作；有学习和研究物理的内在动机，坚持实事求是，在合作中既能坚持观点又能修正错误；能依据普遍接受的伦理道德规范认识和评价物理研究与应用，具有保护环境、节约资源、促进可持续发展的责任感	在实验过程中很好地保持交流与合作，关键是要敢于发表自己对探究过程与实验结论的理解或想法，并且能正确地表达自己的观点

当然，在教师备课阶段，教学目标设计并不需要用这种表格形式，但教师要在设定教学目标时清晰地界定质量标准中对应的学科素养和质量标准的等级水平，即教学目标的设计要有素养和水平两个维度。笔者在此着重说明：教师在设计实际教学方案时，要根据学生的学习能力设定素养的等级要求，新课教学时大部分目标不可能一步到位。

2. 以学业质量标准改进教学过程

在教学过程中如何培养学生的学科核心素养是教师的主要研究任务。教师要坚持基于核心素养的教学质量价值观，运用学业质量标准来提高课堂教学质量，在课堂教学的学习与探究过程中落实学科核心素养的培养任务。以《探究感应电流产生的条件》的教学过程为例，教学思路应该主要体现以下几个方面：一、让学生从初中物理所学的“切割磁感线产生感应电流”的认识发展成

"磁通量变化产生感应电流"的更共性的物理观念，并且让学生用真实的物理情境问题来解释产生感应电流的原理；二、让学生在分析实验结果的过程中，充分感受到需要引入一个新物理量，即磁通量来解释几种情形的实验结果；三、让学生感受、理解并解释几种情形的实验结果，用归纳思维创立磁通量模型来解释所有的实验现象；四、用实际问题（例如"门发电"，分组实验1、2、3等）进行应用性的解释，培养学生对实际情境问题的解释能力。

（三）以学业质量观改革课堂评价与作业体系

1. 以学业质量标准改革课堂评价

对学生学业水平的评价不能用知识掌握这个标准，而应该用学科核心素养或学科能力的标准评价。学生学科能力应该用诸如"学生理解了什么""学生会做什么""学生会解释或解决哪些问题"等标准来评价。例如，《探究感应电流产生的条件》的教学评价可以从以下几个方面来考虑：一、学生是否能用初中学到的感应电流产生的条件来解释前几个实验；二、学生能否用归纳的方法概括出统一解释实验结果的方法；三、学生是否感受到需要用新的物理模型（磁通量）来解释新的实验结果；四、学生能否用感应电流产生的一般条件来解释相关的实际问题。

对学生的评价需要用发展的观点来考察。学生通过学习应该在学科观念上有发展，在科学思维上有进步，在科学探究方法上有长进，并且从学习过程中体会学习内容所涵盖的科学态度与责任。当然，从学生的立场来说，学业水平应该体现在学习过程与学业结果两个方面。

2. 以学业质量观引导学生作业改革

做作业的目的是让学生回顾学习过程并应用已有的知识解决问题。作业有两个作用：一是知识的巩固练习，二是知识的应用与实践。从现状来看，部分学校将作业巩固练习的功能放大，让学生重复操练大量的练习。重复操练的作用是让学生少犯错误，考试时获得更高的分数，例如从90分提高到95分，或从95分提高到更高的分数。由于边际产出效应，学生在高分段上再提升一两分所需要付出的代价很大，需要通过大量的重复练习来提高熟练度。这种重复操练所带来的副作用很多：学生的思维固化，创新思维的意识与能力下降；学生对新知识探究的意识和能力下降；学生学习内驱力逐步下降。因此，通过大量的重复练习来提高考试成绩对学生核心素养的发展而言，不仅没有促进，反而会起相反的作用。

3. 作业改革的操作性建议

作业改革是目前教育改革的一项重要任务。学科作业改革可以考虑以下措施：一、减少重复操练的作业量，增加作业的新颖性；二、减少脱离实际的抽象性的练习题，增加实际问题或原始问题；三、减少封闭式的良好结构问题，增加开放式的不良结构问题；四、减少机械性应答问题，增加来自于实际的探究问题；五、减少单独完成的作业，适当增加基于合作探究的任务型作业；六、减少机械统一的作业，增加自主选择的分层分类作业；七、减少零散型的作业，增加有助于学生知识建构的系统性的作业；八、减少书面作业，增加口头表达、动手实践作业。

作业改革关键是要让作业对发展学生核心素养有更高的教育价值。学科素养的培养应该更注重学生对真实情境问题的解决能力，注重作业过程的合作与探究，注重作业过程中学生科学思维和科学探究能力的培养。

PROGRAMME FOR INTERNATIONAL STUDENTS ASSESSMENT

LEARNING AND TRANSFER

第八章 国际学生评价计划

学业评价是教育界的难题。国际学生评价计划PISA是教育评价的成功案例。如何构建学科的核心素养（如阅读素养、数学素养、科学素养）？如何构建某种特殊的能力或素养（如合作能力、金融素养）？这是PISA解决的测评理论问题。如何测量学科素养？这需要对这个学科的素养的构建要素和影响因子有清晰的界定。PISA在测评项目的开发、测评理论的建构、测试工具的研制和测试结果的分析等方面可为我们提供借鉴。

学生学习的结果如何表达？学生学习成就如何评价？这是反映教育质量的核心问题。全球范围内对教育评价领域影响最广的国际学生评价计划PISA，是教育评价领域的一个成功案例。从2000年第一次测试开始，已成功进行了7次测试，由原先仅由27个OECD国家和地区的学生参与，发展到2015年有72个国家和地区，2018年则达到79个国家和地区的学生参与。本章主要介绍PISA的基本情况，主要资料来自OECD的PISA网站。

第一节　国际测试PISA

能力的本质主要体现在解决实际问题的水平。因此，根据被试解决某个学科的真实性实际问题的情况，就可以考查出学生的学科能力。这说明，以能力立意的考试方法应该体现在考试问题的类型，更多的问题应该是实际情境的问题。PISA和TIMMS等考试都体现了这样的评价方法或指导思想。

一、PISA是什么[①]

PISA是由经济合作与发展组织（Organization for Economic Cooperation and Development，OECD）于1996年发起的国际学生评价计划（Programme for International Student Assessment，PISA）。它主要对15岁（明确规定是15岁3个月到16岁2个月之间）的学生进行三个方面的评价：一、阅读能力

①PISA 2006 Science Competencies for Tomorrow's World[R]. Volume 1 - Analysis p. 3. From: http://www.oecd. org/publishing/corrigenda.

（Reading Literacy），二、数学能力（Mathematical Literacy），三、科学能力（Scientific Literacy）。PISA每三年测试一次，每次以某一方面为侧重。2000年开始的第一次测试，主要测试学生的阅读能力，兼顾数学与科学能力；2003年第二次测试，主要测试数学能力，兼顾阅读与科学能力；2006年的测试侧重于科学能力，兼顾数学与阅读能力；2009年开始第二个循环。PISA虽然是由OECD成员发起并参与的，但现在已经发展成由37个OECD成员参加并有另外42个非OECD成员参与。PISA现在已发展成国际上具有影响力的学业评价与测试工具之一，其参与国家和地区的GDP总量占全世界的99%以上。

PISA的主要特征是它发明了一个新的名词"Literacy"（能力或素养），含义主要是关注学生从已学到的知识推断（extrapolate）新知识的能力或将知识应用于新情境（novel settings）的能力。

二、PISA特点分析①

（一）设计科学，构思严谨

PISA评价目标明确具体。PISA评价的是学生经过一段时间的学校教育之后，在应对社会生活具体问题时应该具备的知识和技能，其评价领域的确定、评价维度的选取以及所有评价内容的设计都紧紧围绕这一目标而展开。PISA通过一套能够测量教育结果的国际教育质量指标和对各OECD成员的学生进行抽样测试所取得的结果，来描述各参与国家和地区的教育质量，并提供一个更大范围内的测试和解释测试结果的机会。

国际学生评价项目是终身学习的一个动态的模型。学生不可能在学校里学到将来所需的每一种知识和技能，因此要培养他们终身学习的能力。阅读、数学、科学三个领域的知识内容以及运用这些知识和技能所必备的心理条件，构成了终身学习能力的基础。PISA不仅要评价学生的知识技能，还要让学生报告他们的学习动机（对自己的了解和对不同学习环境的态度），以便综合评价学生。

PISA提供长期监控和预测的工具，进行3年一轮、为期8年的长期追踪调

①李广.为生存而学习：PISA评价思想价值取向研究[J].外国教育研究，2005(7).

查研究，从而获取评价所需的信息，能够形成OECD教育指标中有关教育产出的重要指标。这样就可以使各成员每三年对其教育系统的效益进行客观的比较。

（二）界定清晰，可操作性强

OECD从人们在社会生活中所应该具备的各种能力中，选择具有代表性的阅读、数学和科学作为PISA评价的基本内容，并对这三种能力从社会生活的实际应用的角度给出了操作性定义，对之进行了清晰的界定。其中，阅读能力被定义为：能够达到个人目标，发挥个人知识与潜力，以及有效参与社会所需的理解、应用和反思书面材料的能力；数学能力被定义为：辨认、理解并参与数学运算的能力；科学能力被定义为：使用科学知识的能力、辨认问题的能力和应用科学观点的能力。清晰的定义确保了评价的可操作性。而且，测验试题来自实际社会生活的各个方面，不局限于学生在学校学习的资料，还以真实的生活情境呈现，确保了评价的客观性。

（三）形式新颖，内容灵活

PISA突破以往考试的模式，表现出新颖、灵活的特点。在测验中，基本没有直接的语文、数学或科学问题，而主要以投射的方式进行试题的编制。把测试的内容巧妙地融入真实的问题情境之中，从而在学生解决问题的过程中考查他们知识和技能的水平。在试题的编制中，PISA重点强调情境的真实性，即要求学生解决现实生活中可能遇到的真实问题；在试题内容选择方面，PISA强调各学科的交叉渗透，强调把不同学科的内容有机地融合在一起，实现跨学科的综合知识与技能的评价；在评价的重点确定上，强调重点评价学生解决问题的过程；在题目的确定上，由各成员的教育专家共同研制开发、预测后选择确定。PISA试题编制形式新颖而严谨，内容选择灵活而科学。

（四）程序严格，实施规范

PISA严格执行两阶段分层随机抽样，确保抽样的科学性、随机性和代表性。各参与测试的成员在按照OECD的要求确定好抽样框架之后，由PISA总部具体实施抽样，避免因抽样的随意性导致样本的代表性不足而造成误差。另外，为了保证各成员的学生面对的测验材料的一致性，减少翻译过程中由于语言理解的因素造成的文字方面的差别，所有需要翻译成本国文字的测验材料都必须从两种源语进行翻译，并把两种翻译结果合二为一，使测验材料保持原有的内容风格及特点，减少因测验材料本身造成的误差。对于开放式题型的评分，PISA规定了详细的评分标准，并提供了许多参考答案，有效地控制了在评分过程中可能产生的误差。

（五）分析科学，结果客观

PISA对评价结果的分析采用相对评价分析的方法，即把所有测试结果都汇合在一起，在全部分数范围内划分出相对等级，并计算各OECD成员处于各等级的学生人数。这种以能力分等级，把全部数据都放在一个平台上进行比较的方式，使得从评价结果可以直接了解每个OECD成员学生的情况及其在所有成员中的相对位置。

PISA不仅仅关心学生的评价结果，而且把很大的注意力投入到学生之间的差异是如何形成的这一问题上。因此，评价结果分析中涵盖背景信息，例如，学生的性别、经济和社会背景，学生在家以及在学校的活动，还包括学习态度，对电脑的熟悉程度及对自我调节学习的管理和监控策略，等等。对这些信息的分析，可以帮助解释成绩，解释学生之间形成差异的原因，因而对改善教育现状有重要作用。

由于PISA评价把各参与成员的测试结果都进行了汇总，并利用各种背景信息进行进一步分析，这种评价结果和对结果的解释，可以对各成员国或地区的教育质量的现状进行直接比较，从而为教育决策提供政策依据。

第二节　PISA测试理论的构建

PISA对学科能力的定义和架构具有严格清晰的框架，也有理论建构的基础。下面几节将以科学能力的定义和改进（2006年初建，2015年改进）为案例来分析PISA的理论体系和操作性定义。后面再介绍最新的2018年对阅读素养的定义和理论架构。

一、PISA2006的主要特征

（一）内容

2006年进行的PISA测试主要关注科学，也包含了阅读能力与数学能力的监测。PISA专家认为，学生在这些领域里的知识不是孤立的，而是联系的，主要体现在知识或经验应用于真实情境问题的能力上。过程的掌握、概念的理解和在各种情境中有应用能力是每一评价领域的重点。

另外，PISA2006首次收集了学生对科学态度的信息，设计包含于测试本身的有关态度的问题，而不仅仅通过问卷调查表。

（二）方法

一、PISA2006在57个参与成员共计2000万15岁的学生中随机选取了40万学生参加测试。

二、每个参与学生用2小时完成纸笔测试任务。

三、测试要求学生写出自己的答案或选择多项选择题。典型的测试问题是让学生给出基于真实情境可能遇到的写作段落或图表。

四、学生还要用30分钟的时间完成一张调查表，包括个人背景信息、学习习惯、对科学的态度与动机。

五、校长须完成一份问卷调查表，包括学校的人口统计特征信息和学校学习背景的素质。

二、测试什么？如何测试?

（一）确定学科能力外延

PISA2006定义的“科学能力”以及开发科学评价任务或问题包含以下四个方面：

一、学生需要获取的知识或知识的结构（举例：对科学概念的熟悉程度）。

二、学生需要应用的能力（举例：完成一个特殊的科学实验步骤）。

三、学生遇到科学问题和相关知识与技能应用的背景（举例：在与个人生活相关的问题上做出决策，理解世界事务）。

四、学生对科学的态度与个性品质。

PISA2003数学能力的测试只能在“数量”“空间与形状”“变化与联系”和“不确定性”几个内容维度上对学生做出评价。而PISA2006在评价范围上更宽泛了，它不仅可以报告所有的学生成绩，还能从学生科学能力的三个方面（识别科学问题、科学的解释现象和运用科学证据）分别做出评价。同时，PISA2006要求学生在科学问题的情境中回答有关科学态度问题，目的是理解学生对于特定科学问题的观点，并将这些结果的评价归结于学生对科学的兴趣和科学探究在学生心中的地位。应该说，PISA2006这种对于情感态度领域的评价给我们提供了很有价值的借鉴作用。

（二）评价学科能力

PISA2006在测试学生科学能力的同时，也同时测试了学生的阅读能力和数学能力。对学科能力的评价尤其重要，评价的关键是要细化一种能力的评价范畴。表8-1所示的是PISA2006评价领域的总览。

表8-1　PISA2006评价领域总览

	科学	阅读	数学
定义与特征	个体达到的程度 • 具有科学知识并将知识应用于相关问题，获取新的知识，解释科学现象并得出基于证据的与科学相关问题的结论 • 理解科学作为人类知识和探究的形式的特征 • 了解科学和技术如何影响我们的物质、知识和文化背景 • 作为有思考力的公民，参与科学相关问题，具有科学意识 科学素养要求对科学概念的理解，应用科学观点的能力和对证据的科学思维	为了达到个人目标，开发知识与潜能，参与社会，要有独立理解、运用和回忆课文的能力。除了转译和文字理解，阅读能力包括了阅读、解释与回忆，还有利用阅读实现个人的生活目标。PISA关注的是为学习而阅读，而不是为阅读而学习，因此要评价学生最基础的阅读技能	个人能力达到识别与理解数学在世界上所起的作用，做出有依据的判断，以各种方式运用数学，以满足作为一个建设性的、关注的和反思型的公民的生活。 数学能力与更宽泛、更有作为的数学应用相联系；衔接能力（engagement）包括在各种情境中认识与形成数学问题的能力

续表

	科学	阅读	数学
知识领域	科学的知识 ●物理系统 ●生命系统 ●地球与空间系统 ●技术系统 关于科学的知识 ●科学探究 ●科学解释	阅读材料的形式 ●连续课文，包括各种文本，如记叙文、说明文和议论文 ●非连续文本，包括图表、表格和附录	相关数学领域和概念的集合(clusters) ●数量 ●空间与形状 ●变化与联系 ●不确定性
有关能力	科学任务与方法的类型 ●识别科学问题 ●科学的解释现象 ●运用科学证据	阅读任务与方法的类型 ●提取信息 ●解释课文 ●反思与评价课文	能力群(competency clusters)限定在满足数学需要的技能 ●重现(reproduction)(简单数学运算) ●联系(把各种想法结合起来解决简单问题) ●反思(更宽泛的数学思维)
联系与情境	科学的应用领域集中于与个人、社会和全球相联系的背景 ●健康 ●自然资源 ●灾害 ●科学与技术的前沿	课文的构建应用于 ●个人的(举例:私人信件) ●公共的(举例:公文) ●职业的(举例:报告) ●教育的(举例:学校关联的阅读)	数学应用的范围集中于与个人、社会和全球背景相联系的应用。例如: ●个人的 ●教育的和职业的 ●公共的 ●科学的

第三节　PISA对科学能力的定义与架构

一、PISA2006对科学能力的定义

就个体而言，PISA2006对科学能力的定义为：

一、从相关的科学问题中识别问题、获取新知识、解释科学现象，从证据中得出结论的知识和知识的运用。例如，当个体阅读一个关于健康的问题时，

能否区分文本中的科学和非科学的方面？能否运用知识做出个人决策？

二、理解科学的性质是人类知识探究的一种形式。例如，个体是否知道基于证据的解释与个人观点之间的区别？

三、对科学是如何改变我们的物质、精神和文化背景，有关注（awareness）。例如，个体技术对国民经济、社会组织和文化的影响作用？个体是否关注环境变化及其对经济与社会的影响？

四、作为一个反思型的公民，具备科学思想，并对从事科学相关研究有意愿。

二、PISA2006对科学学科的架构

PISA2006架构了科学学科的四个方面，即科学背景、科学能力、科学知识和科学态度的相互关联的框架（framework）。

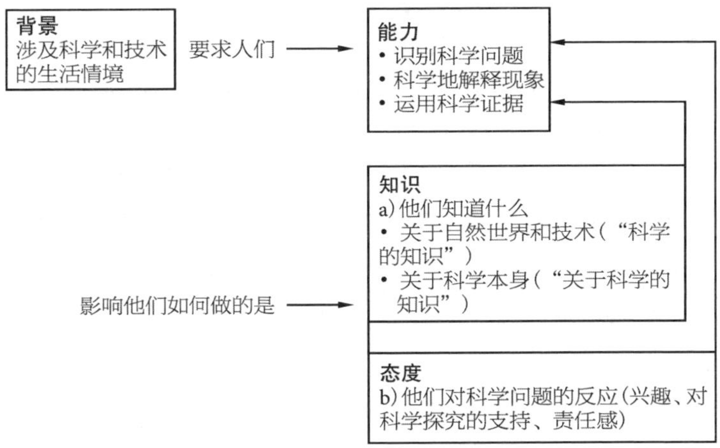

图8-1　PISA2006对科学学科的架构

1. 背景

与PISA评价为学生将来生活做准备的导向一致，PISA2006的科学问题在一个宽广的涉及科学与技术的生活情境中构建，这些情境（situations）是“健康”“自然资源”“环境质量”“灾害”和“科技前沿”。这些情境与三个背景（context）相关：“个人的”（自我、家庭或同伴组）、“社会的”（社区或公众）、“全球的”（整个世界的生活）。

表8-2 PISA 2006科学背景

	个人的（自我、家庭或同伴组）	社会的（社区或公众）	全球的（整个世界的生活）
健康	维持健康、预防事故	疾病的控制、交际传染、食物选择、社区健康	流行病、传染病的传播
自然资源	资源与能量的个人消费	人口的维持、生活质量、安全、生产和食物分配、能源供应	可持续与不可持续、自然系统、人口增长、物种的合理使用
环境质量	环境友好型的行为、使用与处理资源	人口分布、废物处理、环境影响、本地天气	生物多样性、生态的可持续性、污染的控制、生产与土壤流失
灾害	自然的和人为的，关于居住的决策	急速变化（地震、恶劣天气）、缓慢和逐渐的变化（海岸侵蚀、沉降）、风险评估	气候变化、现代战争的影响
科技前沿	对自然现象做科学解释的兴趣，基于科学的业余爱好，运动、休闲、音乐和个人技术	新材料、新设备与新工艺，基因变异与传输	物种消失、空间探索、宇宙的结构与起源

2. 能力

PISA2006的科学问题要求学生识别科学问题，科学地解释现象和运用科学证据。选择这三种能力是因为它们对于科学实践的重要性，也因为它们与主要认知能力的联系，如归纳演绎推理、系统思维、关键决策、信息的转化（例如根据原始数据画出表格或图线）、论证的建构与交流、对数据的解释、依据模型的思维、科学的运用。

PISA2006科学能力

识别科学问题

- 识别可能进行科学研究的问题
- 确定关键词以搜索科学信息
- 认识科学研究的主要特征

科学地解释现象

- 在给定的情境中应用科学知识
- 科学地描述或解释现象并预测变化

- 辨别描述、解释和预测是否恰当

运用科学证据

- 解释科学证据，得出结论并交流
- 识别结论背后的假设、证据和推理
- 反思科学与技术发展的社会意义

3. 知识

在PISA2006中，科学素养包括了作为探究内容的“科学的知识”和“关于科学的知识”。前者包括理解基本的科学概念和理论，后者包括理解科学的性质。一些PISA2006的科学问题评价“科学的知识”，而另外一些则评价“关于科学的知识”。大量“科学的知识”可以用来作为PISA的评价，因此“科学的知识”可以优先考虑作为评价学生的知识。考虑到PISA考查学生将知识应用到与生活联系的背景中，因此评估材料主要从物理、化学、生物、地球与空间科学和技术中选取。评估材料必须满足以下三点：

一、与真实生活情境有关；二、代表有持久使用性的重要科学概念；三、适合于15岁学生的发展水平。

PISA2006“科学的知识”范畴的内容领域

物理系统

- 物质的结构（举例：粒子模型、化学键）
- 物质的性质（举例：状态的变化、导热性和导电性）
- 物质的化学变化（举例：反应、能量转移、酸碱）
- 运动和力（举例：速度、摩擦）
- 能量与能量转化（举例：守恒、耗散、化学反应）
- 能量与物质的相互作用（举例：光和无线电波、声音与地震波）

生命系统

- 细胞（举例：功能与结构、DNA、植物与动物）
- 人体（举例：健康、营养、疾病、繁殖、子系统，子系统包括消化、呼吸、循环、排泄以及它们之间的关系）
- 人口（举例：物种、进化、生物多样性、遗传变异）

- 生态系统（举例：食物链、物质、能量流）
- 生物圈（举例：生态系统服务、可持续性）

地球与空间系统

- 地球系统的结构（举例：岩石圈、大气层、水圈）
- 地球系统的能量（举例：河流发源地、全球气候）
- 地球系统的变化（举例：板块结构、地球化学循环、力的建设性与破坏性）
- 地球的历史（举例：化石、起源与演化）
- 太空中的地球（举例：引力、太阳系）

技术系统

- 基于科学的技术的作用（举例：解决问题，帮助人类满足需求期望、设计与实施研究）
- 科学与技术的关系（举例：技术对科学进步的贡献）
- 概念（举例：最优化、公平交易、成本、风险、效益）
- 重要原理（举例：标准、强制、成本、革新、发明、问题解决）

PISA 确认的“关于科学的知识”有两类：一是“科学探究”，它把探究看成科学过程的核心过程；二是“科学解释”，它是“科学探究”的结果。你可以把探究看作科学的手段（科学家如何获得证据），而解释是科学的目标（科学家如何使用证据）。

PISA2006“关于科学的知识”领域的分类

科学探究

- 起点（举例：好奇心、科学问题）
- 意图（举例：提供证据来回答科学问题，包括目前指导探究的思想模式和理论）
- 实验（举例：对不同的问题提出不同的科学研究方法）
- 数据（举例：通过测量定量，通过观察定性）
- 测量（举例：内在不确定性，可重复性，误差范围，精确性、实验程序中的精确度）

• 结果的性质（举例：实验的、可测试的、可试验的、可证伪的、可自动调整的）

科学解释

• 类别（举例：假说、理论、模型、科学定律）
• 形成（举例：已有的知识和新的证据、创造性的想象力、逻辑推理）
• 法则（举例：逻辑一致性、基于证据、基于历史和目前知识）
• 结果（举例：新知识、新方法、新技术、新研究）

4. 态度

科学教育的重要目标是帮助学生发展科学兴趣，支持科学探究。科学态度对学生将来获取科学知识以及有效利用科学知识与方法起重要作用。因此，PISA 的科学能力观不仅包括学生的科学能力本身，而且还包括科学的品质（disposition towards science）。就是说，一个人的科学能力包括某种态度、信仰、动机目标、自我效能感和价值观。

PISA2006学生态度概览

支持科学探究

• 承认不同的科学观点和论证的重要性
• 支持真实信息和合理解释的使用
• 表达得出结论时还需要合乎逻辑和具体过程

测试包括：关于支持科学探究方面的问题（并入科学评价）、科学的一般价值、科学的个人价值。

作为科学的学习者的自信

• 有效处理科学任务
• 克服问题解决中的困难
• 显示较强的科学能力

测试包括：科学中的自我效能感的问题、科学中的自我概念。

科学兴趣

• 对科学和与科学相关的问题充满好奇心并竭尽全力探究解决问题
• 显示获得额外科学知识与技能的意愿

• 显示寻找信息的意愿，有持续的科学兴趣，包括对科学相关事业的思考

测试包括：科学学科话题中关于科学兴趣的问题（并入科学评价）、科学的一般兴趣、科学的愉悦性、学习科学的重要性、学习科学的工具性动机（instrumental motivation）、学习科学的未来导向动机（future-oriented motivation）、30岁时科学相关职业的期望、参与科学相关活动。

对资源与环境的责任感

• 显示对维持环境可持续发展的个人责任感

• 显示个人行为对环境影响的担忧

• 显示采取行动保护自然资源的意愿

测试包括：对环境问题的担忧，对有选择的环境问题的乐观、可持续发展的责任感。

第四节 PISA2015的科学素养定义

PISA2015在PISA2006的基础上，对科学素养的框架进行改进，保留了PISA2006的科学素养的整体思想，但对科学能力中的程序性知识部分进行了分解，强化了学生与元认知相关的认知性知识。[①]

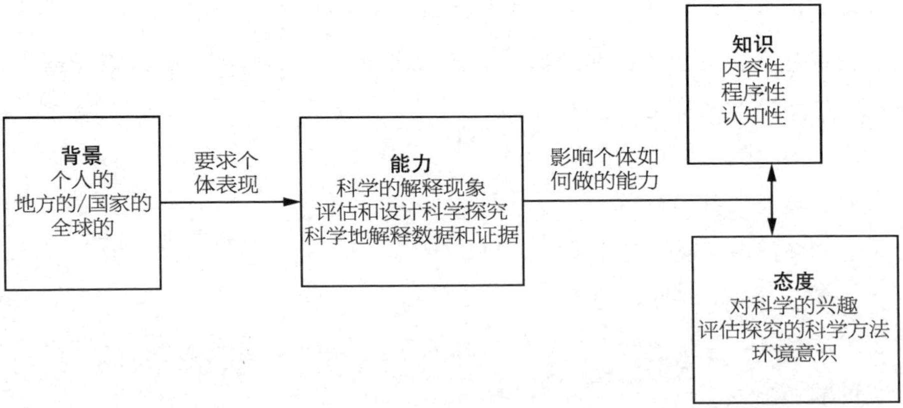

图8-2　PISA2015科学素养评估框架

①PISA2015 Assessment and Analytical Framework[R]. From: http://www.oecd.org/pisa/keyfindings/.

一、PISA对科学素养定义的改进过程

在PISA2000和PISA2003中，科学素养都被定义为："科学素养是利用科学知识、识别问题和得出基于证据的结论的能力，以便理解和帮助人们做出关于通过人类活动影响自然世界及其变化的决定。"（OECD，2000，2003）

在PISA2000和PISA2003中，"科学知识"这一术语的定义被分成"科学的知识"和"关于科学的理解"两部分。PISA2006则将术语"科学知识"的定义分为两部分："科学的知识"和"关于科学的知识"。这两个定义都提到了将科学知识应用于理解自然世界，并做出明确的说明。PISA2006，通过增加科学和技术之间关系的知识来强化这个定义，这在PISA2003已被提及只是未做详细阐述。

PISA2015中，科学素养的定义在这些观念上有了改进，主要的区别在于"科学知识"的概念被更清楚地区分为两个部分：程序性知识和认知性知识。

PISA2006的框架也得到了扩展，将学生在科学素养建构中对科学和技术问题的反应态度纳入其中。PISA2006中，态度的测量有两种方式——学生问卷和学生测验中嵌入式项目。嵌入式项目问题的结果与所有学生"对科学的兴趣"背景调查问卷中的结果存在着差异，且在这些问题上还存在着性别差异。嵌入式项目延长了测试的长度。而2015年的框架在态度测评方面只通过学生问卷来测量，并没有嵌入式的态度测评项目。在这个领域内的测量结构上，PISA2005第一个"对科学的兴趣"和第三个"环境意识"与PISA2006保持一致，而第二个"支持科学探究"PISA2015已改为"评估科学探究方法"的衡量标准测评，实质上这一术语的改变更好地反映了测量的内容。

最后，PISA2015的评价背景已从2006的"个人、社会、全球"改为"个人、地方或国家、全球"，以使标题更加连贯。

总之，PISA2015的定义是在PISA2006定义的基础上构建与发展的。例如，阐述程序性和认知性知识的概念，表现了对早期定义中嵌入或假定的一些特定意义概念的更详细的描述。

二、科学能力的PISA2015定义

1. 科学的解释现象

科学的解释现象，即识别、提供和评估一系列自然和技术方面的现象。

科学的文化已经发展成了一套解释性的理论，提高了我们对自然世界的理解。例如，昼夜的概念是由地球自转引起的，某些疾病是由肉眼看不到的微生物引起的。此外，这些知识使我们能够开发有利于人类更好生活的技术，从而能够在世界各地预防疾病，进行迅速的全球化的文明交流。因此，解释科学和技术现象的能力取决于对这些主要科学解释思想的了解。

然而，解释科学现象需要的不仅仅是记忆和使用理论、解释性观点、信息和事实（内容性知识）的能力。提供科学解释还需要了解这些知识是如何产生的，知道任何一个科学结论的可信程度。对于这一能力，个人需要了解科学探究中使用的获得此类知识的标准形式和程序（程序知识），并了解其在证实得到的科学知识方面的作用和功能（认知性知识）。

2. 评估和设计科学探究

评估和设计科学探究即描述和评价科学探究，并提出科学地解决问题的方法。

科学素养意味着学生应该对科学探究的目标有一些了解，这是为了获得关于自然世界的知识。通过观察和实验收集所获得的数据，无论是在实验室还是在野外，都会导致模型和解释性假设的发展，这些模型和解释性假设使预言能够通过实验进行检验。科学家很少孤立地工作，他们会与国内外同仁组成研究小组进行广泛合作。新观念通常是建立在先前知识的基础上的，这些新观念总是被认为是暂时的，在接受专家审查时可能缺乏正当理由。科学界为确保科学知识的客观性而建立的科学共同体的机制，需对新的观念进行审核。因此科学家承诺，在公布或报告新的发现的同时提供获取证据所用的方法。这样做可以复制实验研究，然而测量永远不可能绝对精确，相反，它们都包含一定程度的误差。因此，实验科学家的大部分工作都致力于通过重复测量、收集更大的样本、制造更精确的仪器，并运用统计技术去评估任何一个结果的可信度，以解决结果的不确定性。

此外，科学研究已经建立了很好的程序，例如建立在因果关系的逻辑论证的基础上的控制变量法。使用控制变量法使科学家相信，感知结果的任何变化都可以归因于某一特定性质的变化。如果不使用这些技术，就会导致结果的混淆和不可信。同样，科学家通过双盲实验能够宣称实验结果既没有受到实验对象的影响，也没有受到实验者本身的影响。其他科学家，如分类学家和生态学家，正在致力于确定自然世界中的潜在模式和相互作用，这些都需要寻找一种解释性理论。在其他案例中，如进化、板块构造或气候变化等领域，科学依赖于检验一系列假设，并消除那些不符合证据的假设，从而得到最佳解释的理论。

具有科学能力的人会获取内容知识，使用科学程序（程序性知识），以及理解证实科学结论的方法（认知性知识）。程序性知识和认知性知识有两个功能。第一，个人需要这些知识来评估科学调查，并决定他们是否遵循了适当的程序以及这些结论是否有保证。第二，至少从广义上讲，具有这方面知识的人应该能够提出可能适合于研究的科学问题。

3. 科学地解释数据和证据

科学地解释数据和证据就是用各种表达方式分析和评价数据、主张和论点，并得出合理的科学结论。

解释数据是所有科学家的核心活动，对这一过程的基本理解是科学素养形成必不可少的条件。对数据最初的解释始于寻找模式、构建简单的图表和可视化图形，如饼图、柱形图、散点图或维恩图。在更高的层次上，它需要使用更复杂的数据集，以及使用电子表格和统计软件包所提供的分析工具。然而，把这种能力仅仅看作一种技能是错误的。这需要大量的知识来识别哪些是可靠且有效的数据，以及提供恰当呈现这些数据的方法。

科学家可以选择用图形、图表或三维模拟可视化来呈现数据，而且呈现任何关系或模式必须使用标准模式，还必须考虑标准统计技术是否已将不确定性降至最低。所有这些都依赖于程序性知识。具有科学素养的人也可以理解不确定性是所有测量的固有特征，在科学发现中表达的可信程度的标准关系到可能发生的偶然性的概率。

然而，理解用于获取任何数据集的方法是不够的。具有科学素养的人要能判断这些方法是否合适，并且保证确定的观点是正当的（认知性知识）。例如，许多数据集可以用多种方式解释，因此论证和评判确定哪一个结论最为恰当至关重要。无论是新理论、新的数据收集方法，还是对旧数据的新解释，论证都是科学家和技术人员用来为新思想辩护的手段，科学家之间产生分歧是正常的。

数据解释需要科学的知识（内容性知识）和评鉴。通过这种方法，科学设法就关键的解释性观点与概念达成共识。事实上，这种对所有的经验证据的批判性和怀疑性的倾向，是专业科学家的标志。有科学素养的人会理解论证和批判的作用和目的，以及为什么它们对科学知识的建构至关重要。此外，有科学素养的人应该有能力构建数据证明合理的结论，并识别他人观点中的缺陷。

三、理解PISA2015的术语：科学知识

PISA报告提出了三种相互区别但又相关的科学知识。第一部分是已经建立的关于自然世界的科学事实、概念、观念和理论知识。例如，如何使用光和二氧化碳合成植物的特殊分子。这种知识被称为“内容知识”或“科学内容的知识”。

科学家用来完成某项任务的行为或操作步骤的知识被称为“程序性知识”。这是一种实践性和概括性的知识，这是基于重复性测量的经验探究时尽可能地减小误差、减小不确定性、控制变量以及表征和交流数据等的标准化程序。它也被描述成一套“证据的概念”（concepts of evidence）。

此外，理解科学作为一种实践，也需要“认知性知识”。这里的“认知性知识”指的是理解特定结构的作用和定义科学知识建构所必需的过程性知识。它包括对问题、观察、理论、假设、模型和论证在科学中的作用的理解，对各种形式的科学探究的认识，以及评审同行在建立可靠的科学知识方面所起的作用。

上述所有能力都需要知识。例如，解释科技现象，需要科学内容的知识（content of science），即内容知识（content knowledge）。然而，评估科学探究方法和环境意识这第二和第三种能力的具备，要求比知道多少科学知识更高。它们依赖于如何科学理解知识和知识建立的可靠性程度。因此，具体地来说，已经明确的是“科学的本质”“关于科学观念”和“科学实践”（National

Research Council，美国国家研究理事会，2012）。辨认和识别科学探究的特征，即科学探究的方法和实践程序的标准的知识，称为程序性知识（procedural knowledge）。最后，能力需要认知性知识（epistemic knowledge）——一般科学探究实践和理论解释的理解，例如建立理论、假说和数据知识的形成要求和意义解释。

程序性知识和认知性知识是必要的，这主要是为了确定科学探究的问题的适合性，判断使用的程序的适当性以确保要求或条件的合理性，并能从研究的价值和经济性考虑来甄别科学问题的合理性。

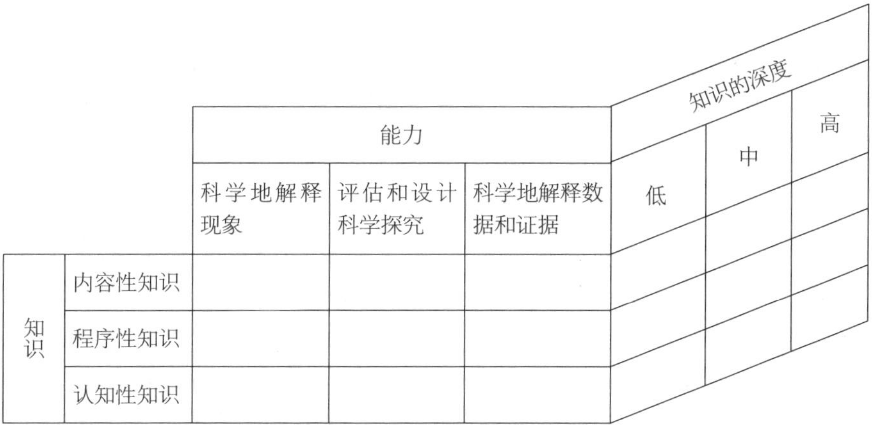

图8-3　PISA2015科学素养框架

第五节　PISA2018对阅读素养的定义

阅读能力是PISA测试关注的素养之一，主要测试分布在PISA2000、2009和2018。从第一次测试以来，阅读素养的测试框架一直都在改进。下面以2018年的阅读素养测试框架为基础，对PISA阅读素养的测试做一个简单的介绍。[①]

①PISA2018 Assessment and Analytical Framework［R］. From:http://www.oecd.org/pisa/data/PISA-2018-draft-frameworks.

一、PISA2018的基本情况

（一）PISA2018测试

约71万名学生完成了PISA2018测试，代表了79个参与国家和地区的3100多万名15岁学生。正如PISA2015，PISA2018评估主要通过计算机进行，对于不选择用计算机测试的国家和地区则提供了纸面评估工具。但是，基于纸质的评估仅限于阅读、数学和科学测试项目（即以前已经用过的纸质评估），新开发的项目只为基于计算机的评估而设计。

PISA2018基于计算机的评价设计为两个小时的测试，分发给学生的是四组30分钟的测试材料。这个测试包括数学和科学两个领域的六个集群。因为阅读是主测领域，开发了相当于15个30分钟的集群材料，但这些材料被组织成单元而不是集群。PISA2018阅读评估，采用了一种适应性方法，基于学生所在学校的水平，学生被分配到不同的单元。此外，PISA2018为选择参加评估的国家和地区制定了四个全球竞争力集群项目。

对于参与全球竞争力集群项目的国家和地区，PISA2018提供了不同的考试评估形式。学生花一个小时进行阅读测试（由核心阶段和紧接下来的难度大小不同的两个阶段组成）再加上一个小时的一个或两个其他科目的测试（数学、科学或全球竞争力）。对于那些选择不参加全球能力评估的国家或地区，PISA2018则准备了36份测试样卷。

（二）PISA2018阅读框架

PISA2018阅读素养框架保留了PISA2009、2015框架的部分内容，但在以下方面进行了修订：

一、将传统意义上的阅读与新的阅读完全结合起来。由于数字设备和数字文本的传播形式的出现，这种新的阅读形式在过去几十年间被经常使用。

二、阅读形式包含了基本阅读过程中涉及的能力。如流畅的阅读、字面解释、句子间的整合、中心主题的提取和推理等。这些能力是处理复杂或多个文本以达成特定目的的关键。如果学生无法进行更高层次的文本处理，教师则必须知道是由于这些基本技能的运用困难导致的失败，以便为这些学生提供针对性指导。

三、重新审视了阅读领域的组织方式，纳入新的阅读方法，如评估文本的准确性、寻找信息、从多个信息来源进行阅读以及跨信息来源整合信息。修订重新平衡了不同阅读方法的随机性，以反映不同结构的重要性，同时确保与先前的框架有联系，以便能够衡量学生的成就趋势。

修订考虑了如何选用新技术和涉及印刷文本和数字文本的场景的使用，以便更真实地评估阅读能力，这样使评估结果更符合目前世界各地文本的使用情况。

（三）数字阅读素养的重要性

数字技术的兴起意味着人们在阅读内容上有所选择，同时他们也必须选择性地阅读越来越多的和越来越广的各类文本。在一些日常的交流活动中，阅读和写作甚至取代了语言，例如使用聊天软件在线编写信息而不是打电话给朋友。读者必须理解这些新的基于文本的体裁和社会文化实践活动。

数字时代的读者还必须掌握一些新技能。他们必须尽可能多地掌握信息和通信技术，以便理解并操作设备和应用程序，也必须通过使用搜索引擎等来搜索和访问他们需要的文本。由于互联网上的信息有时不受严格控制且泛滥，读者在选择信息来源时要持有判断力，必须对信息的质量和可信度进行评估。最后，读者必须跨文本阅读以证实信息，发现潜在的差异和冲突并加以解决。

经合组织2009年数字阅读研究报告清楚地说明了这些新技能的重要性，报告指出：电子文本导航工具是数字阅读的重要组成部分，读者通过导航来“构建”文本。因此，导航选择直接影响最终它处理的文本类型。阅读能力较强的读者倾向于选择适合个人需求的任务。能力更强的读者倾向于尽量减少对无关页面的访问，并有效地选择必要的页面。

（四）阅读的习惯、动机

个人的阅读习惯、动机和对阅读的态度以及对阅读策略有效性的意识，在阅读中起着突出的作用。那些阅读频率更高的（不管是纸质的还是数字的）、对阅读感兴趣的、对自己的阅读能力有信心的以及知道使用哪种策略的学生，往往更精通阅读。

二、阅读素养的定义与其操作性解释

（一）定义阅读素养的背景

随着时间的推移，社会、经济、文化和技术发生了变化，因此阅读和阅读素养的定义也发生了变化。阅读不再被认为是一种仅在儿童时期接受教育获得的能力。相反，它被视为一种不断发展的知识、技能和策略，这是个人通过与他人和社会的互动，在一生中阅读各种各样的文本形成的。因此，阅读必须考虑到人与基于文本的各种产品的互动方式及阅读在人的终身学习中的作用。

（二）PISA2018阅读素养的定义

PISA2018对阅读素养（reading literacy）的定义是：阅读素养是理解、运用、评价、反思和参与文本，以实现自己的目标，发展自己的知识和潜力，并参与社会。

1. 阅读素养

“阅读素养”一词被用来代替“阅读”一词，因为它能更准确地传达给调查学生所测量的内容。“阅读”通常被理解为简单地解码（例如，将书面文本转换为声音），甚至是大声朗读，而PISA评估的目的是衡量更广泛、更具包容性的阅读能力。阅读素养包括广泛的认知和语言能力，从基本的解码到单词、语法知识，理解更宽泛的语言和文本结构，以及综合理解与真实世界联系的个人知识。它还包括元认知能力：在处理文本时对各种适用策略的认识和使用能力。元认知能力是当读者为达到某种特定目标而进行思考、监控和调整他们的阅读活动时被激活的。

“素养”一词似乎与“阅读素养”表达的概念很接近：阅读是在各种基于目的情境下的积极、有目的和功能性的应用。PISA评估学生的范围广泛，其中一些学生可能会上大学，然后从事学术研究或专业工作；有些学生将继续深造，为提升劳动力的价值做准备；有些学生将在中学毕业后直接进入劳动力市场。无论他们今后如何发展，从事何种工作，阅读素养对于学生积极参与社会交流和经济活动以及他们的个人生活都是非常重要的。

2. 对阅读素养定义的操作性解释

（1）阅读素养涵盖理解、运用、评价和反思（understanding，using，evaluating，reflecting on）。

“理解”一词很容易与广泛接受的“阅读理解”概念联系在一起，即所有的阅读都涉及某种程度的信息整合，从文本中获得的信息会与读者已有的知识相结合。即使在阅读的最初阶段，读者也必须利用他们对符号（如字母）的知识来解码文本，并且利用他们对词汇的知识来解读意义。当然，整合的过程也可以更广泛，包括开发文本内容与情境联系的心理模型。

“运用”这个词指的是应用和功能化的概念——用阅读获得的知识来做事。

PISA2018增加了“评价”一词并纳入阅读的概念，表示阅读往往是有目标导向的，因此读者必须权衡文本中论点的准确性、作者的观点以及文本与读者目标的相关性等因素。

“阅读素养”在“理解”“运用”和“评价”中加上“反思”，以强调阅读是互动的概念：读者在阅读文本时，会利用自己的经验。阅读需要一些反思，读者在其中回顾文本外的信息，并联系文本中的信息。随着信息和经验的不断积累，读者不断根据外部知识来检验所读的内容，从而不断地反思和修正他们对文本的理解（sense）。反思包括权衡作者的主张、修辞和其他话语手段的使用，以及推断作者的观点，等等。同时，读者对文本的反思可能会逐渐地甚至不知不觉地改变他们的世界观和方法论。反思要求读者运用他们以前的知识和经验，或考虑文本的内容，或思考文本的结构与形式。

定义中的每一项技能——“理解”“运用”“评价”和“反思”都是必要的，但若仅掌握其中的几项技能，不足以成功获得阅读能力。

（2）参与（engaging with）。

一个有阅读素养的人，不仅具备良好的阅读技能和知识，而且重视阅读，并将其用于各种实践。因此，对学生的阅读素养的培养，不仅是阅读的熟练性程度，更重要的是参与阅读。参与意味着阅读的动机，包括一系列的情感和行为特征，对阅读的兴趣和享受，对阅读文本的控制感，以及多样化和频繁的阅读实践。

（3）文本（texts）。

“文本”一词的意思是包括图像形式中使用的所有语言，无论手写、印刷或基于屏幕。在这个定义中，并不包含纯听觉语言的人工制品，如录音、电影、电视、动画和没有文字的图片。文本的视觉呈现，包括图表、图片、地图、表格、图线和连环画等，还包括标题等书面语言。这些视觉文本既可以独立存在，也可以嵌入其他文本之中。

动态文本在许多方面不同于固定文本，包括缺乏让读者能估计文本长度和数量的物理线索（例如，在虚拟空间中纸质文档的维度是隐藏的），动态文本为读者提供了一定程度的阅读决策权；一段文本的不同部分与不同文本通过超文本链接的方法彼此连接；在搜索结果显示多个摘要文本。由于这些差异，读者对动态文本的理解与印刷文本也不尽相同。在很大程度上，读者需要构建自己的阅读路径，完成任何与动态文本相关的阅读活动。

“阅读素养”之所以选择“文本”一词而不是“信息”，是因为前者与书面语言有联系，而且它更倾向于文学和以信息为中心的阅读。

（4）以实现自己的目标，发展自己的知识和潜力，并参与社会。（In order to achieve one’s goals, to develop one’s knowledge and potential and to participate in society.）

这句话的目的是要全面了解阅读能力在不同层面、不同领域发挥作用的情况：从私人的到公共的，从学校的到工作的，从正规教育到终身学习。“实现自己的目标”和“发展自己的知识和潜能”都阐明了一个长期以来的观点，即阅读素养能够实现个人的愿望——既有诸如毕业或择业等明确的愿望，也有那些不太明确或不太直接的愿望。这些愿望丰富了人的知识和潜能，拓宽了生命的宽度，并为人的终身学习提供了动力。

第六节　PISA2018阅读测试领域和方法

在日常生活中，阅读是一种普遍的、多样性的活动。为了设计一个能充分体现阅读素养的多个方面的评估标准，根据一组维度设计了领域（domain）。专家依次确定测试设计的维度，并最终报告学生熟练程度的证据。

一、影响阅读的因子

斯诺和兰德阅读集团小组根据框架的影响将阅读理解定义为三种综合影响来源的联合结果：读者、文本和阅读活动、任务或阅读目的。读者、文本和任务维度在广泛的社会文化背景下相互作用，可以看作是阅读发生的背景。如图8-4所示，PISA对阅读素养的维度采取了类似的观点。读者阅读时带着许多自身的因素，包括动机、先前知识（prior knowledge）和其他认知能力。阅读活动包含文本因素（text factors，即在给定的时间和地点可供读者阅读的文本）。这些因素包括文本的格式、所用语言的复杂性以及读者遇到的文本的数量。阅读活动也包含任务因素（task factors，即激发读者阅读文本的要求或原因）。任务因素包括潜在的时间和其他实际制约因素、任务的目标（例如，阅读是为了乐趣，阅读是为了深入理解和获取信息）以及要完成的任务的复杂性或数量。读者根据自己的个性特点和对文本和任务因素的感知，运用一套阅读素养处理方法（reading literacy processes）来定位和提取信息，从文本中建构意义，从而完成任务。

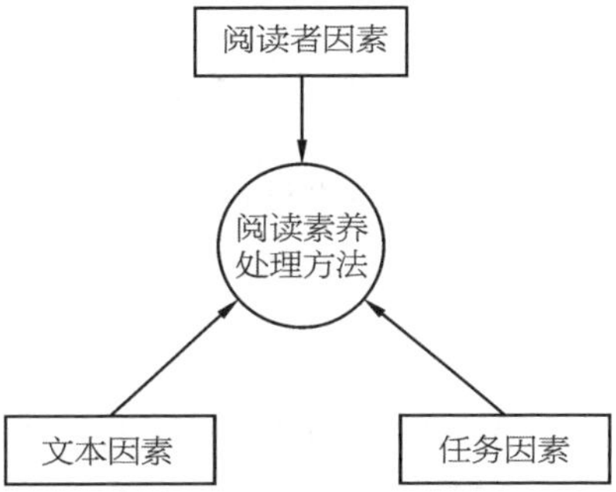

图8-4　阅读素养的因素分布

PISA认知评估通过操作任务和文本因素来衡量阅读素养。在设计PISA阅读素养评估时，最重要的两个考虑因素是：第一，确保学生在校内外阅读内容和阅读目的的广泛覆盖；第二，在课文和任务中呈现一系列自然的难度。

PISA阅读素养评估建立在三个主要特征之上：文本——阅读材料的范围；处理方法——决定读者如何与文本接触的认知方法；情境——阅读发生的广泛背景或目的的范围。情境中的任务是指读者为了成功而必须达到的指定目标。三者都有助于确保测试阅读素养的覆盖面。虽然读者的技能和背景可能存在个体差异，但这些差异不是在阅读认知过程中测得的，而是通过问卷的评估获得的。

为了利用这三个特征来设计评估，必须将三个特征都体现在评估方案中。

也就是说，必须设定这些特征可以赋予的特征值。这就可以让测试开发人员对使用的材料和构建的任务进行分类，以便他们可以用数据报告和解释结果。

二、阅读的处理方法

（一）文本处理方法的研究

阅读素养中涉及的认知方面的PISA类型学设计于21世纪之交。PISA2018阅读能力框架需要修订至少有以下三个原因：

第一，阅读能力的定义必须反映学校和社会对阅读能力需求的当代发展，即印刷和数字形式的文本信息越来越多，涉及文本和阅读的情况越来越多样化也越来越复杂。这些发展的部分原因是数字信息技术的普及，特别是全球互联网用户的增加。

第二，PISA2018框架还应反映阅读的科学概念化的最新发展，并尽可能与当前理论中使用的术语保持一致。考虑到研究文献的进展，有必要更新用于指定阅读中所涉及的认知处理方法（cognitive processes）的词汇。

第三，重新评价以下两个方面之间的平衡关系：保持对框架所述各方面的准确定义的意愿和在大规模国际评价中对这些个别方面做出解释的可能性的限制。这种对阅读框架的重新评估，在以阅读素养为主要领域的PISA2018中尤为重要。

PISA2018框架用“认知处理方法”取代了之前版本框架中使用的“认知方面”。“认知处理方法”一词与阅读心理学研究中的术语一致，更符合对读者技能和熟练程度的描述；而“方面”一词会混淆读者的实际认知方法和各种任务的要求，即特定类型问题的要求。阅读方法的描述可以使PISA2018框架将这些方法映射到任务类型上。

阅读素养理论强调了“阅读不是在真空中进行的”。事实上，人们日常生活中的大多数阅读活动都是以特定的目的和目标为动机的。阅读作为一种认知技能，涉及一系列特定的阅读方法，有能力的读者在阅读文本时会使用这些方法达到他们的目的。目标设定和目标实现不仅促使读者决定阅读的文本，而且促使他们或决定脱离特定的文本，或重新阅读不同的文本，或比较、整合多个文本中的信息。

为了达到这个框架中定义的阅读能力，个人需要运用一系列的方法。要想有效地运用这些方法，就要求读者具备支持这些方法的认知技能、策略和动机。

PISA2018阅读框架承认阅读素养的目标驱动性、批判性和文本互通性。因此，先前的阅读方面的术语已经被改进和扩展，以便明确地表示出更广泛的方法，熟练的读者可以根据特定任务的上下文和信息环境有选择地运用各类方法。

（二）文本阅读处理的方法

PISA2018定义了两大类阅读方法：文本处理和任务管理（表8-3）。这与当前新课程的理念一致，说明阅读是一种情境性和目的性的活动。认知评估的重点是文本处理框中标识的方法。

表8-3　PISA2018阅读框架的处理方法

<table>
<tr><th colspan="2">文本处理</th><th>任务管理</th></tr>
<tr><td rowspan="3">流利的阅读</td><td>定位信息
• 从文本中存取或提取信息
• 搜索和选择相关文本</td><td rowspan="3">设置目标与计划

执行</td></tr>
<tr><td>理解
• 表达文本意思
• 综合和生成推论</td></tr>
<tr><td>评价与反思
• 评估质量与可靠性
• 反思内容与形式
• 检测与处理冲突</td></tr>
</table>

（三）文本处理方法的具体解释

1. 阅读流利

阅读流利性可以定义为一个人能够准确、自动地阅读单词和文本，并对这些单词和文本进行处理，以理解文本的整体含义。大量的实证证据表明，阅读的流利性与理解文本的轻松性和有效性密切相关。解释这一关系的主要心理机制是，阅读文本时的轻松和高效表明了读者对文本在解码、单词识别和句法分析等方面的基本阅读技能的专长。

阅读流利可以调动注意力和记忆资源，这些资源可以分配给更高层次的理解过程。相反，阅读不流利会将阅读资源从理解转移到文本所需的较低层次的处理，从而导致阅读理解的表现较弱。

2. 定位信息

阅读能力强的读者通过阅读整篇文章来理解文章的主要思想，并对文章进行整体反思。在日常生活中，普通读者使用文本的目的通常是需要特定信息的定位，很少或根本不考虑文本的其余部分。此外，在使用复杂的数字信息（如搜索引擎和网站）时，定位信息是阅读的必要组成部分。PISA2018 框架定义了读者在同一文本内部和不同文本之间查找信息的两个方法：访问和检索。从表格、文本章节或整本书中查找信息本身就是一项技能。定位信息依托读者运用对任务要求的理解、对文本组织的知识（如标题、段落）以及评估文本相关性的能力。定位信息的能力取决于读者对信息需求的策略意识，以及快速脱离无关内容的能力。

有时，读者不得不浏览一些段落，以便检索特定的信息片段。这需要读者具备一种能力来调节阅读速度并加工处理，知道什么时候要思考或忽略文本中的信息。PISA2018 中的访问和检索任务要求读者扫描单个文本，以便检索由几个单词、短语或数值组成的目标信息，他们不需要或很少需要理解超越短语水平的文本。目标信息的识别是通过问题和文本中元素的字面或接近字面的匹配来实现的，尽管有些任务可能需要在单词或短语级别进行推理。

搜索和选择相关文本，阅读能力强的读者不仅能在面对一篇文章时，而且能在同时面对几篇文章时选择信息。信息时代可用信息的数量往往大大超过读者实际能够处理的数量，在这种多文本阅读的情况下，读者必须决定哪一段文本是重要的、相关的、准确的或真实的。这些决定基于读者对文本质量的评估，文本质量是由部分的、有时是不透明的指标（如 Web 链接中包含的信息）决定的。因此，读者从一组文本中搜索和选择一段文本的能力是阅读素养的一个组成部分。在 PISA2018 中，文本搜索和选择任务涉及使用文本描述符，如标题、源信息（如作者、媒体、日期）、嵌入或显式链接（如引擎搜索结果的页面）。

3. 理解

大量的阅读活动涉及对文本延伸段落的分析和整合，以形成对文章所传达的意义的理解。文本理解（也称为理解）可以被视为读者对文本内容的心理表征的建构，将其定义为“情境模型”。情境模型基于两个核心程序：文本字面意义的记忆表征的构建；通过映射和推理过程将文本内容与读者先前知识的整合。

获取文本表达的字面意义需要读者理解句子或短文。字面理解任务涉及一段文章中问题和目标信息之间的直接或意译匹配。读者可能需要在定位水平上对信息进行排序（优先级排序或不定排序），注重在整篇文章的层次上进行任务整合。例如，确定主要思想、总结文章或给文章命名，都可认为是一项整合任务。

构建一个整合的文本（constructing an integrated text）需要从单个句子到整个段落做努力。读者需要产生各种类型的推论，从简单的联系推论到更复杂的连贯关系（如空间、时间、因果或论点的链接）的推论。推论可以将文本的不同部分联系在一起，也可以将文本链接到问题陈述中去。最后，在阅读任务中也需要形成推论，读者必须确定一篇文章隐含的主要思想，这可能就是一篇文章的摘要或标题。

当读者面对多个文本进行整合、形成推理时，可能需要联系不同文本位置中的信息片段。在跨多段文本集成信息时，可能出现的一个具体问题是这些信息不一致甚至是冲突的。在这种情况下，读者必须在承认并处理冲突的过程中使用评估处理方法。

4. 评价与反思

有能力的读者可以超越文本的字面意义或显性意义进行推理。他们可以反思文本的内容和形式，并批判性地评估其中信息的质量和可靠性。

（1）评估质量与可靠性。有能力的读者可以评估信息的质量和信息在文本中的可信度：信息是否有效，是否是最新的，是否准确。评估有时需要读者识别并评估信息来源：作者是否专业、是否见多识广、是否心地善良。无论如何，读者都必须能对文本的内容和形式进行批判性的反思。

（2）反思内容与形式。阅读能力强的读者还必须反思文本的质量和风格。这种反思包括评价写作的形式，以及内容和形式如何相互关联，如何表达作者的目的和观点。反思还包括利用文本之外的知识、观点或态度，将文本中的信息与自己的概念和经验联系起来。换而言之，反思项目就是要求读者参考自己的经验或知识，比较或假设不同的方法、观点。

（3）检测和处理冲突。当面对观点相互矛盾的多个文本时，读者需要意识到观点冲突并找到解决冲突的方法。处理冲突通常要求读者将不一致的观点或结论追溯到各自的来源，并评估这些观点的可靠性或来源的可信度。

可以说，评价和反思一直是阅读素养的一部分。随着读者所面临信息量的增加和信息的差异性，评价和反思的重要性与日俱增。由于这些技能是当代阅读的基础，因此，衡量15岁学生在多大程度上能够应对理解、比较和整合多个文本的新挑战，是一个至关重要的问题。

5. 任务管理流程

在日常情况下，读者接触文本是因为他们收到了某种任务或外部提示。阅读能力包括准确阅读，表达阅读情境的要求，建立与任务相关的阅读目标，监控实现这些目标的进度，并在整个活动中自我调节其目标和策略。

任务导向的目标会驱动读者在文本中搜索与任务相关的文本或段落。监控（元认知）过程能够在整个阅读活动中更新目标。任务管理以文本处理为背景，强调它构成不同处理水平的元认知能力。

虽然读者对任务要求的自我解释是任务管理过程中的一个重要组成部分，但阅读目标的构建超出了明确的任务指示，因为目标可以根据读者的兴趣和主动性自行生成。然而，PISA阅读素养评估只考虑读者在收到给定任务的外部提示后形成的目标。此外，由于实施的限制，任务管理过程作为PISA2018的一部分进行了表述，但没有直接和独立的评估，虽然部分背景问卷评估了读者的阅读策略意识。PISA在未来可能会考虑使用计算机生成的过程指标作为任务管理评价的成分（例如，多久和在什么时候作为任务管理技能评估的一部分，学生访问特定文本页的时间间隔或学生对提出的问题的回顾次数）。

三、阅读处理方法的总结

综上所述，PISA2018的框架包含了全面和详细的认知处理类型的特征，包括在单一文本和多重文本环境下的有目的的阅读活动。由于设计限制，在一个单独的熟练程度量表中无法区分每一种处理方法，框架仅定义了一个更小的测试和报告的处理方法列表（表8-3）。值得注意的是，PISA2018的方法类型中还可以分析学生随时间的变化在泛读过程中的熟练程度，因为前一个框架中的“认知方面”可以映射到新类型中的特定处理方法上。表8-4显示了2018认知处理方法类型和2009类型（2012和2015也使用了）之间的对应关系。

表8-4　2018认知处理方法类型与2018报告量表、2009—2015认知方面的对应表

2018认知处理方法	测量2018的高级类别	2009—2015的认知方面
流利的阅读	有报告但未列入量表	没有提及
从文本中评价和提取信息	定位信息	评估和提取
搜索和选择相关文本		
表达字面意义	理解	整合和解释
整合与形成推理		
评价质量与可靠性	评估与反思	反思与评价
反思内容与形式		
检测与处理冲突		复杂的

第七节　PISA对教育评价的启示

PISA测试结束后，OECD会对各个国家和地区测试情况做一个全面评估，并在其网站发布评估报告。2006年的科学测试不仅发布了总报告*PISA 2006, Science Competencies for Tomorrow's World*，而且还相继发布了几个专项报告。以后每次都会形成报告、一般在测试后第三年5月份发布完所有主要报告。这些报告以各个国家和地区学生的基本学科能力和个人背景信息与学校背景信息为基础，用综合分析的方法反映对各国的评价结果。这些结果对各国的基础教育决策起关键作用。

一、PISA评价的特色

PISA作为一种能力测试，在测试方法与测试问题的设置上有其鲜明的特色。

（一）以能力测试为核心

PISA以学生的终身可持续发展目标来设计测试问题。因此，PISA主要测试学生的能力或素养。问题的素材来自学生今后的工作与生活或目前的生活实践，而解决这些问题需要的基础知识与基本能力又是影响学生的关键知识与能力。例如，2006年的科学测试不仅考查学生的“科学的知识”，而且测试学生对“关于科学的知识”的掌握情况；问题的背景有“个人的”“社区的”或“全球的”等各种情况。

（二）多维角度考查能力

PISA对学科能力的界定是从学科特点出发来构建的。例如，2006年的科学测试，PISA认为科学能力与学生生活的各种背景有联系，测试的问题出自这些背景（个人的、社区的或全球的）；科学能力又体现在“识别科学问题”“科学地解释现象”和“运用科学证据”三个方面；而科学能力又是由“科学的知识”和“关于科学的知识”共同支撑的；当然科学能力也离不开科学情感的支持。因此，测试问题的分类可依据“问题背景”“知识类型”和“能力类型”等几个方面。PISA测试中，学生在完成2小时的能力测试任务后，还得花30分钟完成一份有关个人背景信息、学习习惯和情感态度等方面的调查表。同时，校长也需要用30分钟完成一份反映学校情况的背景信息调查表。

显然，PISA测试的问题与目前我国中小学的测试内容区别较大。我国的考试问题主要是学科的知识及知识的运用。而PISA认为“问题背景”“知识类型”和“能力类型”是重点考虑的三个方面。当然，个人信息的调查可用来对个人、不同的群体（学校、国家或地区）进行相关分析和比较。这些相关分析与比较的材料往往是各成员或地区教育部门分析本地区基础教育情况，提出未来教育决策的重要依据。

（三）评估重点

PISA认为，学生在现实中解决与在学校所学内容相关的问题时，经常需要多项能力有时甚至是个人全部的能力。因而，PISA非常注重评价学生在实际生活状态下的能力表现，关注并检测学生在学校课程以外活学活用有关知识的情况，这些知识并不局限于学校课程的学科知识。可见，与以往的评价相比，PISA拓宽了评价的内容，使其更有实用价值。同时采用“能力水平”的策略，分层检测学生的素养和潜能。[①]

二、评估问题类型

PISA评估的问题会从几个方面来考虑，如问题背景、能力类型、学科知识类型等。问题类型可能是开放型或封闭型，选择题、填空题或问答题，等等。例如，2006年科学测试关于防晒霜的问题：

咪咪和迪安想知道防晒霜产品对皮肤的最佳保护作用。防晒霜产品上有防晒指数SPF（Sun Protection Factor），表示每一种产品对太阳光紫外线成分的吸收程度。一个高SPF的防晒霜比低SPF的防晒霜具有更长时间的防护作用。咪咪想出一种方法来比较一些不同的防晒霜产品，她与迪安选择了下列材料：

- 两张不吸收太阳光的透明塑料纸；
- 一张感光纸；
- 矿物油（M）和含有氧化锌（ZnO）的乳霜；
- 四种不同的防晒霜，命名为S_1、S_2、S_3和S_4。

咪咪与迪安采用矿物油的原因是它能让大多数的太阳光透过，而氧化锌几乎能彻底挡住太阳光。首先，迪安将每一种防晒霜分别滴在一张塑料纸上已经圈定的一个个小圆圈内，随后将第二张纸盖于其上。他用一本厚书放在两张塑料纸上并按压。然后，咪咪再把这两张塑料纸放在感光纸上。最后，迪安将它们放在太阳下。随着太阳暴晒时间的增加，感光纸会由灰变白（或非常浅的灰色）。

①孔凡哲，李清，史宁中. PISA对我国中小学考试评价与质量监控的启示[J]. 外国教育研究，2005(5): 72-75.

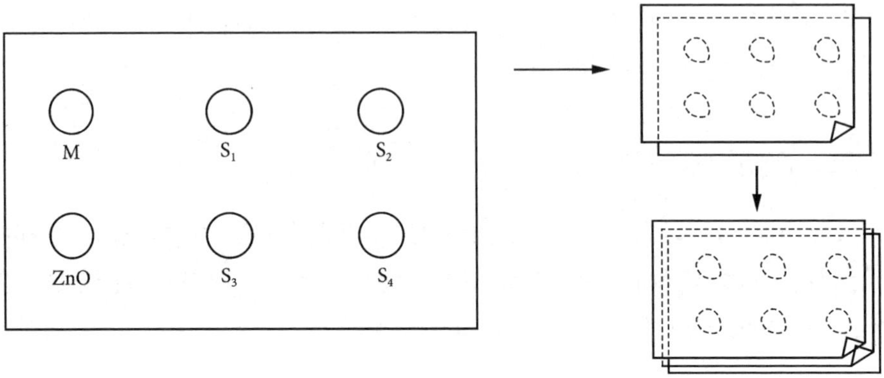

图8-5　步骤流程

(1) 下列哪一科学描述的作用是比较防晒霜与矿物油和氧化锌的效果的?

A. 矿物油与氧化锌都是被测试的因子。

B. 矿物油是被测试因子而氧化锌是参照物质。

C. 矿物油是参照物而氧化锌是被测试因子。

D. 矿物油和氧化锌都是参照物。

正确：D

问题类型：选择题

能力：识别科学问题

知识类别：科学探究 （关于科学的知识）

应用领域：健康

背景：个人的

(2) 下列哪个问题是咪咪与迪安要回答的?

A. 每一种防晒霜与其他三种在防护效果上相比如何?

B. 防晒霜是如何保护皮肤免遭紫外线的?

C. 防晒霜的防护效果是否比矿物油差?

D. 防晒霜的防护效果是否比氧化锌好?

正确：A

问题类型：选择题

能力：识别科学问题

知识类别：科学探究（关于科学的知识）

应用领域：健康

背景： 个人的

（3）为什么要按压第二张塑料纸?

A. 为了使滴物不至于变干。

B. 为了尽可能地把滴物甩远。

C. 为了使滴物保持在圈定圆圈内。

D. 为了使滴物有相同的厚度。

正确： D

问题类型： 选择题

能力： 识别科学问题

知识类别： 科学探究（关于科学的知识）

应用领域： 健康

背景： 个人的

从上例可见，PISA 的测试材料来自真实的实际问题，而维度则可以从“能力”“知识类别”“应用领域”和“背景”等几个方面来考查。

三、PISA 对中小学教育质量监控的启示

中小学教育的质量监控与评价是教育界或全社会关注的重点，更是提高基础教育质量的关键。PISA 为我国的中小学教育评价与监控提供了有价值的启示。

（一）对我国中考、高考的启示

目前，我国大部分地区的高考科目是语文、数学、英语和综合（文综或理综），这与PISA的阅读、数学、科学三科为测试核心基本相符。PISA 认为，阅读、数学和科学是学生终身发展的关键学科。我国大部分地区的中考科目是语文、数学、英语、科学和文综（政、史、地等综合）等。如果从减少考试科目的角度考虑，可选语文、英语、数学和科学作为考试科目，但这四个科目中的语文考试要进行工具性与人文性并重的处理，同时兼顾文科综合知识的考查。这样，语文和科学两个学科的分值比重要加大。从能力的角度考虑，英语的比重应该适当减少。

（二）建立教育质量评价体系

目前，我国已经在实施中小学的教育质量评估国家监测制度。我们可借鉴PISA的质量评价方法，建立和完善我国的中小学教育质量评价体系。PISA注重学生的基础能力，注重在各种不同情境中运用这些知识与技能的能力。建立教育质量评估体系需要专业的人才队伍、科学的理论体系来支撑，评估方式不能仅局限于考试这种单一的评价方法，应该使用相关数据分析的方法，从而为教育决策提供依据。

（三）关注课程改革过程教育形式的优化

PISA2006科学测试结果表明，各国和地区在科学能力的测试结果上存在很大的差异。科学能力包括了两个项目：一是“科学的知识”，二是“关于科学的知识”。“科学的知识”相当于科学基础知识，即学生必须掌握的一些科学的概念、原理和基础应用；而“关于科学的知识”相当于科学的基本方法，包括：如何对一个问题设计探究方案，如何实施探究，如何对探究的结果进行解释，等等。例如，阿塞拜疆学生的“科学的知识”的得分明显高于“关于科学的知识”的得分，法国学生则恰恰相反。因此就这两个国家而言，今后的教育改革所需要强化的方面正好是相反的。而PISA2015的认知性知识的测量说明，教育需要重视学生对学习过程、学习方法和学习评价能力的培养，这是学生的高层次能力的标志。

我国从新课程实施以来，教师越来越关注学生学科能力的培养，即关于知识发生过程的探究能力的培养。总体来说，由于我国在这方面的改革起步较晚，评价体系尚未完善，学生学科素养的培养还有很长的路要走。

第八节　PISA对科学态度测量的启示

一般认为，科学态度是个体对自然界及科学世界所持有的基本态度。它包含三种成分：一、个体对自然界及科学世界的情感成分，例如喜欢、热爱、厌恶等；二、个体对自然界及科学世界的认知成分，例如知觉、理解、信念、评价等；三、个体在科学学习、科学实验以及对待日常生活事件上的一种内在反应倾向[①]。PISA认为："科学态度"对学生将来科学知识的发展，以及他在一生中有效利用科学知识和方法起决定性的重要作用。PISA2006的"科学态度"的概念比人们平时所认为的"科学态度"的概念要更宽泛一些，它与课程标准中提出的三维目标中的"情感、态度与价值观"相当。因此，PISA对"科学态度"的理论与测量方法可供我们借鉴。

一、PISA对"科学态度"的操作性定义

PISA从四个维度对"科学态度"进行操作性定义：支持科学探究、学习者的自信、科学的兴趣和对资源环境的责任感等。每个维度都分成若干个分项进行细化（参见第三节"PISA对科学能力的定义与架构"中的"PISA2006学生态度概览"）。

注："并入科学评价"的项目，是在科学测试题中针对一个具体的科学问题对学生进行有针对性地问题调查的方式（见附录3的例2）。

二、PISA对"科学态度"测试的实现

（一）"科学态度"的相关因素和关系

PISA认为，涉及科学与技术的生活情境要求人们具备一定的科学能力，"影响学生如何做的"是"科学态度"与"科学知识"两个因素。因此，"科学态度"是直接影响科学能力的重要因素，而不是游离于科学能力之外的因素。

（二）"科学态度"调查的两种形式

PISA2006采集到的学生"科学态度"的数据不仅源自学生填写的调查问卷，同时也通过在科学测试时进行"科学态度"的同步调查所获取。这种结合科学成绩测试的调查方式，让学生面对PISA测试题中陈述的特指的科学任务时，在答案中表达具体的"科学态度"，这比仅仅通过一份单独的问卷来调查学生的科学态度更加具体。另外，它能考查学生的态度是否会随测试题中所特

①陈小松.从中学物理教育探究科学态度及其评价(上)[J].学科教育,2001(6).

指的背景而变化，以确认情境与学生的态度、学业水平的相关性。“支持科学探究”和“学习科学专题的兴趣”直接在学业测试中进行，采用在“个人的”“社会的”和“全球的”背景中植入问题调查的方式实现。

对于“学习科学专题的兴趣”，学生可以在“很有兴趣”“有兴趣”“少兴趣”和“没兴趣”中选择。前两项可被认为是有兴趣的，而后两项可被认为没有兴趣。“支持科学探究”的态度问题测量用“完全同意”“同意”“不同意”和“完全不同意”来回答。同样，前两项是支持项，后两项是不支持项。

（三）PISA调查问卷的问题举例

为了使读者对PISA的“科学态度”的测试方法有一个感性认识，现呈现几个例子。

1. PISA2006问卷调查中的问题举例

PISA对“科学态度”调查的第一种方式是在测试前的综合信息问卷上呈现一些关于“科学态度”的调查题。对某一个维度下的一个具体细化的项目设计5—7个问题。

例：问卷中对各项目下某些细化子目的测试题。

表8-5

测试细目：科学的一般价值	完全同意	同意	不同意	完全不同意
1. 科学对帮助我们理解自然界是重要的				
2. 科学技术的进步往往可改善人们的生活条件				
3. 科学对社会是有价值的				
4. 科学技术的进步往往能帮助我们发展经济				
5. 科学技术的进步往往带来社会公益				

表8-6

测试细目：科学的自我效能感 （我自信我能轻易地或稍加努力完成下列任务）	完全同意	同意	不同意	完全不同意
1. 比其他人更能解释发生地震的原因				

续表

测试细目：科学的自我效能感 （我自信我能轻易地或稍加努力完成下列任务）	完全同意	同意	不同意	完全不同意
2. 辨认出报纸上有关健康的报道中隐藏的科学问题				
3. 解释食品标签上提供的科学信息				
4. 描述疾病治疗中抗生素的作用				
5. 预测环境变化怎样影响某物种的生存				

表8-7

测试细目：科学的自我概念	完全同意	同意	不同意	完全不同意
1. 面对学校科学测试中的问题，我常能提供正确的答案				
2. 学校的科学课程中，我能很好地理解科学概念				
3. 我学习科学专题非常快				
4. 我能轻易地理解学校科学课程中的新知识				
5. 面对学校课堂上的问题，我觉得很容易				

这种方法与我国学者陈小松等人①探究的科学态度评价方法是一致的，其优点是测试可以随时进行，且所用的时间较短，缺点是没有通过一种具体的情境或问题来启发学生的情感，可能会使学生对一种观点或认识产生从众心理。

2. PISA2006学业测试中的“科学态度”调查问题举例

PISA对“科学态度”调查的第二种方法就是在具体的某个科学学业问题测试中附上一两个针对这个问题的“科学态度”的调查题。这种方法在PISA2006科学测试的半数以上的测试题中被使用。这种调查的一个益处是让学生对一个具体问题发表自己的科学态度，同时又能考查学业水平的高低与“科学态度”之间的相关性（可以在个体之间、学校之间、地区之间、国家之间或男女学生之间比较）。例如，“应禁止转基因玉米”一题调查学生的“科学兴趣”；“酸雨”一题调查学生的“科学兴趣”与“支持科学探究”。其实，我国

①陈小松. 从中学物理教育探究科学态度及其评价(上)[J]. 学科教育,2001(6):47;陈小松. 从中学物理教育探究科学态度及其评价(上)[J]. 学科教育,2001(7):34.

学者崔鸿、文静借鉴新加坡的成功经验也曾提议过用这种方法。①

三、PISA对“科学态度”的调查方法带来的启示

PISA对“科学态度”的测量方法对我国新课程实施过程中如何调查或测量学生的“科学态度和社会责任”提供了一个很好的可鉴之例。

（一）全面正确地认识“科学态度和社会责任”

PISA对“科学态度”测量是建立在对“科学态度”进行深入研究和严格定义的基础之上的。对一个量的测量，除了对量的本质进行研究之外，更重要的是对量的各个维度进行研究，并对每一个维度进行操作性定义，使被测量的量具体到可操作的层次。因此，我们必须从理论上对新课程提出的“科学态度与社会责任”进行研究，并提出可操作性测量方法，以落实情感教育的目标。

（二）创造性地设计各种测量方法

“情感态度”领域的量比“知识与能力”领域的量更抽象，更难以测量。它不是“知识与能力”，但与“知识与能力”是相辅相成的；它不同于“知识与能力”，但与“知识与能力”不可分割。PISA的高明之处在于不仅仅用简单的问卷调查法来进行“抽象的”测量，而且创设了一种与学业测试中具体问题相结合的，对“具体问题的态度表达”的测量。这种测量指向更明确，信息更可靠，并且可利用这种信息对学生的学业水平与态度之间进行统计比较，找出群体的共性与个性特征。

（三）学科教育中情感教育的途径

PISA的科学态度的测试理论同时也为教师指出了一条科学教育中实现情感目标的途径。情感目标虽然很抽象，但只要认识到它的本质，并且对本质特征进行分解与具体化，测量还是可以客观地进行的。情感教育目标的实现也不是游离于“知识与能力”目标之外的独立体，而应该在“知识与能力”培养的过程中，结合恰当的具体情境，针对某一个具体问题适时地实施教育措施，这就是情感教育与知识教育的相互融合与相互促进。所以，中小学教育中要想实

①崔鸿，文静．如何对科学态度、情感与价值观进行评价——基于新加坡《交互作用的科学》的思考[J]．课程·教材·教法，2007(3)：96.

现新课程提出的情感目标，就需要针对各学科的特点和实际，切实研究出一套可实施的目标细化体系。

任何情感的建立都离不开实践与体验的过程，科学态度的培养也离不开实践过程。只有在科学实验与探究的过程中，学生的兴趣、习惯与价值观等因素才有可能得到有效培养。因此，培养科学态度的最佳途径离不开科学探究[①]。

①黄定金.初中科学教学中学生科学态度的培养[J].科学教育,2007(2):33.

附录1　PISA阅读测试题案例分析

例1　劳动力（2006）①

下面的树形图表示一个国家的劳动力（labour force）或“工作年龄人口”（working-age population）的结构。这个国家1995年的总人口是340万。

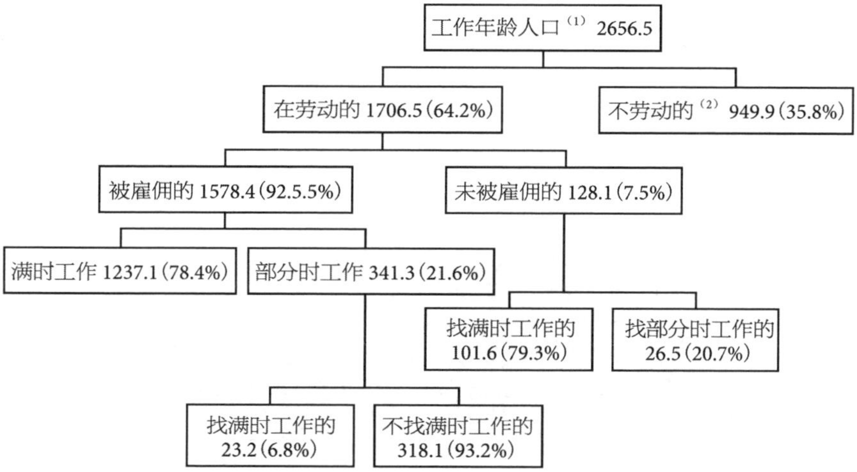

图1　劳动力结构(统计截至1995年3月31日)(人数以千为单位)

（1）工作年龄人口规定年龄在15至65岁之间。

（2）不劳动的人（Not in labour force）是指那些不主动找工作的或不可能工作的人。

问题：有多少劳动年龄的人是不劳动的？（写出人的数量，不能用百分比）

参考答案：有949900名劳动年龄的人是不劳动的。

①D. Miller, Form 6 Economics, ESA Publications, Box 9453, Newmarker, Auckland, NZ, p. 64.

例2　乍得湖（Lake Chad）[①]

图2表示北非撒哈拉沙漠乍得湖的水面高度变化。乍得湖于公元前20000年完全消失了，那时处于后冰河时期。大约公元前11000年乍得湖又出现了。现在，它的水面高度与公元1000年几乎相同。

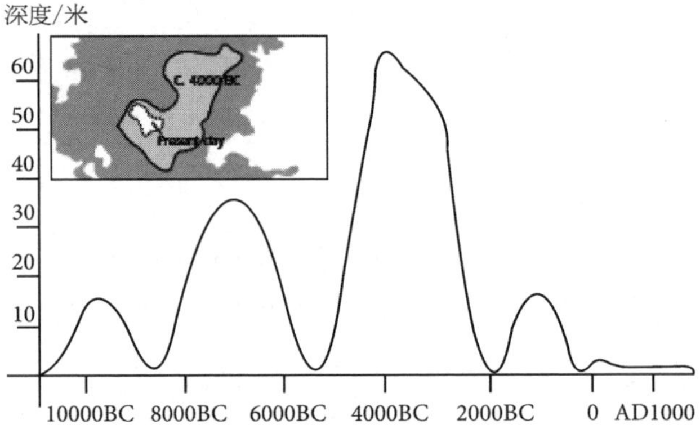

图2　乍得湖变化的水平面

图3表示撒哈拉岩画（洞穴的壁上发现的图或画）和野生动物类型的变化情况。

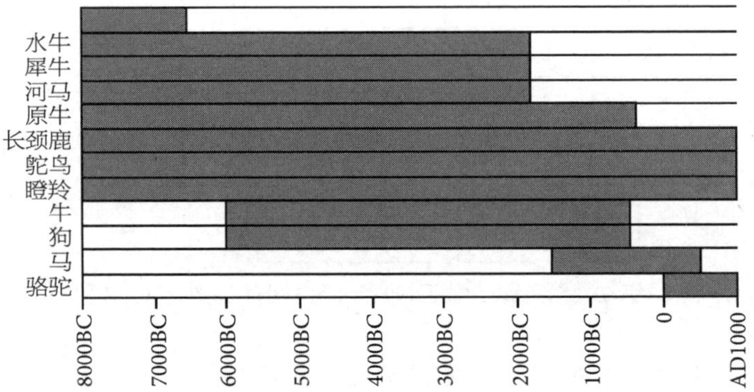

图3　撒哈拉岩画和野生动物种类的变化

问题：现在乍得湖的水深是多少？

参考答案：1000米。

①Extracted from The Times Atlas of Archaeology[M]. Bartholomew Ltd 1988.

例3　成长

1996年荷兰10至20岁的男女的平均身高如图4所示。

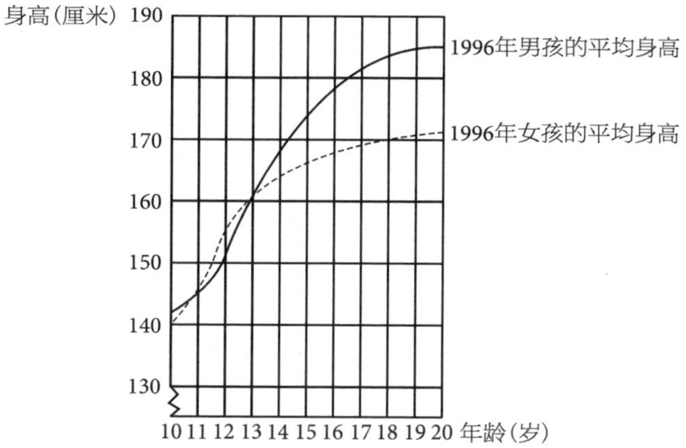

图4　不同年龄男女的平均身高

根据图4，从平均值来看，处于哪个年龄段的女孩比同年龄的男孩更高一些?

参考答案：11—13岁。

附录2 PISA数学测试题案例分析

例1 海豹的状态

一只海豹即使在睡觉的时候也要呼吸。马丁对海豹观察了一个小时。开始时，海豹跳入海底睡觉。8分钟后，它慢慢浮出水面开始呼吸。3分钟后，海豹又回到海底，整个过程从开始到结束都非常有规律。1小时后，海豹：

A. 在海底。 B. 在上浮的过程中。

C. 在呼吸。 D. 在下沉的过程中。

这是一个周期问题，与我们的生活实际很接近。当然，我们可以用逐个计算的方法来求解，但根据周期规律可知海豹完成一个周期是“8＋3＝11”分钟，因此5个周期（55分钟）后海豹的状态与现在是一样的。即1小时后的状态与5分钟后的状态是一样的。因此A正确。

例2 家的距离

玛雅住在距离学校2千米的地方，马丁住的地方离学校有5千米，他们彼此的家距离有多远?

这个问题与我们的生活更接近了。分析这个问题应该建立在一个平面的概念上，只在一条直线上考虑可能会发生错误。正确答案是他们彼此的家的距离在3至7千米之间。

例3 网上聊天

马克（来自澳大利亚悉尼）和汉斯（来自德国柏林）常常以“网上聊天”的方式来进行沟通。他们需要同时登录相关网站才能聊天和交流。为了选择一个合适的时间来聊天，马克查看了世界各地相应的时间，并找得如图1所示的资料。

图1　同一时刻对应的各地时间

问题1. 在悉尼的7:00PM，柏林是什么时间呢？（参考答案：10:00AM）

问题2. 由于需要上学的关系，马克和汉斯不能在他们各自的当地时间9:00AM至4:30PM期间聊天。另外，由于各自当地时间的11:00PM至7:00AM期间是睡眠时间，他们也不能聊天。什么时间才适合马克和汉斯聊天呢？请在下表填写当地时间。

地方	时间
悉尼	
柏林	

参考答案：任何合乎于时差为9小时的时间或时间间隔，并介于以下其中一个时间间隔之间：悉尼4:30PM至6:00PM；柏林7:30AM至9:00AM或者悉尼7:00AM至8:00AM；柏林10:00PM至11:00PM。例如，悉尼8:00AM，柏林10:00PM。

例4　折纸做骰子

图2所示的是两颗骰子。骰子是一种特别的数字立方体，它符合以下的规则：相对两面的点数之和总是7。你可以用硬纸板通过剪、折及贴的方法制作一颗简单的骰子。这也会有很多种不同的做法。如图3所见，有四种用来做骰子的剪法，每面都有点数的样式。那么，哪种样式在折成一颗骰子后，符合“相对两面点数的总和是7”的规则呢？请就每项样式，在下表中圈出“是”或“否”。

图2　骰子

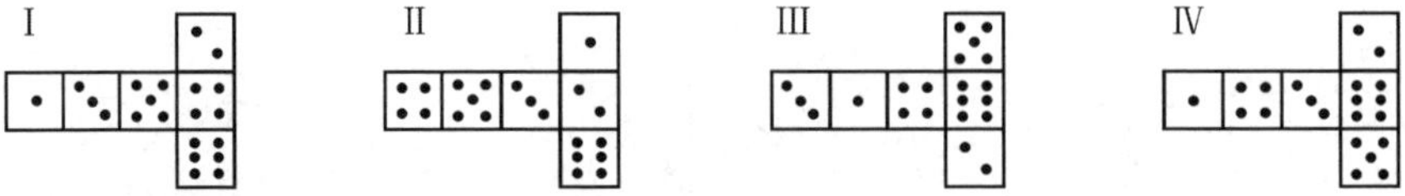

图3　不同剪法的折纸

是否符合相对两面的和是7的规则	"是"或"否"
I	是／否
II	是／否
III	是／否
IV	是／否

参考答案：依次为"否""是""是""否"。

例5　抢劫案

一名电视记者展示出如图4所示的图表，并说："图表显示，1998与1999年间的抢劫案件数字有大的增长。"你认为这名记者对这个图表的解释合理吗？请提供一个解释以支持你的答案。

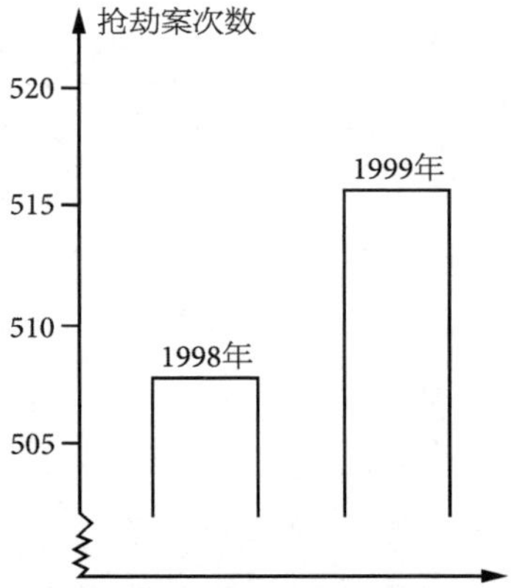

图4　1998与1999年的抢劫案次数

参考答案1：不合理，指出我们看到的只是整个图表中很小的部分。如：需显示整个图表；因为如果显示全图，便能看到抢劫案的数目只是轻微上升；因为他只用了图表顶部的小部分，要是看到全图，看到由0到520的情况，便知道升幅不是那么大；那只是因为该图表让人觉得数字大幅上升，实际增加并不多。

参考答案2：用比例或百分比的数字作论据，论点正确。如：与总数500比较，10不是一个庞大的增长；计算百分比，约只有2%的增长；多了8宗抢劫案，即上升了1.5%，依我所见那不是很多；今年只多了八九宗，与507宗比较，那不是很大的数字。

参考答案3：要有趋势的数据才可作出判断。如：我们不能说升幅是否大，若1997年的抢劫案数目与1998年的相同，那么我们可以说1999年有大增长，至于有多“大”，我们无从得知，因为至少需要有两个改变，才可判别哪个大或哪个小。

例6 最佳汽车

一本汽车杂志运用一套记分方法来评价新推出的汽车，并选出总分最高的汽车为“全年最佳汽车”。现有5辆新车入选，下表列出的是它们的各项评分。

汽车	安全性能(S)	燃料效能(F)	外观(E)	内置配件(T)
Ca	3	1	2	3
M2	2	2	2	2
Sp	3	1	3	2
N1	1	3	3	3
KK	3	2	3	2

评分标准如下：

3分＝极佳

2分＝良好

1分＝普通

问题1：这本汽车杂志运用下列公式（个别得分的加权总和）计算每辆汽车的总分：总分＝(3×S)＋F＋E＋T。请计算汽车“Ca”的总分，并把答案写在下面。

“Ca”的总分：________

参考答案：15分。

问题2：汽车“Ca”的制造商认为这种计算总分的方法并不公平。请另写一个计算总分的方法，以使汽车“Ca”能成为“全年最佳汽车”。你的算式必须包含全部4个变量，请在下列算式的四个空格上填写正数。

总分＝____×S＋____×F＋____×E＋____×T

参考答案：以使汽车“Ca”能成为“全年最佳汽车”的计算总分的方法。例如，依次填入4、1、2、4。

例7　木工（2006）

一名木工有32米长的木材，想沿花坛做一个边框。他设计了如图5所示的花坛边框的图形。

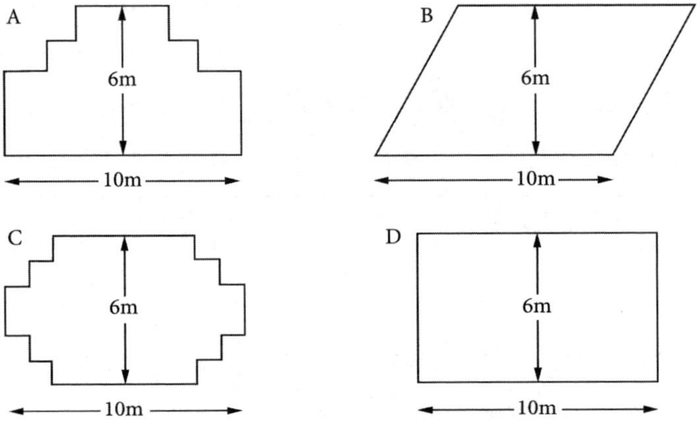

图5　不同形状的花坛边框

请就每个设计方案的可行性，在下表中圈出“是”或“否”。

设计方案	“是”或“否”
A	是 / 否
B	是 / 否
C	是 / 否
D	是 / 否

参考答案：依次为“是”“否”“是”“是”。

例8　考试成绩（2006）

如图6所示是两个小组A和B的科学测试成绩。小组A的平均成绩是62.0，小组B的平均成绩是64.5。成绩在50分（包括50分）以上的算及格。

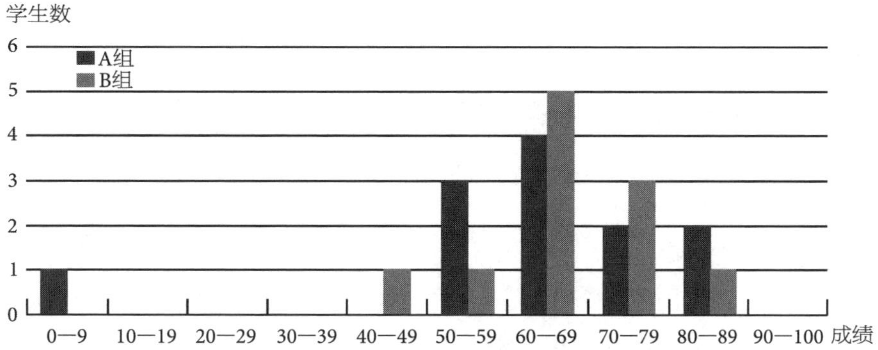

图6　两个小组的测试成绩统计图

老师看了图6后，宣称这次考试小组B比小组A考得更好些。

小组A的学生并不同意老师的观点。他们试图说服老师小组B未必比小组A更好。

请你给出一个小组A可能会用图来解释的数学理由。

参考答案：合理即可，但需要有依据。

例9　捕鱼[①]

某池塘养了一些鱼，图7表示水池中鱼的总重量增长的数学模型。

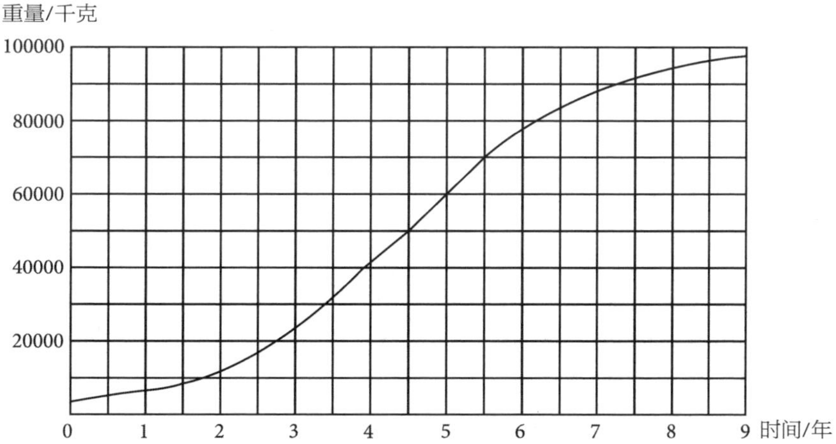

图7　水池中鱼的重量与时间的关系

①方红峰.为生存而学习——国际学生评价计划(PISA)简介[C].

如果某渔民想若干年后捕捞池塘里的鱼，要想实现年捕鱼量最多，他需要等几年？列出论证过程。

题项类型：开放式建构回答题

能力群：反思

数学思想：不定性

情境类型：职业的

这个问题的本质是数学思想，即问题的转换。想使池塘的鱼数量保持不变，又要保证每年捕鱼量最大，就需要在增长量最大的一年末捕鱼。由图7可知，增长量最大的一年是4.5—5.5年内，增长量是70000－50000＝20000（千克）。所以可以在5.5年末捕鱼。

附录3　PISA科学测试题案例分析

2006年，PISA第一次对学生的科学能力进行侧重测试与分析，测试的问题体现出一些特色。在此之前，2003年和2000年PISA也对学生的科学能力进行了测试。

例1　应禁止种植转基因玉米（2006）

野生生物保护组织要求禁止种植一种新的转基因（GM）玉米。培植这种玉米的原意是它不会像传统的玉米那样受一种新的除草剂的影响，这种新的除草剂会杀死长在玉米田里的大多数杂草。

保护主义者说，这些杂草可以用来喂养小动物，尤其是昆虫，而这种新的除草剂在转基因玉米上的使用会对环境造成破坏；使用转基因玉米的支持者说，科学研究已经表明了那样的情况不可能发生。

上文中提及的科学研究中有这样一些细节：

• 玉米种在不同国家的200块田里。

• 每一块田分成两半。一半种植使用新的强除草剂的转基因玉米，另一半种植使用传统除草剂的传统玉米。

• 使用新的除草剂的转基因玉米田里与使用传统除草剂的传统玉米田里的昆虫数量几乎是一样的。

（1）玉米种在不同国家的200块田里。为什么科学家使用以上的地点？

A. 这样很多农民能试种新的转基因玉米。

B. 为了解有多少转基因玉米能够种植。

C. 为尽可能多的地域能够种植转基因玉米。

D. 为了涵盖玉米的各种生长情况。

正确：D

问题类型：选择题

能力：识别科学问题

知识类别：科学探究（关于科学的知识）

应用领域：科技前沿

背景：社会的

难度：421

OECD成员的正确率：73.6%

（2）你对下列信息有多大兴趣？（每行只选一项）

信息	很有兴趣	有兴趣	少兴趣	没兴趣
学习有关植物的转基因过程				
了解为什么有的植物不受除草剂的影响				
更好地理解杂交育种与转基因植物的区别				

问题（2）旨在调查学生的科学态度的兴趣因素。

例2 （阅读课文后回答问题）衣服（2006）

英国的一个科学研究小组开发了一种衣服，它可以让残疾儿童有说话的“功能”。这种儿童马甲由一种特殊的电子纺织品（electrotextile）制成，与语言合成器（speech synthesiser）连接，轻叩触敏（touch-sensitive）材料，儿童就能简单地理解。这种材料是由普通布料与能导电的精制浸碳纤维网（carbon-impregnated fibres）做成的。当对纤维施压时，通过导电纤维的信号形式发生了变化，计算机芯片能够检测出衣服被触及的地点。这样任何一个连接它的电子装置都能被触发，而它比两个火柴盒还小。

一名科学家说，“这个小东西的智能化在于我们如何编织纤维材料以及如何通过它发送信号，我们可以把它编织到现有的织物设计中，这样你就看不见它在哪里了”。这种材料经历洗涤、缠绕在物体上或折卷起来都不会被损坏。科学家声称这种材料能够低成本、大批量地生产。

（1）在实验室里能通过科学研究验证文中提到的这些科学家的论断吗？在

下表中圈出“是”或“否”。

关于这种材料的结论	“是”或“否”
洗涤后不损坏	是／否
缠绕在物体上不损坏	是／否
折卷起来不损坏	是／否
低成本、大批量地生产	是／否

正确：依次为“是”“是”“是”“否”

问题类型：复合多项选择

能力：识别科学问题

知识类别：科学探究（关于科学的知识）

应用领域：科技前沿

背景：社会的

难度：567

OECD成员的正确率：47.9%

（2）为了检测纤维是否导电，需要用到下列哪个实验仪器？

A. 伏特表

B. 灯箱

C. 螺旋测微仪（千分尺）

D. 测声仪

正确：A

问题类型：选择题

能力：科学地解释现象

知识类别：技术系统（科学的知识）

应用领域：科技前沿

背景：社会的

难度：399

OECD成员的正确率：79.4%

例3　大峡谷国家公园（2006）

大峡谷国家公园位于美国的沙漠地区。它既大又深，涵盖许多岩石层。以前的某一时期，地壳运动使这些岩层上升了。现在大峡谷的某些地区深1.6km。科罗拉多河穿过峡谷的底部，在峡谷壁上可看到不同的岩层。

图1　大峡谷图景

（1）每年约有500万游客进入大峡谷国家公园参观，这是否会对公园地质造成破坏？通过科学研究能否回答下列问题？在下表中圈出“是”或“否”。

通过科学研究回答	“是”或“否”
游客对公园地质造成了破坏	是／否
公园与100年前相比较，一样美丽	是／否

正确：依次为“是”“否”

问题类型：复合多项选择

能力：识别科学问题

知识类别：科学探究（关于科学的知识）

应用领域：环境

背景：社会的

难度：485

OECD成员的正确率：61.34％

（2）大峡谷的气温从0℃以下到超过40℃。虽然是沙漠地区，但岩石的裂缝中也含有水分。这种温度变化与岩石中的水分，会对岩石产生什么影响？

A. 沸水溶解（dissolve）热岩石。

B. 水将岩石粘合在一起。

C. 冰对岩石表面起光滑作用。

D. 水的凝固使岩缝膨胀。

正确：D

问题类型：选择题

能力：科学地解释现象

知识类别：地球与空间系统（科学的知识）

应用领域：环境

背景：社会的

难度：451

OECD成员的正确率：67.6%

（3）在大峡谷岩层A的石灰岩中有大量蚌、鱼等海洋动物的化石。试问：几百万年前发生了什么才能解释这些化石的存在？

A. 在古时候，人们从海洋带来了海产品到这一地区。

B. 海洋曾经是十分风急浪狂的，海洋生物被巨浪冲到了内地。

C. 这一地区在那时候被海洋所覆盖，后来海水消退了。

D. 一些海洋生物曾经生活在陆地上，后来迁徙到海洋。

正确：C

问题类型：选择题

能力：科学地解释现象

知识类别：地球与空间系统（科学的知识）

应用领域：自然资源

背景：社会的

难度：411

OECD成员的正确率：75.8%

(4) 下列叙述，你有多少是同意的？(每行只选一项)

叙述	完全同意	同意	不同意	完全不同意
化石的系统研究是重要的				
保护大峡谷国家公园不受损害应该建立在科学论证的基础上				
地质岩层的科学研究是重要的				

例4　玛丽·梦特娇 (2006)

先阅读下列报纸上的文章，再回答后面的问题。

疫苗接种的历史

玛丽·梦特娇 (Mary Montague) 是一位美丽的女子。1715年，她患上天花病后得以生存，但留下疤痕。1717年住在土耳其的时候，她看到一种预防接种的方法普遍被使用。这种治疗方法就是找一种弱型的天花病毒植入健康年轻人的皮肤，于是被接种者就生病了，但多数情况下病情都是轻微程度。

玛丽·梦特娇相信这种接种方法的安全性，于是就让她的儿子和女儿都接种了。

1796年，爱德华·杰纳 (Edward Jenner) 用一种与天花病毒有联系的牛痘病毒接种，在被试体内产生了天花的抗体。与接种天花相比，这种治疗方法几乎不产生副作用，且接种者也不会将体内的病毒传染他人。这种疗法就是著名的“疫苗接种”。

(1) 哪种疾病可以用接种方法来治愈？

A. 像血友病这样的遗传疾病。

B. 像脊髓灰质炎这样的由病毒引起的疾病。

C. 像糖尿病这样的身体功能退化的疾病。

D. 任何一种没法治疗的疾病。

正确：B.

问题类型：选择题

能力：科学地解释现象

知识类别：生命系统（科学的知识）

应用领域：健康

背景：社会的

难度：436

OECD成员的正确率：74.9%

（2）如果动物或人在得细菌性传染病后康复了，引起疾病的这类细菌往往不太会再使人生病。这是因为什么原因？

A. 身体杀灭了可能引起疾病的所有细菌。

B. 这种细菌繁殖前就被身体内产生的抗体杀灭了。

C. 红细胞杀灭了所有可能引起同一种疾病的细菌。

D. 红细胞俘获并从身体内除掉了这类细菌。

正确：B

问题类型：选择题

能力：科学地解释现象

知识类别：生命系统（科学的知识）

应用领域：健康

背景：社会的

难度：431

OECD成员的正确率：75.1%

（3）给出一个理由，说明为什么尤其要推荐儿童和老年人接种流感疫苗。

____

____

评分：答案中要提及儿童或老年人的免疫系统比其他人群的更弱一些，或类似的答案。例如：

- 这群人抵抗力弱，容易得病。
- 老年人与儿童不像其他人那样容易抵抗疾病。
- 他们似乎更易得流感。
- 如果他们得流感，结果会更糟。
- 因为儿童和老年人的体质更弱一些。
- 老年人和儿童更容易得病。

问题类型：开放结构的问答

能力：科学地解释现象

知识类别：生命系统（科学的知识）

应用领域：健康

背景：社会的

难度：507

OECD成员的正确率：61.7%

（4）下列叙述，你在多大程度上同意？（每行只选一项）

叙述	完全同意	同意	不同意	完全不同意
我支持开发新株流感疫苗的研究				
一种疾病的起因只有通过科学研究才能确定				
对疾病的非传统治疗应该服从于科学研究				

例5　体育活动（2006）

有规律的适度体育活动对我们的身体是有益的。

图2　体育运动

(1) 有规律的体育活动的益处是什么？在下表中圈出“是”或“否”。

有规律的体育活动的益处	“是”或“否”
体育活动能够预防心脏病和血液循环病	是/否
体育活动导致健康的食欲	是/否
体育活动不会导致身体超重	是/否

正确：依次为“是”“否”“是”

问题类型：复合多项选择

能力：科学地解释现象

知识类别：生命系统（科学的知识）

应用领域：健康

背景：社会的

难度：545

OECD成员的正确率：56.6%

(2) 肌肉得到锻炼时会发生什么情况？在下表中圈出“是”或“否”。

当肌肉得到锻炼时发生的情况	“是”或“否”
肌肉的血流量增加了	是/否
肌肉中形成了脂肪	是/否

正确：依次为“是”“否”

问题类型：复合多项选择

能力：科学地解释现象

知识类别：生命系统（科学的知识）

应用领域：健康

背景：个人的

难度：386

OECD成员的正确率：82.4%

(3) 为什么在体育锻炼时，你的呼吸会比身体安静时要急促一些？

答：为了排出身体中增加的大量二氧化碳，提供更多的氧气。(用“空气”替代“氧气”或“二氧化碳”是不行的)

• 当活动时，你的身体需要更多的氧气，产生更多的二氧化碳。呼吸就起这个作用。

• 呼吸加快能让更多的氧气进入血液，并排出更多的二氧化碳。

或答：为了排出增加的二氧化碳，为了提供更多的氧气。（但不能用“空气”来替代“氧气”或“二氧化碳”）

• 因为我们必须排出增加的二氧化碳。

• 因为肌肉需要氧气。（这个意思是你的身体在活动时需要更多的氧气用于肌肉）

• 因为体育活动消耗的氧气。

• 因为体育活动时你要吸入更多的氧气到肺部。（很差的表达，但认识到你在提供更多的氧气）

• 因为你需要更多的能量，身体就要用去两倍或三倍多的氧气。

问题类型：开放结构的问答

能力：科学地解释现象

知识类别：生命系统（科学的知识）

应用领域：健康

背景：个人的

难度：583

OECD成员的正确率：45.2%

例6　酸雨（2006）

如图3所示的雕塑叫“女像柱”，2500年前建于雅典的卫城。这些雕塑是用大理石制作的。大理石是由碳酸钙组成的。

图3　雅典卫城“女像柱”

1980年，雕塑的原件被移到了卫城博物馆内，而在原位用复制件代替。在这之前，雕塑原件一直被酸雨侵蚀。

（1）正常的雨水呈微弱酸性，原因是它从空气中吸收了一些二氧化碳。酸雨的酸性比正常的雨水强，因为它吸收了像二氧化硫和二氧化氮这样的气体。空气中的二氧化硫和二氧化氮是从哪里来的？

答：汽车排放；工厂排放；燃烧煤和石油这样的化石燃料；从火山爆发或其他类似途径排出的气体。（回答任何一个都行）

- 燃烧煤或天然气。
- 工厂和工业的污染。
- 火山。
- 从发电厂排出的废气。
- 燃烧含硫或氮的物质。

问题类型：开放结构的问答

能力：科学地解释现象

知识类别：物理系统（科学的知识）

应用领域：灾害

背景：社会的

难度：506

OECD成员的正确率：57.7%

（2）酸雨对大理石的作用可以通过放一片大理石在醋中的实验来模拟。醋和酸雨的酸性强弱差不多。一片大理石放在醋中会产生气泡。我们可以在实验前后分别测量干大理石的质量。

一片2.0g的大理石浸没于醋中一整夜，第二天取出烘干。烘干后的大理石片的质量会：

A. 小于2.0g

B. 正好2.0g

C. 介于2.0g与2.4g之间

D. 大于2.4g

正确：A

问题类型：选择题

能力：运用科学证据

知识类别：物理系统（科学的知识）

应用领域：灾害

背景：社会的

难度：460

OECD成员的正确率：66.7%

(3) 做这个实验的学生同样把一片大理石在蒸馏水中放了一整夜。解释为什么要采取这个实验步骤。

正确：为了表明酸（醋）对这个反应是必需的。

- 为了确认雨水是酸性的，酸雨形成了这个反应。
- 为了观察是否有其他原因引起大理石的部分溶解。
- 这个实验表明大理石片不会与水有任何反应，因为水是中性的。

部分得分：为了比较大理石与醋的试验，但没有说清做这一步骤的目的是为了确认这个反应中酸（醋）是必需的。

- 为了与其他试管比较。
- 为了观察大理石在纯水中是否发生变化。
- 为了表明正常的雨落在大理石上会发生什么。
- 因为蒸馏水不是酸。
- 起控制条件作用。
- 观察正常雨水与酸雨（醋）之间的区别。

问题类型：开放结构的问答

能力：识别科学问题

知识类别：科学探究（关于科学的知识）

应用领域：灾害

背景：个人的

难度：满分717；部分得分513

OECD成员的正确率：35.6%

（4）你对下列信息有多大兴趣？（每行只选一项）

信息	很有兴趣	有兴趣	少兴趣	没兴趣
了解哪种人类活动最容易引起酸雨				
学习减少引起酸雨的气体排放的技术				
懂得修复被酸雨损坏的建筑体的方法				

（5）下列叙述，你在多大程度上同意？（每行只选一项）

叙述	完全同意	同意	不同意	完全不同意
保护古迹要建立在有关损坏原因的科学论证的基础上				
引起酸雨原因的表述应建立在科学研究的基础上				

例7　温室（2006）

阅读课文并回答下列问题。

温室效应：事实还是虚构？

生物生存需要能量。维持生命的能量来自太阳，太阳发出的热量进入太空，很小的一部分到达地球。大气层就像盖在地球表面的毯子，使地球避免像其他无大气层的星球一样昼夜温差极大。大多数来自太阳的辐射能量在穿过地球的大气层后，一部分能量被地球吸收，而另一部分从地球表面反射回去，这部分能量被大气层吸收。地球的大气层与温室的效果相当，因此称温室效应。有观点认为温室效应在20世纪变得更显著了。说明的一个事实是地球的平均温度上升了。也有观点认为，20世纪气温上升的原因是二氧化碳排放量的增加。

一名叫安德雷的学生对地球大气温度与二氧化碳排放之间的可能关系很感兴趣。在实验室他发现了如图4所示的两张图表。

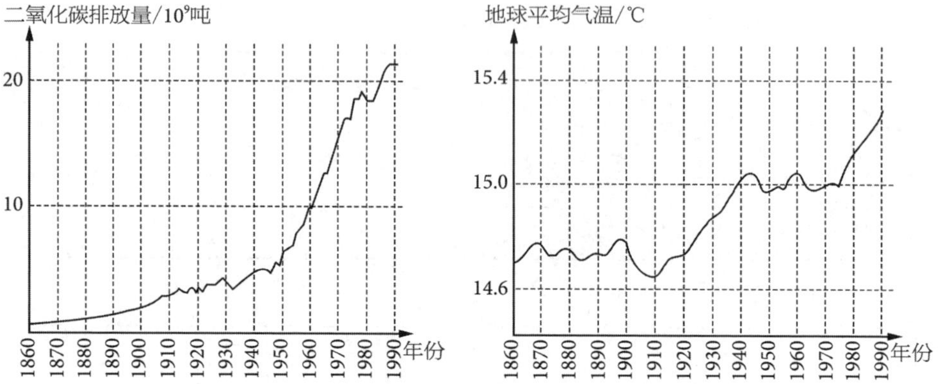

图4　1860—1990年二氧化碳排放量与地球平均气温的统计图

安德雷从两张图表中得出结论："可以肯定的是地球大气层平均温度的增加是由二氧化碳排放的增加引起的。"

（1）图4中可以支持安德雷的论据是什么？

正确：提及二氧化碳与大气平均温度都提高。

- 二氧化碳的排放，造成温度上升。
- 两条图线都上升。
- 因为1910年后，两条图线都上升了。
- 随着二氧化碳排放量的增加，温度上升了。
- 图表中的信息图线都是同时上升的。

问题类型：开放结构的问答

能力：运用科学证据

知识类别：科学解释（关于科学的知识）

应用领域：环境

背景：全球的

难度：529

OECD成员的正确率：54.0%

（2）另一名学生珍妮不同意安德雷的结论。她比较两张图表后认为图线的某些地方并不支持安德雷的结论。举出一个图线中不支持安德雷结论的例子，并解释理由。

正确：提及图线中的一个特殊部分，两条图线不是同时下降或同时上升的，并给出相应的解释。

• 1900—1910年（左右），二氧化碳在增加，而温度在下降。

• 1980—1983年，二氧化碳下降，而温度上升。

• 19世纪的温度基本相同，但二氧化碳在增加。

• 1950—1980年，温度不增加，但二氧化碳排放量增加。

• 1940—1975年，温度基本保持不变，而二氧化碳的排放量明显快速地增加。

• 1940年的温度比1920年高很多，但二氧化碳的排放量基本相同。

部分得分：

提及一个时期，但没有解释。

• 1930—1933年。

• 1910年以前。

只提及某一特殊年份（不是一个时期），也没有解释。

• 1980年排放量减下来了，但温度还是一直上升。

问题类型：开放结构的问答

能力：运用科学证据

知识类别：科学解释（关于科学的知识）

应用领域：环境

背景：全球的

难度：满分659；部分得分568

OECD成员的正确率：34.5%

（3）安德雷坚持自己的结论，认为地球大气平均气温的上升归因于二氧化碳排放量的增加。而珍妮认为他的结论不严谨。她说："在这个结论成立前，你必须确认其他可能影响温室效应的因素是不变的。"说出一个珍妮所指的因素。

正确：

给出一个来自太阳的能量（辐射）的因素。

• 太阳更热了，可能是太阳与地球间的距离变化了。

• 从地球反射回去的能量减少了。

或给出一个提及自然成分或潜在污染的因素。

• 空气中的水蒸发。

- 云。
- 火山喷发这样的事情。
- 大气污染（气体、燃料）。
- 废气的数量。
- 氟氯烃类物质（CFC's）。
- 汽车的数量。
- 臭氧（作为空气的成分）。

问题类型：开放结构的问答

能力：科学地解释现象

知识类别：地球与空间系统（科学的知识）

应用领域：环境

背景：全球的

难度：709

OECD成员的正确率：18.95%

例8　灌溉（问题解决类）①

图5是一个灌溉渠道系统（闸门和河道），用以把水送到田地的不同部分。水闸A至H可以被打开或关上，以便让水流到需要灌溉的地方。当水闸门关上，水就无法流过。

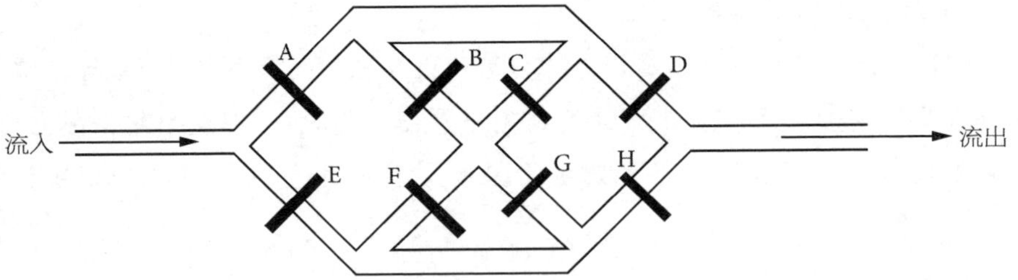

图5　灌溉渠道系统

①选自方红峰.为生存而学习——国际学生评价计划(PISA)简介[C].

问题1：小强用表1的设定去测试水闸的情况。

表1 水闸的开关设定

A	B	C	D	E	F	G	H
打开	关闭	打开	打开	关闭	打开	关闭	打开

请按表1的开关设定，在图6中画出所有可能的水流路线。假定所有水闸都能根据设定正常工作。

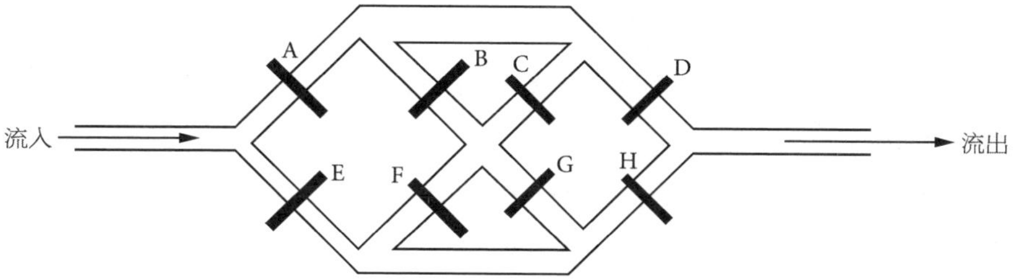

图6 水流路线示意图

问题2：小强发现，按表1安排设定水闸的开关后，并没有水流出系统。这表示至少有一个水闸闭塞了。判断下列问题：

在下列情况下，水会不会流出系统？在下表中圈出“会”或“不会”。

情况	水会不会流出系统
水闸A闭塞了。其他水闸按表1设定正常工作。	会／不会
水闸D闭塞了。其他水闸按表1设定正常工作。	会／不会
水闸F闭塞了。其他水闸按表1设定正常工作。	会／不会

问题3：小强想找出测试水闸D是否闭塞的方法。

试在下表中设计一套水闸开关设定，用来测试以下情况：当D水闸设定为打开时，灌溉渠道系统是否闭塞。

水闸开关的设定（在空格处填写“打开”或“关闭”）。

A	B	C	D	E	F	G	H

问题类型：疑难排除

生活情景：当地社区

问题解决过程：全部五项能力

推理能力：分析推理、批判性思维

这显然是一个综合性极强的问题。

例9　白昼（2006）

阅读以下信息并回答后面的问题。

2002年6月22日的白昼

今天，当北半球的白天最长时，澳大利亚人却将经历他们最短的白天。在澳大利亚的墨尔本*，太阳将于上午7:36升起，下午5:08落下，一天有9小时32分钟的白昼。

和今天相比较，在南半球，这一年最长的白昼期于12月22日出现，那时太阳将于上午5:55升起，下午8:42落下，一天有14小时47分钟的白昼。

天文学协会的佩里·弗拉霍斯（Perry Vlahos）先生说北半球和南半球季节的变化与地轴23°倾斜有关。

*墨尔本是澳大利亚约南纬38°的一座城市。

（1）下面哪一个论述能解释为什么地球上会出现白昼和黑夜？

A. 地球围绕其轴自转。

B. 太阳围绕其轴自转。

C. 地球的自转轴是倾斜的。

D. 地球围绕太阳公转。

白昼评分标准1

正确：

代码1：A轴自转。

错误：

代码0：其他回答

代码9：不回答

（2）如图7所示，太阳光照耀地球。假设这是墨尔本白昼最短的一天。在图中指出地球的自转轴、北半球、南半球和赤道。标注出你回答的每一部分。

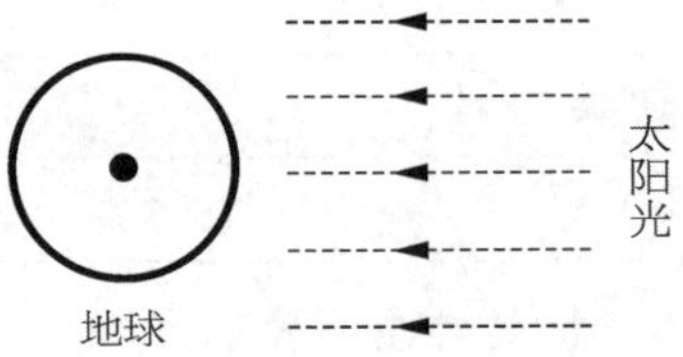

图7　地球与太阳光示意图

白昼评分标准2

注意：评分时请根据以下几个要点。

1. 地球的自转轴要与竖直线成10°—45°角范围且朝向太阳方向，倾斜方能得分，参照图8。在与竖直线成10°—45°角范围之外，不得分。

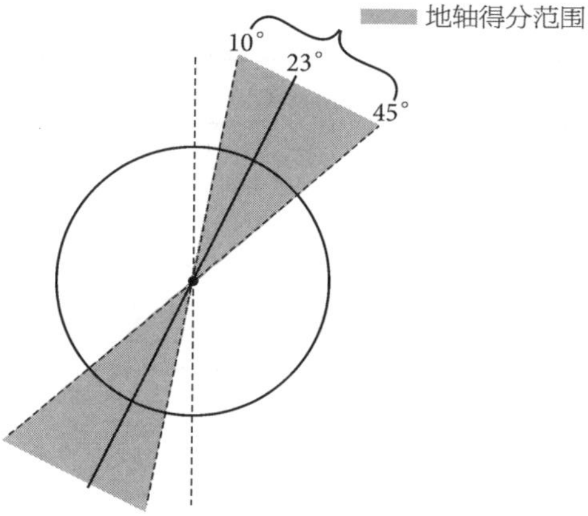

图8 示意图

2. 只清晰地标注出一个半球和清晰地标注出两个半球视为相同回答。

3. 赤道要与水平方向成10°—45°角范围之内且朝向太阳方向倾斜方能得分，参照图9。(注：在与水平方向成10°—45°角范围之外，不得分。)

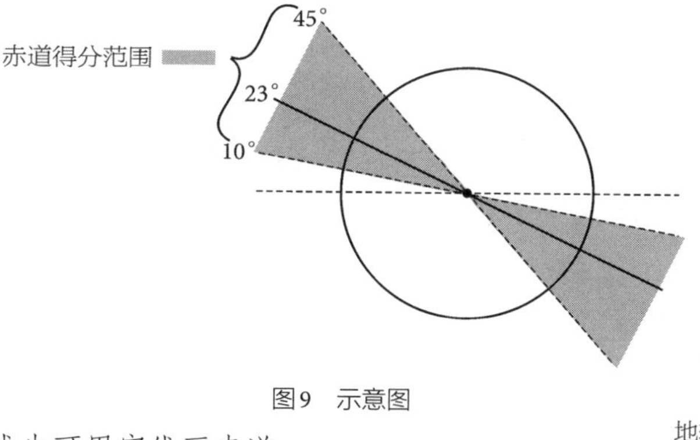

图9 示意图

既可用虚线也可用实线画赤道。

正确：

代码21：所画的赤道要朝着太阳倾斜且与水平方向成10°—45°角范围之内；地轴要朝着太阳倾斜并与竖直线成10°—45°角范围；北半球和南半球

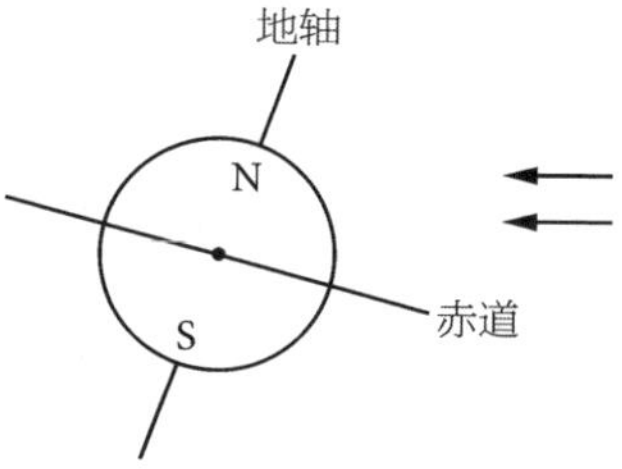

图10 示意图

都能正确标注出（或只正确地标注出一个半球，另一个就不言而喻了）。

例10　唇油（2006）

下面的表格中给出了制作化妆品的两种不同配方。口红比柔软的、乳状的唇油要硬一些。

唇油	口红
成分： 5克蓖麻油 0.2克蜂蜡 0.2克棕榈蜡 一茶匙有色物质 一滴食物调料	成分： 5克蓖麻油 1克蜂蜡 1克棕榈蜡 一茶匙有色物质 一滴食物调料
操作指南： 把装有油和蜡的容器放在热水里加热，直到它们充分混合。然后加入有色物质和调料，最后把它们混合起来	

（1）在制作唇油和口红时，先把油和蜡混合在一起，然后再把有色物质和调料加入。使用这种方法制作的口红是硬的，不好用。为了制作软一点的口红，可以如何改变这些成分的比例？

唇油评分标准1

正确：

代码1：回答包含应该加入较少的蜡或更多的油。

- 使用较少的蜂蜡和棕榈蜡。
- 加入更多的蓖麻油。
- 加入7克的油。

错误：

代码0：其他回答

- 加热更长的时间让它们变软。
- 不要太久地加热蜡。（注释：这个问题关键是怎样改变成分的比例）

代码9：空白。

（2）油和蜡是可以较好地混合在一起的物质。但油不能与水混合，蜡也不溶于水。如果很多水溅入了正在加热的口红混合物中，以下哪一种情况最可能发生？

A. 将生产出一种更像乳脂的、更柔软的混合物。

B. 混合物将变得更加坚硬。

C. 混合物一点都没有改变。

D. 混合物的脂肪小块浮在水面上。

唇油评分标准2

正确：

代码1：D。

错误：

代码0：其他回答。

代码9：空白。

（3）一种被称为“乳化剂”的物质可以让油和蜡较好地溶于水。为什么肥皂和水能洗掉口红？

A. 水中含有可以使肥皂和口红混合的乳化剂。

B. 肥皂担任乳化剂的角色，让水和口红混合。

C. 口红中的乳化剂让肥皂和水混合了起来。

D. 肥皂和口红结合起来形成一种乳化剂，使它们能与水混合。

唇油评分标准3

正确：

代码1：B。

错误：

代码0：其他回答。

代码9：空白。

例11 棘鱼的习性（2006）

棘鱼是一种容易在玻璃缸中饲养的鱼类。在繁殖期，雄棘鱼的腹部将由银色变为红色。雄棘鱼会袭击并赶走任何到自己领域寻衅的其他雄棘鱼。如果银白色的雌棘鱼靠近，雄棘鱼则会带雌棘鱼进入自己的巢穴，便于雌棘鱼产卵。在实验中，学生想调查什么因素会使雄棘鱼表现出好斗的习性。

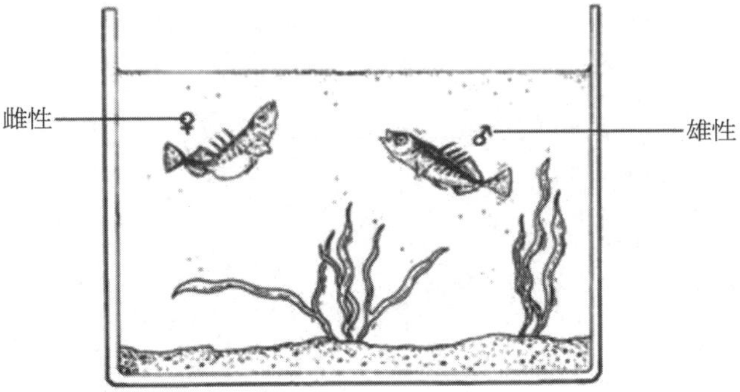

图11 棘鱼

学生的玻璃缸里仅有一条雄棘鱼。该学生首先将三种不同颜色的蜡制模型绕上金属线，并于同一时间分别吊入玻璃缸中，然后记下雄棘鱼对三种蜡制模型的攻击次数。实验结果如下：

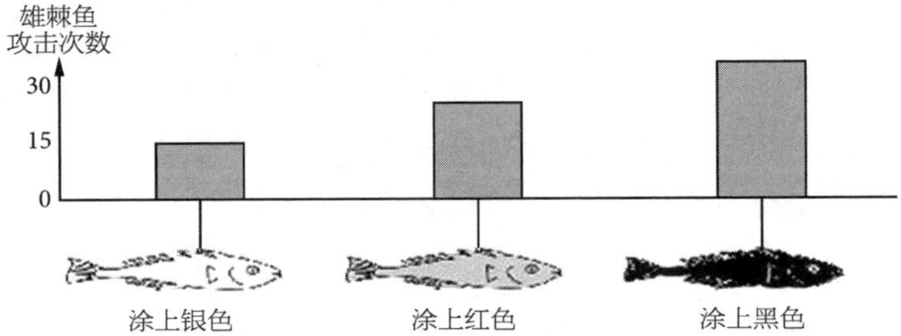

图12 雄棘鱼对不同颜色的模型棘鱼的攻击次数

（1）该实验试图回答的是什么问题？

棘鱼的习性评分标准1

正确：

代码1：

- 什么颜色会引起雄棘鱼的强烈攻击？
- 雄棘鱼对红色模型的攻击性大于银色模型吗？
- 颜色和攻击性有联系吗？
- 是鱼的颜色引发雄棘鱼的攻击吗？
- 雄棘鱼认为对它威胁最大的是什么颜色的鱼？

错误：

代码0：其他没有涉及刺激物、模型、鱼的颜色的答案。

• 什么颜色引发了雄棘鱼的攻击行为？（注：没有比较的意思）

• 雄棘鱼的攻击行为是由雌棘鱼的颜色决定的吗？（注：第一个实验没有提到鱼的性别）

• 雄棘鱼对哪个模型反应最强烈？（注：要特别提出模型、鱼的颜色）

代码9：空白。

（2）在繁殖期，如果雄棘鱼看到异性会向对方求爱，这个过程类似于跳舞。在第二个实验中，以求爱行为作为研究对象。三种蜡制模型被穿在一根金属线上。一种是红色，另外两种都是银色。红色的和银色中的一条肚子平平，另一条银色的肚子圆圆。学生记下雄棘鱼对模型的求爱次数（给定时间内）。实验结果如下：

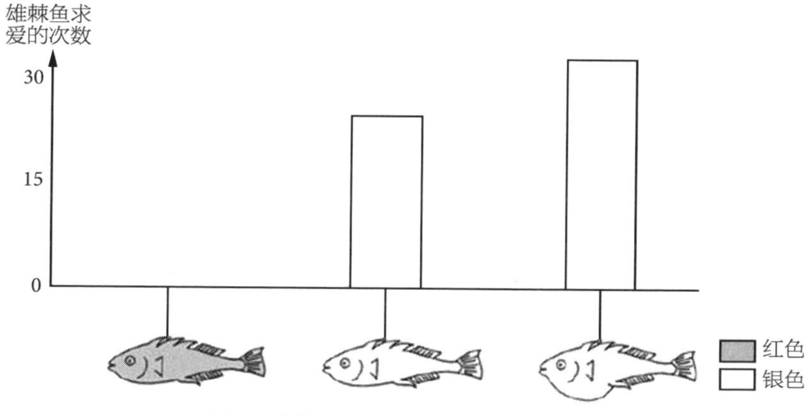

图13　雄棘鱼对不同模型棘鱼的求爱次数

有学生对第二次的实验结果给出了如下结论，请判断结论是否成立。

从图片给出的信息是否能够得出的结论	“是”或“否”
红色引起求爱行为	是／否
平腹（肚子平平的）雌鱼更能激起异性的求爱行动	是／否
雄棘鱼对圆腹（肚子圆圆的）雌鱼的求爱兴趣高于对平腹雌鱼的	是／否

棘鱼的习性评分标准2

正确：

代码1：依次为“否”“否”“是”。

错误：

代码0：其他答案。

代码9：空白。

(3) 实验显示：雄棘鱼对红腹的展开攻击，对银色腹部的异性求爱。在第三个实验中，以下四种模型被依次用到：

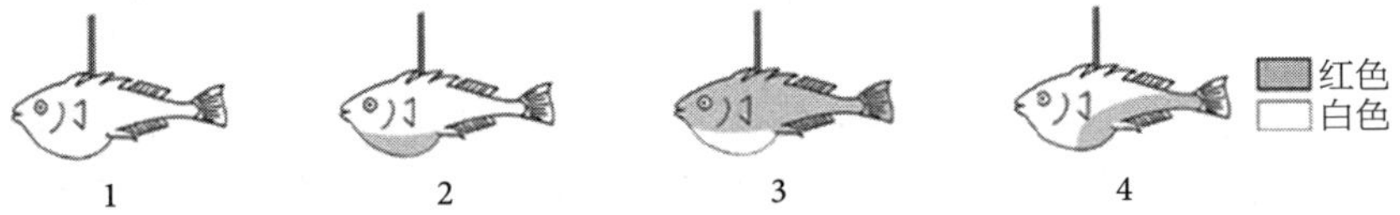

图14　四种模型

下面三个图表显示的是雄棘鱼可能对上述模型做出的反应：你可以分别对四种模型会引发哪一种反应进行预测吗？

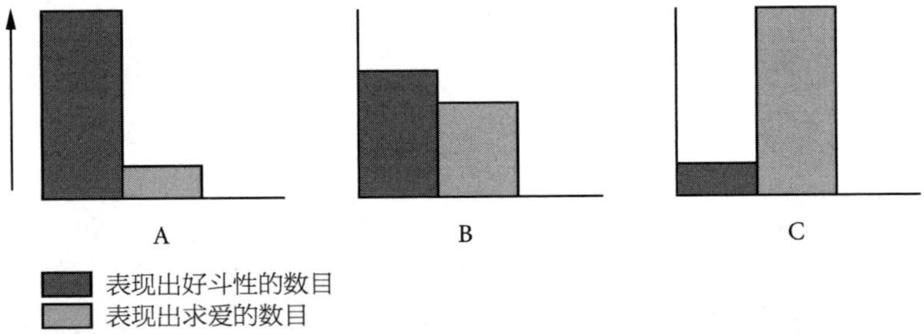

将会有哪些反应，选择A、B或C并完成下表：

	反应
模型1	
模型2	
模型3	
模型4	

棘鱼的习性评分标准3

正确：

代码2：C、A、C、B。

部分正确：

代码1：有三个正确答案。

错误：

代码0：其他答案。

代码9：空白。

例12　进化（2006）

现在大部分马的体形都是流线型的，而且能跑得很快。科学家已经找到了与马相似的动物的骨骼化石。他们认为这些动物是现代马的祖先。同时，科学家也已经能够确定化石中的种类生存的时期。

图15　奔跑的马

下面的表格中提供了三种化石和现代马的信息。

动物名称	始马	中马	草原古马	真马（现代马）
生存的时期	5500万到 5000万年前	3900万到 3100万年前	1900万到 1100万年前	200万年前到现在
腿的骨骼（相同的比例）	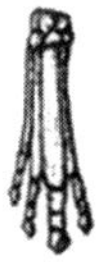	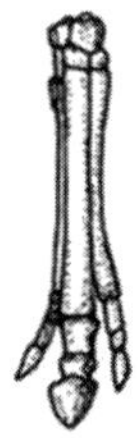	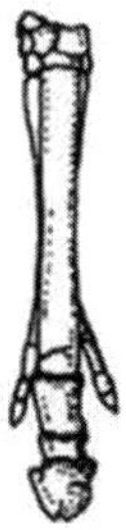	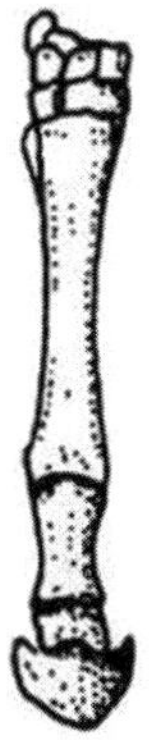

（1）表格中的什么信息是现代马从其他三种动物演化过来的最强有力的证据？

____

____

进化评分标准1

正确：

代码1：回答涉及在漫长时间中马腿的骨骼结构发生了逐渐的变化。

- 马腿的骨骼结构大部分相同但慢慢地在变化。
- 在距今5500万年到200万年的时间里，马的足趾融合了起来。
- 马足趾的个数减少了。

错误：

代码0：其他回答。

- 腿改变了。
- 基因突变导致了这些改变。（注：这种说法是对的，但是没有回答问题）
- 腿骨相似。（需要提到或暗示逐渐的变化）

代码9：空白。

（2）科学家们可以从事哪些进一步的研究去查明马一直以来的演化过程？请在下表中圈出“可以”或“不可以”。

这种研究是否可以帮助查明马在长期内是如何演化的	“可以”或“不可以”
对比在不同时期生存的马的总数	可以／不可以
寻找属于5000万到4000万年前马的祖先的骨骼	可以／不可以

进化评分标准2

正确：

代码1：依次为“不可以”“可以”。

错误：

代码0：其他回答。

代码9：空白。

（3）下面哪一种陈述是涉及进化论的最佳陈述？

A. 人们是不能相信这理论的，因为它不能让我们看到这些种类的改变。

B. 这种进化的理论对动物是可能的，但是不能应用于人类。

C. 进化论是目前一种建立在广泛的证据上的科学理论。

D. 进化论是一种通过科学实验验证的理论。

进化评分标准3

正确：

代码1：C。

错误：

代码0：其他回答。

代码9：空白。

(4) 你对下面信息的兴趣如何？(每行只选一项)

信息	兴趣很高	兴趣一般	兴趣很低	没有兴趣
想知道如何鉴别化石				
想学习更多有关进化理论的发展的知识				
想更多地了解现代马的进化				

例13 外科手术（2006）

外科手术必须依赖一些专门的手术室设备。它对一些疾病的治疗是很有用的。

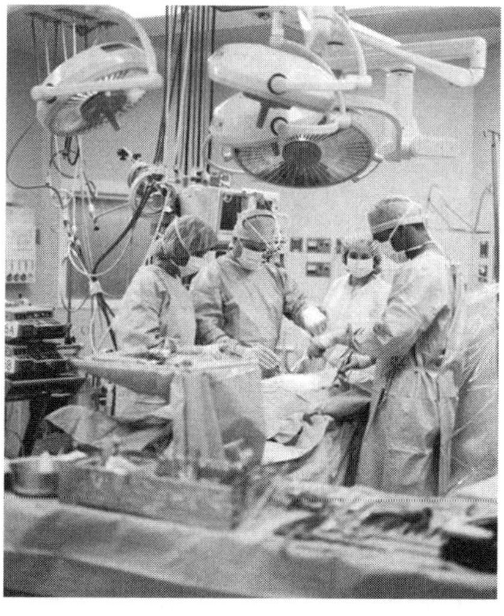

图16 外科手术

（1）在进行手术的时候，病人通常要通过打麻醉剂来使他们感觉不到痛。麻醉剂通常是以气体的形式通过盖着鼻子和嘴巴的面罩传输给病人。

下面的几个人体系统，哪些参与了麻醉剂气体的传输？请在下表中圈出“是”或“否”。

以下系统是否参与了麻醉剂气体的传输	“是”或“否”
消化系统	是／否
神经系统	是／否
呼吸系统	是／否

外科手术评分标准1

正确：

代码1：依次为“否”“是”“是”。

错误：

代码0：其他回答。

代码9：没有作答。

（2）手术所用到的外科手术器材为什么都必须经过杀菌处理？

____

____

外科手术评分标准2

正确：

代码21：学生要提到这两个方面：为了保证医疗器材没有细菌；为了阻止疾病的传播。

- 为了阻止细菌进入病人的身体或传染给病人。
- 为了防止细菌进入另一个要动手术的人的身体。

部分正确：

代码12：学生提到是为了保证医疗器材没有细菌，但没有提到是为了阻止疾病的传播。

- 为了杀死医疗器材上的细菌。

代码11：学生提到是为了阻止疾病的传播，但没有提到是为了杀死医疗器材上的细菌。

● 这样病人就不会被感染。

● 为了防止疾病的传播。

错误：

代码01：其他回答。

● 为了保持它们的干净。

● 因为病人在动手术的时候容易被细菌攻击。

代码99：没有作答。

（3）病人动完手术后还不能吃喝，所以他们必须依靠包含水分、糖分和盐分的点滴来维持生命。有时候点滴内也会加入抗生素和镇静剂。为什么点滴中的糖分对于手术后的病人很重要？

A. 为了防止脱水。

B. 为了减轻手术后的痛苦。

C. 为了治疗手术后的感染。

D. 为了补充必需的营养。

外科手术评分标准3

正确：

代码1：D。

错误：

代码0：其他回答。

代码9：没有作答。

（4）器官移植手术正变得越来越平常。图17是由一家医院提供的，显示2003年该医院所移植的器官和数量。

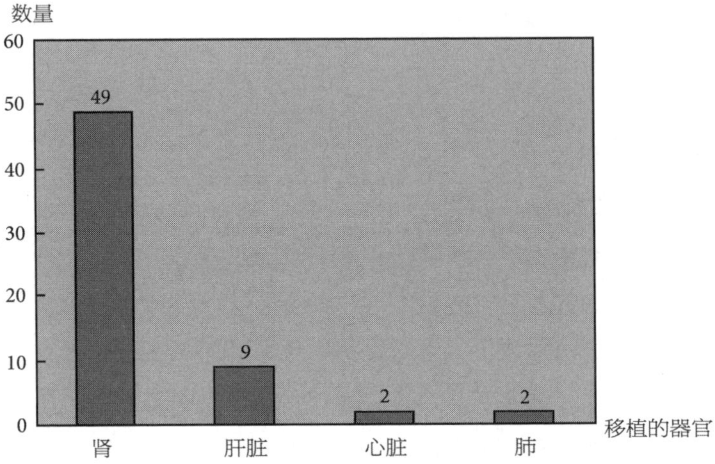

图17 2003年某医院移植的器官与数量

下面的结论是否可以从上面的图表中得出？请在下表中圈出“是”或“否”。

以下结论是否可以从上面的图表中得出	“是”或“否”
如果肺被移植了，那么心脏也要跟着被移植。	是／否
肾是人体最重要的器官。	是／否
大部分接受移植器官的病人都患有肾病。	是／否

外科手术评分标准4

正确：

代码1：依次为“否”“否”“是”。

错误：

代码0：其他回答。

代码9：没有作答。

（5）你对下面信息的兴趣如何？（每行只允许选一个）

信息	兴趣很高	兴趣一般	兴趣很低	没有兴趣
了解怎样对医疗器械进行消毒				
知道经常使用的麻醉剂的品种				
了解病人在手术过程中还有多少意识				

例14　龋齿（2006）

口腔里的细菌会导致龋齿（蛀牙）。随着18世纪食糖产业的不断发展壮大，龋齿成为影响人们口腔健康的一个普遍问题。现在，人们已比较了解龋齿了。例如人们知道：

- 产生龋齿的细菌以糖为食物。
- 这些糖被转化成了酸。
- 这些酸会破坏牙齿表面。
- 刷牙有助于防止龋齿。

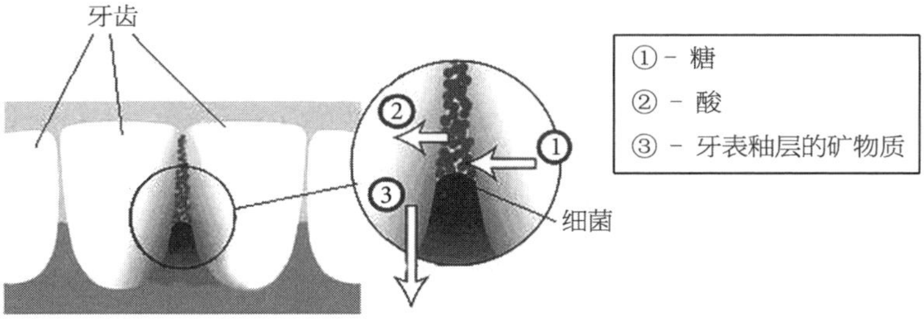

图18　牙齿

（1）细菌在引发龋齿的过程中起什么样的作用？

A. 细菌生成釉层。

B. 细菌生成糖。

C. 细菌生成矿物质。

D. 细菌生成酸。

蛀牙评分标准1

正确：

代码1：D。

错误：

代码0：其他回答。

代码9：没有作答。

（2）图19展示了不同国家食糖消费量和龋齿数量间的关系，一个圆点代表一个国家。

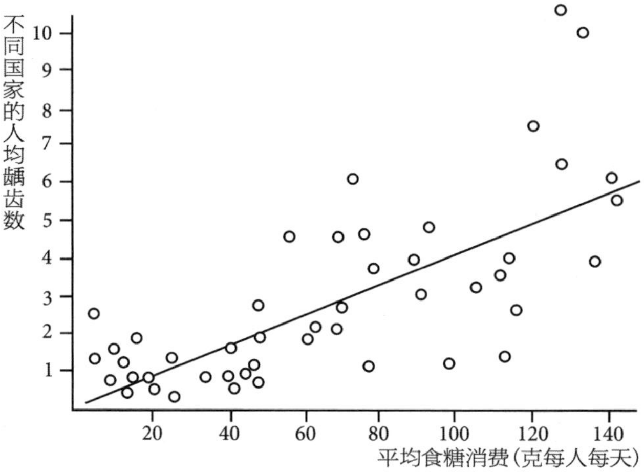

图19　不同食糖消费量与龋齿数量的关系

以下哪种描述符合上图所给的数据?

A. 一些国家的人们比另外一些国家的人们更勤于刷牙。

B. 糖吃得越多，越可能导致龋齿。

C. 近年，一些国家的龋齿患者比例有所上升。

D. 近年，一些国家的食糖消费量有所上升。

蛀牙评分标准2

正确:

代码1：B。

错误:

代码0：其他回答。

代码9：没有作答。

(3) 一个国家的人均患蛀牙数量很高。可否通过科学实验回答以下关于蛀牙的问题?请圈“是”或“否”来回答。

是否可以通过科学实验回答关于蛀牙的问题	“是”或“否”
把氟化物放在食用水里对抑制蛀牙有怎样的效果?	是/否
看一次牙医应收多少钱?	是/否

蛀牙评分标准3

正确：

代码1：依次为“是”“否”。

错误：

代码0：其他回答。

代码9：没有作答。

（4）你对下面信息的兴趣如何？（每行只选一项）

信息	兴趣很高	兴趣一般	兴趣很低	没有兴趣
在显微镜下观察龋齿细菌				
了解防龋齿疫苗的发展情况				
了解含糖食物如何导致龋齿				

例15　适合饮用的水（2006）

下图表示城市住宅饮用水的处理过程。

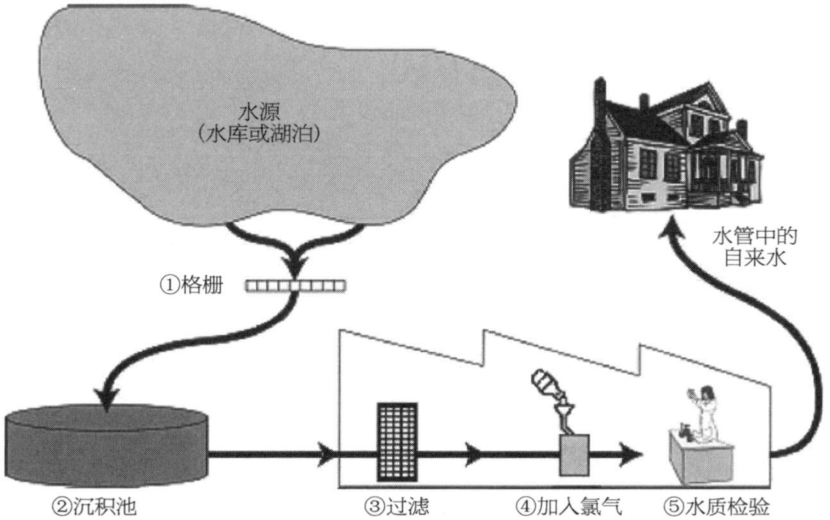

图20　城市住宅饮用水的处理过程

（1）有一个良好的饮用水源很重要。在地底下的水称为地下水。为什么地下水比湖水和河水等地表水中的颗粒和细菌污染物少呢？请给出一个原因。

评分标准1

正确：

代码11：回答提到地下水经地面渗透从而颗粒或细菌污染物被过滤。

- 当水通过沙子和小颗粒时就干净了。
- 它能被自然地过滤。
- 因为水透过地面时会被岩石和沙子过滤。

代码12：回答提到地下水被封闭于地下，因此防止了可能的污染；或地表水更容易受污染。

- 地下水在地球内部，因此空气污染不可能将水弄脏。
- 因为地下水是不开放的，它在某些东西的下面。
- 湖水和河水会被空气污染，所以水不干净。
- 因为湖水和河水被人和动物污染。

代码13：其他正确的回答。

- 地下水中没有细菌赖以生存的食物，所以细菌无法生存。
- 地下水不在太阳底下，有蓝绿色藻类。

错误：

代码01：回答提到地下水非常干净（已知信息）。

- 因为它已经很干净。
- 因为湖水和河水里面有垃圾。(没有解释为什么)
- 因为那里细菌比较少。

代码02：回答明显提到图中提供的清洁过程。

因为地下水经过过滤器并加入氯。

地下水经过过滤器，使之彻底清洁。

代码03：其他回答。

- 因为它总是运动着。
- 因为它没有被搅动，因此不会带起底下的淤泥。

代码99：没有作答。

题目类型：开放性回答

能力：科学地解释现象

知识类别：地球与空间系统（科学知识）

应用领域：自然资源

背景：全球

该题聚焦于水质量的两个方面——颗粒和细菌污染物。回答该问题要求应用科学知识解释为什么未经处理的地下水比未经处理的地表水中的污染物少。

清洁的饮用水对人们很重要。作为一个问题，它的重点会随着具体情况而不同。题目的类别和在现象解释中抽取科学知识的必要性是一致的。

该题在考查中具有很好的区分度，难度中等，约三分之二的学生能做出正确回答。

（2）水的清洁处理通常包括不同技术的几个步骤。清洁过程如图中的4个步骤（数字1—4）。在第二个步骤，水收集在沉积池中。该步骤通过什么方式让水更干净？

A. 水中细菌死亡。

B. 水中加入氧。

C. 砾石和沙子沉入底部。

D. 有毒物质被分解。

评分标准2

正确：

代码1：C。

错误：

代码0：其他回答。

代码9：没做回答。

题目类型：选择题

能力：科学地解释现象

知识类别：物质系统（科学知识）

应用领域：健康

背景：社会的

（3）清洁过程的第四步要把氯气加入水中，为什么要这样做呢？

评分标准3

正确：

代码1：回答提到除掉、杀死或分解细菌（或微生物或病毒或病菌）。

- 使其免受细菌影响。
- 氯气杀死细菌。
- 杀死所有的藻类。

错误：

代码0：其他回答。

- 水获得少量的酸将不会有藻类。
- 就像氟化物一样。
- 清理更多一些的水并杀死遗留下来的东西。（注："东西"这个词不够具体）
- 为了保持清洁和可饮用性。

代码9：没做回答。

题目类型：开放性回答

能力：科学地解释现象

知识类别：生命系统（科学知识）

应用领域：健康

背景：社会

和前面的题目一样，该题背景与人们的日常生活相关，学生应该知道一些关于饮用水处理的事情。

在解释为什么在水中加入氯气时，要应用氯气对生物的影响的知识。因此，知识类别是"生命系统"。

在本领域的考查中，该题相当好地呈现出适当的区分度。整体上它是一个具有中低难度的题目，但对少数一些国家和地区的学生显得比较难。

参考文献

中文部分

[1] 曹宝龙. 问题性教学在中学物理中的教学策略[J]. 物理教学，2001(10).

[2] 曹宝龙. 培养能力是教育的永恒[J]. 人民教育，2003(12).

[3] 曹宝龙. 试析课程改革的几个问题[J]. 中国教育学刊，2007(7).

[4] 曹宝龙. 物理教学过程中高中生学习迁移的影响因素[D]. 北京：北京师范大学博士论文，2006.

[5] 曹宝龙. 深化义务教育课程改革的问题解析[J]. 教学月刊（小学版），2016(10).

[6] 曹宝龙. 用认知的观点解释学习[J]. 课程教学研究，2016(2).

[7] 曹宝龙. 基于素养发展的课堂教学目标体系[J]. 课程·教材·教法，2018(1).

[8] 曹宝龙. 基于素养发展的课堂教学认知目标体系的构建、实施与评价[J]. 课程·教材·教法，2019(7).

[9] 曹宝龙. 课堂教学中落实物理学科素养的关键问题[J]. 中学物理，2019(9)：12-15.

[10] 蔡铁权. 公众科学素养STS教育[J]. 全球教育展望，2002(4).

[11] 陈琦. 当代教育心理学[M]. 北京：北京师范大学出版社，1997.

[12] 陈小松. 从中学物理教育探究科学态度及其评价（上）[J]. 学科教育，2001(6).

[13] 陈小松. 从中学物理教育探究科学态度及其评价（下）[J]. 学科教育，2001(7).

[14] 崔鸿，文静. 如何对科学态度、情感与价值观进行评价——基于新加坡《交互作用的科学》的思考[J]. 课程·教材·教法，2007(3).

[15] 狄敏，黄希庭，张志杰. 试论职业自我效能感[J]. 西南师范大学学报（人文社会科学版），2003(5).

[16] 戴尔·H. 申克. 学习理论：教育的视角[M]. 韦小满，等，译. 南京：江苏教育出版社，2003.

[17] 丁家永. 知识的本质新论——一种认知心理学的观点[J]. 南京师范大学学报（社科

版）1998(2).

[18] 方红峰. 为生存而学习——国际学生评价计划（PISA）简介[C].

[19] 冯忠良. 结构一定向教学的理论与实践——改革教学体制探索[M]. 北京：北京师范大学出版社，1992.

[20] 高文. 建构主义学习的特征[J]. 外国教育资料，1999(1).

[21] 高峡，编译. 日本义务教育改革新动向——日本中央教育审议会2005年咨询报告的主旨及其启示[J]. 教育科学研究，2006(9).

[22] 郭元祥，马友平. 学科能力表现：意义、要素与类型[J]. 教育发展研究，2012(15-16).

[23] 何文明，曹宝龙. 构建基于学科素养的高中物理教学目标新体系[J]. 物理教学探讨，2017(8).

[24] 洪成文. 现代教育知识论[M]. 太原：山西教育出版社，2001.

[25] J. P. 戴斯，J. A. 纳格利尔里，J. R. 柯尔比. 认知过程的评估——智力的PASS理论[M]. 杨艳云，谭和平，译. 上海：华东师范大学出版社，1999.

[26] 姜宇，辛涛，刘霞，林崇德. 基于核心素养的教育改革实践途径与策略[J]. 中国教育学刊，2016(6).

[27] 李广. 为生存而学习：PISA评价思想价值取向研究[J]. 外国教育研究，2005(7).

[28] 李亦菲，朱新明. 对三种认知迁移理论的述评[J]. 心理发展与教育，2001(1).

[29] 黄定金. 初中科学教学中学生科学态度的培养[J]. 科学教育，2007(2).

[30] 黄济. 教育哲学通论[M]. 太原：山西教育出版社，2000.

[31] 孔凡哲，李清，史宁中. PISA对我国中小学考试评价与质量监控的启示[J]. 外国教育研究，2005(5).

[32] 丽萨·博克，霍利·哈特金斯. 培训迁移实证研究述评[J]. 马颂歌，译. 终身教育研究，2018(5).

[33] 李晓东. 小学数学问题解决研究（北京师范大学博士后工作报告）[R]. 2002.

[34] 林崇德. 学习与发展[M]. 北京：北京师范大学出版社，2003.

[35] 林崇德主编，张奇著. 学习理论[M]. 武汉：湖北教育出版社，1999.

[36] 林崇德. 中国学生核心素养研究[J]. 心理行为研究，2017，15(2).

[37] 刘儒德. 论建构主义学习迁移观[J]. 北京师范大学学报（人文社会科学版），2001(4).

[38] 刘艳军. 培养高阶思维，营造高阶课堂[J]. 教育实践与研究，2015(3).

[39] 刘仪辉，刘晓艳. 设计面向高阶能力发展的教学[J]. 江西广播电视大学学报，2013.

[40] M. W. 艾克森，M. T. 基恩. 认知心理学[M]. 高定国，肖晓云，译. 上海：华东师范

大学出版社，2004.
［41］莫里斯·L. 比格. 学习的基本原理与教学实践[M]. 张敷荣，等，译. 北京：人民教育出版社，1990.
［42］全增嘏. 西方哲学史（下册）［M］. 上海：上海人民出版社，1985.
［43］曲衍立，张梅林. 类比迁移研究综述[J]. 心理科学动态，2000(2).
［44］R. M. 加涅. 学习的条件和教学论[M]. 皮连生，王映学，郑葳，等，译. 上海：华东师范大学出版社，1999.
［45］任洁. 定势对程序性知识学习迁移的影响[J]. 心理发展与教育，1999(2).
［46］任洁. 影响学习迁移的几个因素的实验研究[J]. 应用心理学，1996(1).
［47］任洁，莫雷. 样例与运算性程序知识学习迁移关系的初步研究[J]. 心理学报，1999(4).
［48］桑青松. 构建策略型学习者问题解决能力培养模式[J]. 教育理论与实践，2002(9).
［49］邵瑞珍等. 教育心理学[M]. 上海：上海教育出版社，1997.
［50］盛群力，马兰编译. 专家型学生：策略、自我调节和反思[J]. 远程教育杂志，2004(1).
［51］盛群力. 旨在培养解决问题的高层次能力——马扎诺认知目标分类学详解[J]. 开放教育研究，2008(4).
［52］斯滕伯格，威廉姆斯. 教育心理学[M]. 张厚粲，译. 北京：中国轻工业出版社，2003.
［53］师保国，张庆林. 大学生学科问题类比迁移的实验研究[J]. 心理科学，2004(3).
［54］石中英. 教育哲学导论[M]. 北京：北京师范大学出版社，2004.
［55］施良方. 学习论——学习心理学的理论与原理[M]. 北京：人民教育出版社，1994.
［56］J. M. 索里，C. W. 特尔福德著. 教育心理学[M]. 高觉敷，等，译. 北京：人民教育出版社，1982.
［57］汪玲，雷雳，等. 效能信念、加工方式和困难应对策略——关于自我调节学习的特点及各成分间关系的探讨[J]. 心理发展与教育，2000(3).
［58］汪凤炎，燕良轼. 教育心理学新编[M]. 广州：暨南大学出版社，2007.
［59］王帅. 国外高阶思维及其教学方式[J]. 上海教育科研，2011(9).
［60］王永龙. 谈谈课堂教学提问的几个问题[J]. 教育理论与实践，1992(5).
［61］王兆璟. 教育理论与实践关系的知识思考[J]. 教育研究，2007(4).
［62］吴丹伟. 教育领域中的自我效能研究进展[J]. 健康心理学杂志，2004(1).
［63］吴庆麟. 教育心理学[M]. 北京：人民教育出版社，1999.
［64］邢强，莫雷. 样例和问题的联结方式对迁移作用的实验研究[J]. 应用心理学，2003(3).

[65] 邢强. 现代认知心理学视野中的学习迁移观[J]. 河北师范大学学报（教育科学版），2003(6).
[66] 邢强，莫雷. 多重样例的变异性和编码对迁移影响的实验研究[J]. 心理科学，2005(6).
[67] 巴里·J. 齐默尔曼等. 自我调节学习：实现自我效能的超越[M]. 姚梅林，徐守森，译. 北京：中国轻工业出版社，2001.
[68] 约翰·D. 布兰斯福特. 人是如何学习的[D]. 程可玲，等，译. 上海：华东师范大学出版社，2013.
[69] 张卫. 内隐学习及其特征研究[J]. 华东师范大学学报（教育科学版），2001(3).
[70] 杨卫星，张梅玲. 迁移研究的发展与趋势[J]. 心理科学动态，2000(1).
[71] 张春莉. 样例和练习在促进解题迁移能力中的作用[J]. 心理学报，2001(2).
[72] 张明. 自我效能感影响教育技术能力培训迁移实证研究[D]. 沈阳师范大学，2012.
[73] 张庆林，王永明. 类比迁移的三种理论[J]. 心理科学，1998(6).
[74] 张雪明. 透视课堂提问[J]. 中学数学教学参考，2000(6).
[75] 周谦. 学习心理学[M]. 北京：科学出版社，1992.
[76] 赵祥麟. 外国教育家评传（第2卷）[M]. 上海：上海教育出版社，2002.
[77] 张鼎昆，方俐洛，凌文辁. 自我效能感的理论及研究现状[J]. 心理学动态 1999(1).
[78] 张建伟，陈琦. 从认知主义到建构主义[J]. 北京：北京师范大学学报（社科版），1996(4).
[79] 中华人民共和国教育部. 高中物理课程标准[S]. 北京：人民教育出版社，2017.
[80] 中华人民共和国教育部. 义务教育初中科学课程标准[S]. 北京：北京师范大学出版社，2011.
[81] 钟启泉. 现代课程论[M]. 上海：上海教育出版社，1989.
[82] 钟启泉. 学力理论的历史发展[J]. 全球教育展望，2001(12).
[83] 朱虹，刘晓陵，胡谊. 社会文化观下的教育心理思想——维果斯基的机能性系统分析视角[J]. 全球教育展望，2013(3).
[84] 朱燕. 现代知识分类思想下的学习迁移理论述评[J]. 心理科学，1999(3).
[85] 朱小蔓. 教育的问题与挑战——思想的回应[M]. 南京：南京师范大学出版社，2000.

英文部分

[1] Adey, P., Shayer, M. & Yates, C. Thinking science: The curriculum materials of the CASE project[M]. London, Macmillan, 1989.

[2] Alexander P. A, White C. S, Daughterty M. A, Analogical reasoning and early mathematics learning[J]. Mathematical reasoning: analogy, metaphor, metonymy, and images, 1995.

[3] Allan A. Gllathorn. Performance Standards and Authentic Learning[J]. Eye on Education, 1999.

[4] Allan B. I. Bernardo. Analogical Problem Construction and Transfer in Mathematical Problem Solving[J]. Educational Psychology, Vol. 21, 2001(2).

[5] Anderson, J. R. ACT : A simple theory of complex cognition[J]. American Psychologist, 51, 1996.

[6] Anderson, J. R. Skill Acquisition: Compilation of weak-method problem situations[J]. Psychological review, 1987, 94(2).

[7] Annemie, D., Herbert, R. Armand, D. C. Can Offline Metacognition Enhance Mathematical Problem Solving?[J]. Journal of Educational Psychology, March 1, 2003, Vol. 95.

[8] Atkinson, R. K., Renkl, A. and Margaret M. M. Transitioning From Studying Examples to Solving Problems : Effects of Self-Explanation Prompts and Fading Worked-Out Steps[J]. Journal of Educational Psychology, Vol. 95(4), 2003(12).

[9] Ausubel, D. The Psychology of Meaningful Verbal Learning[M]. New York: Grune & Stratton, 1963.

[10] Axtell C M, Maitlis S, Yearta S K. Predicting immediate and longer term transfer of training[J]. Personnel Review, 1997, 26(3).

[11] Barnett, Susan M. , Ceci, Stephen J. When and Where Do We Apply What We Learn? A Taxonomy for Far Transfer[J]. Psychological Bulletin Vol. 128(4), 2002(7).

[12] Bassok, M., Holyoak, K. J. Interdomain Transfer Between Isomorphic Topics in Algebra and Physics[J]. Journal of Experimental Psychology: Learning, Memory, and Cognition Vol. 15, 1989(1).

[13] Baumfield, V., Stancliffe, D., Atkins, M. & Leat, D. Improving Students' Performance: A guide to Thinking Skills Programmes in Education and Training[C]. Gateshead, Tyneside Training and Enterprise Council, 1995.

[14] Bransford J. D, Ann L. Brown, Rodney R. Cocking. How People Learn: Brain, Mind, Expe-

rience, and School[M]. The National Academy of Science. 1999.

[15] Brown, A. L., & Kane, M. J.. Preschool children can learn to transfer: Learning to learn and learning from example[J]. Cognitive Psychology, 1988(20).

[16] Brown, A. L., Kane, M. J., & Echols, C. H.. Young children's mental models determine analogical transfer across problems with a common goal structure [J]. Cognitive Development, 1, 1986.

[17] Brown, Seely, Collins, Allan and Duguid, Paul. Situated Cognition and the Culture of Learning[J]. Educational Researcher; v18 n1, Jan-Feb 1989.

[18] Bruner, J. S. Beyond the information given: Studies in the psychology of knowing. New York: Norton. BF311. B77, 1973.

[19] Catrambone, Richard. Aiding Subgoal Learning: Effects on Transfer[J]. Journal of Educational Psychology, Vol. 87(1), 1995.

[20] Catrambone, Richard. The Effects of Surface and Structural Feature Matches on the Access of Story Analogs [J]. Journal of Experimental Psychology: Learning, Memory, and Cognition Volume 28(2)March 2002.

[21] Catrambone, R., & Holyoak, K. J.. Overcoming contextual limitations on problem-solving transfer[J]. Journal of Experimental Psychology: Learning, Memory, and Cognition, 15, 1989.

[22] Ceci, S. J., & Williams, W. M.. Schooling, intelligence, and income[J]. American Psychologist, 52, 1997.

[23] Chase, W. G., H. A. Simon. Perception in chess[J]. Cognitive Psychology 1973(1).

[24] Chen, Z., & Klahr, D.. All other things being equal: Acquisition and transfer of the control of variables strategy[J]. Child Development, 70, 1999.

[25] Chen, Z. Analogical Problem Solving: A Hierarchical Analysis of Procedural Similarity [J]. Journal of Experimental Psychology: Learning, memory, and Cognition. Vol. 28, 2002 (1).

[26] Chi M., Feltovitch P. & Glaser R. Categorisation and representation of physics knowledge by experts and novices[J]. Cognitive Science, 1981(5).

[27] Chwalisz, Kathleen; Wiersma, Noelle; Stark-Wroblewski, Kimberly. A Quasi-Qualitative Investigation of Strategies Used in Qualitative Categorization [J]. Journal of Counseling Psychology Volume 43(4), 1996(10).

[28] Clift, R., Houston, W., & Pugach, M. Encouraging reflective practice in education [M].

New York: Teachers College Press, 1990.

[29] Collins, Brown & Newman, Cognition Apprenticeship: Teaching the Crafts of Reading, Writing and Arthmetic[J]. In L. B. Resnick(Eds), 1989.

[30] Collins JL. M arch. Self efficacy and ability in achievement[C]. Paper presented at the Annual Meeting of the national Research Association, New York, 1982.

[31] David Leat & Mei Lin, Developing a Pedagogy of Metacognition and Transfer: some signposts for the generation and use of knowledge and the creation of research partnerships [J]. British Educational Research Journal, Vol. 29, 2003.

[32] Diekhoff, G. M.. Relationship judgments in the evaluation of structural understanding [J]. Journal of Educational Psychology, 1983(75).

[33] Dochy F., Segers M. & Buehl M. M., The relation between assessment practices and outcome studies: The case of research on prior knowledge[J]. Review of Educational Research, 69(2); 1999.

[34] Eccles J, A dler T, M eece JL. Sex differences in achievement: A test of alternate theories [J]. Journal of Personality and Social Psychology, 1984.

[35] Entwisle, J. S., & Baker, D. P. Gender and young children's expectations for performance in arithmetic[J]. Developmental Psychology, 1983(19).

[36] Ericsson, K. A., R. T. Krampe, C. Tesch-Romer. The role of deliberate practice in the acquisition of expert performance[J]. Psychological Review 100, 1993.

[37] Ertmer, Peggy A. &. Newby, Timothy J. Behaviorism, Cognitivism, Constructivism: Comparing Critical Features from an Instructional Design Perspective[J]. Performance Improvement Quarterly, 6(4), 1993.

[38] Ertmer, P. A. & Newby, T. J. The Expert Learner: Strategic, Self-regulated, and Reflective [J]. Instructional Science, 1996(24).

[39] Fong, G. T., & Nisbett, R. E. Immediate and delayed transfer of training effects in statistical reasoning[J]. Journal of Experimental Psychology: General, 120, 1991.

[40] Fong, G. T., Krantz, D. H., & Nisbett, R. E.. The effects of statistical training on thinking about everyday problems[J]. Cognitive Psychology, 1986(18).

[41] Frey, K. S., and Ruble, D. N.. What children say about classroom performance: Sex and grade differences in perceived competence[J]. Child Development, 58, 1987.

[42] Fuchs, Lynn S., Fuchs, Douglas, Prentice, Karin, Burch, Mindy, Hamlett, Carol L., Owen, Rhoda, Hosp, Michelle, Jancek, Deborah. Explicitly Teaching for Transfer: Effects on

Third-Grade Students' Mathematical Problem Solving[J]. Journal of Educational Psychology, Vol. 95, June 1, 2003.

[43] Gentner, D. Structure-mapping: A theoretical framework[J]. Cognitive Science, 1983(7).

[44] Gentner D, Medina J. Similarity and the development of rules[J]. Cognition 65: 1998.

[45] Gentner, D., Rtterman, M. J., &Forbus, K. D. The role of similarity in transfer: Separating retrievabilty from inferential soundness[J]. Cognitive Psychology, 25, 1993.

[46] Gentner, Dedre, Loewenstein, Jeffrey, Thompson, Leigh. Learning and Transfer: A General Role for Analogical Encoding[J]. Journal of Educational Psychology, June 1, Vol. 95 2003.

[47] Geoffrey P. Goodwin and P. N. Johnson-Laird. Reasoning About Relations[J]. Psychological Review, Vol. 112(2), 2005(3).

[48] Gick, M. L., & Holyoak, K. J. Analogical problem solving[J]. Cognitive Psychology, 1980(12).

[49] Gick, M. L., and K. J. Holyoak, Schema induction and analogical transfer[J]. Cognitive Psychology, 1983(15).

[50] Gladstone, Roy, Teaching for Transfer Versus Formal Discipline[J]. American Psychologist Vol. 44(8), August, 1989.

[51] Goldstone R. L. The role of similarity in categorization: providing a groundwork[J]. Cognition 52, 1994.

[52] Goldstone, Robert L. and Son, Ji Y. The transfer of scientific principles using concrete and idealized simulation[J]. The journal of the learning science, 14(1), 2005(10).

[53] Goska, R. E., & Ackerman, P. L.. An aptitude-treatment interaction approach to transfer within training[J]. Journal of Educational Psychology, 88, 1996.

[54] Hackett, G. Role of mathematics self-efficacy in the choice of math-related majors of college women and men: A path analysis[J]. Journal of Counseling Psychology, 1985(32).

[55] Halpern, D. F. Teaching critical thinking for transfer across domains[J]. American Psychologist, 1998(53).

[56] Halpern, D. F., Hansen, C., & Riefer, D. Analogies as an aid to understanding and memory [J]. Journal of Educational Psychology, 82, 1990.

[57] Hardy, Ilonca, Schneider, Michael, Jonen, Angela, Stern, Elsbeth, Möller, Kornelia. Fostering Diagrammatic Reasoning in Science Education[J]. Swiss Journal of Psychology, September 1, Vol. 64 2005.

[58] Holyoak K. J. The pragmatics of analogical transfer. In G. H. Bowered[M]. The Psychology of learning and motion(Vol. 19). San Diego, CA: Academic Press, 1985.

[59] Jitendra, Asha. K, Andria, Deatline- Buchman. Effects of Mathematical Word Problem-Solving Instruction on Middle School Students with Learning Problems [J]. The Journal of Special Education. Bensalem: Fall, Vol. 39 2005.

[60] Jonassen, D. H. Computers as mind tools for schools: Engaging critical thinking (2nd ed.)[J]. Upper Saddle River, NJ: Merrill, 2000.

[61] Karen. L. Yanowitz. Transfer of structure-related and arbitrary information in analogical reasoning[J]. The Psychological Record. Gambier: Summer, 2001.

[62] Kohler, W. Gestalt psychology[M]. New York: Horace Liveright, 1929.

[63] Lassaline M. E, Murphy G. L. Alignment and category learning[J]. Journal of Experimental Psychology : Learning, Memory, and Cognition, 1998(24).

[64] Lehman, D. R., Lempert, R. O., & Nisbett, R. E.. The effects of graduate training on reasoning: Formal discipline and thinking about everyday-life events[J]. American Psychologist, 43, 1988.

[65] Lehman, D. R., & Nisbett, R. E. A longitudinal study of the effects of undergraduate training on reasoning[J]. Developmental Psychology, 26, 1990.

[66] Markman, A. B. , Gentner, Dedre. Thinking[J]. Annual Reviews Vol. 2001.

[67] Mayer, R. E., & Wittrock, M. C.. Problem-solving transfer[M]// In D. C. Berliner & R. C. Calfee (Eds.), Handbook of educational psychology. New York: Macmillian, 1996.

[68] Medin DL, Goldstone RL, Gentner D.. Respects for similarity[J]. Psychology Review100 (2), 1993.

[69] Murphy G. L, Medin DL. The role of theories in conceptual coherence[J]. Psychology Review92: 1985.

[70] Nisbett, R. E., Fong, G. T., Lehman, D. R., & Cheng, P. W.. Teaching reasoning[J]. Science, 238, 1987.

[71] Novick, Laura. R. Analogical Transfer, Problem Similarity, and Expertise[J]. Journal of Experimental Psychology: Learning, Memory, and Cognition. Volume 14(3), 1988(7).

[72] Novick, L. R., Holyoak, K. J. Mathematical problem solving by analogy[J]. Journal of Experimental Psychology : Learning, Memory, and Cognition, 1991(17).

[73] Pajares F, Gender and Perceived. Self-Efficacy in Self Regulated Learning[J]. Theory Into Practice, 1994(41).

[74] Peggy A. Ertmer&Timothy J. Newby. Behaviorism, Cognitivism, Constructivism: Comparing Critical Features from an Instructional Design Perspective. [J]. 盛群力编译. 电化教育研究，2004(4).

[75] Penfield, W. Memory mechanisms[C]. Transactions of the American Neurological Association, 1951.

[76] PISA 2006 Science Competencies for Tomorrow's World. Volume 1-Analysis[R].

[77] PISA 2009 Results: What Students Know and Can Do? Student performance in reading, mathematics and science. volume 1[R].

[78] PISA 2015 Assessment and Analytical Framework[R].

[79] PISA 2018 Assessment and Analytical Framework[R].

[80] Philips, D., and Zimmerman, M. The developmental course of perceived competence and incompetence among competent children[M]. In R. Sternberg and J. Kolligian (Eds.), Competence Considered, New Haven, CT: Yale University Press. 1990.

[81] Phye, G. D. Strategic transfer: A tool for academic problem solving[J]. Educational Psychology Review, 4, 1992.

[82] Phye, G. D. Problem-Solving Instruction and Problem-Solving Transfer: The Correspondence Issue[J]. Journal of Educational Psychology Vol. 93(3), 2001.

[83] Pierce, K. A. , Duncan, M. K. , Gholson, B. , Ray, G. E. , Kamhi, A. G. Cognitive Load, Schema Acquisition, and Procedural Adaptation in Nonisomorphic Analogical Transfer [J]. Journal of Educational Psychology Vol. 85(1) 1993(3).

[84] Polanyi, M. Personal knowledge: Towards a post-critical philosophy[M]. Chicago: The University of Chicago Press, 1958, 1962.

[85] R. M. Gagné. Essentials of Learning for instruction[M], 1974.

[86] Reed, S. K., Ernst, G. W., & Banerji, R.. The role of analogy in transfer between similar problem states[J]. Cognitive Psychology, 1974(6).

[87] Robert E. Patterson, Leslie M. Blaha, Georges G. Grinstein, Kristen K. Liggett, David E. Kaveney, Kathleen C. Sheldon, Paul R. Havig, Jason A. Moore. A human cognition framework for information visualization[J]. Computers & Graphics, 2014.

[88] Ross B. H. Distinguishing types of superficial similarities[J]. Journal of Experimental Psychology: Learning, Memory, and Cognition, 1989(15).

[89] Ross, B. H. This is like that: The use of earlier problems and the separation of similarity effects [J]. Journal of Experimental Psychology: Learning, Memory, and Cognition, 13,

1987.

[90] Ross, B. H, Perkins SJ, Tenpenny P. L. Reminding-based category learning[J]. Cognitive Psychology, 22: 1990.

[91] Ross BH. The use of categories affects classification[J]. J. Mem. Lang. 37(2): 1997.

[92] Royer, J. M. Theories of the transfer of learning[J]. Educational Psychologist, 14, 1979.

[93] Sadri, G. & Robertson, I. Self-efficacy and work-related behavior: A review and metaanalysis[J]. Applied Psychology: An International Review, 1993(42).

[94] Saloman, G., &Perkins, D. Rocky roads to transfer: Rethinking mechanisms of neglected phenomenon[J]. Educational Psychologist, 1989, 24(2).

[95] Schliemann, A. D., & Magalhães, V. P. (1990). Proportional reasoning: From shopping to kitchens, laboratories, and, hopefully, schools[C]. In G. Booker, P. Cobb, & T. Mendicuti (Eds.), Proceedings of the XIV PME Conference (Vol. 3). Oaxtepec, Mexico: International Group for the Psychology of Mathematics Education.

[96] Schliemann, A. D., & Nunes, T. A situated schema of proportionality[J]. British Journal of Developmental Psychology, 1990(8).

[97] Shuell, T. J. Cognitive conception of Learning[J]. Review of Educational Rearch, 1986(56).

[98] Singley, K., and J. R. Anderson. The Transfer of Cognitive Skill[M]. Cambridge, MA: Harvard University Press. 1989.

[99] Spence K. W. & Fulton J. F. The Effects Of Occipital Lobectomy On Vision In Chimpanzee [J]. Brain, 1936.

[100] Spiro, R. J., Coulson, R. L., Feltovich, P. J., & Anderson, D. (1988). Cognitive flexibility theory: Advanced knowledge acquisition in ill-structured domains[C]. In V. Patel (ed.), Proceedings of the 10th Annual Conference of the Cognitive Science Society. Hillsdale, NJ: Erlbaum.

[101] Spiro, R. J., P. L. Feltovich, M. J. Jackson, and R. L. Coulson. Cognitive flexibility, constructivism, and hypertext: Random access instruction for advanced knowledge acquisition in ill-structured domains[J]. Educational Technology 31(5): 1991.

[102] Stajkovic, Alexander D, Luthans, Fred. Self-efficacy and work-related performance : a meta-analysis [J]. Psychological Bulletin : 1998 (124).

[103] Stephen N. Elliott, Thomas R. Kratochwill, Joan Littlefield Cook, &Joan F. Travers. Educational Psychology: Effective Teaching, Effective Learning[M]. Von Hoffmann Press, 2000.

[104] Sternberg, R. Successful Intelligence[M]. New York: Simon&Schuster, 1996.

[105] Trafton, J. G., & Reiser, B. J. The contributions of studying examples and solving problems to skill acquisition[C]. In Proceedings of the Fifteenth Annual Conference of the Cognitive Science Society Hillsdale, NJ: Erlbaum. 1993.

[106] Van Gelder, Tim, Bissett, Melanie, Cumming, Geoff. Cultivating Expertise in Informal Reasoning[J]. Canadian Journal of Experimental Psychology, June 1, 2004, Vol. 58.

[107] Van Merriënboer, J. Training Complex Cognitive Skills: a Four-Component Instructional Design Model for Technical Training[J]. Englewood Cliffs, NJ: Educational Technology Publications, 1997.

[108] Vladimir M Sloutsky, Jennifer A Kaminski, Andrew F Heckler. The advantage of simple symbols for learning and transfer[J]. Psychonomic Bulletin & Review. Austin: Vol. 12, 2005(6).

[109] Vygotsky L. S. Mind in Society[M]. Cambridge: Harvard University Press. 1978.

[110] Williams, W. M., Blythe, T., White, N., Li, J., Sternberg, R. J., & Gardner, H. Practical intelligence for school[M]. New York: Harper Collins, 1996.

[111] Wisniewski EJ, Medin DL. On the interaction of theory and data in concept learning[J]. Cognitive Science, 18, 1994.

[112] Woolfolk, A.. Educational Psychology[M], Allyn and Bacon Press, 2001.

[113] Zhang S, Markman A. B. (1998). Overcoming the early entrant advantage: the role of alignable and nonalignable differences[J]. J. Mark. Res. 35.

[114] Zimmerman, B. J. A social cognitive view of self-regulated academic learning[J]. Journal of Educational Psychology, 1989, 81(3).

后　记

2009年本人在博士论文的基础上完成了《学习与迁移》第一版书稿的编写并由浙江大学出版社出版发行。因为本人对第一版不是十分满意，又没有时间进行系统性的修改，所以此书一直没有重印。第一版至今已过十年，其间有很多读者欲购买此书，导致旧书的价格在网上一路攀升，涨了十余倍，本人由此想到应该将此书修改以后重新出版。经过几个月的努力，现在书稿将以一个新的面貌由浙江教育出版社出版发行，重新与大家见面。

本人从事二十多年的基层教学工作，在初中科学和高中物理教学领域积累了一定的经验，针对教学实践也有研究，因此被评为物理特级教师、教授级教师、中学正高级教师。秉承着对教育的热爱，同时也因对教育产生了越来越多的疑问或困惑，所以本人在不惑之年下定决心攻读心理学博士，于2002年通过统一招生考试进入北京师范大学发展心理研究所，有幸成为心理学泰斗林崇德先生的弟子，研究方向为“心理发展与教育”。在北师大读博期间，本人受到了林先生的特别关心与指导，也得到了其他老师、师兄师姐和师弟师妹们的无私帮助，于2006年获得博士学位。

对学习的研究是教育工作者的必备能力。近年来随着教育改革的深入，教师对学生学习问题的研究越来越重视，关于学习与迁移的本质的研究对中小学教育也越发显得重要。教师对学习的理解会影响教师的教学设计与课堂实施，一个好的教学方案应该建立在对学生学习情况的理解的基础上，因此学习与迁移的理论与研究方法对中小学教师越发重要；学习与迁移也是教育心理学的专业研究者必须探究的问题。因此，本次修改既考虑了教师的教育实践应用性，又关注了专业研究的方法探究，同时兼顾了中小学教师与专业研究者的需要。

基础教育课程改革的关键在于教育管理者对课程的认识、学校的课程建设能力和教师对课程、教学的理解以及对学习的研究能力，而这些都离不开“人如何学习”这个根本问题。本人从事基层教学23年，成为物理特级教师后进入北师大攻读博士学位，之后又在地区教研室主任岗位从事课程与教学研究达16年。从教师一线教学到博士学习研究，再到教研室主任教研管理，本人从这些教育实践与研究的经历中获得的感悟是：教师最主要的能力是对学生学习的理解，深度理解“学生如何学习”尤为重要。

教师的成长关键在于对学习的理解。作为一个地区教研部门的负责人，本人深刻地感受到在课程改革过程中教师的成长是改革成败的关键，更是教育发展的决定力量。一些教师对教育有热情，又有正确的理念，他们快速成长；而有的教师对教育有热情也有干劲，却因为教育理念的偏移进步甚微甚否停滞不前。对学习与迁移问题的研究学习，将有助于教师理解教育最基本的一些问题。

本书的读者定位是教育学院或心理学学院的大学生、中小学教师和社会教育工作参与者。本书具有基础性和普适性的特点，并力图与各学科教学紧密结合，研究案例虽大多以物理学科为主，但其理念没有学科界限。

在撰写本书第一版和第二版的过程中，本人特别感谢恩师林崇德先生对我的鼓励和支持，林先生还为两版都写了序；感谢老朋友杭州师范大学江平老师、我的同门师妹刘慧娟、师弟王益文、连四清和宋其争等给我全方位的帮助；感谢为本书进行装帧设计的蒋灵芝老师。也特别感谢浙江教育出版社的编辑，他们对书稿的修改态度和水平让我崇敬，感谢他们为书稿所做的修改。

曹宝龙

2019年11月于杭州

图书在版编目（CIP）数据

学习与迁移 / 曹宝龙著. -- 杭州 : 浙江教育出版社, 2019.12（2021.9重印）
ISBN 978-7-5536-7842-9

Ⅰ. ①学… Ⅱ. ①曹… Ⅲ. ①中小学教育一教育研究 Ⅳ. ①G632.0

中国版本图书馆CIP数据核字(2019)第277388号

责任编辑 吴招生　　美术编辑 曾国兴
责任校对 张静雅　　责任印务 陆 江
封面设计 蒋灵芝

学习与迁移
XUEXI YU QIANYI
曹宝龙 著

出版发行 浙江教育出版社
（杭州市天目山路40号 电话:0571-85170300-80928）
图文制作 杭州兴邦电子印务有限公司
印刷装订 浙江新华数码印务有限公司
开 本 710mm×1000mm 1/16
印 张 25
插 页 2
字 数 408 000
版 次 2019年12月第1版
印 次 2021年9月第4次印刷
标准书号 ISBN 978-7-5536-7842-9
定 价 66.00元